Indianische Realität
Nordamerikanische Indianer
in der Gegenwart
Herausgegeben von Wolfgang Lindig

W0047764

Deutscher
Taschenbuch
Verlag

Die Beiträge von Bernd Peyer,
Pieter Hovens und Alice Schlegel
übersetzte Wolfgang Müller.

Originalausgabe
Januar 1994
© Deutscher Taschenbuch Verlag GmbH & Co. KG,
München
Umschlagtypographie: Celestino Piatti
Umschlagabbildung: Gemälde von Kevin Red Star,
Crow-Indianer aus Montana, »Painted Crow Wolf«,
Acryl auf Leinwand, 1983
Staatliche Museen zu Berlin
Museum für Völkerkunde
Foto: Dietrich Graf
Satz: IBV Satz- und Datentechnik, Berlin
Druck und Bindung: C. H. Beck'sche Buchdruckerei,
Nördlingen
Printed in Germany · ISBN 3-423-04614-7

Inhalt

Einführung 7

CHRISTIAN F. FEEST
Identitäten und Irrtümer
Indianische und moderne Kunst 15

BERND PEYER
Bildende Kunst als indianischer Geltungsbeweis . . . 35

PETER BOLZ
Indianer als Öko-Heilige? 47

BERND PEYER
Wer hat Angst vor AIM? 56

PETER BOLZ
AIM – eine Organisation hat sich selbst überlebt . . . 76

PETER R. GERBER
»Selbst-Regierung« der Ureinwohner in Kanada? . . 79

LUDGER MÜLLER-WILLE
Kostenanalyse der modernen Jagd bei den Inuit
der kanadischen Zentralarktis (im Jahre 1973) 106

KRISTIN SENS
Vom Anfang aller Legenden
Museen der indigenen Bevölkerung Kanadas 136

PIETER HOVENS
Zwischen Normabweichung und Anpassung:
Indianer in der Stadt 162

PETER BOLZ
Der Sonnentanz der Lakota
Historische Entwicklung und kulturelle
Erneuerung 195

GESINE SCHROETER-TEMME
Wykoopah – Ein indianisches Zweisprachenprojekt
bei den Nördlichen Ute 228

WOLFGANG LINDIG
Die »moderne« Navajo-Welt 252

ALICE SCHLEGEL
Familienstruktur und Verwitwetenstand
bei den Hopi 269

HANS-ULRICH SANNER
Die Hopi-Kultur der Gegenwart
im Spiegel ihrer Clowns 300

SONJA SCHIERLE
Perspektiven indianischer Erziehung in multikulturellen Städten: Papago und Yaqui
in Tucson, Arizona 317

Die Autoren dieses Bandes 335

Register 340

Als vor fünfhundert Jahren spanische Seeleute und Abenteurer dem Abendland die Neue Welt entdeckten, nannten sie deren Bewohner »Indios« in dem Irrglauben, sie hätten auf dem westlichen Seeweg das Gewürzland Indien erreicht. Dieser Name haftet den Ureinwohnern des Doppelkontinents im ibero-amerikanischen Teil bis heute an, während die Angelsachsen »Indians« übersetzten und, um Mißverständnissen vorzubeugen, heute gelegentlich von »Red Indians« (wörtlich: Rote Inder) sprechen. Im Deutschen ist die geläufige Bezeichnung »Indianer« immerhin nicht unmittelbar mit den Indern zu verwechseln. In der populären Literatur finden wir auch Bezeichnungen wie »die Rothäute«, »der rote Mann« usw. Wie die Ureinwohner Amerikas selbst solche Namensgebungen empfinden, wird noch zu erörtern sein.

Die indianischen Kulturen, einschließlich der Zivilisationen Mesoamerikas und des Andenraumes, schienen nach Ankunft der Europäer dem Untergang geweiht – physisch durch die aus der Alten Welt eingeschleppten Infektionskrankheiten, die Eroberungszüge der Spanier und die Siedlungspolitik der Angelsachsen, psychisch durch die Trübung ethnischen Bewußtseins und die soziale Entwurzelung. In vielen Teilen Ibero-Amerikas haben starke Vermischungen mit der spanischen Erobererschicht indianische Identitäten zerstört. Der »Indio« wurde zum Diener des Weißen; Traditionen gingen verloren oder suchten im Schmelztiegel der Rassen und Kulturen neue Richtungen. Im anglo-amerikanischen Nordamerika verlief die Konfrontation anders. Hier waren es Siedler, die mit ihren Familien das Land der Stämme besetzten und diese nach Westen vertrieben. Kriegswirren und die Deportation ganzer Volksgruppen dezimierten die indianische Bevölkerung. In Kalifornien forderte der Goldrausch ungezählte Opfer. Nach dem Zusammenbruch des Widerstandes auf den Prärien und Plains um 1890 standen die weiten Ebenen zwischen Mississippi und den Rocky Mountains landhungrigen Weißen offen. Überlebende Indianer sperrte man in Reservationen ein, wo sie sich amerikanischen Lebensformen anpassen sollten.

Mit der gesellschaftlichen Konsolidierung in den Vereinigten Staaten und Kanada ging der Verlust indianischen Selbstwertgefühls einher. Ohne Perspektive, den Vorurteilen und Übergriffen der weißen Landbevölkerung ausgesetzt, sahen sich die Ersten Amerikaner der scheinbar unausweichlichen Assimilation an die dominante Lebensform gegenüber. Das Schlußkapitel sollte in den fünfziger Jahren dieses Jahrhunderts mit der Auflösung der Reservationen – der sogenannten Terminationspolitik – geschrieben werden. Ohne eigenes Land, das den wichtigsten Identifikations- und Reproduktionsraum menschlicher Gemeinschaften darstellt, würden die Indianer – so hofften die Verantwortlichen in der US-Regierung – endgültig ausgelöscht sein.

Während des Zweiten Weltkrieges und in den Jahren danach vollzogen sich bei vielen Stämmen einschneidende Veränderungen. Ein Teil der Reservationsbevölkerung war in die Großstädte abgewandert, viele junge Indianer hatten in der amerikanischen Armee gedient und ergriffen nun die Chance einer vom Staat allen Kriegsteilnehmern angebotenen kostenlosen Ausbildung an Colleges und Universitäten. So entstand eine Schicht gebildeter Indianer verschiedener Stammeszugehörigkeit, die sich im komplizierten Regelwerk des amerikanischen Rechtssystems auskannten und diese Kenntnisse bei Landrückforderungen, Wasser- und Fischereirechten nutzen konnten. Andere begannen sich für geologische Fragen zu interessieren und nahmen Einfluß auf die Förderung der Bodenschätze auf Reservationsland. Hinzu gesellten sich in immer größerer Zahl Lehrer und Ärzte, die, oft von Stammesräten ermuntert und unterstützt, in Reservationsschulen oder Krankenstationen Beschäftigung fanden und weiße Angestellte ablösten.

Es waren vor allem Angehörige dieser Schicht, die ihre Stimme erhoben und Rechte für ihr Volk einforderten, die man längst aufgegeben glaubte. Sie wurden zu Galionsfiguren eines neuen Selbstbewußtseins, das nun häufig auch panindianische Züge annahm. Während die panindianische Variante mit spektakulären Aktionen die öffentliche Aufmerksamkeit auf sich zog, kam es in verschiedenen Reservationen – nicht in allen, wohlgemerkt – zu erstaunlichen Wandlungen. Sie schlagen sich auch in der Abkehr der von Weißen geprägten Etiketten wie »Indianer« oder »Roter Mann« nieder. Man nennt sich heute selbstbewußt »Nation« oder »Erste Nation« (in Kanada), einige Stämme ziehen ihre alte Eigenbezeichnung vor, soweit sie sich mit ihr identifizieren können. Anthropologen verwenden zunehmend diese Begriffe und sprechen von »indigenen Kulturen«, Autochthonen oder Ureinwohnern.

Die Beiträge dieses Bandes befassen sich mit jenen neuen Bewußtseinsprozessen im Wechselspiel mit gesamtgesellschaftlichen Erscheinungen und Auswirkungen. Letztere zeigen sich zunächst auf wirtschaftlichem Gebiet, auf dem sich Indianer allerdings nur begrenzt bewegen können, denn über Investitionskredite für größere Projekte, beispielsweise zum Abbau von Bodenschätzen oder für den Ausbau des Tourismus, verfügen sie (noch) nicht. Alle Projekte liegen in Händen der amerikanischen Großindustrie und des Bureau of Indian Affairs – ein Manko, das wirtschaftliche Strukturverbesserungen erheblich beeinträchtigt und Profite in andere, nicht-indianische Kanäle lenkt. Doch selbst wenn aus eigener Kraft Investitionen zustande kämen, würden hier modernste High-Tech-Anlagen betrieben. Von Subsistenzwirtschaft träumen nur noch sogenannte »Indianerfreunde«, die den »Roten Mann« am liebsten in eine vorindustrielle Lebensweise zurückversetzen möchten. Die Sicherung des Lebensunterhalts ist für nordamerikanische Indianer heutzutage nur im Rahmen moderner Industriestrukturen möglich. Das gilt insbesondere für den Agrarsektor, wo allein modernste Bewässerungsanlagen hohe Erträge gewährleisten. Das Beispiel des Navajo Indian Irrigation-Projektes lehrt indessen, daß agroindustrielle Produkte nicht dem eigenen Volk zugute kommen, sondern als »Exportgüter« auf dem amerikanischen Binnenmarkt landen. Der eigentlich wünschenswerte Kreislauf vom Erzeuger zum Verbraucher ist also unterbrochen, und die Produzenten sind dem unberechenbaren Spiel von Preisentwicklung, Nachfrage und Konkurrenzdruck ausgeliefert.

Auf anderen Gebieten hingegen haben viele Stämme – ein Begriff, der hier insofern vertretbar ist, als die amerikanische und die kanadische Regierung solche zentral verwalteten Verbände zum Teil künstlich geschaffen bzw. gefördert und unterstützt haben – das breitere Angebot größerer Autonomie geschickt genutzt. Da Indianer in der nationalen Gesellschaft eher eine Quantité negligeable darstellen – es leben je nach Zählart zwischen anderthalb und über zwei Millionen Nachkommen der Ureinwohner in Nordamerika –, gestehen die Verwaltungsinstanzen in Washington und Ottawa diesen Freiräume zu, die in zunehmendem Umfange durch modernes Management und griffige Administration ausgefüllt werden. Das wirkt sich vor allem im Erziehungsbereich aus. Exemplarisch seien hier die sogenannten Kontraktschulen bei den Navajo genannt, in denen heute überwiegend voll ausgebildete indianische Lehrkräfte tätig sind. Die Lehrplangestaltung dieses Schultyps, der sicher bei anderen Stämmen Nachahmung finden wird, sieht vor, daß Werte der jeweiligen Kultur wieder positiv besetzt werden. Eingeschlossen ist die Revitalisierung der oft nur noch von den Alten beherrschten Sprache. Bikulturelle Erziehung ist ein eminent wichtiger Bestandteil gegenwärtiger indianischer Ethnizität. Mehrere Beispiele des vorliegenden Bandes spiegeln daher diese Thematik.

Auffälliger freilich wirkt die Wiederbelebung des indianischen Kunsthandwerks, aus der sich nahtlos schöpferische Impulse höchster Qualität ergeben.

Nahezu ungebrochen scheint die Aura traditioneller Religion. Bei näherem Hinsehen aber werden verschiedene, einander kreuzende Strömungen sichtbar. Unverkennbar ist die Hinwendung und Neubewertung älterer Riten, etwa des Sonnentanzes. Andererseits lesen wir aus der starken Zunahme des synkretistischen Peyote-Kultes (oder nach offiziellem Sprachgebrauch der Native American Church of North America) die trotzige Reaktion mancher Stämme auf ihre unausweichliche Teilassimilation. Wie das Beispiel der Navajo zeigt, offenbart die Peyote-Kirche, die indianische Zeremonien und Rituale mit christlichen Vorstellungen versöhnt, ihre Stärke insbesondere in Phasen gesellschaftlicher Umbrüche.

Die Kluft zwischen dem die individuellen Rechte betonenden amerikanischen Gesetz und dem indianischen Kollektivdenken hat über ein Jahrhundert das jeweilige Rechtsempfinden gestört und den Rechtsfrieden belastet. Dieses Problem kann nicht »bikulturell« gelöst werden. Um mehr Verständnis und Gerechtigkeit bemühen sich jetzt Stammesadvokaten. Häufig gilt es, legale Ansprüche einzuklagen. Dazu gehört beispielsweise die Neuordnung von Landrechten. Viele Stämme hatten mit den erhobenen »Land Claims« Erfolg oder konnten Abfindungen zum Ausbau der Reservations-Infrastruktur verwenden.

Im Gesundheitswesen hat die zuständige amerikanische Behörde, zunächst durch Impfprophylaxe und gezielte Hygienevorschläge, erreicht, daß die Sterblichkeitsziffer in den letzten Jahrzehnten gesunken ist. Was psychosomatische Erkrankungen angeht, konnten Stammesregierungen örtlich durchsetzen, daß traditionelle Krankenheilungsrituale mit in die Therapie einbezogen wurden – zweifellos ein zukunftsweisender Ansatz, um Schulmedizin und indianische Erfahrungswelt in Einklang zu bringen.

Dieser Sammelband bietet keinen systematischen Abriß indianischen Gegenwartslebens. Die einzelnen Beiträge sind eher zufällig zusammengestellt. Insofern sind es Streiflichter der Zeitgeschichte. Sie gehen auf Feldforschungen deutschsprachiger Ethnologen zurück. Die Mehrzahl der Aufsätze erschien ursprünglich – oft in Englisch – in Fachzeitschriften oder wissenschaftlichen Serien, die Nichtakademikern nicht so leicht zugänglich sind; sie werden hier erstmals einem breiten Leserpublikum vorgestellt. Einige ältere Artikel sind durch Ergänzungen oder Überarbeitung – in einem Falle durch einen kurzen Zusatz – auf den aktuellen Stand gebracht worden.

Die Aufsätze behandeln zunächst allgemeine Themen und setzen dann regionale Schwerpunkte: von Nord nach Süd fortschreitend, also von der Arktis über die Subarktis, den Prärie- und Plainsgürtel bis zum Südwesten. Alle Autoren stehen in Verbindung zum Frankfurter Institut für Historische Ethnologie (Abteilung Nordamerika), so daß die Auswahl nicht von ungefähr erfolgte. Der vorgeschriebene Umfang des Bändchens beschränkt leider die Anzahl der Essays und den Umfang der Thematik.

Ausführliche Literaturangaben sollen dem Leser, der seine Kenntnisse vertiefen will, weiterhelfen; allerdings sind in der Auswahlbibliographie, die keine Vollständigkeit anstrebt, fast ausschließlich englische Texte enthalten. Auch deutsche Ethnologen müssen sich des Englischen bedienen, wollen sie von der Fachwelt überhaupt wahrgenommen werden.

In der amerikanischen und kanadischen Literatur finden sich systematische Darstellungen, die in alle relevanten Probleme einführen – auch in die hier nicht genannten und behandelten –, die jedoch des Reizes individueller Perspektive sowie der – mitunter fruchtbaren – Distanz des europäischen Forschers und dessen geistesgeschichtlichen Hintergrunds entbehren. Wer sich für die traditionelle Kulturvielfalt der nord- (und süd-) amerikanischen Urbevölkerung und deren historische Entwicklung interessiert, sei auf das im gleichen Verlag erschienene zweibändige Werk ›Die Indianer‹ hingewiesen.

Wolfgang Lindig

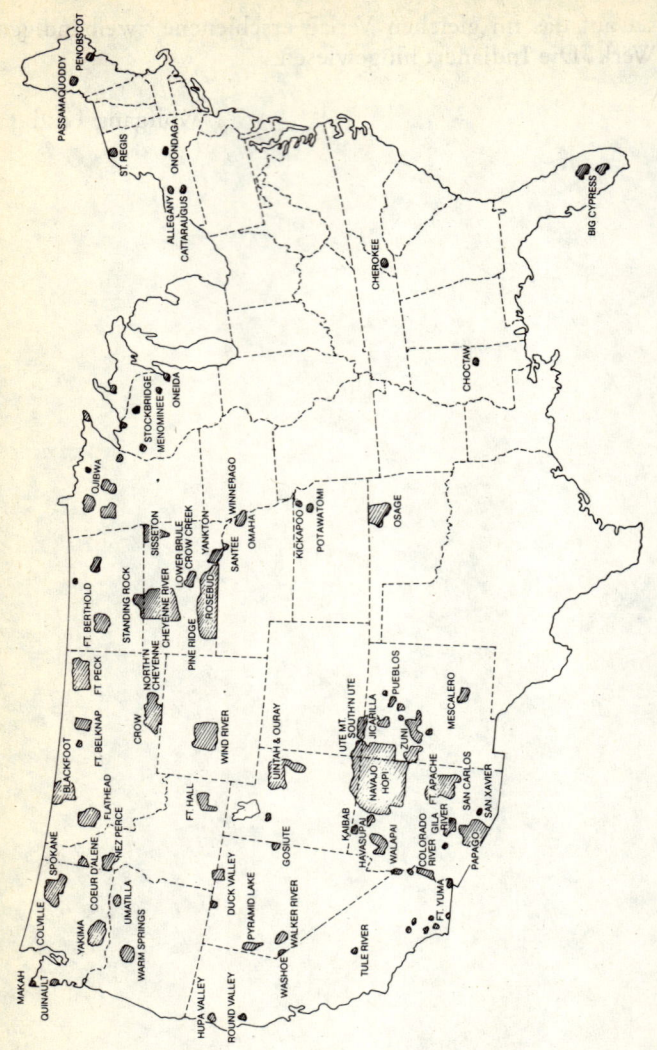

Indianerreservationen in den USA

CHRISTIAN F. FEEST

Identitäten und Irrtümer
Indianische und moderne Kunst

Die freizügige Grundannahme, mit der sich die Moderne
an der Vielfalt anderer Kulturen inspiriert hat, liegt in der
Behauptung, daß eine Verwandtschaft in Geist und Form
zwischen den Kulturen ein spontanes Verstehen des Fremden ermöglicht. Die Logik der Behauptung ist so einfach
wie irrig, nicht nur, weil Verstehen nicht notwendigerweise Verwandtschaft voraussetzt und Verwandtschaft
nicht von selbst Verstehen mit sich bringt, sondern weil
Geist und Form zwar immer zusammengehören, der Zusammenhang aber willkürlich ist. Selbst in verwandten
Sprachen wie Englisch, Französisch und Deutsch bedeutet
etwa das Wort [ko:t] »Mantel«, »Küste« bzw. »Schmutz«.
Die Analogie ist angemessen, weil es sich bei Kunst zumindest auch um ein Zeichensystem handelt.

Was voreilige Schlüsse auf der Grundlage der Überein-
stimmung von Formen betrifft, hat die Völkerkunde eine
lange und traurige Geschichte. Die kulturhistorische
Schule der Ethnologie ging davon aus, daß gleiche kulturelle Formen auf einen gemeinsamen Ursprung, also auf
Verwandtschaft schließen lassen. Das mit großer Liebe
konstruierte Lehrgebäude brach schließlich in sich zusammen, weil es bis heute keine verbindliche Methode gibt,
Ähnlichkeiten auf Grund von Verwandtschaft von solchen auf Grund von Konvergenz oder Zufall zu unterscheiden. Identität der Form allein ist nicht sehr aussage-
kräftig. Das Bedürfnis des Menschen, die Bedeutung von
Formen aufzuspüren, ist ausgeprägt: Eine italienische Ka-

Ursprünglich erschienen in: Kulturen-Verwandtschaften in Geist und Form. Red.
Johanna Hofleitner u. Elisabeth Madlener. Galerie nächst St. Stephan, Rosemarie
Schwarzwälder, Wien 1991, S. 131–148.

rikatur zeigt ein indianisches Ehepaar vor einem Toaster, von dem kleine Rauchwölkchen aufsteigen. »Ich glaube, es will etwas sagen«, bemerkt der Mann. Wo Form ist, muß wohl auch lesbarer Inhalt sein.

Umgekehrt ist die Form nur bewertbar, wenn man den Inhalt kennt. Im Rahmen seiner kunstethnologischen Forschungen bei den Nunivak-Eskimos zeigte Hans Himmelheber (1953:11) einem Schnitzer die Arbeit eines anderen Künstlers, ein ritzverziertes Stück Walroßelfenbein, und bat um sein Qualitätsurteil. Das sei alles schön und gut, sagte der Schnitzer, aber die Bilder sagten ihm nicht viel, weil er die Geschichte dazu nicht kenne.

Verstehen auf der Grundlage von Verwandtschaft setzt Gegenseitigkeit voraus. Verwandtschaft ist immer reziprok, wo ein Kind, da auch Eltern, und umgekehrt. »Equal goes it loose«, soll ein ehemaliger deutscher Bundespräsident vor Beginn einer Veranstaltung zur englischen Königin gesagt haben. Obwohl er sich der ihm wahrlich fremden Sprache bediente, war der Versuch, sich verständlich zu machen, erfolglos. Ebenso sind wohl Mitglieder eingeborener Gesellschaften vor den ihnen angeblich verwandten Werken der Moderne meist ratlos.

Die Geschichte der partiellen Rezeption des Fremden durch unsere Kultur ist weitgehend eine Geschichte von Irrtümern und Mißverständnissen. Es kann nicht bestritten werden, daß diese Mißverständnisse für unsere Kultur folgenreich waren. Das Chaos, in dem unsere Kunst gedeiht, oder das sie selbst ist, ist im Fall der Entnahme von Bruchstücken aus fremden Kulturen das Resultat dieser Extraktion: Was Teil einer fremden Ordnung war, erscheint, aus dem Zusammenhang gerissen, inkohärent und chaotisch. Die Erhitzung von Teilen der »kalten« Kulturen bewirkt eine Transformation von Ordnung in Chaos.

Die Geschichte der Beziehungen zwischen »indianischer« und moderner Kunst illustriert die Irrtümer, ihre Ursachen und ihre Folgen. Es ist nicht die Geschichte einer Verwandtschaft, sondern wenigstens teilweise die einer manchmal sogar wechselseitigen Freundschaft. Häufiger ist es eine Geschichte von *mistaken identities*, von »irrtümlichen Identitäten«, oder, frei übersetzt, »eine Verwechslungskomödie«.

Fast alles, was mit »Indianern« zu tun hat, ist ein Irrtum: Aus Winnetou spricht das deutsche Kleinbürgertum, die ökologische Rede des Häuptlings Seattle wurde von einem Professor der Universität Texas geschrieben, die Prophezeihungen der Hopi sind keine ewigen Weisheiten für die Welt, sondern politisches Instrument ethnischer Tagespolitik, »Indianer mit Schlag« wurden zu Ehren eines indischen Maharadscha erfunden, das Matriarchat der Irokesen ist weit davon entfernt, ein Matriarchat zu sein usw. Eigentlich sollte das niemanden wundern: Ebensowenig wie Kolumbus Amerika »entdeckt« hat, lebten in dieser für Europa neuen Welt »Indianer«. »Indianer« sind ein Konstrukt des eurozentrischen Weltbilds, das einerseits der intellektuellen Domestikation der Völker- und Kulturenvielfalt Amerikas und andererseits der Definition Europas selbst diente: »Indianer« sind das klassische »Andere«, das mehr über seine Erfinder preisgibt als über die Wirklichkeit des eingeborenen Amerika (vgl. Feest 1987, Lemaire 1986). Die fortschreitende Dekonstruktion des Mythos ist freilich nur dann fruchtbar, wenn sie nicht allein die Ideengeschichte Europas ausleuchtet, sondern auch die Sicht auf die Realität hinter dem Mythos verbessert, indem sie die hermeneutische Daumenschraube um eine weitere Windung fester anzieht. Von diesem unbescheidenen Wunsch sind die folgenden Ausführungen getragen.

Im Rahmen der Suche Europas (samt seiner transatlantischen Ableger) – und besonders jener der europäischen und amerikanischen Künstler – nach »Verwandtschaften in Geist und Form« mit anderen Kulturen der Welt nehmen die »Indianer« verglichen mit den Kulturen Asiens, Afrikas und Ozeaniens einen bescheidenen Platz ein. Trotzdem können auf dem gegebenen Raum lediglich Teilaspekte dieser »geheimnisvollen Wahlverwandtschaft

zwischen dem primitiven und modernen Kunstwollen«
betrachtet werden, deren Behauptung, wie Helmut
Schneider (1987b: 394) sagt, wenigstens zum Teil auch als
Antwort auf die Frage nach der Übersetzbarkeit und als
Legitimation der Aneignung des Fremden zu verstehen ist.
Es wäre aber verfehlt, die Auseinandersetzung ausschließlich als produktives Mißverstehen (Schneider 1987a: 142)
im ästhetischen Bereich zu deuten. So soll hier wenigstens
ein Aspekt der gesellschaftlichen Rahmenbedingungen angesprochen werden, die den Ablauf der durchaus unterschiedlichen Prozesse der irrtumbehafteten Rezeption von
»Indianerkunst« beeinflußt haben: Es ist der Identitäts-
aspekt, der allen Formen bildnerischen Ausdrucks anhaftet.

Niemand hat nur eine Identität. Abgesehen davon, daß
Personen sich als Individuen begreifen, verstehen sie sich
(und werden verstanden) als Mitglieder von Gruppen, die
durch Verwandtschaft, Alter, Geschlecht, Lokalität, Sprache, Religion oder Ethnizität auf verschiedenen Ebenen
der Zuordnung definiert sind. All diese Identitäten machen insgesamt das Wissen darüber aus, wer jemand oder
wer man selbst ist. Es wird aber von äußeren Umständen
abhängen, ob, wie und welche dieser Identitäten mittels
besonderer Kennzeichnung besonders betont werden
müssen. Derartige Identitätsmarkierungen sind Zeichen in
einem kommunikativen Prozeß zwischen dem Individuum und seiner sozialen Umwelt, und als Zeichen sind
sie willkürlich. Das heißt, daß man ohne Kenntnis des entsprechenden Lexikons das Bezeichnete aus dem Zeichen
nicht vorhersagen kann.

Wenn wir vom eingeborenen Nordamerika in seiner historischen Realität sprechen, so tritt uns als wesentlichstes
Merkmal seine Vielfalt von Identitäten an der Nahtstelle
des Kontakts mit Europa entgegen. Hunderte, teilweise
äußerst unterschiedliche Sprachen, ein Mehrfaches an politischen Einheiten, differenziert durch Gruppengröße,
Wirtschaftsweise und soziale Komplexität – von schwei-

fenden Jägergruppen bis zu Klassengesellschaften an der Schwelle der Staatenbildung. Diese Vielfalt hat sich in den fünf Jahrhunderten des transatlantischen Kulturkontakts durch die Entstehung neuer Kategorien der Identität eher vermehrt als vermindert: die Kategorie der Rasse etwa, die auf Grund der Möglichkeit der Rassenmischung zu einer sofortigen Zweideutigkeit der Zuordnung und zur Bildung neuer Gruppen (wie der dreirassigen Isolate in den amerikanischen Südstaaten) führte.

Die bedeutendste neue Kategorie war freilich die der »Indianer«: Anfangs und lange Zeit für die eingeborenen Völker völlig unverständlich, wuchs die Bedeutung der auf den Irrtum des Kolumbus zurückgehenden Kategorie mit der wachsenden Herrschaft der weißen Gesellschaften und ihrer Institutionen über das Leben der eingeborenen Bevölkerung. Nicht nur die Kategorie »Indianer« wurde von außen definiert, auch die Merkmale ihrer Kennzeichnung entsprangen einem europäischen Verständnis. Infolgedessen waren die eingeborenen Völker in zunehmendem Ausmaß gezwungen, diese fremden Zeichen ihrer neuen Identität zu benutzen, um mit der herrschenden Mehrheitsbevölkerung zu kommunizieren. Viele Weiße tun sich bis heute schwer, einen eingeborenen Amerikaner ohne Federkopfschmuck als »richtigen Indianer« zu akzeptieren. Wenn man mit George Kubler (1962: 1) das »Universum der vom Menschen gemachten Dinge« mit der Geschichte der Kunst gleichsetzt, also alles als Kunst versteht, was »künstlich« ist, und auch akzeptiert, daß der Mensch nur Dinge herstellt, die er für wünschenswert erachtet, muß man auch akzeptieren, daß für jede Gruppe von Menschen Kunst ein kulturell unterschiedlich konstituierter Bereich ist. Kulturen unterscheiden sich in ihren Bedürfnissen ebenso wie in ihren Fähigkeiten, Künstliches zu formen und ihm Bedeutung beizumessen. Der Plural »Künste« entspricht der Vielfalt der Kulturen, aber auch der Vielfalt künstlicher Dinge, die von einer menschlichen Gruppe produziert werden, der Vielfalt von Materialien,

Funktionen und Bedeutungen, sowie der Vielfalt individueller Fähigkeiten, Künstliches im Rahmen kulturspezifischer Erwartungen zu schaffen. Jedes Artefakt ist daher von sich aus ein Ausdruck der Identität: der individuellen Identität als Ausdruck individueller Talente, der Geschlechtsidentität durch das Vorhandensein geschlechtsspezifischer Stile auf der Grundlage geschlechtlicher Arbeitsteilung, der sozialen und kulturellen Identität durch Bedeutungen und Funktionen, aber auch durch Formen.

So wie hinsichtlich der Identitäten brachte der Kontakt der eingeborenen Völker Nordamerikas mit der euroamerikanischen Welt signifikante Änderungen im Hinblick auf die Künste: technologisch durch Einführung neuer Rohstoffe und neuer Geräte; ökonomisch durch Schaffung neuer Märkte, auf denen eingeborene Produkte an nicht-eingeborene Konsumenten verkauft werden konnten, was wieder Konsequenzen für Funktion, Bedeutung und Form der Produkte mit sich brachte; durch Zunahme der professionellen Spezialisierung im Bereich der Künste, die früher nur vereinzelt (etwa an der pazifischen Nordwestküste) vorhanden war; und schließlich durch die Einführung des europäischen Begriffs von »Kunst« selbst (vgl. Feest 1980).

Das westliche Konzept von »Kunst« ist natürlich genauso kulturell konstituiert wie der Bereich bildnerischer Formgebung in anderen Kulturen. Neben dem von einem kulturanthropologischen Standpunkt aus belächelnswerten Anspruch auf universelle Gültigkeit unterscheidet sich diese Sicht von den unterschiedlichen Konzepten im eingeborenen Nordamerika (und von fast allen anderen kulturspezifischen Definitionen dieses Bereichs in den Kulturen der restlichen Welt) durch eine Reihe von Rahmenbedingungen, die Joseph Alsop (1982) in seinen ›Rare Art Traditions‹ wenigstens für einen Ethnologen überzeugend dargestellt hat: Primärer Unterschied ist das Sammeln von künstlichen Gegenständen auf Grund ihrer Seltenheit (die sich unter anderem in der Individualität der

Hervorbringung begründen kann). Das Sammeln reißt nun Gegenstände aus einem ursprünglich immer gegebenen Funktionszusammenhang, dekontextualisiert das Objekt und führt zur Ablösung der Form von der Funktion. Das Sammeln führt zur Entstehung von Sammlungen oder Museen und zur Herausbildung eines speziellen Kunstmarktes, der durch die Marktmechanismen eine weitere Verknappung und damit Preis- bzw. Wertsteigerung bewirkt. Der erhöhte Wert läßt bis dahin sinnlose Fälschungen lukrativ werden und Antiquitäten als rar und häufig unfunktionell – als sammelnswert – erscheinen, statt sie wie bisher als wertlosen Abfall zu behandeln oder sie der Wiederverwertung zuzuführen. Die akkumulierten Sammlungen erlauben erstmals einen Blick auf die historische Entwicklung der Künste. Die daraus entstehende Kunstgeschichte führt in periodischen Abständen Neubewertungen vergangener Stile durch. Diese Entwicklung des europäischen »Kunst«-Begriffs ist im wesentlichen ein Produkt der Neuzeit seit der Renaissance. Im Zuge der beginnenden Sammeltätigkeit gelangten erstmals auch Gegenstände eingeborenen Kunstwollens aus Amerika in die Kunst- und Wunderkammern Europas, wo sie freilich die längste Zeit nicht den Artifizialien, sondern den Naturalien zugeordnet wurden. Es ist hier nicht der Platz, die Geschichte des Sammelns nordamerikanischer künstlicher Gegenstände zu detaillieren, und ich habe dies verschiedentlich an anderen Stellen getan (z. B. Feest 1984). Die Dekontextualisierung dieser Kunstprodukte im Milieu europäischer Museen war freilich die Grundlage ihrer »Entdeckung« als »Kunst« in einem europäischen Sinn, ein Vorgang, den James Clifford (1988b: 196) treffend als taxonomische Veränderung des sich verändernden westlichen Kunstbegriffs analysiert hat. Dies im pointierten Gegensatz zur Meinung von euroamerikanischen Künstlern und Kunsthistorikern, es handle sich dabei um die Fähigkeit einer sich als universell verbindlich betrachtenden Kunst, ihren kulturellen und historischen Kontext zu transzendieren (Rubin 1984: 73).

21

Grob gesprochen kann man sagen, daß die Artefakte aus dem fernen Amerika (und aus anderen Kontinenten) in Europa die längste Zeit auch als Kontrastmittel für die eigene Identität gebraucht wurden. Die evolutionistischen Modelle der Kunstgeschichte seit Semper plazierten die Erzeugnisse fremder Kulturen als »primitive Kunst« in die unteren Skalen der Entwicklungsreihe, die im Höhepunkt der europäischen Kunst des 19. Jahrhunderts kulminierte, ganz analog der Bewertung des gesellschaftlichen Entwicklungsstands dieser Völker. »Am Anfang war die Welt Amerika«, hatte John Locke schon im 17. Jahrhundert gelehrt. (Die Unterscheidung in »kalte« und »heiße« Künste ist letztlich nicht viel mehr als ein neues Wort- und Gedankenspiel mit dem alten Gegensatzpaar.) Der Paradigmenwandel der Moderne fußt auf dieser Anschauung, indem er in der Auseinandersetzung mit den vermeintlichen Ursprüngen eine Verjüngungskur sieht. Zugleich führt die Anerkennung der Werke fremder Kulturen, die als Rammbock zum Aufbrechen einer erstarrten Ästhetik dienen, als gleichwertig zu ihrer Integration in die sich als universell betrachtende europäische Kunst, und in der Tat kann man die Umarmung des Fremden auch als Versuch sehen, sich selbst die Universalität europäischen Kunstwollens zu bestätigen. Durch Assimilierung fremder Identitätsmerkmale hofft man die Enge der lokalen Identität zu durchbrechen. Die letztlich allegorisierende Behauptung von »Verwandtschaft« oder »Affinität« verdeutlicht den Anspruch auf eine neue, universelle Identität der europäischen Künstler (vgl. Clifford 1988b: 190).

Eingeborene Kunst aus Amerika spielte am Anfang dieser Entwicklung in Europa keine nennenswerte Rolle. Für Amerika selbst war der Ausgangspunkt der Fragestellung ein durchaus anderer, vor allem, weil die entscheidende Frage der Identität dadurch berührt wurde.

Diese Frage hat sich den weißen (und später auch schwarzen) Amerikanern spätestens seit der zweiten Generation ihrer Existenz in der Neuen Welt gestellt: ob sie denn nun noch Fremde oder tatsächlich schon richtige Eingeborene seien – Amerikaner dank göttlicher Fügung und nicht bloß aus geographischem Zufall. Waren sie aber bereits eingeborene Amerikaner, wie stünde es dann wohl mit jenen, die noch eingeborener sind als sie, der als »Indianer« pauschalierten Urbevölkerung? In den dreißiger und vierziger Jahren des 20. Jahrhunderts stellte sich diese Frage vor dem Hintergrund des Wandels von einer introvertierten, isolationistischen zu einer extrovertierten, zivilisationsmissionarischen Supermachtpolitik der USA. Ihre Beantwortung geht einher mit einem zweimaligen Wandel der Indianerpolitik und einer zweifachen Entdeckung der »Indianerkunst« durch weiße Künstler.

Für das Legitimationsproblem der amerikanischen Identität und das ihrer Abgrenzung von der Urbevölkerung gibt es zwei prinzipielle Lösungen:

1. Das weiße Amerika ist das Resultat höherer Vorbestimmung – der Fingerzeig des Schicksals wird gerade dadurch deutlich, daß das Alte dem Neuen Platz macht. In der Überwindung des Fremden (Roten) glorifiziert sich das nun unbestritten Eingeborene (Weiße). Das Massaker von Wounded Knee im Jahr 1890 ist dafür ebenso Symbol wie die Bronzestatue vom »Ende des Pfads«, an dem die »Indianer« angelangt seien, die James Earle Fraser für die Weltausstellung von San Francisco im Jahr 1915 herstellte – und die heute ironischerweise zu einem beliebten Motiv des eingeborenen Kunsthandwerks geworden ist.

2. Das weiße Amerika betrachtet sich als organischer und rechtmäßiger Nachfolger des roten. Diese Behauptung wird stets durch einen Unterbau aus frischem Mythos und symbolischem Gestus abgestützt.

Die Identitätsfrage wurde immer besonders virulent an jenen Punkten der historischen Entwicklung, an denen sich das weiße Amerika vom Kontinent der weißen Väter (Europa) differenzieren wollte. Etwa zu Beginn der amerikanischen Revolution, als sich die unzufriedenen Steuerzahler von Massachusetts bei der Boston Tea Party als

Rothäute kostümierten, bevor sie den Tee ins Wasser kippten. Nach erlangter Unabhängigkeit belebte die junge Republik – nach zwei Jahrhunderten britischer Ablehnung jeder Vermischungspolitik – den Mythos von der Indianerprinzessin Pocahontas, die einen englischen Siedler geehelicht und damit symbolisch die weiße Landnahme legitimiert hatte. Nicht nur in der Kunst bot die Behauptung einer wenn auch noch so symbolischen Verwandtschaft den Vorwand für die ungefragte Übernahme.

Perioden des amerikanischen Nativismus lassen sich auch als Folgen erhöhter Identitätskrisen nach starken Einwanderungsschüben sehen. Durch Isolationismus und Selbstbeschau soll in solchen Situationen Integrationsarbeit geleistet werden. So war es bei der Präsidentenwahl von 1856, als die geheimbündlerische Native American Party der Know-Nothing-Bewegung immerhin 21 Prozent der Wählerstimmen erzielte. So war es auch in der Zeit zwischen den beiden Weltkriegen, als die enormen Einwandererströme der Periode 1880 bis 1920 dem Schmelztiegel Amerika überantwortet wurden. Es ist kein Zufall, daß gerade in diese Periode auch zwei andere Phänomene fallen:

1. Die Wiederentdeckung der »Indianer« durch die Politiker.

2. Die Entdeckung der »Indianerkunst« durch die Künstler.

Der Wiederentdeckung der »Indianer« durch die Politiker war eine jener Perioden amerikanischer Eingeborenenpolitik vorangegangen, in denen man versucht hatte, die Reste der Stammesbevölkerungen zwangsweise zu integrieren – teilweise um Land für Einwanderer freizubekommen. Die Stämme hatte man, wo es ging, aufgelöst, ihre Landbasis zerschlagen. 1924 waren alle »Indianer«, die noch nicht amerikanische Bürger waren, per Gesetz zu solchen gemacht worden. 1932 aber wurde Franklin Roosevelt zum Präsidenten gewählt, der auch die Indianer als Teil seiner Wählerkoalition sah. Der von ihm zum Kommissar für Indianerangelegenheiten eingesetzte New Yorker Sozialreformer John Collier war wesentlich an der Ausformung der Idee beteiligt, die Stellung der Eingeborenen zu stärken, indem man die Stämme per Gesetz wieder zum Leben erweckte (Philip 1977).

Im ›Indian Reorganization Act‹ von 1934 spiegelt sich die Tatsache, daß auch hier die »Indianer« als Projektionsfläche weißer Utopien dienten. Das Gesetz sah bei näherer Betrachtung nicht vor, die Stämme so wiedererstehen zu lassen, wie sie existiert hatten, sondern mit Verfassungen, welche die demokratischen Prinzipien des weißen Amerika widerspiegelten. (Die »Indianer« als Erfinder der Demokratie in Amerika sind andererseits eine jüngere Erfindung der »Indianer« selbst, die damit wiederum ihre weiterhin besondere Stellung im mittlerweile weißen Amerika zu legitimieren trachten.) Das Gesetz von 1934 assimilierte das weiße Amerika an das eingeborene rote, indem es die Stämme nach seinem eigenen eingeborenen Bild formte.

Eine Hauptlinie der amerikanischen Entdeckung von »Indianerkunst« führt in die Künstlerkolonie Taos in New Mexico, unmittelbar dem traditionalistischen Pueblo von Taos benachbart, in dem der Reformer John Collier nach seinem Erstbesuch 1920 ein »rotes Atlantis« zu erkennen glaubte (Willard 1988). Colliers Gastgeberin war die New Yorker Millionärin Mable Dodge, die bald darauf einen Pueblo-Politiker heiratete und die vor allem im Sommer ihre weißen intellektuellen und Künstlerfreunde um sich versammelte, die sich in der würzigen Bergluft von New Mexico angesichts einer spektakulären Landschaftskulisse und vor dem Hintergrund sowohl älterer eingeborener als auch relativ alter spanischer Kolonialkultur der Inspiration hingaben. D. H. Lawrence, der Autor von ›Lady Chatterley's Lover‹, der hier seine Tuberkulose zu kurieren versuchte, war sicherlich das international bekannteste Mitglied dieser Kolonie, von den Malern waren wenige von mehr als regionaler Bedeutung. Einer von ihnen, der New Yorker John Sloan, begann sich um 1920 für die

Zeichnungen der Eingeborenen des Pueblo von San Ildefonso zu begeistern und organisierte eine Ausstellung ihrer Werke in New York. Was er vielleicht nicht genügend
wußte, war die Tatsache, daß diese Malerei keine traditionelle Stammeskunst war, sondern eine naive Malerei der
euroamerikanischen Tradition, ausgeführt von Eingeborenen im Bannkreis der Regierungsschulen, wiewohl zum
Mißvergnügen des Indianerbüros, dem selbst diese ge-
dämpfte Beschäftigung mit der eingeborenen Vergangenheit als zivilisationsfeindlich erschien. Sloan kümmerte
dies vergleichsweise wenig. 1931 schrieb er: »Die indianische Rasse besitzt ein angeborenes Talent für die schönen
und angewandten Künste. Der Indianer ist ein geborener
Künstler; im Besitz einer Fähigkeit zur Disziplin und
sorgfältigen Arbeit und eines feinen Sinns für Linien und
Rhythmus, Eigenschaften, die den mongolischen Völkern
zu eigen zu sein scheinen. (...) Der indianische Künstler
verdient es, als Modernist klassifiziert zu werden, seine
Kunst ist alt und dennoch lebendig und dynamisch; er ist
ein natürlicher Symbolist. Er ist mutig und vielseitig im
Gebrauch von Linie und Farbe. Seine Werke haben eine
primitive Direktheit und Stärke, gleichzeitig besitzen sie
aber Kultiviertheit und Subtilität. Indianische Malerei ist
gleichfalls modern und klassisch« (Sloan und LaFarge
1931: 13,15). – Zu »Indianer« paßt alles, eben weil der Begriff keiner Wirklichkeit entspricht.

Sloans Entdeckung war die einer tatsächlich historisch
in Geist und Form verwandten Kunst. Statt sie aber als
Ableger zu sehen, hielten er und andere sie für einen Ursprung. Dorothy Dunn, eine weiße Zeichenlehrerin, die
während der dreißiger und vierziger Jahre den Indianern
an der Kunstschule in Santa Fe beibrachte, wie sie »india-
nisch« malen sollten, machte den Versuch, die eingeborenen Roten als Vorläufer der weißen eingeborenen Kunst
zu sehen, deutlich. »Indianermalerei«, schreibt sie, »ist
nicht nur die erste Malerei, die der Kontinent überhaupt
hervorbrachte – sie ist auch die erste amerikanische

Malerei, in der ein abstrakter Stil und gewisse andere Charakteristika in einem fortgeschrittenen Ausmaß entwickelt wurden, die nunmehr gewöhnlich mit Gegenwartskunst assoziiert werden« (Dunn 1968: xxvi).

Die Entdeckung der Pueblo-Kulturen im seit 1880 durch die Eisenbahn touristisch gut erschlossenen Südwesten Nordamerikas durch die Künstler fand allerdings zuerst knapp nach 1910 im Museum für Völkerkunde in Berlin statt. Emil Nolde skizzierte 1911 eine Reihe von Kachina-Figuren, Abbilder übernatürlicher Wesen, die von Hopi-Vätern für ihre Töchter und zunehmend auch für den Verkauf an Touristen geschnitzt wurden. So wie Nolde wohl »die absolute Ursprünglichkeit, der intensive, oft groteske Ausdruck von Kraft und Leben in allereinfachster Form« faszinierte (Franzke 1982: 7–9), so fühlte sich auch Marsden Hartley unter dem Einfluß des »Blauen Reiters« in Deutschland zu den Ureinwohnern seiner Heimat hingezogen, als er 1914 ebenfalls in Berlin unter anderem auch Kachina-Figuren in seine Malerei absorbierte. Hartley, der ebenso wie Mable Dodge in New York zum Kreis um Alfred Stieglitz gehörte, wollte am liebsten Indianer werden und sich das Gesicht mit ihren Symbolen bemalen; 1920 verfaßte er einen Essay mit dem Titel ›Zeremonien des roten Mannes. Ein amerikanisches Plädoyer für eine amerikanische Ästhetik‹, in welchem er vorschlug, das ästhetische Nationalbewußtsein von dem der roten Männer abzuleiten (Levin 1984: 455–461).

Die erste Schau der europäischen und amerikanischen Moderne in den USA, die Armory Show von 1913 (bei der Hartley noch keines seiner Indianerbilder zeigte), führte nebst anderen zu einer kritischen Stellungnahme des Ex-Präsidenten Theodore Roosevelt, eines eingefleischten Anhängers der regionalistischen Malerei des amerikanischen Westens. In seiner Kritik an den Kubisten bietet er aber als hämisches Gegenbeispiel den »wirklich guten Navajo-Teppich in meinem Badezimmer« an: »Vom Standpunkt des dekorativen Werts, der Ehrlichkeit und des künstlerischen Verdiensts« sei sein Navajo-Teppich den Hervorbringungen der Kubisten weit überlegen (Janson 1965:192). Später hat sich die »colorfield painting«-Schule, vielleicht nicht ganz im Rooseveltschen Sinn, von der Navajo-Weberei inspirieren lassen.

Für Kachina-Puppen begannen sich spätestens ab den zwanziger Jahren auch die Surrealisten zu begeistern. André Breton und Max Ernst gehören zu jenen, die später den persönlichen Kontakt zu den Hopi suchten. Wie sehr es hier auch um Fragen der Identität geht, illustriert eine Äußerung eines der Biographen Bretons: »Und ist es zuviel gesagt, daß er Indianer vom Herzen her wurde?« (Man wird dabei unter anderem an ein Pamphlet der italienischen Studentenbewegung von 1977 erinnert, in dem es heißt: »War jemand mehr ein Indianer als Karl Marx?«; vgl. G. Mariani in Feest 1987:585–598.) Wie groß zugleich die Mißverständnisse waren, zeigt eine Äußerung Benjamin Pérets von 1942: »Ich denke an die Puppen der Hopi-Indianer Neu-Mexikos, deren Kopf manchmal ein schematisches mittelalterliches Schloß wiedergibt. Es ist dieses Schloß, in das ich einzudringen versuche. Es hat kein Tor, und seine Mauern haben die Stärke von tausend Jahrhunderten.« (Franzke 1982:10) Das Schloß war natürlich keines, aber verschlossen blieb es den meisten wohl trotzdem.

Mexiko mit seiner zahlenmäßig dominanten Mischlingsbevölkerung, der ihr eingeborenes Erbe vor allem äußerlich anzusehen ist, hatte es bei der Glaubhaftmachung der Kontinuität aus präkortesischen Zeiten leichter – auch wenn das Prinzip der Disjunktion im Panofskyschen Sinn Zweifel an der tatsächlichen Kontinuität rechtfertigt. Das mexikanische Beispiel ist für die USA der dreißiger und vierziger Jahre schon deshalb wichtig, weil die Revolution südlich des Rio Grande viele Ideale zu verwirklichen getrachtet hatte, die auch von amerikanischen Intellektuellen geteilt wurden. An der mexikanischen Revolution waren entscheidend auch Künstler beteiligt gewesen, die später zu den wirkungsvollsten Propagenten der offiziellen Revolutionsideologie des Indigenismus wurden – der Lehre, der moderne mexikanische Staat sei der unmittelbare Erbe des aztekischen Reichs.

Die Entdeckung der höfischen Kunst der Azteken war ein Aspekt der Mexiko-Rezeption durch den Westen; die Begegnung mit der indigenistischen Malerei der mexikanischen Muralisten ein anderer. Sowohl Diego Rivera wie José Orozco waren in den späten zwanziger und frühen dreißiger Jahren in den USA tätig, wo Künstler wie Jackson Pollock unter ihren Einfluß gerieten. Orozco etwa schuf 1932 bis 1934 das Monumentalfresko ›An Epic of American Civilization‹, das die Entwicklung der amerikanischen Zivilisation von der voreuropäischen Zeit bis ins Maschinenzeitalter zeigte (Rodriguez 1967: 165–167, Fig. 167–173). Das Wandgemälde befindet sich im Dartmouth College in Hanover, N. H., im 18. Jahrhundert als Indianerschule gegründet und bis heute ein Zentrum eingeborener Schulbildung weißen Zuschnitts. Ein Einfluß der Muralisten zeigt sich auch in den Fresken, die nordamerikanische Indianerkünstler in den dreißiger Jahren in WPA-Projekten verwirklichten. Zugleich bestärkten sie jene weißen Maler, die im Eingeborenen nicht das Fremde, sondern die eigene Wurzel sahen.

Auf der surrealistischen Karte der Welt, die 1929 in ›Varietés‹ erschien, bestand Nordamerika im Norden von Mexiko nur aus Labrador, Alaska und den Queen Charlotte-Inseln an der pazifischen Nordwestküste (Maurer 1984: 556). Das zeigt nicht allein, daß den Surrealisten damals die USA recht zuwider waren, sondern daß die Nordwestküste und insbesondere die Haida der Queen Charlotte bereits einen festen Platz in ihrer geistigen Topographie einnahmen. (Daß die Hopi nicht extra aufscheinen, mag an mangelnder Differenzierung zwischen Mexiko und New Mexico liegen.) Die Grundlagen dafür sind einerseits – wie im Fall von Picassos Afrika-Epiphanie – in den Sammlungen des damaligen Trocadéro-Museums zu suchen, andererseits im Einfluß von Marcel Mauss, dem

Ethnologen, der das Bindeglied zwischen Durkheim und Lévi-Strauss darstellt, zugleich aber auch die Verbindung zwischen den Surrealisten und der Ethnologie (Clifford 1988a: 122–129). James Clifford (1988a: 121) hat das Verhältnis von Surrealisten und Ethnographen treffend als Inversion beschrieben: Während die Ethnographie das Fremde verständlich macht, indem sie es in einen Sinnzusammenhang stellt, verfremdet der Surrealismus das Bekannte, indem er es aus dem Zusammenhang reißt. Vom Standpunkt der beschriebenen Kultur nimmt freilich der Ethnograph vielfach die Rolle des Surrealisten ein. Ein erheblicher Teil der von den Surrealisten empfundenen Affinität etwa zur Nordwestküstenkunst bestand andererseits darin, daß ihnen lediglich bereits aus dem Sinnzusammenhang gerissene Bruchstücke der fremden Kultur zugänglich waren.

Auffallend ist, daß der stilistische Einfluß der Nordwestküstenkunst auf die Surrealisten gering ist, obwohl man hier gleich anfügen muß, daß an der Küste nebeneinander extrem unterschiedliche Stile existierten (und heute wieder existieren): ein wirklich abstrakter Korbflechtstil der Frauen (der von den weißen Künstlern nie rezipiert wurde); ein ausgeklügelt formalisierter, darstellender »Formlinienstil« in der Malerei, der auch in der Gestaltung mancher Schnitzwerke (wie Totempfählen) eine Rolle spielt; und ein betont naturalistischer Schnitzstil (vor allem bei Masken und deutlich gefordert vom weißen Käufermarkt ab dem 19. Jahrhundert). Von Berufskünstlern hergestellt, weisen die Werke der Nordwestküste einen hohen technischen Standard auf, der den Surrealisten ebenso imponiert haben muß wie die mythisch-literarische Qualität dieser bildenden Kunst.

Während die in der amerikanischen Emigration lebenden Surrealisten in den vierziger Jahren die Gelegenheit nutzten, Belegstücke der Nordwestküstenkunst als geistesverwandte Produkte zu sammeln, war die Wirkung derselben Kunst auf die amerikanischen abstrakten Expressionisten wie Adolph Gottlieb, Mark Tobey oder Barnett Newman deutlich identitätsbezogen. Insbesondere bei Tobey sind auch erkennbare formale Anleihen festzustellen (vgl. Varnedoe 1984: 620, 629).

Barnett Newman hat sich in den Jahren 1944 bis 1947, besonders in einer Reihe von Katalogvorworten für Betty Parsons in New York und in anderen Essays, zur Affinität der Abstrakten sowohl zur präkolumbischen Steinskulptur als auch zur Nordwestküstenkunst geäußert (vgl. Heynen 1985). Schon die Tatsache, daß er sich gerade diesen beiden fremden Kunstformen zuwendet, mag – wenigstens für jene, die den Unterschied kennen – verdeutlichen, daß es ihm nicht um ein Verstehen des Besonderen ging, sondern um eine Demonstration des Allgemeinen.

Im Fall der präkolumbischen Kunst sieht Newman einen Beleg für ein in der Entstehung befindliches gesamtamerikanisches Bewußtsein, das nicht unwesentlich in der ernsthaften Betrachtung eingeborener Hervorbringungen einer als Kunst von Europa unabhängigen Tradition jungen amerikanischen Künstlern ein emotionelles Argument für die Behauptung einer von Europa unabhängigen Eigenart geben soll. Obwohl Newman weitgehend davor zurückscheut, unmittelbare ästhetische Lehren aus der altamerikanischen Formensprache zu ziehen, verweist er ausdrücklich positiv auf die Fähigkeit präkolumbischer Künstler zur Abstraktion – wobei anzumerken wäre, daß es innerhalb der vorspanischen Kunst Mexikos sowohl abstrahierende wie naturalistische Traditionen gegeben hat und daß man bei der Abstraktion kaum von positivem Abstraktionswillen der Erzeuger ausgehen kann. Auch hier bestätigt primär die arbiträre Auswahl aus der Vielfalt die eigenen Vorurteile. In präkolumbischer Kunst die »Herrschaft des reinen Gedankens« sehen kann nur, wer über die ideologischen Zusammenhänge hinwegsieht, in denen sie entstanden und zu verstehen ist. Nur durch die Verfremdung, die Dekontextualisierung und Sinnveränderung beinhaltet, entsteht die Affinität beliebiger Kulturtraditionen mit der Moderne.

31

Bei einiger Kenntnis der ethnographischen Verhältnisse kann man nicht umhin, den Kopf zu schütteln, wenn Newman die heraldische Kunst der pazifischen Nordwestküste in Unkenntnis der stilistischen Grammatik als abstrakten Text liest und ihre formalen Eigenheiten (wie z. B. die Spaltdarstellung) wörtlich nimmt und darin »die metaphysischen Muster des Lebens« zu erkennen glaubt. Aber auch hier zielt Newman primär auf die Legitimierung einer von Europa unabhängigen, eingeborenen amerikanischen Moderne ab. Dies und wohl nicht primär das rassistische Klima der USA hat seitens der amerikanischen Moderne zu einer Bevorzugung der »Indianerkunst« vor der Kunst Afrikas geführt (vgl. Varnedoe 1984: besonders 624). Der Kampf gegen Hitlerdeutschland und die augenscheinliche Vernichtung Europas ließen einen aus amerikanischen Traditionen gespeisten Neubeginn sinnvoll erscheinen. Daß Newman sich zur Argumentation derselben Nordwestküstenkunst bediente wie die durchaus gegensätzliche Ziele verfolgenden Surrealisten, ist nur ein weiterer Beleg für die erdachte Natur der Affinitäten.

Genau in dieser Periode, gegen Ende des Zweiten Weltkriegs, kippt die amerikanische Indianerpolitik wieder einmal ins andere Extrem. An Stelle der Förderung der Stammesautonomie tritt die Idee der »Termination«, ein böses Wort in so unmittelbarer Nähe von Auschwitz. Nachdem Amerika sich selbst den Eingeborenen-Status bestätigt hat, kann es daran gehen, endlich auch die »fremden Eingeborenen« zu assimilieren. Die Terminationspolitik beabsichtigt, die Stämme aufzulösen und die Eingeborenen von ihren Reservationen in den Schmelztiegel der Städte zu verpflanzen.

Am Ende des Krieges, am 19. 2. 1945, beginnt die amerikanische Armee mit der Invasion Japans, indem fünf Soldaten auf der Insel Iwo Jima das Sternenbanner hissen. Das Foto – im übrigen nach Abschluß der Aktion gestellt – geht um die Welt und dazu die Information, einer von den fünfen sei Ira Hayes, ein Pima-Indianer. Ira Hayes ist der

Eingeborenen-Mythos des Zweiten Weltkriegs, eine männliche Pocahontas der Jahrhundertmitte. So wie Newman sicherlich geglaubt hat, daß die Nordwestküstenkünstler die Grundleger einer amerikanischen Abstraktion waren, so glaubte das weiße Amerika in Ira Hayes die Überwindung der Indianerkriege zu erleben: Hier kämpften nicht mehr Weiße gegen Indianer, sondern weiße und rote Eingeborene gemeinsam gegen das bedrohliche Fremde. Aber, wie Peter LaFarge, dessen Vater gemeinsam mit John Sloan ein Dutzend Jahre zuvor eine große Ausstellung über Indianerkunst organisiert hatte, in seiner Ballade von Ira Hayes sagt, »sie ließen ihn die Fahne hissen und einholen wie man einem Hund einen Knochen hinwirft«. Ira Hayes starb in Vergessenheit als Alkoholiker auf seiner Heimatreservation. In ähnlich grundsätzlicher Borniertheit vereinnahmt die euroamerikanische Kunst die musealen Aspekte fremder Traditionen, ohne sich viel um deren eigentliche Erben zu scheren.

Literatur

Alsop, Joseph: The Rare Art Traditions. The History of Art Collection and Its Linked Phenomena Wherever These Have Appeared. New York 1982.
Clifford, James: On Ethnographic Surrealism. In: Ders.: The Predicament of Culture. Cambridge, Mass. 1988, S. 117–151.
Clifford, James: Histories of the Tribal and the Modern. Ebd., S. 189–214.
Dunn, Dorothy: American Indian Painting of the Southwest and Plains Areas. Albuquerque 1968.
Feest, Christian F.: Native Arts of North America. London 1980.
Feest, Christian F.: The Arrival of Tribal Objects in the West: From North America. In: »Primitivism« in 20th Century Art. Hrsg. W. Rubin, New York 1984, S. 85–98.
Feest, Christian F. (Hrsg.): Indians and Europe. Aachen 1987.
Franzke, Andreas: Kachina in der Kunst des 20. Jahrhunderts. In: Kachina-Figuren der Pueblo-Indianer Nordamerikas aus der Studiensammlung Horst Antes. Hrsg. H. Antes, Stuttgart 1982, S. 5–19.

Heynen, J.: Barnett Newmans Texte zur Kunst. Studien zur Kunstgeschichte. Hildesheim 1985.

Himmelheber, Hans: Eskimokünstler. 2. Aufl., Eisenach 1953.

Janson, H. W. (Hrsg.): American Art 1700–1960. Englewood Cliffs
1965.

Kubler, George: The Shape of Time. Remarks on the History of Things.
New Haven 1962.

Lemaire, Ton: De Indiaan in Ons Bewustzijn. De Ontmoeting van de
Oude met de Nieuwe Wereld. Baarn 1986.

Levin, Gail: American Art. In: »Primitivism« in 20th Century Art. Hrsg.
W. Rubin, New York 1984, S. 453–474.

Maurer, Evan: Dada and Surrealism. In: »Primitivism« in 20th Century
Art. Hrsg. W. Rubin, New York 1984, S. 535–594.

Philip, K. R.: John Collier's Crusade for Indian Reform, 1920–1954.
Tucson 1977.

Rodriguez, Antonio: Der Mensch in Flammen. Wandmalerei in Mexiko
von den Anfängen bis zur Gegenwart. Dresden 1967.

Rubin, William: Modernist Primitivism. An Introduction. In: »Primitivism« in 20th Century Art. Hrsg. ders., New York 1984, S. 1–83.

Schneider, Helmut: Verfremdende Spiegelungen. Europas Dialog mit
der Kunst der Welt. In: Exotische Welten – Europäische Phantasien.
Hrsg. T. Osterwold u. H. Pollig, Stuttgart 1987, S. 142–149.

Schneider, Helmut: Von der Fabrikation des Exotischen zur Erfindung
des Primitiven. Ebd., S. 392–399.

Sloan, John u. Oliver LaFarge: Introduction to American Indian Art.
The Exposition of Tribal Indian Arts. 1931; Nachdr. Glorieta 1970.

Varnedoe, Kirk: Abstract Expressionism. In: »Primitivism« in 20th Century Art. Hrsg. W. Rubin, New York 1984, S. 615–659.

Willard, William: The Plumed Serpent and the Red Atlantis. In: The Wi-
cazo Sa Review 4 (1988), H. 2, S. 17–30.

Bernd Peyer

Bildende Kunst als indianischer Geltungsbeweis

Indianische Gegenwartskunst schöpft ihre innovative Kraft aus dem vielschichtigen Spannungsfeld zwischen den indigenen Gemeinschaften, der anglo-amerikanischen Gesellschaft und der Individualität der Protagonisten. In den USA bilden indianische Kommunen kulturelle Inseln, die durch sprachliche, spirituelle, soziale und materielle Eigenarten gekennzeichnet sind. Man könnte dieses Erbe als ethnischen Code ansehen, der jeder Gemeinschaft ihr besonderes Gepräge verleiht. Darüber hinaus eignet es sich als verläßliche Meßlatte kultureller Vitalität im neo-kolonialen Klima des 20. Jahrhunderts. Doch erzwingen exogene Faktoren, etwa Assimilationsdruck und ökonomischer Mainstream, auch die Bereitschaft zu kreativer Veränderung. Der Spagat zwischen Beharrung und Wandel kann nur gelingen, wenn die nationale Gesellschaft kulturellen Pluralismus duldet. Der indianische Künstler, Mittler und Moderator, treibt auf einem Ozean, dessen launische Strömungen ihn bald dahin, bald dorthin werfen. Gewöhnlich versorgt ihn sein traditioneller Hintergrund mit der nötigen Inspiration, während er aus dem gesamtgesellschaftlichen Warenhaus neue Techniken und Materialien bezieht. Das Ergebnis ist im Idealfall ein dichter, sich stetig rückkoppelnder Kommunikationsfluß. Mit anderen Worten: indianische Kunst gerät in Bewegung – sie entwickelt sich.

Leider stoßen künstlerische Aperçus in der Regel an die eher konservativen Beschränkungen des Marktes. Mäzene, Kritiker, Galeristen beschneiden oft innovative

Ursprünglich erschienen u. d. T. Art and Native American Self-Assertion. In: European Review of Native American Studies 5 (1991), H. 2, S. 7–10. Übersetzt von Wolfgang Müller.

35

Triebe oder lassen sie durch Kooptation verdorren. Besonders augenfällig wird dies in der künstlichen Trennung von »Kunstklassikern« und »folk art« oder »ethnic art«. Derlei Grenzziehungen gehorchen bestimmten, gängigen Klischees verpflichteten Mustern (normative Ästhetik) und gerinnen zu rigiden Leitlinien, die neue Formationen definieren: »Ethno-Kunst« – und hierzu zählt man auch die Werke indianischer Maler – hat demnach schlicht, farbenfroh, natürlich, naiv oder exotisch zu sein; nur dann gilt sie als »authentisch« und läßt sich gegen »hohe Kunst« abgrenzen. Erfüllt die Arbeit eines indianischen Künstlers diese Kriterien nicht, fällt sie in Bann oder erhält nur dann Absolution, wenn Modifizierungen vorgenommen wurden, die ihre Kategorisierung erlauben.

Wie die Entwicklung indianischer Gegenwartskunst, ihre Themenwahl und ihre Ausführung in dem oben skizzierten Spannungsfeld verlief, kann beispielhaft an der sogenannten »traditionalistischen« Malerei des Südwestens und des Bundesstaates Oklahoma nachvollzogen werden, ebenso die anhaltenden Versuche der Künstler, aufgeprägte Restriktionen zu durchbrechen.

Kiva-Muralien, Felsbilder, Keramikdessins und Sandbilder sind zeitgenössischen Indianerkünstlern des Südwestens lauterster Quell nie versiegender Eingebung. Tatsächlich verströmt das Land im Gehrungspunkt der Bundesstaaten Utah, Colorado, New Mexico und Arizona jene Aura der Zeitlosigkeit, die auch Generationen weißer Künstler und Schriftsteller faszinierte. Südwestkunst war (und ist) der Spiritualität verpflichtet. Religiöse Themen finden sich auf Kivawänden, an Felsen, auf Tongeschirr und selbst auf Textilien. Hier wickeln sie einen Leitfaden ab, der aus dem Dämmer der Vorgeschichte geradewegs in die Gegenwart führt.

Als der Ethnologe Jesse Walter Fewkes um 1890 drei Hopi beauftragte, sein Buch über Kachinas zu illustrieren – ein Werk, das am Anfang moderner Indianermalerei im Südwesten steht –, mußte er deshalb nur ein neues Medium schaffen: Zeichenpapier und dazu Malstifte. Motive und Duktus (zweidimensionale Darstellung ohne Hintergrund, Betonung zeremonieller Paraphernalien) waren bereits auf Kiva-Muralien in Awatowi, Kawaika-a oder Pottery Mound präsent. Begleitet vom Auftritt indianischer Protagonisten auf der anglo-amerikanischen Kunstszene, lag mit der Akzentverschiebung expressiver Elemente aus ihrem kommunalen und zeremoniellen Zusammenhang in den Blickpunkt der breiten Öffentlichkeit freilich ein weiteres Novum vor. Die drei Hopi signierten ihre Werke nicht, denn sie fürchteten Repressalien von seiten ihrer Gemeinschaft, wo man die Rolle von Künstlern als transkulturelle Botschafter noch nicht akzeptierte. Vielmehr sahen die Hüter der Tradition in der Veröffentlichung heiliger Dinge, die vor den Augen Fremder geschützt werden mußten, ein Sakrileg, und einige Pueblos pflegten Verstöße gegen diese Regel mit Ausweisung zu bestrafen.

Um die Jahrhundertwende allerdings, als Schienenstränge den Südwesten erreichten und Bürger aus den Städten des Ostens immer häufiger indianisches Kunstgewerbe erstanden, wandelten kommerzielle Überlegungen in den Pueblogemeinden auch das Image einheimischer Künstler. Kunst hatte nunmehr eine Doppelfunktion: Zum einen wirkte sie weiter als religiöses Instrument, andererseits wuchs ihre Bedeutung als selbst-expressives, ökonomisch unterlegtes Medium in der Außenwelt. Gewissermaßen bildete dieser Anpassungsschritt die Verlängerung jahrhundertealter intertribaler Handelsbeziehungen, zwischen deren Feldlinien sich auch die Weitergabe neuer Wertvorstellungen und Techniken vollzogen hatte. Nach einem Vorschlag von Edward P. Dozier wird die Teilhabe an der »Software« zweier kultureller Module als »Kompartualisierung« (compartmentalization) bezeichnet.

Zu Beginn des 20. Jahrhunderts gelang Pueblo-Malern wie Alfonso Roybal, Crescencio Martinez, Fred Kabotie und Otis Polelonema – allesamt Exponenten der »San

Ildefonso-Schule« – der Sprung aus dem Schatten künstle-rischer Anonymität. Kunstliebhaber und -förderer wie Elizabeth Richards von der San Ildefonso Day School, Ed-gar L. Hewitt vom Museum of New Mexico oder Dorothy Dunn, die in Santa Fe ein Malstudio leitete, stellten diesen Autodidakten Räumlichkeiten zur Verfügung und ließen sie mit Wasser- oder Ölfarben experimentieren. Allmäh-lich wurden die Arbeiten exakter. Sie genügten fortan auch euro-amerikanischen Standards. Insgesamt jedoch ähnelte ihr Duktus noch immer jenen Kachina-Zeichnungen, die in Fewkes' Buch erschienen waren. In Dorothy Dunns Studio fanden die »Traditionalisten« ab 1932 zu der For-mel, die ihr Genre auszeichnete: harte, sorgfältig ausge-malte Konturlinien, fehlende Schattierungen, blanker Hintergrund, Zweidimensionalität und – vor allem – The-matisierung der traditionellen Lebensweise. Dieses Re-zept, vom Kunstmarkt kanonisiert, avancierte in der Folge zum Verkaufsschlager in den Vereinigten Staaten.

Die Malerei der Plains-Indianer aus Oklahoma (dem früheren Indian Territory) weist andere Züge auf als die der Pueblo-Gruppen, entwickelte sich aber unter ähnli-chen Vorzeichen. Ihre traditionelle Kulisse sind bilder-schriftliche Darstellungen auf Bisonhäuten sowie Tracht-applikationen aus Baumstachlerborsten oder Glasperlen. Bekanntlich ist die Reiterjägerkultur der Plains eine relativ junge Anpassung, stimuliert durch die von spanischen Ex-peditionen eingeführten Pferde. Die auf Bisonjagd ge-stützte, ungebundene Lebensweise der Steppenvölker ließ sich im 20. Jahrhundert nicht länger aufrechterhalten, und sie war deshalb stärker sozialen Verwerfungen ausgesetzt als die der seßhaften Pueblo-Indianer. Jagd und Krieg hat-ten die Entstehung kleiner, hochmobiler Gemeinschaf-ten begünstigt, in denen Individualität großgeschrieben wurde. Die Plainskunst spiegelt derlei kulturelle Ausfor-mungen wider. Die auf Bisonhäuten überlieferten Pikto-graphien beispielsweise illustrieren Visionen bestimmter Personen oder memorieren individuelle Verdienste und außergewöhnliche Taten Einzelner. Besonders jene Kompositionen, die um das Verdienstwesen kreisen, zeigen üblicherweise die Aktionen stabartig stilisierter Gestalten. Während Künstler aus dem Südwesten ein ruhigeres Ambiente wählten, in dessen Mittelpunkt sie Gemeinschaftsrituale stellten, bevorzugten ihre Plains-Antipoden bewegte Szenarien.

Ihren Anfang nahm die moderne Variante der Plains-Malerei 1875 in Fort Marion, Florida. Dort ermunterte man internierte Kiowa, Arapaho, Cheyenne und Comanche aus dem Indianerterritorium, Episoden aus ihrem Leben bildlich festzuhalten. Da es vielfach an geeignetem Papier mangelte, behalfen sich die Gefangenen auch mit Kassenbüchern *(ledger books)*, so daß der Begriff »Ledger Drawings« für diese frühen indianischen Papierzeichnungen heute allgemein eingebürgert ist. Wie im Südwesten blieben die Motive erhalten, gewannen aber durch die Verwendung von Malstiften, Wasserfarbe und Tinte an Detailtreue, Proportionalität, linearer Perspektive sowie größerer Geschlossenheit. Die Abschottung hinter Gefängnismauern, sinnfälliger Ausdruck der Endzeitstimmung vieler Plainsbewohner, förderte bei den Internierten nostalgische Rückschau, dokumentiert durch eine farbenfrohe Parade prächtiger Kostüme (inklusive neuer Accessoires wie Hüte und Regenschirme), aufgezäumter Pferde, durch Jagdszenen und Feste. Ethnologen erkannten den Wert solcher Darstellungen für die Rekonstruierung früherer Verhältnisse, und auch bei Reisenden und Sammlern erfreuten sich »Ledger Drawings« wachsender Beliebtheit. Um die Jahrhundertwende war so eine Kunstrichtung entstanden, die sich immer enger an europäische Vorbilder anlehnte, wobei die Zeichenhaftigkeit alter Bilderschriften allmählich verlorenging.

Gegen 1920 wurde Oscar Jacobson auf eine Gruppe von Kiowa-Autodidakten aufmerksam. Er lud sie ein, an der University of Oklahoma ihre künstlerischen Fähigkeiten zu vervollkommnen. Dort erhielten sie Malutensilien, sollten aber ihre eigene Handschrift entwickeln. In der Tat fanden die »Kiowa Five« zu einem unverwechselbaren Duktus, der sich von dem der »San Ildefonso-Schule« durch kräftigere Farben, malerische Trachten, grelle Peyote-Visionen und bewegtere Szenen unterschied. Wie ihre Zeitgenossen im Südwesten bevorzugten die Kiowa klare Linien ohne Schattierungen und Farbüberschneidungen. Auch ihren Arbeiten fehlt ein gestalteter Hintergrund. Das Œuvre der »Kiowa Five« erreichte 1928 auf einer Kunstausstellung in Prag, der kurz darauf in Frankreich aufgelegte Portfolios folgten, ein internationales Publikum und bildete fortan die Richtschnur »traditionalistischer« Plains-Malerei.

1938, drei Jahre nach Gründung von Dorothy Dunns »Studio« in Santa Fe, wurde am Bacone College in Muskogee, Oklahoma, das Indian Art Department aus der Taufe gehoben. Auch diese Institution hatte sich der Förderung traditionalistischer Kunst verschrieben. Als richtungweisend galten die Arbeiten der »Kiowa Five«, es sollten aber gleichwohl Anregungen aus dem Südwesten aufgegriffen werden. Indianische Maler traten als Tutoren auf, was der Emanzipation indigenen Kunstschaffens gewaltigen Auftrieb gab. »Studio«, Bacone College und das 1935 ins Leben gerufene Arts and Crafts Board, eine Sektion des Bureau of Indian Affairs, hatten ein Pflänzchen gehegt, das bald erste Früchte trug. Die Protagonisten zeigten sich immer souveräner im Umgang mit Technik und früher unüblichen Stilmitteln: Das Personal ihrer Darstellungen gewann durch räumliche Perspektive schärferes Profil. Menschen und Tiere wurden anatomisch getreuer abgebildet. Man benutzte Öl-, später auch Acrylfarben. Unberührt von solchen Trends blieb die Themenwahl. Obwohl die Maler mittlerweile – etwa anläßlich von Ausstellungen – in regem Austausch standen, war ihre künstlerische Heimat stets deutlich auszumachen. Traditionalisten aus dem Südwesten, wie der verstorbene Raymond Naha oder Pablita Velarde, schöpften ihre Motive aus dem Fundus des zere-

moniellen Brauchtums (Kachina-Tänze) ihrer Herkunfts-
orte, wobei sie größte Sorgfalt auf ethnographische Details
verwendeten. Blackbear Bosin oder Rance Hood wiederum inszenierten dramatische Déjà-vus, in denen die
Plainskultur des 19. Jahrhunderts Auferstehung feierte.

Von den dreißiger Jahren bis in die Gegenwart beherrschten »traditionalistische« Genres aus Oklahoma
und dem Südwesten den amerikanischen Kunstmarkt. So
wurde diese Sparte zum Synonym für Indianermalerei
schlechthin, ähnlich der »naiven« Stilrichtung in Haiti, die
nach außen hin das gesamte Kunstschaffen der Inselrepu-
blik repräsentiert. Zwar gewannen die indianischen Maler
ihre Inspiration aus dem vertrauten Umfeld, die Kanoni-
sierung ihrer Arbeiten übernahmen jedoch externe Kräfte.
Nicht-Indianer beschreiben, definieren oder bewerten den
Kunstgegenstand, und sie bestimmen den künftigen Ent-
wicklungskurs. Man gewinnt ferner den Eindruck, als mo-
nopolisiere die monetäre Potenz der nationalen Gesellschaft den schöpferischen Elan, der aus den künstlerischen
Gestaltungen ethnischer Minderheiten zu uns spricht. Le-
bendiger, sich selbst fortschreibender Kunst droht so die
Gefahr, daß ihre Aussagen zu wohlfeilen Stereotypen erstarren.

Doch in indianischen Kunstzirkeln war man längst
wach geworden und hatte versucht, sich aus der Enge be-
reitgestellter Schablonen zu befreien. Bemühungen, die
nationale Gesellschaft mit eigenen Ideen zum Bedeutungs-
wandel indianischer Kunst unter dem Vorzeichen der Moderne zu konfrontieren, reichen bis an den Beginn des 20.
Jahrhunderts zurück. Bereits 1911, auf der Gründungsver-
sammlung der Society of American Indians, des ersten
pantribalen Treffens indianischer Intellektueller, in Co-
lumbus, Ohio, wurde über diesen Punkt leidenschaftlich
debattiert. Im Widerstreit der Meinungen stand damals
freilich hauptsächlich die Frage, wie sich Künstler im
Reizklima der offiziellen Allotment-Politik verhielten.
Eine Teilnehmerin, Angel De Cora Dietz, veröffentlichte

nichtsdestoweniger etliche Artikel, in denen sie das kreative Potential indianischer Kunst würdigte. Besucher ihrer Kurse, die sie zwischen 1906 und 1915 in Carlisle abhielt, ermutigte sie, traditionelle Motive mit denen anderer Herkunftsgebiete, beispielsweise Dessins asiatischer Kulturen, zu kombinieren. Erst in den sechziger Jahren sollten derlei Experimente Nachahmung finden.

Eine Handvoll Künstler, namentlich Oscar Howe, Joe Herrera und Dick West, unternahmen schon recht früh Anstrengungen, sich von Normen, die Bacone und Dorothy Dunns »Studio« gesetzt hatten, zu lösen. Insbesondere gilt dies für Howes Ausflüge in den Kubismus ab den dreißiger Jahren, doch dauerte es Jahrzehnte, ehe die Öffentlichkeit seine Adaptionen würdigte. Bis 1962, als das renommierte Institute of American Indian Art (IAIA) seine Pforten öffnete, waberte die traditionalistische Paideia demnach praktisch unangefochten durch den Äther der indianischen Kunstszene.

Das IAIA war ein Kind der Bürgerrechtsbewegung, deren Sog auch Indianer und andere ethnische Minderheiten erfaßte, und des liberaleren Geistes der Kennedy-Regierung, die den »Ersten Amerikanern« mehr selbstbestimmte Nischen zubilligte. Wiesen Strömungen, die die Gründung von Kunstakademien während der Ära des »Indian Reorganization Act« begleiteten, noch klar in Richtung traditionalistischer Beharrung, frei von allen denkbaren modernen Einflüssen, kehrte sich der Trend nun um, und es entstanden experimentelle Freiräume. Indianische Aktivisten waren angetreten, auseinanderfallenden Reservationsgemeinschaften frischen Wind und neues Leben einzuhauchen. Fortgeblasen wurde schal gewordene Traditionspflege und – in maßgeblichen Teilen – ersetzt durch eine Politik des Laissez-faire, von der bildende Kunst und Literatur immens profitierten.

IAIA-Studenten wurden nun auch mit zeitgenössischen nicht-indianischen Kunstrichtungen vertraut. Vor allem die Verpflichtung von Fritz Scholder als Ausbilder brachte

Schwung in die Ideenfabrik des IAIA. Scholder und seine Schüler machten Anleihen bei Expressionismus und Pop-art. Sie entfesselten damit eine regelrechte visuelle Rebellion gegen den Traditionalismus. Nach wie vor waren die Motive klar indigen, doch zeichneten sie realistischere und bisher vernachlässigte Facetten indianischen Lebens in den USA nach – soziale Probleme und politische Repression. Bewußt fügte man karikierende Elemente in die Darstellungen ein, um sich gegen die, wie es hieß, »Bambi-Schnulzen« der Traditionalisten abzusetzen.

Wie nicht anders zu erwarten, ernteten die Rebellen herbe Kritik. Die neue Spielart sei unästhetisch und verleugne indianische Wurzeln. Doch schon bald bewies der Kunstmarkt seinen wetterwendischen Charakter. In der Zeit des politischen Aufbruchs hatte sich auch der Geschmack der Kunstrezipienten gewandelt. Die Pop-Indianer Scholders oder T. C. Cannons fanden wohlmeinende Rezensenten, und jeder Galerist, der auf sich hielt, buhlte um das Recht, die Werke ausstellen zu dürfen. Manche Arbeiten erzielten schwindelerregende Verkaufssummen. Bilder, auf denen traditionalistischen Stereotypen der Kampf angesagt wurde, erhielten die Weihe »höherer« Kunst, doch hemmten solcherlei Stempel jedwede Weiterentwicklung. Fritz Scholders neuere abstrakte Werke erfuhren nicht annähernd dieselbe Aufmerksamkeit wie seine älteren Arbeiten, und über eine eventuelle künstlerische Weiterentwicklung T. C. Cannons sind nur Spekulationen möglich, da der Künstler Opfer eines tragischen Unfalls wurde.

Nach diesen Ausführungen nimmt es nicht wunder, daß man in den achtziger Jahren den Aufbruch zu neuen künstlerischen Ufern probte. Die, die sich der Bewegung – ein Sammelbecken unterschiedlichster Strömungen – anschlossen, sind zumeist Absolventen renommierter amerikanischer und europäischer Kunstfachschulen. Dort spielte der ethnische Hintergrund keine Hauptrolle bei der Lehrplangestaltung, und viele Akademieabgänger kamen weder aus dem Südwesten noch aus Oklahoma. Diesem Umstand ist ihr individualistischer Duktus zu verdanken, der sich nicht immer mit dem indianischen Erbe verträgt. Nicht wenige Maler starteten ihre Karriere abseits der Vor- und Nachteile des etablierten Kunstzirkus. Einige, darunter der abstrakte Illusionist James Havard, in dessen Œuvre bei oberflächlicher Betrachtung indianische Referenzpunkte ganz zu fehlen scheinen, antizipierten aktuelle Stiltrends; andere überraschten mit Adaptionen konventioneller »Western Art«, ohne allerdings in die Nähe traditionalistischer Bildauffassungen zu geraten. All diese Künstler sind zwar indianischer Abstammung, sie paßten aber nicht mehr unbedingt in das Klischee »Indian Art« – ein Begriff, der nun plötzlich Gefahr lief, hohl zu werden. Mit Kategorien wie »individualistisch«, »non-konformistisch«, »panindianisch« und »experimentell« versuchten Sachverständige, ihren Acker neu zu bestellen, doch unterstreichen die genannten Etiketten nur die allgemeine Konfusion.

Die ethnische Provenienz dieser heterogenen Schar erwies sich nun allerdings als instrumentelle Klammer, geradeso, wie sie die Traditionalisten einst zusammengeschweißt hatte. Obwohl es die Nonkonformisten ablehnten, in ein und dieselbe Schublade gesteckt zu werden, fühlten sie sich einander nahe. Zufällige Treffen auf Ausstellungen, Mundpropaganda und Feuilletonberichte, die bestimmte Künstler vorstellten, dienten dem Kennenlernen und bauten Zug um Zug ein informelles Netz auf, das mehr einer Selbsthilfegruppe denn einer Kunstbewegung glich. Wiewohl ausgeprägte Individualisten, teilten alle den Wunsch, sich in ihrer Kreativität und als Angehörige einer Minderheit frei entfalten zu können – ledig vom Ballast jedweder Stereotypisierung. Da sie die Spielregeln des Marktes kannten, rührte einer für den anderen fleißig die Reklametrommel. 1981 organisierten das C. N. Gorman Museum an der Universität von Kalifornien in Davis und das Museum of the Southwest in Midland, Texas, eine

Werkschau unter dem Titel ›Confluences of Tradition and Change‹. Die Aussteller, Exponenten stark divergierender Stilrichtungen, kamen aus jedem Winkel der USA. In den Begleitschriften der Veranstaltung, der rasch ähnliche Foren folgen sollten, analysierten Beteiligte die Arbeiten von Kollegen – eine exorbitante Provokation des anglo-amerikanischen Kunst-Establishments, zu dessen Erbhöfen die Kritik gehörte.

Mit dieser neuen Entwicklung verlor die indianische Kunstbewegung in den Vereinigten Staaten ihre Unilinearität. Wer die abstrakten Gemälde von George Longfish oder Emmi Whitehorse betrachtet, dürfte nur noch schwer einen Verbindungsstrang zur angestammten Kultur erkennen. Kritiker und Kunsthistoriker müßten die indianische Gegenwartsmalerei eigentlich individueller beurteilen, so wie man es mit Werken der euro-amerikanischen Traditionen zu tun pflegt. Die Arbeiten wären dann als Partikel universeller Strömungen zu verstehen, wobei der ethnische Hintergrund als zusätzlich differenzierender Faktor dienen könnte. Glücklicherweise gibt es aber im Schaffen der meisten nicht-traditionalistischen Maler, die oben erwähnten eingeschlossen, auch Belege für Kontinuität. So werden in den abstrakten Bildern Dan Naminghas Fewkes' Kachinas wiederbelebt, Randy Lee Whites Kollagen wecken Erinnerungen an Ledger-Zeichnungen und Jaune Quick-to-See Smiths Leinwände spiegeln Gestaltungen uralter Felsbildkunst wider. Tricksterhafte Skurrilität beherrscht Richard Glazer Danays Brief/Bild-Arrangements und Plastiken, während die zarten Pastellkompositionen von Frank La Pena alte Legenden zu spiegeln scheinen. Weitere Beispiele wären mühelos beizubringen. Mit ihnen multiplizierte sich die Zahl der Kunstbeflissenen und ihrer jeweiligen Entwicklungsphasen. Denjenigen aber, denen an bündigen Aussagen und Zuordnungen liegt, wird dieser mächtig angeschwollene Strom indianischer Kunstauffassungen noch so manches Kopfzerbrechen bereiten.

Literatur

Brody, J. J.: Indian Painters and White Patrons. Albuquerque 1971.

Hertzberg, Hazel W.: The Search for an American Indian Identity. Syracuse 1971.

Highwater, Jamake: Songs from the Earth. Boston 1976.

Hoffmann, Gerhard (Hrsg.): Indianische Kunst im 20. Jahrhundert. München 1985.

Longfish, George u. Joan Randall: Contradictions in Indian Territory. In: Contemporary Native American Art. Stillwater 1983.

Schulze-Thulin, Axel: Indianische Malerei in Nordamerika. Stuttgart 1973.

Silberman, Arthur: 100 Years of Native American Painting. Oklahoma City 1978.

Tanner, Clara Lee: Southwest Indian Painting. Tucson 1957.

Wade, Edwin L. u. Rennard Strickland: Magic Images. Norman 1981.

PETER BOLZ

Indianer als Öko-Heilige?
Gedanken zur Entlarvung eines neuen Klischees

In einer Welt, die dem Untergang geweiht zu sein scheint,
wenn wir mit der Ausbeutung und Zerstörung unserer Umwelt so weitermachen wie bisher, möchten sich Ökologen
und Indianerfreunde die Ureinwohner Nordamerikas zum
Vorbild nehmen: »Wie kann man den Himmel kaufen oder
verkaufen – oder die Wärme der Erde? Diese Vorstellung ist
uns fremd … Jeder Teil dieser Erde ist meinem Volk heilig,
jede glitzernde Tannennadel, jeder sandige Strand, jeder
Nebel in den dunklen Wäldern, jede Lichtung, jedes sum-
mende Insekt ist heilig, in den Gedanken und Erfahrungen
meines Volkes.« Dieses Zitat aus der wohlgesetzten und so
überzeugend klingenden Rede des Häuptlings Seattle, die
dieser angeblich 1855 vor dem Präsidenten der Vereinigten
Staaten gehalten hat (die wahrscheinlich aber aus der Feder
eines weißen Dichters stammt, wie Rudolf Kaiser kürzlich
dargelegt hat), macht deutlich, um was es geht: um ein allgemeines Konzept »der Indianer«, wie man mit Natur und
Umwelt umzugehen habe. Grundlage ist das »traditionelle« indianische Verhalten, wobei es überhaupt keine
Rolle zu spielen scheint, welcher Kultur oder welchem
Stamm der einzelne Indianer angehörte, ob er im hohen
Norden der Jagd nachging, an der Küste Fischfang betrieb,
seinen Lebensunterhalt als einfacher Sammler oder als Bisonjäger bestritt, oder ob er Mais und andere Pflanzen an-
baute und diese auch noch künstlich bewässerte, wie dies im
Südwesten der Fall war – alle Indianer scheinen die gleiche
Umweltschutzphilosophie besessen zu haben: Die Erde
und alles was darauf fleucht und kreucht ist heilig, und was
heilig ist, verkauft man nicht, beutet man nicht aus usw.

Ursprünglich erschienen als Diskussionsbeitrag in: amedian 5 (1982), S. 27–28; in
der hier wiedergegebenen Fassung in: incomindios 27 (1983), S. 14–18.

47

Aber es waren nicht nur Ökologen oder weiße Indianer-freunde, die fleißig am Bild der Indianer als »Öko-Heili-gen« bastelten, sondern auch indianische Aktivisten wie z. B. Vine Deloria, der in seinem Buch ›Nur Stämme wer-den überleben‹ die Weißen auffordert, indianische Verhal-tensweisen zu übernehmen, um überleben zu können. Die Seattle-Rede wurde hier bei uns offenbar zum Glaubens-bekenntnis eines universalen panindianischen Umweltver-ständnisses hochstilisiert, das es in dieser Form niemals ge-geben hat. Für die indianische Realität hat sie etwa den gleichen Stellenwert wie die Straßenverkehrsordnung für einen Besucher von einem fremden Stern, der sich über die wahren Zustände auf unseren Straßen informieren will: Idealbild und Wirklichkeit klaffen hier wie dort weit aus-einander.

Es ist unbestreitbar, daß es in verschiedenen indiani-schen Gesellschaften, vor allem unter den subarktischen Jägervölkern, eine Jagdethik gegeben hat, die es verbot, Wild in unbeschränkter Menge zu töten. Der Mensch fühlte sich gegenüber der Natur verantwortlich, und es gab daher zahlreiche Tabus und religiöse Vorschriften, die die Jagd einschränkten. Ein weiterer Faktor, der die Über-jagung des Wildes in voreuropäischer Zeit verhinderte, war die geringe Bevölkerungsdichte in Nordamerika (selbst wenn man von einer Bevölkerungszahl von fünf bis zehn Millionen ausgeht, wie heute vielfach angenommen wird), so daß die Indianer bei der Ausbeutung ihrer Um-welt in dem riesigen Kontinent, den sie bewohnten, keinen großen Schaden anrichten konnten. Für die meisten India-ner in Nordamerika bot die Natur genügend Nahrung und Rohstoffe, so daß keine Notwendigkeit bestand, größere Eingriffe in den ökologischen Haushalt vorzunehmen. Wozu sollte man mehr jagen, als man zum Leben brauchte?

Allerdings gibt es Beispiele dafür, daß diese so einsichtig anmutende Verhaltensweise nicht immer praktiziert wurde. Bis in die historische Zeit hinein benutzten die Indianer der Plains eine Jagdmethode, die gar nicht in unser Bild paßt, Indianer hätten immer nur so viele Tiere getötet, wie sie zum Leben brauchten: Hunderte von Bisons wurden über Felsklippen gejagt, wo sich die Tiere zu Tode stürzten. Nur ein Bruchteil des dabei anfallenden »Fleischberges« konnten die Indianer nutzen, den Rest mußten sie verkommen lassen. In der Ausgrabungsstätte »Vore Site« in den Black Hills hat man die Überreste von über 10 000 (die Ausgräber Reher und Frison schätzen sogar bis 20 000) Bisons gefunden, die in den Jahren zwischen 1500 und 1800 die Klippen dieses »Buffalo Jumps« herabstürzten.

Die Mythe, Indianer hätten alles am Bison genutzt und nichts verkommen lassen, wurde bereits von George Catlin widerlegt, der von einer Sioux-Gruppe berichtet, die im Mai 1832 an einem Nachmittag 1400 Bisons niedermachte und ihnen lediglich die Zungen herausschnitt, um sie in dem nahegelegenen Fort Pierre gegen einige Gallonen Branntwein einzutauschen.

Solche Beispiele, die es aus der Zeit des Pelzhandels zu Dutzenden gibt (siehe die Diskussion bei Calvin Martin und Shepard Krech), werden vielfach als Dekadenzerscheinung abgetan, verursacht durch die Lockungen der Zivilisation. Ich bezweifle jedoch, daß man Indianern einen Gefallen damit tut, wenn man ihr Verhalten nach dem Kontakt mit den Weißen allein den »brutalen Methoden der europäischen Eroberer« zuschreibt, wie dies Matthias Dietz-Lenssen tut, oder sie gar als Drogen- bzw. Alkoholabhängige bezeichnet. Das würde nämlich bedeuten, daß Indianer in dem Augenblick, in dem sie mit Weißen in Kontakt kamen, für ihr Handeln nicht mehr verantwortlich zu machen sind. Damit gibt man nachträglich denjenigen recht, die die Indianer im 19. Jahrhundert zu »Mündeln« der amerikanischen Regierung erklärt haben, zu Menschen also, die nicht selbständig denken und handeln können und deshalb den »Großen weißen Vater« in Washington als Vormund brauchen.

Was aber hatte die Ankunft der Weißen bei den Indianern bewirkt, daß sie so unverantwortlich handelten? Auf einmal gab es materielle Güter, die ihnen bis dahin völlig unbekannt waren: eiserne Geräte und Waffen, Wollstoffe, Glasperlen und anderen Schmuck, Alkohol, Zucker und sonstige Genußmittel. Die einzige Möglichkeit, an diese Fülle von Neuheiten heranzukommen war neben dem Raub der Handel mit Fellen. Nachdem die betreffenden Stämme sich erst einmal an diese neuen Dinge gewöhnt hatten, setzten sie alles daran, sie sich auch weiterhin zu verschaffen. Und hier erhebt sich die Frage: Wenn diese Indianer tatsächlich so wahrhafte Ökologen waren, wie behauptet wird, warum waren sie dann sofort bereit, ihr Jagdethos aufzugeben und jedem Pelz nachzujagen, dessen sie habhaft werden konnten, nur um an die europäischen Handelswaren heranzukommen? Die für mich einleuchtendste Antwort lautet: Weil Indianer eben auch nur Menschen sind, und keine Heiligen.

Spätestens jetzt werden die Anhänger der Mutter-Erde-Philosophie einwenden, daß es ja vor allem eine bestimmte Geisteshaltung der Indianer sei (wie sie z. B. in der Rede Seattles zum Ausdruck komme), die das indianische Denken vom europäischen Denken grundlegend unterscheide: auf der einen Seite religiös bzw. »spirituell« geprägte Wertvorstellungen und Verhaltensweisen, auf der anderen Seite rationales Verständnis, Konsumgesellschaft, hochentwickelte Technologie usw. Meiner Meinung nach enthält die Konstruktion dieser Gegensätze nicht nur die Gefahr der Pauschalisierung, sondern vor allem die der Idealisierung (wenn nicht gar der Ideologisierung), indem man die philosophischen Vorstellungen einzelner geistiger Führer (sogenannter »Elders«) oder einzelner Stämme (wie z. B. die Friedensphilosophie der Hopi) auf alle Indianer Nordamerikas überträgt und so zu einem philosophischen Einheitsbrei kommt, den es in der Realität bei Indianern nie gegeben hat. Aber es ist natürlich einfacher, sich aus allen möglichen Bruchstücken eine eigene »Indianerphilosophie« zurechtzubasteln oder sich auf die Lektüre der Rede Seattles zu beschränken, als sich intensiv mit den unterschiedlichen weltanschaulichen (und damit auch umweltbezogenen) Grundhaltungen der verschiedenen indianischen Kulturen zu beschäftigen, um dadurch zu einem differenzierten und wahrhaftigen Bild indianischen Denkens und Fühlens zu kommen.

Ich habe oft den Eindruck, daß es einige »Indianerfreunde« nur schwer verkraften, wenn man an dem Idealbild, das sie vom Indianer schlechthin haben, auch nur im geringsten rüttelt. Bevor die Weißen kamen, gab es für sie nur die heile, problemlose Indianerwelt, in der es offenbar nur »spirituell« zuging. Erst nach dem Kontakt mit den Weißen kam es angeblich zu einer Änderung der Geisteshaltung, die es erst ermöglichte, den Indianer nach weißem Muster zu »zivilisieren«. »Wenn es dann zu Exzessen einzelner Stämme oder Gruppen kam, so dürfen wir diese Ausschweifungen nicht auf die gesamte indianische Grundhaltung induktiv übertragen«, meint beispielsweise Klaus Mohr.

Was die fundamentalen Unterschiede zwischen indianischer und europäischer Denkweise betrifft, so möchte ich zu bedenken geben, daß die Geisteshaltung, die z. B. dem Potlatch der Nordwestküstenindianer zugrunde liegt, gar nicht so weit von europäischem Konsum- und Prestigedenken entfernt ist. Bei dieser Geschenkverteilungszeremonie ging es u. a. darum, seinen Konkurrenten mit allen Mitteln auszustechen, wobei man sich auch nicht scheute, Kriegsgefangene zu töten, um damit seine Macht und seinen Reichtum unter Beweis zu stellen. War die Geisteshaltung derjenigen Indianer, die den Krieg und das Töten von Feinden als das wichtigste Mittel zur Erlangung von Ruhm und Ehre permanent betrieben haben und selbst vor der Ausrottung ganzer Stämme nicht zurückscheuten, um ihren Machtbereich auszudehnen, soviel anders als die der europäischen Eroberer?

Damit ich nicht mißverstanden werde, möchte ich betonen, daß ich die Indianer hier keinesfalls als Umweltzerstörer oder gar als kriegslüsterne Wilde verteufeln will. Ich möchte sie lediglich so sehen, wie sie sind, nämlich als Menschen mit Fehlern und Schwächen, wie andere auch, und nicht als Übermenschen, die moralisch unantastbar sind und alle Probleme mit ihrer Umwelt jederzeit fest im Griff haben.

Unsere heutigen Umweltprobleme sind das Ergebnis einer rasanten technologischen Entwicklung in den letzten 200 Jahren, wofür es im voreuropäischen Amerika keinerlei vergleichbare Entwicklungen gegeben hat. Daß die Indianer Nordamerikas keine »brennbaren« Flüsse erfanden, wie Vine Deloria ironisch bemerkt, lag wohl weniger an einem besonders ausgeprägten Umweltbewußtsein, als vielmehr daran, daß sie niemals die technologischen Möglichkeiten dazu hatten und somit auch niemals für solche »zivilisationsbedingten« Umweltschäden verantwortlich zu machen sind. Damit ist es für einige der zahlreichen reisenden »Propheten« unter den Indianern, die sich in Europa bereits einen sehr gewinnbringenden Markt für ihre »indianische« Philosophie erschließen konnten, ein leichtes, sich selbst als die geborenen Naturschützer zu präsentieren und sich als Vorbild für zivilisationsmüde Ökofreaks hinzustellen, die sich heute begierig und dankbar alles verkaufen lassen, was als »spirituell« gilt.

Das soll nicht heißen, daß die verschiedenen Auffassungen, die die unterschiedlichen indianischen Gruppen von Natur und Umwelt haben, für uns ohne Wert seien, oder daß wir nicht daraus lernen könnten, doch meine ich, daß wir die Lösung unserer von uns selbst verursachten Umweltprobleme selbst in die Hand nehmen müssen. Wir können uns nicht einfach hinstellen und sagen: Wir sind mit unserer zivilisatorischen Weisheit am Ende, jetzt müssen die Indianer her, um unsere Probleme zu lösen. Die Flucht, die viele der sogenannten »Aussteiger« in fernöstliche oder indianische Weltanschauungen angetreten haben, ist in meinen Augen eine Flucht vor der Verantwortung, sich den Problemen in unserer Gesellschaft zu stellen und selbst aktiv zu werden.

Das besonders innige Verhältnis, das die meisten Indianergruppen auf Grund ihrer größeren Abhängigkeit von der Natur und auf Grund bestimmter religiöser Vorstellungen zu ihrer Umwelt hatten (und größtenteils noch haben), wird von diesen Leuten zu einer Umweltschutzphilosophie umgedeutet, wie sie in voreuropäischer Zeit bei Indianern Nordamerikas niemals vorhanden war.

Damit haben wir Europäer es wieder einmal geschafft, den Indianern ein neues Klischeebild anzudichten. Nach dem unzivilisierten Heiden kam der edle Wilde, dann der blutrünstige Skalpjäger, der heldenhafte Freiheitskämpfer, die sterbende Rasse, der arbeitsscheue Alkoholiker, der linke Stadtguerilla und jetzt der Öko-Heilige. Ich bin gespannt, für welche unserer europäischen Probleme und Ideologien die Indianer als nächstes herhalten müssen.

Nachwort 1993

Selbst zehn Jahre nach seinem Erscheinen hat dieser Diskussionsbeitrag kaum etwas von seiner Aktualität verloren. Einige Europäer sehen heute zwar etwas kritischer auf das, was indianische »Propheten« an »Botschaften« bei uns verbreiten, doch gibt es gleichzeitig eine immer größer werdende Schar von Anhängern indianischer Esoterik. Die Flut der Literatur dazu nimmt kein Ende, wobei sich immer mehr Indianer selbst als »Mutter Erde«-Autoren betätigen. Bedenklich ist die immer größer werdende Zahl von jungen Leuten, die sich auf den Indianerreservationen tummeln, um dort ihr spirituelles Seelenheil zu suchen.

Allerdings tragen viele prominente Indianer (oder solche, die es werden wollen) selbst zu dieser Entwicklung bei, indem sie bei jeder Gelegenheit ihre hausgemachte Mutter-Erde-Umweltschutz-Philosophie verbreiten und es offensichtlich genießen, dabei von weißen Anhängern umlagert zu sein.

Das Klischee vom Indianer als Öko-Heiligen ist bei Indianern so gut angekommen, daß es bereits einen Teil ihrer heutigen Kultur bildet. Nicht einmal das Tragen von Federhauben als »indianisches« Abzeichen hat sich so schnell und vollständig im indianischen Amerika verbreitet wie dieses neue positive Image, das zwar jeder historischen Grundlage entbehrt, aber so schön ins Weltbild des ausgehenden 20. Jahrhunderts paßt. Nach all den negativen Klischeebildern der letzten 500 Jahre brauchen Indianer offensichtlich die weltweite Anerkennung, die in diesem neuen Klischee steckt. Sie sehen sich als die designierten Hüter von Mutter Erde, die von den modernen Industriegesellschaften immer mehr zerstört wird.

Diese neue Identität dient augenscheinlich als Ersatz für den Verlust von persönlichen oder kollektiven Identitäten, die der Prozeß der Akkulturation und der Integration in die dominante weiße Gesellschaft mit sich brachte. Die weitgehend kritiklose Akzeptanz dieses von Indianern verbreiteten Klischees durch die weiße Gesellschaft kann als ein symbolischer Akt der Wiedergutmachung gedeutet werden.

Literatur

Catlin, George: Die Indianer Nordamerikas. Berlin 1924.
Deloria, Vine: Nur Stämme werden überleben. München 1976.
Dietz-Lenssen, Matthias: Indianer als Öko-Heilige. Zur Relativierung einiger Fakten. Diskussionsbeitrag in: amedian 2 (1983), S. 18.
Kaiser, Rudolf: Die Rede des Häuptlings Seattle. In: amedian 4 (1983), S. 13–14.
Krech, Shepard (Hrsg.): Indians, Animals, and the Fur Trade. A Critique of ›Keepers of the Game‹. Athens 1981.
Martin, Calvin: Keepers of the Game. Indian-Animal Relationship and the Fur Trade. Berkeley 1978.
Mohr, Klaus: Chief Seattle – ein Öko-Heiliger? Diskussionsbeitrag in: amedian 2 (1983), S. 16–17.

Reher, Charles A. u. George C. Frison: The Vore Site, 48CK302, a Strati-
fied Buffalo Jump in the Wyoming Black Hills. Plains Anthropologist,
Memoir 16, 1980.
Seattle, [Noah]: Wir sind ein Teil der Erde. Die Rede des Häuptlings Se-
attle vor dem Präsidenten der Vereinigten Staaten von Amerika im
Jahre 1855. Olten 1982.

Als Kontrast zu all den indianischen »Weisheiten« auf dem deutschen
Büchermarkt seien als kritische Lektüre empfohlen:

Bolz, Peter: Das Indianerbild Europas. In: Indianer Nordamerikas,
Kunst und Mythos. Ausstellungskatalog Ingelheim 1993, S. 68–79.
Brandes, Volkhard, u. a.: Gegen Ende der Reise. Auf der Suche nach der
indianischen Botschaft. Frankfurt a. M. 1983.
Davies, Ann Leslie: Auf den Spuren der Erlöser ins Indianerland. In: In-
dianer Nordamerikas, S. 16–25.
Gerber, Peter R.: Der Indianer – ein homo oecologicus? In: Religiöse
Wahrnehmung der Welt. Hrsg. F. Stolz, Zürich 1988, S. 221–244.
Schmidt, Dorothea: Indianer als Heilsbringer. Ein neues Klischee in der
deutschsprachigen Literatur? Frankfurt a. M. 1988.

BERND PEYER

Wer hat Angst vor AIM?

Mehr als jede andere politische Organisation nordamerikanischer Indianer hat das American Indian Movement
(AIM) öffentliche Aufmerksamkeit erfahren. An deutschen Schulen und Universitäten schlägt AIM-Kämpfern
kaum getrübte Sympathie entgegen, ein Phänomen, das
vom Lehrbetrieb nur zögernd rezipiert wird. Das wenige,
was in deutscher Sprache über die Bewegung existiert, haben Studenten und Journalisten zusammengetragen. Be-
amtete Akademiker hingegen schöpfen höchst selten aus
diesen Quellen, hauptsächlich deswegen, weil den Informanten wissenschaftliche Qualifikation fehlt oder ihnen
der Hautgout politischer Dissidenz anhaftet. Indem sie einer Auseinandersetzung mit dem Thema ausweichen, tragen Hochschullehrer jedoch selbst ein gerüttelt Maß Mit-
schuld an der Mystifizierung, die AIM hierzulande um-
wallt. Vergegenwärtigt man sich, daß die Aktivitäten der
Organisation mittlerweile 16 Jahre (Juli 1968 bis Juli 1984)
überspannen, scheint eine Betrachtung aus wissenschaftlicher Sicht dringend geboten. Der vorliegende Aufsatz will
hierzu beitragen.

Die Affinität zwischen deutschen Jungakademikern und
AIM wurzelt im Studentenprotest der sechziger und siebziger Jahre. Ein Leitmotiv studentischen Aufbegehrens war
Solidaritätsbekundung mit Sozialrebellen der »armen«
Welt und mit dem Kampf unterdrückter ethnischer Minderheiten, oft in Anlehnung an die amerikanische Bürgerrechtsbewegung. Arbeitsgruppen, die sich in diesem Sinne
mit Indianern beschäftigten, wurden bereits zu Beginn der

Ursprünglich erschienen u. d. T. Who is Afraid of AIM? In: Indians and Europe.
Hrsg. Christian F. Feest, Alano edition herodot, Aachen 1989, S. 551–564. Übersetz-
zung von Wolfgang Müller.

sechziger Jahre gebildet, doch erst der 1972 unter Beteiligung von AIM-Aktivisten durchgeführte »Trail of Broken Treaties« oder die Besetzung von Wounded Knee 1973 bestärkten bei uns das Klischee vom nordamerikanischen Indianer als Widerstandskämpfer gegen »das System«, insbesondere den US-Kapitalismus. Poster von Geronimo oder Sitting Bull wurden neben die von Che Guevara gehängt, und der AIM-»Krieger« galt fortan als Reinkarnation jener verblichenen Widerständler.

Gleichzeitig kleideten sich AIM-Funktionäre ins Diplomatengewand. Zusammen mit anderen Indianern organisierten sie 1974 auf der Standing Rock-Reservation in South Dakota den International Indian Treaty Council (IITC). Das erklärte Ziel des IITC war, die Aufmerksamkeit der Welt auf indianische Probleme zu lenken und die US-Regierung internationalem Druck auszusetzen. Clyde Bellecourt, ein prominentes AIM-Mitglied, bereiste im selben Jahr auf Einladung des Weltkirchenrates Europa. 1975 autorisierten Dennis Banks und Vernon Bellecourt das erste AIM-Solidaritätsbüro in West-Berlin. Kurz darauf überzog ein Netz von Filialen die gesamte Bundesrepublik. Der IITC erhielt 1977 als nicht-staatliches Organ (NGO) Konsultativstatus bei den Vereinten Nationen. Repräsentanten nahmen im gleichen Jahr an der in Genf ausgerichteten »International NGO Conference on Discrimination Against Indigenous Populations in the Americas« und an der 1981 ebenfalls in Genf abgehaltenen »International NGO Conference on Indigenous Peoples and the Land« teil. Auch das 4. Internationale Russell-Tribunal 1980 in Rotterdam wurde vom IITC beschickt. AIM-Aktivisten besuchten derweil zu den verschiedensten Anlässen mehrere europäische Staaten.

Im deutschsprachigen Raum haben vor allem die Gesellschaft für bedrohte Völker, der 1969 gegründete deutsch-österreichische Zweig von Survival International, und das International Committee for the Indians of the Americas (INCOMINDIOS), 1974 in der Schweiz konstituiert, mit

AIM zusammengearbeitet. ›Pogrom‹, die Dokumentationsschrift der Gesellschaft für bedrohte Völker, berichtet regelmäßig über die Minderheitenproblematik beider Amerika und bietet AIM-Vertretern reichlich Platz für ihre Ansichten. Auch ›incomindios‹, die Hauspostille der Schweizer Organisation, sieht Vorgänge im indianischen Nordamerika des öfteren durch die AIM-Brille.

Ein anderes wichtiges deutsches Periodikum ist der ›Rundbrief‹ (›Indianer und Stammeskulturen heute‹), der unter verschiedenen Herausgebern zwischen den frühen siebziger Jahren und 1982 erschien. Des weiteren wäre eine ganze Reihe kleinerer, meist sporadisch und in bescheidener Auflage zirkulierender Publikationen zu nennen, darunter etwa die ›Danai Notes‹ von der »Deutschen Arbeitsgruppe für Nordamerikanische Indianer«. Manchmal bringen auch Vereine, die nicht ausschließlich auf die Materie festgelegt sind, subjektbezogene Informationen, z. B. die »Grüne Kraft« in ihrer Ökologiebroschüre ›Grüner Zweig‹ (18, 1973 und 22, 1974).

Das einzige weitere deutschsprachige Magazin von Gewicht, das sich mit indianischer Zeitgeschichte beschäftigt, ist ›amedian‹. Die Schrift wird seit 1972 vom Deutsch-Indianischen Kreis ediert. Da sich ›amedian‹ als politisch unabhängiges Organ versteht, blieb dort allerdings die Resonanz auf AIM-Aktivitäten vergleichsweise gering.

Neben der Gesellschaft für bedrohte Völker und INCOMINDIOS gibt es in unserem Raum zahlreiche Zirkel, die eng mit AIM kooperieren. Man bezeichnet sie für gewöhnlich als Unterstützungsgruppen *(Support Groups)*. Weil diese Zusammenschlüsse in der Regel klein sind und ebenso rasch verschwinden, wie sie entstehen, fällt es schwer, ihre Spur zu verfolgen. Unterstützungsgruppen rekrutieren ihre Mitglieder meist im studentischen Milieu. Sie bedürfen offizieller Sanktionierung durch AIM-Obere, ehe sie ihre Arbeit aufnehmen können. Als eine der rührigsten Support Groups gilt der Hamburger Sprengel, der 1977 eine Broschüre mit dem Titel ›Indianer im Widerstand‹ herausbrachte. Um das in einschlägigen Kreisen gewachsene Interesse zu befriedigen, erschien 1980 unter derselben Überschrift eine aktualisierte Ausgabe von der mit den Hamburgern liierten Unterstützungsgruppe Neumünster. Diese Veröffentlichungen, pro-AIM ausgerichtet, enthalten kurze Abhandlungen über historische Auseinandersetzungen zwischen Indianern und Weißen, Interviews mit AIM-Führern sowie Zusammenfassungen von AIM-Aktionen. Das meiste hier aufbereitete Material ist Nachlese von Artikeln, die in den ›Akwesasne Notes‹ gedruckt wurden. Diese indianische Zeitung bildet zweifelsfrei die Primärquelle, über die der Nachrichtenbedarf aller obenerwähnten Publikationen abgedeckt wird.

Hauptanliegen der AIM-Unterstützungsgruppen und ähnlicher Verbindungen im deutschsprachigen Gebiet ist die Öffentlichkeitsarbeit, insbesondere die Übermittlung zeitgeschichtlicher Ereignisse im indianischen Nordamerika. Zu dieser Arbeit gehören auch Spendenaufrufe. Mehrere direkt oder indirekt involvierte Personen haben Beiträge zum Verständnis indianischer Politik und Alltagsproblematik verfaßt, die sich weiter Verbreitung erfreuen. Dazu zählen Carl-Ludwig Reicherts ›Red Power‹ (1974), Claus Biegerts ›Seit 200 Jahren ohne Verfassung‹ (1976) und ›Indianerschulen‹ (1979) sowie Mathias R. Schmidts ›Wenn wir gehen, geht die Welt‹ (1980). Hier wird mit journalistischen Mitteln Informationstransfer betrieben, eingeschlossen die Befragung von Schlüsselfiguren, bei denen es sich nicht selten um AIM-Größen handelt. Daneben existieren recht eigenwillige Traktate, etwa ›Kapitalismus und Indianer in den USA‹ von Manfred Wibich und Urs Winter (1976), die den Gegenstand aus klassenkämpferischem Blickwinkel betrachten, oder ›Gegen Ende der Reise‹ (Brandes u. a. 1983), das kritische Spiegelungen eigener Erfahrungen in und mit der deutschen »Indianerszene« enthält. Weitere Veröffentlichungen der genannten Autoren umfassen Zeitungsartikel, Übersetzungen sowie Materialien zur Schul- und Fortbildung. Claus Biegert, der produktivste seiner Zunft und der Mann, dessen Arbeiten den größten Leserkreis erreichen, tummelt sich zudem in der audio-visuellen Medienlandschaft. All jene, die hier angesprochen wurden, ergreifen eindeutig Partei. Claus Biegert (1976) etwa bezeichnet seine Art der Berichterstattung als »engagierte Dokumentation« und weist bewußt traditionelle ethnologische oder soziologische Ansätze zurück. »Engagiert« bedeutet in seinem Fall, daß er das »Indianerproblem« von der eigenen gesellschaftskritischen Warte aus inspiziert und sich in Wort und Tat für die indianische Minderheit einsetzen möchte. Obwohl Biegert dabei naturgemäß Stellung bezieht, kann man seine Bemühungen nicht als Propaganda abtun, wie es leider allzuoft pauschal bei Werken »linker« Autoren geschieht. Trotz unverhohlener Sympathie für AIM kommentieren auch die engagierten Schreiber einzelne Aktionen mit verhaltener Distanz. Jüngste Dissonanzen zwischen Landbesetzern und Traditionalisten über das »Yellow Thunder Camp«, AIM-Symbol des Protestes gegen die illegale Erschließung der Black Hills, oder der allzu forsche Auftritt einer Handvoll IITC-Repräsentanten während des Russell-Tribunals stießen bei Unterstützern auf Ablehnung (Domnick 1978). Offenkundig hat AIM mittlerweile einiges von seiner ursprünglichen Popularität in der deutschen Anhängerschaft eingebüßt, teils wegen interner Unzulänglichkeiten, aber auch weil die Studentenbewegung hierzulande politischer Desillusionierung und Neuorientierung anheimfiel. Mit der gegenwärtigen Hinwendung zu religiösen Erfahrungen wurde indigene Spiritualität wiederentdeckt. Jetzt konkurriert der »Medizinmann« mit dem AIM-»Krieger« um Deutschlands beliebtesten Indianer.

Obschon »engagierte« Publikationen oft einseitige und stark vereinfachende Informationen transportieren, kennt der Leser zumindest den Standpunkt des Autors, kann also seine Einschätzung darauf abstimmen, vor allem dann, wenn alternative Quellen zur Verfügung stehen.

Leider mangelt es an solcher Literatur. Ethnologen verstehen ihr Fach gemeinhin als Anhängsel der Geschichtswissenschaften oder befestigen Stellungen der traditionellen Völkerkunde. Sie neigen dann dazu, das Studium indianischer Gegenwartskultur Nachbardisziplinen zu überlassen. Demzufolge sucht man nach fundierten zeitgeschichtlichen Referenzen meist vergebens. Bemerkenswerte Ausnahmen sind René Königs ›Indianer – wohin?‹ (1973) und ›Navajo Report‹ (1980), Christian Feests ›Das Rote Amerika‹ (1976) und Axel Schulze-Thulins ›Weg ohne Mokassins‹ (1976). Da in den Werken wegen ihres breit angelegten Rahmens Einzelaspekte nicht erschöpfend behandelt werden können, finden Auseinandersetzungen mit dem politischen Aktivismus – wenn überhaupt – nur am Rande statt. Feest (1976:332–378) und Schulze-Thulin (1976:252–276) widmen immerhin mit der Besetzung des BIA-Zentralbüros und von Wounded Knee durch AIM-Streiter ihre Schlußkapitel dem Sozialrebellentum. Schulze-Thulin meint, daß es noch geraume Zeit dauern werde, um einschätzen zu können, ob und wie AIM das Verhältnis zwischen Rot und Weiß beeinflußt. Doch verbergen sich hinter dieser zögerlichen Haltung möglicherweise noch andere Gründe als nur Verfahrensfragen. Während Völkerkundler oft der Neigung nachgeben, »engagierte« Autoren seien skeptisch zu betrachten, schlagen diese mit dem Vorwurf zurück, ihre Kritiker hingen unverbesserlichem Konservatismus an. Es könnte schon sein, daß das Meinungsbild eher traditionsorientierter Lehrstuhlinhaber, die die innigen Kontakte zwischen AIM und politisch regen Studenten argwöhnisch beäugen, von ihrer Furcht vor »radikalen Elementen« bestimmt wird und man in der indianischen Bewegung gewissermaßen die Sturmböcke gegen den sprichwörtlichen Elfenbeinturm zu erkennen glaubt.

Ein Weg, sich AIM zu nähern, besteht darin, allgegenwärtige Klischees aufzulösen. Das Indianerbild der Deutschen wird seit jeher von romantisierender Verklärung bestimmt. Der »edle Wilde« triumphiert hier stets über seinen blutrünstigen Antipoden. So hat man in Deutschland, ganz im Gegensatz zu den USA, wo AIM oft Zielscheibe von Anwürfen gewesen ist, diese Organisation in der Regel unreflektiert positiv gesehen.

Nun war AIM weder die erste noch die »einzige Indianervertretung seit den Tagen von Geronimo und Crazy Horse«, wie uns dessen Sprecher gelegentlich versichern (AIM 1982). Gewöhnlich wird der Beginn organisierten indianischen Aufbegehrens mit der 1961 in Chicago abgehaltenen »American Indian Conference« zusammengebracht (Josephy 1972; Steiner 1968). Wie jedoch Jack Forbes (1972) ausführt, hat es in der Abteilung »indianischer Widerstand« seit Opechancanoughs Rebellion im Jahre 1622 nur wenig Neues gegeben. Bereits Führer wie King Philip, Pontiac und Tecumseh setzten auf pantribale Strategien. Lobbying und Pressekampagnen, heute gängige politische Taktiken, übten schon die »Fünf zivilisierten Stämme«, um ihre von der Jackson-Regierung angestrengte Vertreibung zu verhindern. Allein panindianische (nationale) Bestrebungen gewannen zu Lasten tribaler (regionaler) Belange immer mehr an Bedeutung.

Als erste nationale Indianerorganisation trat die Society of American Indians (SAI) auf, die zwischen 1911 und der Mitte der zwanziger Jahre Bürgerrechte auch für die eingeborenen Amerikaner einforderte (Hertzberg 1971). Eine der wichtigsten indigenen Interessenvertretungen unserer Zeit ist der National Congress of American Indians (NCAI); er wurde 1944 gegründet. Ihm folgte 1961 der militantere National Indian Youth Council (NIYC), der das Motto »Red Power« prägte. Mit der Besetzung von Alcatraz Island 1969, kühnes Paradigma späterer AIM-Aktionen, rückten die United Native Americans (UNA), ein kurzlebiger, im wesentlichen auf die San Francisco Bay Area beschränkter Zusammenschluß, ins politische Rampenlicht (Michels 1972). Man sollte auch bedenken, daß AIM nur eines von vielen Bündnissen war, die den »Trail of Broken Treaties« beschritten. An seiner Seite standen die National Indian Brotherhood, der Native American Rights Fund, der National Indian Youth Council, der National Council on Indian Work, das National Indian Leadership Training und die American Indian Commission on Alcohol and Drug Abuse. Seither schlug die Geburtsstunde Hunderter weiterer Interessenvertretungen in den USA und Kanada.

Obwohl also AIM kein Unikum darstellt, kann es für sich in Anspruch nehmen, eine der stabilsten und effektivsten Indianerorganisationen Nordamerikas zu sein. Sein hervorstechendstes Merkmal ist der Versuch, internationale Beziehungen aufzubauen und zu unterhalten. Zwar bereisten Indianerdelegationen Europa schon wesentlich früher – erinnert sei an prominente Vertreter aus der Sechziger-Jahre-Bewegung, Clyde Warrior z. B. oder Mad Bear Anderson – doch gebührt AIM und IITC das Verdienst, die Sache der »Ersten Amerikaner« weltweiter Aufmerksamkeit unterbreitet zu haben. Es waren AIM-Streiter, die auch sozialistische Staaten besuchten und Kontakte zu vielen Organisationen in der Dritten Welt knüpften. Erst vor kurzem beschloß der National General Council von AIM, Spanisch auf die Lehrpläne der »Survival Schools« zu setzen, damit die Kommunikation mit den Indianervölkern Zentral- und Südamerikas langfristig erleichtert werde.

Ferner muß man unterstreichen, daß AIM offiziell keineswegs vorgibt, alle Indianer zu vertreten, selbst wenn dieser Eindruck durch vollmundige Äußerungen einzelner entstehen mag. Selbst unter den Lakota, die gemeinhin als die eifrigsten Parteigänger gelten, genießt die Bewegung nicht den Rückhalt, den man erwarten könnte (Grobsmith 1981: 107–108). In der Traditionspflege eher verbundenen Regionen, dem Pueblo-Gebiet etwa, kam AIM nie recht auf die Beine. Den Zenit seiner Popularität bei Indianern erreichte die Organisation 1973, während der Wounded Knee-Krise. In den von Gewalt gezeichneten Jahren, die folgten, blätterte der Lack jedoch schnell wieder ab (Burnett u. Koster 1974:256; Mathiessen 1983:427). Ein Umstand, der kräftig an der »Graswurzel-Sehnsucht« von AIM zehrt, ist die jüngste Distanzierung früher durchaus wohlmeinender Traditionalisten. Frank Fools Crow hat die emotionale Ambivalenz der Bewahrer überlieferter Werte den Erneuerern gegenüber wie folgt ausgedrückt: »Wir Indianer sind so arm, so enttäuscht und so in unserer Situation gefangen, daß wir glauben, wir hätten nur wenig zu verlieren. Selbst die fragwürdige Beachtung, die AIM findet, brachte da einen dringend nötigen Schub, um unsere Würde und unser Selbstbewußtsein wieder etwas aufzurichten. Wir traditionellen Führer mögen keine Gewalt, deshalb unterstützen wir AIM nicht länger. Aber sie bewerkstelligten Dinge, die wir mit unseren Methoden nie erreicht hätten« (Mails 1979:216; zitiert von Mathiessen 1983:427).

Normalerweise sind es Nicht-Indianer, die, dem spektakulären Flair von AIM erliegend oder dessen Leistungen herabwürdigend, Überreaktionen zeigen. Unmittelbar nach Besetzung der Zentrale des Bureau of Indian Affairs stufte das FBI die Bewegung als extremistisch ein, und die konservative Presse lancierte eine Verleumdungskampagne mit dem Vorwurf, AIM sei eine kommunistisch gesteuerte Guerillatruppe, geführt von kriminellen Wilden. Obwohl die meisten Europäer solche Diffamierungen nicht ernst nahmen, nährten Berichte über einzelne Gewaltakte den Mythos eherner Militanz.

Die offizielle Bilanz der AIM-Aktivitäten bis 1978 (AIM 1982) liest sich in der Tat wie ein Drehbuch, in dem Besetzungen, Demonstrationen und Scharmützel mit der Staatsmacht die Hauptrolle zu spielen scheinen. Doch ist dies nur eine Seite der Medaille. Gleichzeitig brachte man unzählige Programme gegen Drogen- und Alkoholmißbrauch, für kostenlosen Rechtsbeistand, gegen Diskriminierung und obrigkeitliche Fehlplanungen auf den Weg. Einer Menge indianischer Jugendlicher, die suchtgefährdet waren oder Gefahr liefen, auf die schiefe Bahn zu geraten, bot AIM die Chance zu Neubesinnung und Identitätsfindung. Jenes konstruktive Element fällt insbesondere bei den sogenannten »Survival Schools« (auch «Survival Groups«) – Exempel eigenverantwortlicher indianischer Erziehung – ins Gewicht (Biegert 1979; Schierle 1981). »Stilles« Engagement wie dieses hallt in den Massenmedien kaum wider, und AIM müßte schon mehr Aktionen vom Kaliber des »Longest Walk« organisieren, eines 1979 ausgeführten Protestmarsches von Alcatraz nach Washington, wenn nicht der Eindruck entstehen soll, die Bewegung sei gänzlich zum Erliegen gekommen.

Eine gehörige Dosis Militanz gehört ohne Zweifel zum Selbstverständnis der AIM-Akteure. »Ein Krieger mag als erster Hunger haben, aber er soll als letzter essen. Er muß gewillt sein, als erster seine Mokassins wegzugeben und als letzter neue zu bekommen. Er hat in Kriegszeiten seine Familie zu beschützen – jeden Feind zu bekämpfen – und ist stets bereit, sich selbst zum Wohle seines Volkes zu opfern. Solche Ideale sind es, die eine Kriegergesellschaft ausmachen, und genauso sehen wir uns, genauso wollen wir sein« (Akwesasne Notes 1977: 61–62). Wie man aus einer Aufstellung der Aktivisten, die AIM seit 1973 verloren hat, ersieht (vgl. Support Group Hamburg 1977), herrscht wirklich »Krieg«, und die vielzitierte »Kriegergesellschaft« ist mehr als nur ein nostalgischer Aufguß von Vorbildern des 19. Jahrhunderts. Gleichwohl sind AIM-Mitglieder weit häufiger Opfer von Gewalttaten als ihre Gegner. Die Tatsache, daß in militantem Verhalten ein probates Mittel gesehen wird, um innergesellschaftliche Konflikte auszutragen und Probleme zu beleuchten, sagt mehr über den Stellenwert von Gewalt in unserem Milieu aus als über AIM.

Angesichts der Fakten klingt die sattsam bekannte Warnung hohl, Militanz provoziere Gegengewalt und belaste die guten Beziehungen zwischen Indianern und Bundesregierung seit der Wahl Lyndon B. Johnsons zum Präsidenten. Solange die Stämme noch irgendein Stück Land von

Wert besitzen, kann es zu gegen sie gerichteten Repressalien von staatlicher Seite kommen. Dies lehrt die Betrachtung amtlicher Indianerpolitik, gleich wie integrationswillig und friedfertig die Betroffenen waren. Das Schicksal der »Fünf zivilisierten Nationen« vor und nach ihrer Austreibung ist nur ein Beispiel unter vielen. Bei der Warnung vor möglichen Gegenreaktionen schwingt Paternalismus mit. Sie zeugt von unerschütterlichem Zutrauen in obrigkeitliches Verhalten und spielt das, was die facettenreiche indianische Bürgerrechtsbewegung vorweisen kann, herunter. Die Volksgruppen aber, die in historischer Perspektive euro-amerikanischer Dominanz den heftigsten Widerstand entgegensetzten, Lakota und Apache, genießen weltweit größte Sympathie und größten Respekt.

Zu den vielen Legenden, die AIM umspinnen, zählt auch die Annahme, es handele sich um eine Organisation, die auf Städte beschränkt sei. In der Tat trat AIM zuerst in Minneapolis/St. Paul in Erscheinung, wo man mit organisierten Streifen versuchte, möglicherweise am Vorbild der Black Panthers orientiert, Stadtindianer vor polizeilicher Willkür zu schützen; die Mehrheit der Gründungsmitglieder von AIM aber wuchs in Ojibwa-Reservationen Minnesotas auf. Man geht in die Irre, wenn man Widerstandsbereitschaft an urbaner oder ländlicher Herkunft mißt, denn zwischen beiden Eckpunkten herrscht ständiger Austausch. Mit anderen Worten: Reservations- und Stadterfahrung ist all jenen Gruppen eigen, die über ein festgeschriebenes Territorium verfügen. Obwohl gerade die Probleme, mit denen sich städtische Indianer konfrontiert sehen, zusätzliche starke Anreize zu pantribaler Organisation bieten, sind Reservationsgemeinschaften keineswegs von stadtgestützten Operationen ausgenommen. Bald nach seiner Gründung band AIM daher ländliche Gebiete in seine Strategieplanung ein. »Mitunter hört man Politiker oder Kritiker sagen, AIM sei eine Interessenvertretung von Stadtindianern, was ganz falsch ist. Für eine gewisse

Zeit mag dies gegolten haben, aber das änderte sich rasch. Nachdem sie die spirituelle Maßgabe unseres Volkes verinnerlicht hatten, wurden sie gewahr, daß es die gleichen Leute sind, die auf der Reservation und in der Stadt leiden« (Akwesasne Notes 1974: 61).

Wie der NCAI und der NIYC rekrutiert AIM Mitglieder in einer Vielzahl von Gemeinschaften – Menschen, deren »Akkulturation« unterschiedlich weit fortgeschritten ist. Auch wenn das ideologische Reglement indianischen Universalismus gebietet, pflegt jeder Kombattant doch tribale und verwandtschaftliche Bande. Das eine widerspricht hier nicht dem anderen.

Die Nachkommen der Plains-Völker spielten im panindianischen Formationsprozeß die Führungsrolle. Es überrascht daher keineswegs, daß AIM zwecks spiritueller Besinnung auf Lakota-Traditionen, insbesondere den Sonnentanz, zurückgriff. An dieser Option für die martialische Variante indianischer Neulebensfeiern trägt nicht nur der hohe Lakota-Anteil bei AIM Schuld, sondern ebenso die Betonung körperlicher Leiden, ausgedrückt etwa im »Piercing«, was mit dem eigenen Kriegerideal korrespondiert. Offenbar von Russell Means 1972 eingeführt, wurde der Sonnentanz für AIM-Mitglieder verbindlich, ungeachtet ihrer jeweiligen Volksgruppenzugehörigkeit. Üblicherweise bürgt ein Aktiver für vier Tänze. 1976 hat der AIM-Sonnentanz auch in Kalifornien Einzug gehalten, wo er seither jedes Jahr auf dem Gelände der D-Q (Dekanawidah-Quetzalcoatl)-Universität zelebriert wird.

Ironischerweise zeitigte gerade die Beteiligung von AIM am Lakota-Sonnentanz faktionalistische Strömungen innerhalb dieser Gruppe. Nicht wenige Lakota bezichtigten AIM, den geheiligten Charakter der Zeremonie als Initiationsritus zu mißbrauchen und blieben daher dem Fest fern oder besuchten alternative Veranstaltungen (Bolz 1983). Tatsache ist aber auch, daß auf Initiative von AIM alle kommerziellen und nicht-religiösen Elemente vom Sonnentanz ferngehalten wurden. Damit schwand das Interesse von Touristen fast vollständig, wohingegen die Zahl der Akteure Jahr für Jahr anwuchs.

Alles in allem spiegelt sich im Selbstverständnis von AIM eine Mixtur tribaler und panindianischer Versatzstücke, und das Betätigungsfeld der Organisation umfaßt sowohl urbane als auch ländliche Gebiete. Die Lakota-Sektion beispielsweise wirkt auf den Sioux-Reservationen und in deren Umgebung, während die West Coast-Gruppe ihre Aktivitäten im Bereich der San Francisco Bay entfaltet. Weit über 70 »Chapter« arbeiten in größeren Städten oder unterhalten Stützpunkte auf Reservationsland überall in den USA. Einige der aufsehenerregendsten Streitfälle, in denen AIM prononciert Partei ergriffen hat, betrafen Reservationsangelegenheiten. Flagge zeigte die Bewegung u. a. im »Big Mountain Camp«-Protest gegen Translokationsbestrebungen in Zusammenhang mit dem »Navajo/Hopi-Landkonflikt«. Auch das bereits erwähnte »Yellow Thunder Camp« fällt in diese Kategorie.

Ein letzter Punkt in unserer Auseinandersetzung mit den Mythen, die sich um AIM ranken, betrifft die Identifikation mit wenigen Galionsfiguren. Entgegen geläufigen Vorstellungen ist AIM nicht die Schöpfung einer Handvoll »Gründerväter«, die den indianischen Widerstandsgeist verkörpern wollten. Der konstituierenden Versammlung von 1968 wohnten etwa 200 bereits vorher politisch aktive Personen bei, und der Beschluß, eine Organisation, die Concerned Indians of America heißen sollte, zu bilden, wurde einstimmig gefaßt. Als man realisierte, daß die Abkürzung dieses Namens – CIA – unfreiwillige Parodie einer gewissen Regierungsstelle sein würde, änderten die Beteiligten ihre Gruppenbezeichnung in American Indian Movement. »AIM ist spontan aus einer Massenversammlung heraus entstanden«, versichert Dennis Banks, den man immer wieder als treibende Kraft sieht (Interview 31. Juli 1982).

Beredtere, charismatische AIM-Repräsentanten wie Banks und die Brüder Bellecourt standen unmittelbar nach der Gründung im grellen Scheinwerferlicht der Medien. Anderen ähnlich wichtigen Persönlichkeiten, darunter Eddi Benton Banai und George Mitchell, schenkte man weniger Gehör, entweder weil sie sich aus Bescheidenheit nicht vor die Mikrophone drängten oder weil sie den gängigen Klischees weniger entsprachen. Dennis Banks und Russell Means – letzterer gesellte sich erst 1970 zur AIM-Familie – sind wahrscheinlich die am häufigsten zitierten und photographierten Indianer des 20. Jahrhunderts. Diese Popularität, in manchen Aspekten an Personenkult erinnernd, stattete unausweichlich einige Akteure mit größerer Macht innerhalb des Bündnisgefüges aus als andere. Dadurch verfestigte sich wiederum eine hierarchische Kommandostruktur, die in der Ursprungscharta nicht vorgesehen war.

Der Machtkampf zwischen AIM-Führern entwickelte sich unversehens zu einer Zerreißprobe, die schließlich das Klima vergiftete und rivalisierende Fraktionen entstehen ließ. An erster Stelle sind hier die West Coast-Gruppe unter Banks und Bill Wahpepah sowie die Lakota-Sektion mit dem einflußreichen Means-Klan zu nennen. Kurz nachdem AIM in den Medien als aufrührerischer Haufen gebrandmarkt worden war, spitzte sich auch die Führungskrise zu. George Mitchell, seinerzeit maßgeblich an der Formulierung der AIM-Gründungscharta beteiligt, verließ die Organisation nach dem BIA-Coup, offenbar aus Ärger über das Verhalten einiger Verantwortlicher (vgl. Burnette u. Koster 1974: 215). 1973, als Carter Camp, Mitglied des Vorstandes, Clyde Bellecourt anschoß und schwer verwundete, eskalierten die Diadochenkämpfe. Es steht fest, daß AIM durch solcherlei Rivalitäten viele Sympathien bei den Indianern verlor.

Dem FBI, das AIM den totalen Krieg erklärte, nachdem 1975 zwei Agenten auf der Pine Ridge-Reservation unter mysteriösen Umständen ums Leben kamen, erlaubte die Machtballung an der Führungsspitze leichteren Zugriff. Hochrangige AIM-Aktivisten erhielten unablässig gerichtliche Vorladungen, die nicht selten hinter Gefängnismauern endeten. Einige sahen sich gezwungen unterzutauchen. Dennis Banks z. B. geriet zwischen 1976 und 1983 ins politische Abseits, weil er, eine Anklage des Staates South Dakota gewärtigend, die ihm Aufruhr und bewaffneten Widerstand vorwarf, nach Kalifornien emigrieren mußte. Als dort ein neuer Gouverneur seine Arbeit aufnahm, flüchtete Banks aus Furcht, an South Dakota, wo es Morddrohungen gegen ihn gegeben hatte, ausgeliefert zu werden, zu den Onondaga im Bundesstaat New York.

Scheinbar brauchen Euro-Amerikaner, und im vorliegenden Fall auch Indianer, mythische Führer, um Geschichte an Gestalten zu begreifen. Sollte sich aber herausstellen, daß diese Heldenfiguren nicht in den für sie maßgeschneiderten Anzug passen, muß ihr Scheitern auch das in Mißkredit bringen, was sie verkörpern. Der Umstand, daß Dennis Banks, Russell Means und all die anderen AIM-Oberen Menschen sind und sich daher keineswegs immer heroisch verhalten, hat mit zur Desillusionierung ihrer Jünger beigetragen. Viele der Vorwürfe, die ich hörte, zielten in der Tat eher auf einen der Funktionäre als auf AIM selbst.

Wie Mathiessen (1983:75) zu Recht anmerkt, ist AIM im Grunde genommen eine politische Sammlungsbewegung und weniger eine Organisation. Ihr ursprüngliches Statut sah eine Reihe unabhängig voneinander operierender »Chapter« vor. Sie waren in einem Nationalrat (National General Council) zusammengefaßt, um gemeinsame Aktivitäten – falls nötig – besser koordinieren zu können. Die relativ lose bürokratische Struktur diente als Selbstschutz; sie sollte äußere (staatliche) Transparenz erschweren. Da zu den Aufnahmebedingungen nichts weiter gehört als das Versprechen guten Willens, zog AIM unweigerlich Opportunisten an, die dem Ruf der Organisation schadeten. Nicht wenige dieser Leute waren gedungene Spione, so z. B. Bill Durham, ein enger Vertrauter von Banks, der als FBI-Agent enttarnt wurde.

Wie jede andere politische Gruppierung ist auch AIM auf freiwillige Mitarbeit angewiesen. Hunderte von Personen, deren Namen nie in der Presse auftauchen werden, setzten die zahlreichen Selbsthilfeprogramme, die AIM angestoßen hat, in die Tat um. Diese Freiwilligen aber sind es, die das American Indian Movement ausmachen, und nicht die wenigen im Brennpunkt der Öffentlichkeit stehenden Charismatiker.

Man muß AIM aus der historischen Perspektive indianischen Widerstandes beleuchten und es als Produkt dieser Tradition qualifizieren. Das Kardinalproblem, das sich dem wissenschaftlichen Betrachter stellt, ist neben dem Dickicht der diskutierten Fehleinschätzungen die amorphe Struktur von AIM. Die West Coast-Gruppe differiert beträchtlich von der Lakota-Sektion, obwohl gewisse Regeln beide verbinden. So, wie indianische Völker voneinander abweichen, oszilliert auch das Spektrum der »Chapter« je nach Örtlichkeit und Konfiguration. Ein bedachteres Vorgehen, das einzelne Sektionen untersucht und nicht mit vorschnellen Schlüssen dem Gesamtorganismus zu Leibe rücken will, würde sich empfehlen. Eine weitere Schwierigkeit, die bereits an anderer Stelle (Cole 1976) dargestellt wurde, liegt in der Verantwortlichkeit des Forschers im Umgang mit gewonnenen Informationen, denn AIM leidet noch immer unter dem Druck der US-Regierung und einiger privater Interessengruppen.

Obgleich AIM seit 1973 viel Schwung verloren hat, ist es nach wie vor eine ernstzunehmende politische Kraft. Diese Persistenz, die in ausgeprägtem Kontrast zum Schicksal der Black Panthers oder der Brown Berets steht, läßt ahnen, daß sich dahinter mehr verbirgt als nur »Militanz«. Im Januar 1982 hielten AIM-Repräsentanten in San Francisco eine Versammlung ab, die 1968 formulierte Zielvorstellungen und Strategien beschwor. Westliche Erziehung, Wahlindianertum, christliche Kirchen, die US-Regierung samt ihren Tentakeln zu multinationalen Unternehmen sowie der Indian Health Service wurden wieder als »Feinde des indianischen Volkes« gesehen, und man entschied, den Kampf dagegen fortzuführen. Weitere Diskussionspunkte betrafen juristische und Vertragsangelegenheiten, Beschäftigungs-, Wohnungs-, Wohlfahrts-, Erziehungs- und Kulturpolitik. Besonders nachdrücklich pochte man auf eine Fortschreibung der Internationalismusarbeit durch externe Dependancen (Unterstützungsgruppen) und den IITC (AIM 1982). Wesentlich erscheint vor dem Hintergrund dieser äußerst optimistischen Konferenz die Tatsache, daß Galionsfiguren individuelle Mißhelligkeiten der Sache unterordneten. Bis zur öffentlichen Solidaritätsbekundung der zerstrittenen Führungsmannschaft hat es gedauert.

Solange das Interesse an nordamerikanischen Indianern anhält, dürfte auch der Abgang des American Indian Movement von der deutschen Bühne nicht bevorstehen. Viele der Traditionalisten, die gegenwärtig als Propheten indianischer Spiritualität Einladungen in unser Land folgen, stehen AIM positiv gegenüber oder vertreten ähnliche Ansichten. Jene, die den Unterstützungsgruppen angehören, und die, welche sich um mehr Verständnis indigener Religiosität bemühen, sind häufig ein und dieselben, oder sie kooperieren doch miteinander. Als 1983 Pläne kursierten, beim »First European Medicine Wheel Gathering and Spiritual Camp« (eines der zahlreichen obskuren Natursektentreffen, die derzeit in Europa Konjunktur haben) im Schwarzwald einen Sonnentanz aufzuführen, verhinderten letztlich Protestschreiben von AIM im Verein mit vehementen Unmutsäußerungen einiger Traditionalisten aus South Dakota die Veranstaltung. Selbstverständlich wird der Grad der Beliebtheit von AIM von dessen künftiger Entwicklung abhängen.

Ein dickes Bündel von Artikeln ist in den USA über das American Indian Movement erschienen (u. a. Bigony 1979; Bonney 1977; Cohen 1973 und 1976; Ortiz 1980; Pittman 1973; Talbert 1976; Talbot 1979), die meisten mit Schwerpunkt auf der Besetzung von Wounded Knee. Umfassender sind Rex Weylers ›Blood of the Land‹ (1982), ein Diskurs der Vorgänge um das »Yellow Thunder Camp«, sowie Peter Mathiessens ›In the Spirit of Crazy Horse‹ (1983), das den Fall Leonard Peltier – dem die erwähnte Ermordung zweier FBI-Agenten zur Last gelegt wird – aufgreift, aber auch eine detaillierte AIM-Vita enthält. Allein, beide Abhandlungen genügen als »engagierte Berichterstattung« nicht unbedingt wissenschaftlichen Erwartungen, so daß von akademischer Seite noch immer ein einschlägiges Werk aussteht. AIM selbst hat kürzlich eine Photodokumentation zu seiner Geschichte herausgegeben. Die begleitenden Texte stammen von Dennis Banks (Banks 1983).

Wer also muß sich vor AIM fürchten? Nach meiner Überzeugung diejenigen, die zur Anbetung ihrer holzschnittartigen Ideale imaginäre Indianerbilder fabrizieren, und jene, denen es schwerfällt, den Muff unter den Talaren der Wissenschaft zu verscheuchen. Erstere mögen dem Trauma verfallen, daß Indianer eben doch nur gewöhnliche Sterbliche sind, letztere vielleicht vor der Vorstellung zurückschrecken, man brauche sie und ihre Berufsdefinition nicht mehr. Die meisten von uns aber, und das ist meine Befürchtung, können sich weder von der einen noch von der anderen Vorstellung völlig lossprechen.

Literatur

AIM. Papers from the »AIM Non-alignment Summit Meeting« in San Francisco, Sept. 13–16. Ausz. übersetzt in: Pogrom 13 (1989/90), S. 56 f.

AIM Support Group Hamburg: Indianer im Widerstand. Hamburg 1977.

AIM Unterstützungsgruppe Neumünster: Indianer im Widerstand II. Neumünster 1980.

Banks, Dennis: The American Indian Movement 1968–1982. Aptos 1983.

Biegert, Claus: Seit 200 Jahren ohne Verfassung. Reinbek 1976.

73

Biegert, Claus: Indianerschulen: Als Indianer überleben – von Indianern lernen. Survival Schools. Reinbek 1979.

Bigony, Beatrice: Attempting to Close the Sacred Circle. The Endeavor of the American Indian Movement. In: Central Issues in Anthropology 1 (1979), H. 2, S. 42–62.

Bolz, Peter: Oglala-Sioux. In: Menschenbilder früher Gesellschaften. Hrsg. Klaus E. Müller, Frankfurt a. M. 1983, S. 422–449.

Bonney, Rachel A.: The Role of AIM Leaders in Indian Nationalism. In: American Indian Quarterly 3 (1977), H. 3, S. 204–223.

Brandes, Volkhard u. a.: Gegen Ende der Reise. Auf der Suche nach der indianischen Botschaft. Frankfurt a. M. 1983.

Burnette, Robert u. John Koster: The Road to Wounded Knee. New York 1974.

Cohen, Fay: The Indian Patrol in Minneapolis. Social Control and Social Change in an Urban Context. In: Law and Society Review 7 (1973), S. 779–787.

Cohen, Fay: The American Indian Movement and the Anthropologist. Issues and Implications of Consent. In: Ethics and Anthropology. Hrsg. M. Rynkiewich u. J. Spradley, New York 1976, S. 81–92.

Council on Interracial Books for Children: Die Wunden der Freiheit. Reinbek 1980 (engl.: Chronicles of American Indian Protest. 1971; erg. um Angaben zu Indianern in Europa).

Dewing, Rolland (Hrsg.): The FBI Files on the American Indian Movement and Wounded Knee. 26 Reels of Microfilm. Frederick 1987.

Domnick, Renate: Wer spricht für das Volk? In: Rundbrief. Indianer und Stammeskulturen Heute 40 (1982), S. 21–26.

Feest, Christian F.: Das Rote Amerika. Wien 1976.

Forbes, Jack D.: The *New* Indian Resistance? In: Akwesasne Notes 4 (1972), H. 3, S. 20–22.

Grobsmith, Elisabeth S.: Lakota of the Rosebud. Case Studies in Cultural Anthropology. New York 1981.

International Indian Treaty Council: The Geneva Conference. Special Issue of Treaty Council News 1 (1977), H. 7.

International Indian Treaty Council: International NGO Conference on Indigenous Peoples and the Land. Minneapolis 1981.

Josephy, Alvin Jr.: Red Power. New York 1971.

König, René: Indianer – wohin? Opladen 1973.

König, René: Navajo Report 1970–1980. Von der Kolonie zur Nation. Neustadt 1980; überarb. Ausg. Berlin 1983.

Mails, Thomas F.: Fools Crow. New York 1979.

Mathiessen, Peter: In the Spirit of Crazy Horse. New York 1983.

Michels, Peter M.: Aufstand in den Ghettos. Frankfurt a. M. 1972.

Ortiz, Roxanne D.: Wounded Knee 1890 to Wounded Knee 1973. A Study in United States Colonialism. In: Journal of Ethnic Studies 8 (1980), H. 2, S. 1–15.

Pittmann, John: Wounded Knee and the Indian Future. In: Political Affairs 52 (1973), H. 7, S. 66–74.

Reichert, Carl-Ludwig: Red Power. Indianisches Sein und Bewußtsein heute. München 1974.

Schierle, Sonja: Funktion einer Survival School für städtische Indianer. Wiesbaden 1981.

Schmidt, Mathias R.: Wenn wir gehen – geht die Welt. Lampertheim 1980.

Schulze-Thulin, Axel: Weg ohne Mokassins. Die Indianer Nordamerikas heute. Düsseldorf 1976.

Stener, Stan: The New Indians. New York 1968.

Talbert, Carol: The Resurgence of Ethnicity Among American Indians. Some Comments on the Occupation of Wounded Knee. In: Ethnicity in the Americas. Hrsg. F. Henry, Den Haag, Paris 1976. S. 365–383.

Talbot; Steve: The Meaning of Wounded Knee, 1973. Indian Self-Government and the Role of Anthropology. In: The Politics of Anthropology. Hrsg. G. Huizer u. B. Mannheim, Den Haag, Paris 1979, S. 227–258.

Weyler, Rex: Blood of the Land. The Government Corporate War Against the American Indian Movement. New York 1982.

Wibich, Manfred u. Urs Winter: Kapitalismus und Indianer in den USA. Frankfurt a. M. 1976.

AIM – eine Organisation hat sich selbst überlebt

Im Jahre 1983, als Bernd Peyers Artikel über das American Indian Movement entstand, mag die Titelfrage »Who is afraid of AIM?« berechtigt gewesen sein, heute müßte man eher fragen »Who is AIM?« Die Veteranen der Indianerunterstützer in Deutschland blicken wehmütig zurück auf die Zeiten, als AIM ihnen noch kämpferisches Vorbild war. Doch mit AIM gingen auch die alten Recken der Anti-Imperialismusbewegung in Pension, denn die neue Generation der Unterstützer kämpft mit den Indianern um »Mutter Erde«, genauer gesagt um ökologisch und spirituell bedeutsame »heilige Berge« wie Mount Graham in Arizona, auf den die Apachen Anspruch erheben, oder das »Badger Two Medicine-Gebiet« der Blackfoot in Montana.

AIM spielt dabei keine Rolle, und das aus einem ganz wesentlichen Grund: Indianer haben gelernt, sich auf lokaler Ebene selbst zu organisieren und sich direkt an nationale oder internationale Unterstützerorganisationen zu wenden. Im Grunde genommen hat sich AIM durch seine Rolle als Lehrmeister im Kampf gegen das weiße Establishment fünfundzwanzig Jahre nach seiner Gründung selbst überflüssig gemacht. Die Indianer wissen jetzt, daß man sich wehren kann, und auch, wie man sich wehrt. Das ist sicherlich das große und bleibende Verdienst dieser Organisation, die zu Beginn der siebziger Jahre Schlagzeilen machte.

Die Popularität von AIM hing wesentlich von der charismatischen Ausstrahlung seiner Führer ab, allen voran Russell Means und Dennis Banks. Gerade hier in Europa, wo man die Aktivitäten von AIM lediglich in der alternativen Presse verfolgen konnte, waren seine Führer fast mythische Symbolfiguren. Man litt mit ihnen, während sie für die indianische Sache im Gefängnis saßen, und man feierte es als Sieg, wenn sie auf Grund von gesetzwidrigen Manipulationen ihrer Ankläger wieder auf freien Fuß gesetzt werden mußten. Doch danach wurde es stiller um die alten Kämpfer. Dennis Banks betätigte sich vorübergehend als »Kanzler« der D-Q-Universität in Kalifornien, während Russell Means sich als Chef des »Yellow Thunder Camp« einige Zeit in den Black Hills niederließ, bevor er auf die Navajo-Reservation zog. Im Januar 1988 erklärte Means auf einer Pressekonferenz seinen »Rücktritt« als AIM-Führer und begründete dies folgendermaßen: »AIM people are now integrated into every productive and responsible segment of Indian and non-Indian society. The American Indian Movement has accomplished the impossible: AIM has worked itself out of a job« (The New York Times, 8. 1. 1988).

Andere AIM-Aktivisten hatten ebenfalls der Strategie der aggressiven Konfrontation abgeschworen und sich beispielsweise erfolgreich am Aufbau neuer Schulsysteme auf den Reservationen beteiligt. Im Dezember 1990 organisierten ehemalige AIM-Anhänger von der Pine Ridge-Reservation einen Gedenkritt zu Ehren der Opfer des Massakers von Wounded Knee, das sich zum hundertsten Male jährte. Bei dem Ritt waren viele Veteranen der Besetzung von Wounded Knee durch AIM im Jahre 1973 dabei, doch die Organisatoren ließen keine aggressiven Reaktionen zu. Auch Dennis Banks und Russell Means nahmen teil. Während sich Banks bescheiden im Hintergrund hielt, versuchte Means die geplante versöhnende Zeremonie für die Opfer von 1890 zu verhindern. Dazu hatte er eine kleine Schar von Anhängern zu einer Versammlung einberufen (ausgerechnet an einem Abend, als die am Ritt teilnehmenden Frauen am Lagerfeuer über ihre spezifischen Probleme berichteten), doch diese Gruppe wurde von der Mehrheit der Teilnehmer einfach ignoriert. In Presseinterviews brachte Means zwar seinen Unmut zum Ausdruck, doch es war offensichtlich, daß er keinerlei Einfluß mehr besaß.

Das Schwinden seines Einflusses muß Means so frustriert haben, daß er beschloß, der Indianerpolitik den Rücken zu kehren und Schauspieler zu werden. Dies hatten ihm einige seiner Kameraden aus alten Tagen bereits vorgemacht: Dennis Banks und der AIM-Barde Floyd Westermann waren in verschiedenen Indianerfilmen zu sehen gewesen. Means übernahm die Rolle des Chingachgook in der Neuverfilmung des Romans ›Der letzte Mohikaner‹ von J. F. Cooper. Darin wird Means hauptsächlich aktiv, wenn es darum geht, seine indianischen Feinde mit einer großen Keule zu erschlagen. Wer den früheren Führer einer der bedeutendsten politischen Bewegungen unter den Indianern Nordamerikas in dieser lächerlichen Filmrolle gesehen hat, wird ihn als Sprachrohr von AIM nie mehr ernst nehmen können.

Wer hat jetzt noch Angst vor AIM? Auf lokaler Ebene leisten ehemalige AIM-Leute nach wie vor gute Arbeit, doch als überregionale Organisation hat AIM aufgehört zu existieren. Nachdem sich jetzt auch noch die wichtigsten Symbolfiguren dieser Organisation an Hollywood verkauft haben, kann man mit Gewißheit sagen: AIM gibt es nicht mehr, AIM ist tot. AIM ist bereits in die Geschichte der Indianer Nordamerikas eingegangen, und auch über den letzten Helden von AIM, Leonard Peltier, der seit siebzehn Jahren im Gefängnis sitzt und auf die Wiederaufnahme seines Prozesses wartet, wurde bereits ein Film gedreht. AIM ist damit endgültig zur Legende geworden, seine Hauptfiguren sind dabei, in den modernen Mythenschatz made in Hollywood aufgenommen zu werden.

PETER R. GERBER

»Selbst-Regierung« der Ureinwohner in Kanada?

Einleitung

Die Ureinwohner Kanadas – Indianer, Metis (Mischlinge)
und Inuit – errangen 1982 einen bemerkenswerten, wenn
auch nicht unumstrittenen Erfolg, als sie in die neue kanadische Verfassung namentlich aufgenommen wurden.
Dieser Erfolg krönte ihren jahrelangen Kampf gegen eine
erzwungene Assimilation in die kanadische Gesellschaft
und Kultur sowie gegen die gleichzeitig drohende Aufhebung ihrer eigenen Identität als Ureinwohner – Bedrohun-
gen, die seit Jahrzehnten mal akuter, mal weniger offensichtlich auftreten. Die Ureinwohner Kanadas verstehen
sich durchaus auch als Kanadier, das heißt jedoch als *Citizen plus,* als (kanadische) Bürger und Indianer, Metis oder
Inuit; deshalb forderten sie eine spezielle Erwähnung in
der Verfassung.
  Die verfassungsrechtliche Anerkennung – auch ihrer
Ureinwohner- und Vertragsrechte (aboriginal and treaty
rights) – war der Beginn einer neuen Auseinandersetzung,
nämlich um die Fragen, wer Ureinwohner ist, um welche
Rechte es sich handelt und welchen Inhalt diese Rechte haben. Die Kernfrage war von Anfang an das Selbstbestimmungsrecht. Für die Ureinwohner war seit Jahren klar,
daß auch sie das von der UNO abgesegnete Selbstbestimmungsrecht der Völker beanspruchen dürfen, wie die vielen Völker in den ehemaligen Kolonialländern, die seit
dem Zweiten Weltkrieg ihre Unabhängigkeit erworben
haben. In der Mehrheit wünschen die kanadischen Ureinwohner ihre Selbstbestimmung im Rahmen des kanadi-

Leicht überarbeitete und erweiterte Fassung des gleichnamigen Aufsatzes in: Vom
Recht Indianer zu sein. Hrsg. Peter R. Gerber, Zürich 1986, S. 61–82.

schen Staates, der einen föderalen Aufbau mit zwei Regierungsarten hat, nämlich einer Zentral- beziehungsweise Bundesregierung und zehn Provinzregierungen.

Die von den Ureinwohnern angestrebte Selbst-Regierung *(self-government)* mit aufgesplitterten Territorien (Reservationen) und einer provinzähnlichen Machtfülle stellt eine dritte Regierungsart und deshalb eine Erweiterung des Föderalismus dar, womit sich vor allem die Provinzen nur schwer anfreunden können. Letztere ringen seit Jahrzehnten mit der Bundesregierung um die Machtbalance, die altenglische Tradition der alleinherrschenden Krone in Frage stellend. Der Föderalismus ist ein noch junges Pflänzchen in der englisch-kanadischen Politgeschichte. Deshalb ist seine Erweiterung um ein »Aboriginal Self-Government« eine ungewohnte Herausforderung für Bund und Provinzen.

Mein Beitrag stellt die Bemühungen der Ureinwohner um ihr Selbstbestimmungsrecht in diesen weiteren Rahmen der Entwicklung des kanadischen Föderalismus. Im ersten Kapitel wird die Entstehungsgeschichte Kanadas skizziert, also der Weg aus kolonialer Zeit zum heutigen föderalen Staat. Im zweiten Kapitel wird die Entmündigungsgeschichte der Ureinwohner dargestellt, also der Weg der Ersten Nationen vom Verlust ihrer Souveränität bis zur heutigen verfassungsrechtlichen Anerkennung. Die beiden ersten Kapitel liefern Grundlagen für die beiden folgenden Kapitel. Im dritten Kapitel wird auf einen Meilenstein in der jüngeren Geschichte der Ureinwohner eingegangen, nämlich auf den parlamentarischen Untersuchungsbericht von 1983 – den ›Penner Report‹ –, worin ein »Indian Self-Government« befürwortet wird. Im letzten Kapitel werden die Auseinandersetzungen um die Einführung dieser dritten Regierungsart in die Verfassung beschrieben, wobei ich hier auf einige wesentliche Aspekte der ganzen Problematik eingehe, ohne aber das Thema, das sich in einem laufenden politischen Prozeß befindet, abschließend behandeln zu können.

Von der Kolonie zum föderalen Staat

Im Gebiet des heutigen Kanada siedelten sich zu Beginn des 17. Jahrhunderts vorerst Franzosen an, vor allem entlang großer und verkehrsgünstiger Wasserwege. Es sei hier nur die Gründung der Stadt Quebec am Sankt Lorenz-Strom im Jahre 1608 durch den Forscher Samuel de Champlain erwähnt. Frankreich war an einer eigentlichen Landnahme und Kolonisierung weniger interessiert als an der gewinnträchtigen Ausbeutung der Rohstoffe. Zu jener Zeit handelte es sich vor allem um den Fellreichtum Nordamerikas.

Um für diese merkantilistische Politik ein günstiges Klima zu schaffen, wurden von den Ureinwohnern mittels Verträgen Landnutzungsrechte erworben, die alljährlich nach indianischer Sitte zeremoniell erneuert wurden. Zudem billigten die Kolonialbehörden das Zusammenleben von französischen Trappern mit indianischen Frauen, was man damals sinnigerweise »sich einwintern« nannte. Darin drückt sich die anfänglich große Abhängigkeit der ersten Kolonisten und Trapper vom Entgegenkommen und von den Kenntnissen der Ureinwohner aus. Den »Waldläufern« wurde auch nachgesagt, sie hätten sich »indianisiert«, was sich zumindest auf die äußerlich sichtbare Anpassung an die neuen Lebensbedingungen bezog.

Allmählich ergab sich eine eher symbiotische Beziehung, in der ein Warentausch zwischen europäischen Gütern und (Biber-)Fellen vorherrschte. Die französische Kolonialpolitik strebte zunehmend eine Christianisierung und Assimilierung der Ureinwohner an, um sie zu französischen Staatsbürgern zu machen. Dies hielt man für durchaus möglich und sinnvoll, schilderten doch verschiedene katholische Missionare die Indianer in vorteilhaften Worten, was sich im Bild des »edlen Wilden« widerspiegelt.

Diese friedliche, aber gleichwohl eurozentrische Kolonialpolitik änderte sich, als England Ende des 17. Jahrhunderts begann, Frankreich den Anspruch auf nordamerikanisches Land streitig zu machen. In den ersten sechzig Jahren des 18. Jahrhunderts verlor Frankreich in drei Kriegen alle seine Besitztümer, was am 10. Februar 1763 im Friedensvertrag von Paris besiegelt wurde. Neu-Frankreich wurde zur britischen Übersee-Provinz Quebec, wo noch immer die Mehrheit der Kolonisten französischer Muttersprache war. Der Status dieser Provinz war seit dieser Zeit von besonderer Art und oftmals ein politischer Streitfall. Obwohl es 1969 zur Anerkennung des Französischen als zweiter Amtssprache kam, drohte die Provinzregierung nach wie vor mit dem Separatismus, also mit einer Loslösung vom übrigen anglophonen Kanada. Quebec hat sich zwar bis jetzt nicht separiert, stellt aber mit seinen Sonderansprüchen noch heute den kanadischen Föderalismus auf eine harte Probe.

Nach der amerikanischen Revolution, die 1776 zur Gründung der Vereinigten Staaten von Amerika geführt hatte, verblieben England noch die beiden Kolonien New Brunswick und Nova Scotia sowie die Provinz Quebec. 1791 erließ das britische Parlament ein Verfassungswerk, worin die Provinz Quebec umbenannt und zweigeteilt wurde in Unter-Kanada, den französischsprachigen östlichen Teil, und in Ober-Kanada, den englischsprachigen westlichen Teil. Damit erhielt der Name Kanada erstmals Einzug in ein rechtspolitisches Dokument. Ober- und Unter-Kanada sowie New Brunswick und Nova Scotia wurden in diesem ›Canada Act‹ einem vergleichsweise ähnlichen Status unterworfen, wie ihn die südlicheren Kolonien innehatten, bevor sie sich zu den Vereinigten Staaten von Amerika zusammenschlossen. England hatte aus der Revolution seiner amerikanischen Kolonien wenig gelernt, so daß es nicht verwunderte, als auch in seinen verbliebenen Kolonien immer wieder Rebellionen gegen seine Kolonialpolitik aufflammten. 1840 gestattete die Krone deshalb zur Beruhigung der Gemüter die Schaffung einer Union von Ober- und Unter-Kanada, doch auch nachher blieben die Kolonien ein steter Unruheherd.

Das änderte sich erst mit der Gründung des »Dominion of Canada« im Jahre 1867, worin die vier Kolonien – New Brunswick, Nova Scotia, Quebec (Unter-Kanada) und Ontario (Ober-Kanada) – zu einer Union zusammenge-faßt wurden. Die Schaffung des Dominion war eine Reak-tion auf den Sieg der Unionisten im amerikanischen Bür-gerkrieg. England befürchtete, die siegreichen Nordstaat-ler würden sich nach Norden gegen die englischen Kolo-nien wenden, um diese vom Kolonialjoch zu befreien. Mit der Verabschiedung der ›British North American Acts‹ (BNA) 1867 durch das britische Parlament wurde ein neuer Staat – Kanada – geschaffen, in dem aber England weiterhin die Verteidigung sowie die Außenpolitik kon-trollierte und bei Streitigkeiten der Provinzen untereinan-der einschreiten konnte. Erst 1931 – mit dem ›Statute of Westminster‹ – beschloß dasselbe Parlament, all seinen Dominions den gleichen Status wie denjenigen des Mut-terlandes England zu verleihen, was beispielsweise in Neuseeland und in Australien problemlos in die Tat umge-setzt wurde. Nicht so in Kanada: Dort stritt man sich um die Verteilung der Macht zwischen der Bundesregierung in Ottawa und den Provinzen, wozu auch der nach wie vor bestehende Konflikt zwischen den Franco- und Anglo-Kanadiern beitrug. 1949 kam man wieder einen Schritt weiter in Richtung völliger Unabhängigkeit von England, indem die BNA erweitert wurden, und zwar insoweit, als Kanada nun alle seine Angelegenheiten selber regeln konnte mit Ausnahme der Rechte der Provinzen sowie ein paar anderer Rechtsgüter; der kanadische Oberste Ge-richtshof wurde in Gerichtsfällen zur letzten Berufungsin-stanz ernannt.

Mit dieser nicht ganz vollständigen Unabhängigkeit ga-ben sich einige Kanadier aber nie zufrieden; es war die li-berale Regierung von Pierre E. Trudeau, die vornehmlich die »Heimführung« *(patriation)* der kanadischen Verfas-sung zu ihrem zentralen politischen Programm erhob: Nicht mehr länger sollte das britische Parlament zur Änderung der kanadischen Verfassung sowie zu anderen innerkanadischen Fragen das letzte Wort haben. Deshalb rang die Zentralregierung zwischen 1968 und 1981 mit den Provinzen und mit den Ureinwohnern, wie weiter unten erläutert wird, um eine neue, rein kanadische Verfassung. Schließlich stimmten mit Ausnahme der Provinz Quebec alle anderen Provinzen einem Kompromiß über die Machtverteilung zu. Und nachdem das britische Parlament – nach dem alten Verfassungsrecht zum letzten Mal – der Änderung der kanadischen Verfassung und somit der »Heimführung der neuen kanadischen Verfassung« im März 1982 zugestimmt hatte, konnte Königin Elisabeth II. in einer feierlichen Zeremonie am 17. April den Kanadiern ihre vollständige Unabhängigkeit erklären. Die unverbrüchliche Treue zu England wird dadurch bestätigt, daß die englische Krone weiterhin repräsentatives Oberhaupt von Kanada bleibt.

Die Entmündigung der Ureinwohner

Die Rechtsgeschichte Kanadas in bezug auf die Ureinwohnerrechte beginnt mit der ›Royal Proclamation‹ vom 7. Oktober 1763, obwohl die in diesem Gebiet lebenden Ureinwohner schon mehr als 150 Jahre mit weißen Rechtsansprüchen in Kontakt gekommen waren. Diese vorwiegend französische Periode kann hier vernachlässigt werden, da – wie oben erwähnt – Frankreich an einer Kolonisierung im großen Stil weniger interessiert war als an einem Monopol im Fellhandel. Zudem hatte Frankreich zu Anfang desselben Jahres seine Kolonialansprüche auf dem nordamerikanischen Kontinent an England abgetreten.

Die ›Royal Proclamation‹ war eine Zäsur in der Beziehung zwischen England und seinen Kolonien einerseits und den nordamerikanischen Ureinwohnern andererseits. Bis dato war den einzelnen Kolonien erlaubt, nach eigenem Gutdünken mit den Ureinwohnern umzugehen. Die

Proklamation wollte dem ein Ende setzen, damit die Krone die Übersee-Kolonien von England aus wieder straffer an die Zügel nehmen konnte.

Die ›Royal Proclamation‹ ist in drei Teile gegliedert: Im ersten Teil wurden die Grenzen der Kolonien genau festgelegt; im zweiten Teil ging es um die Regelung der Einwanderung und im dritten Teil um eine neue vereinheitlichte Indianer-Politik. Hier interessiert nur dieser Teil, der wie folgt zusammengefaßt werden kann:

1. England erkennt alle Rechte der Ureinwohner auf ihr Land an.
2. Niemand anderes als die Krone kann von den Ureinwohnern auf formalen Verhandlungswegen das vollständige Eigentumsrecht auf Land erwerben.
3. Niemand darf weißen Kolonisten Land vergeben, das nicht formal von Indianern abgetreten worden ist.
4. Die Krone übernimmt die Verantwortung, alle weißen Siedler von Land zu vertreiben, das sie unrechtmäßig besetzt haben.

Gemäß der verbreitetsten Interpretation ist das Wesentliche an dieser Proklamation die Anerkennung von indianischen Landrechten durch die englische Kolonialmacht. Allerdings sind sich die Rechtsgelehrten darüber nach wie vor nicht einig, was die Ansicht bestärkt, daß die eigentliche Bedeutung der Proklamation nie völlig geklärt werden kann. Sicher ist, daß bis dahin die Ureinwohner und ihre Rechte schlichtweg nicht wahrgenommen oder gewaltsam aus der Welt geschafft wurden. Die Gründe für den Wandel sind wohl in der damaligen Entwicklung der Auseinandersetzungen der verschiedenen Kolonialmächte um die Aufteilung der Welt zu suchen. Um seine imperialen Ansprüche zu sichern, brauchte England disziplinierte Kolonien, die nicht in kostspielige Auseinandersetzungen mit den benachbarten Ureinwohnern verwickelt waren. Zudem hatten sich verschiedene Ureinwohner-Nationen als nützliche Verbündete gegen andere Kolonialmächte erwiesen, in Nordamerika zum Beispiel gegen Frankreich.

Die Tatsache allein, daß die englische Krone von sich aus proklamierte, wie mit indianischem Land umzugehen sei, zeigt deutlich, daß England sich als zukünftige Alleinbesitzerin des nordamerikanischen Kontinentes verstand. Es war keine gemeinsam verfaßte Proklamation von zwei gleichwertigen Verhandlungspartnern, worin zum Beispiel auch über die Regelung des Landerwerbs durch Indianer in England hätte die Rede sein können. So weit kam es nie, und dennoch: Diese ›Royal Proclamation‹ ist heute noch die positivste Beachtung der Ureinwohnerrechte in der nichtindianischen Rechtsauffassung. Sie wurde in kolonialer Zeit und während der Dominion-Periode in Kanada auch als Gesetz angewendet und nie aufgehoben.

Über den Gültigkeitsbereich stritten sich die Gerichte allerdings immer wieder. So wurde die Frage aufgeworfen, ob die Proklamation nur in den damals kolonisierten Gebieten gültig sei oder sich auch auf die »Terra incognita« beziehe, wie man dazumal die von Ureinwohnern bewohnten Territorien zu bezeichnen pflegte. Diese Frage nach der geographischen Gültigkeit stellt sich allerdings nur, wenn man davon ausgeht, daß diese eine Proklamation als einzige Quelle existierender Ureinwohnerrechte zu gelten habe, wie einige US-amerikanische sowie kanadische Richter in ihren Urteilen angenommen haben. Für die weiße Rechtsprechung war und ist diese Frage wichtig, weil keine von Ureinwohnern verfaßten und von weißer Seite formell akzeptierten Dokumente über den Anspruch auf bestimmte Territorien existieren. Wenn somit die ›Royal Proclamation‹ als einzige Rechtsquelle solcher Ansprüche zu dienen hat, dann spielt es eine Rolle, wie weit der Gültigkeitsbereich der Proklamation reicht. Umstritten ist bis heute, ob der hohe Norden und der Nordwesten in den Gültigkeitsbereich der Proklamation einbezogen sind oder nicht. Diese Frage bejahend, argumentieren andere Richter, daß die Krone mit der Proklamation grundsätzlich »schon immer existierende Ureinwohnerrechte« anerkannt habe, unabhängig davon, ob diese Rechte sich auf Territorien bezögen, die ausdrücklich erwähnt oder in damaliger Unkenntnis der Geographie nicht erwähnt wurden; auch spiele es keine Rolle, wie die Ureinwohner ihre Rechte begründen, sei es mit dem Argument, der Schöpfer habe ihnen diese (Land-)Rechte gegeben, sei es mit dem Argument, sie hätten schon immer auf ihrem Land gelebt (Asch 1984: 41 ff.).

Damit stellt sich die Frage, wer überhaupt die zeitliche und örtliche Gültigkeit der Ureinwohnerrechte bestimmt. Es ist nun mal nicht so, daß die Engländer oder die Kanadier den Schöpfer dafür als zuständig anerkannt hätten, obwohl diesbezüglich für die Ureinwohner bekanntlich alles klar war und immer noch ist. Der imperiale Anspruch der ›Royal Proclamation‹ macht deutlich, daß sich die Krone das alleinige Recht auf Anerkennung sowie auf Auslöschung von Ureinwohnerrechten anmaßte. Dennoch kann gesagt werden, daß die Krone in der ganzen Geschichte Kanadas im Vergleich zu den USA es sich nie leicht gemacht hat, wenn es um die Auslöschung von Ureinwohnerrechten ging. Dies bedeutet auch, daß in der Regel die Löschung eines Landanspruches auf irgendeine Art und Weise entschädigt worden ist.

Ein Jahrhundert nach der Verkündung der ›Royal Proclamation‹ hatte sich das noch einigermaßen günstige Klima für die Ureinwohner endgültig gewandelt. Die neue kanadische Konföderation von 1867 (Dominion of Canada) brachte für die Ureinwohner eine deutliche Verschlechterung ihres rechtlichen Status. In der Verfassung, den ›British North America Acts‹, erhielt das neue Parlament in Ottawa im Artikel 91 (24) »die ausschließliche gesetzgeberische Autorität (...) über die Indianer und über das Land, welches für Indianer reserviert ist«. Damit wurden die Ureinwohner zu Mündeln degradiert, die man dann mittels eines speziellen Gesetzeswerkes, des ›Indian Act‹ von 1876, zu verwalten begann. Das Land wurde von nun an erst recht nicht mehr vom Schöpfer zur gemeinsamen Nutzung an die Ureinwohner verteilt, nein, die Behörden des weißen Mannes reservierten gnädig einige Parzellen für die »aussterbende rote Rasse«, wie man damals scheinbar bedauernd und insgeheim hoffend über die Indianer sprach.

Auch die Verträge, die »Indian Treaties«, die mit indianischen Gemeinschaften noch bis 1923 geschlossen wurden, dürfen keinesfalls als Verträge im üblichen Sinne verstanden werden, also als Verträge zwischen zwei gleichberechtigten, souveränen Staaten, denn die Ureinwohner-Völker wurden ab 1867 nicht mehr als unabhängige Nationen betrachtet, wenn das früher überhaupt jemals der Fall war. Die wenigsten Verträge wurden zudem ausgehandelt, die meisten schlichtweg diktiert.

Mit dem ›Indian Act‹ änderte sich auch noch ein weiterer Aspekt der Gültigkeit von Ureinwohnerrechten. Der ›Indian Act‹ versuchte nämlich, eine Antwort auf die inzwischen aufgetauchte Frage, wer überhaupt ein Ureinwohner sei, zu geben. Die Rechtshistoriker stellten fest, daß die ›Royal Proclamation‹ mit dem Begriff »Indianer« alle nichtweißen Ureinwohner erfaßt hatte, also auch die Inuit und etwaige Mischlinge, die in indianischen Gemeinschaften lebten. Inzwischen hatte sich die Lage geändert; es gab immer mehr Mischlinge, die zudem nicht mehr alle in indianischen Gemeinschaften lebten, sondern in eigenen Dörfern, in sogenannten Metis-Kolonien oder Metis-Gemeinden. Der ›Indian Act‹ legt nun genau fest, wer ein Indianer ist und wer nicht, wobei hier nicht in die Einzelheiten gegangen werden kann. Wichtig ist das Faktum, daß in der Folge des ›Indian Act‹ jeder Indianer, der als solcher anerkannt war, registriert wurde und eine sogenannte »band«-Nummer erhielt. Von diesen Maßnahmen leitet sich der in Kanada gebräuchliche Begriff »Status-Indian« ab. Der »registrierte« oder Status-Indianer untersteht den Gesetzen des ›Indian Act‹, der als eine Mischung von unwürdigen Kontrollen über die Indianer und von »Privilegien« für Indianer bezeichnet werden kann. Unter »Privilegien« versteht der ›Indian Act‹ unter anderem Steuerfreiheit für einen Indianer, sofern er auf der Reservation lebt, und relativ unbeschränkte Jagdrechte auch außerhalb der Reservation auf sogenanntem Staats- oder Kronland. Steuerfreiheit und Jagdrechte sind auch heute noch existentielle Randbedingungen in den meisten Reservationen und bedeuten auch letzte Reste der früheren Unabhängigkeit.

Mit der Einführung des ›Indian Act‹ wurde die Urbevölkerung in zwei Kategorien unterteilt: die »registrierten« Indianer, Inuit und Metis, und die »nichtregistrierten« Ureinwohner. Zu den letzteren gehörten zum Beispiel indianische Frauen, die mit einem Weißen verheiratet waren. Diese Diskriminierung auf Grund des Artikels 12(1)(b) des ›Indian Act‹ war immer wieder Gegenstand verschiedener Gerichtsfälle, in denen Indianerinnen ihren verlorenen Status zurückforderten. Erst als Sandra Lovelace und andere Frauen 1977 ihre Fälle dem UN-Menschenrechtskomitee vortrugen und dieses gegen den ›Indian Act‹ entschied, war der nötige Druck für eine Änderung vorhanden. In Juni 1985 wurde der diskriminierende Artikel durch das Gesetz C-31 ersetzt, das die Rückforderung des durch Heirat oder durch Adoption in weiße Familien verlorenen Status gestattet. Inzwischen haben ihn schon über 90 000 Betroffene zurückverlangt.

Da der ›Indian Act‹ weitere kleinere und größere Revisionen erlebt hatte, gilt heutzutage diese Zweiteilung der Ureinwohner nur noch eingeschränkt: Die Inuit wurden schon bald nach Erlaß des ›Indian Act‹ von 1876 dem Einflußbereich dieses Gesetzwerkes entzogen und unterstehen seither im Rahmen der Verfassung direkt der Bundesregierung. Die Inuit wurden später ebenfalls einer Registrierung unterzogen, doch spielt diese Registrierung heute keine wesentliche Rolle mehr, da registrierte und nichtregistrierte Inuit mehr oder weniger gleich behandelt werden.

Anders erging es den Metis: Ihnen wurde ihr Sonderstatus 1940 aberkannt, und sie wurden den Euro-Kanadiern rechtlich gleichgestellt. Für die Metis war dies eine Bedrohung ihrer spezifischen kulturellen Identität, weshalb sie sich organisierten und über vierzig Jahre darum gekämpft haben, wieder einen rechtlichen Sonderstatus zu erlangen. In der neuen kanadischen Verfassung von 1982 sind sie zusammen mit den Indianern und den Inuit als Ureinwohner ausdrücklich erwähnt.

Der ›Indian Act‹ reguliert also noch heute das Leben der Status-Indianer: Einerseits definiert er einen rechtlichen Spezialstatus und hilft damit, indianische Identität zu wahren, andererseits verhindert er eine rechtliche Gleichheit für die Indianer und verhindert weitgehend ein selbstbestimmtes sozio-ökonomisches Leben in den Reservationen. Seit über 25 Jahren streben Vertreter der Ureinwohner, also nicht nur der Status-Indianer, eine Revision des ›Indian Act‹ an, und zwar mit drei Hauptzielen: 1. dem Schutz der verbliebenen Territorien, 2. der Aufhebung aller diskriminierenden Gesetze und 3. der Beendigung aller Zwänge zur Assimilierung. Mit diesen Verhandlungszielen widersprechen die Ureinwohner der verbreiteten Einstellung und entsprechenden Politik der Euro-Kanadier, daß die Ureinwohner völlig an die weiße Kultur und Gesellschaft angepaßt werden müßten. Diese Politik der Assimilierung ist für viele Betroffene nichts anderes als die schönfärberische Umschreibung dessen, was auch als »kultureller Völkermord« (Ethnozid) bezeichnet werden kann.

Einer der letzten Versuche zur totalen Assimilierung der kanadischen Ureinwohner war durch die frisch gewählte liberale Regierung Trudeau propagiert worden. In einer Regierungserklärung vor dem Parlament wurde 1969 eine neue Indianer-Politik angekündigt, was allseits Erstaunen und Entrüstung hervorrief. Was war geschehen?

In den sechziger Jahren hatten zwei Untersuchungsberichte des Parlamentes festgestellt, daß der ›Indian Act‹ revidiert werden müsse, daß die sozio-ökonomischen Lebensbedingungen der Indianer katastrophal seien und daß eine Verbesserung der Lage nur erreicht werden könne, wenn die Indianer echte Mitbestimmung über ihre Belange erhielten. Auf Grund vor allem des letzten Berichtes, des sogenannten ›Hawthorn Report‹ von 1966, begann die Regierung unter Lester Pearson 1967 mit regelmäßigen Konsultationen von indianischen Vertretern, was Trudeau 1968 nach seiner Wahl verstärkt weiterführte. Zwischen Juli 1968 und Mai 1969 wurde insbesondere über die Revision des ›Indian Act‹ intensiv verhandelt, was bei den Ureinwohnern einige Hoffnungen weckte. Nun aber liefen gleichzeitig regierungsinterne, geheime Beratungen über eine neue Indianer-Politik, mit dem Ziel einer völligen Integration der Ureinwohner in die kanadische Gesellschaft und Kultur, um mit der Zeit die Regierungstätigkeit bezüglich der indianischen Angelegenheiten beenden zu können. Assimilierung und Terminierung waren also die beiden Stoßrichtungen dieser Politik. Die Regierungserklärung erhielt sogleich den Spitznamen »White Paper of 1969« (Gerber 1984:9f.; Weaver 1981).

Die Ureinwohner reagierten wie erwähnt empört und vehement, so daß sich die Regierung gezwungen sah, das »White Paper« zurückzuziehen. Wie der Verlauf der letzten Jahre gezeigt hat, hat sich jedoch in der Grundhaltung weder der liberalen noch der konservativen Regierung etwas geändert. Als die Regierung Trudeau beispielsweise ihren ersten Entwurf einer neuen Verfassung (Gesetz C-60 vom 20. Juni 1978) vorlegte, wurden die Rechte der Ureinwohner mit keinem Wort erwähnt. Die Regierung war immer noch davon überzeugt, daß die bestehenden Sonderrechte der Indianer im Widerspruch zu den Menschenrechten stünden, deshalb abgeschafft werden müßten und somit auch keinen Platz hätten in einer neuen Verfassung. Nach jahrelangem Einsatz gelang es den Ureinwohnern, in die neue Verfassung Eingang zu finden. Nicht nur wurde die ›Royal Proclamation‹ von 1763 in Artikel 25(a) aufgenommen, auch die Ureinwohner wurden speziell erwähnt, nämlich in Artikel 35:
1. Die existierenden Ureinwohner- und Vertragsrechte

der Ureinwohner-Völker Kanadas werden hiermit anerkannt und bestätigt.

2. In dieser Verfassung werden unter »Ureinwohner Kanadas« die Indianer, die Inuit und die Metis von Kanada verstanden.

Mehr als diese vagen Formulierungen über »existierende Ureinwohnerrechte« war wohl beim bestehenden politischen Kräfteverhältnis in Kanada nicht zu erreichen.

Der Penner Report

Die vergangenen Jahre seit der Inkraftsetzung der neuen Verfassung sind geprägt von der Auseinandersetzung um die Interpretation und Definition der »existierenden Ureinwohnerrechte«. Nach dem Verfassungsartikel 37 war die Regierung beauftragt, innerhalb eines Jahres eine Verfassungskonferenz einzuberufen, an der der Regierungschef, die Premiers der zehn Provinzregierungen – deshalb »First Ministers' Conference« (FMC) genannt – und Vertreter der Ureinwohner über deren Rechte beraten sollten, welche explizit in die Verfassung Einzug halten sollten. Eine Verfassungsergänzung benötigt aber unter anderem die Zustimmung von zwei Dritteln aller Provinzen, welche wiederum mindestens 50 Prozent der Gesamtbevölkerung Kanadas umfassen müssen, gemäß den Bestimmungen in Artikel 38. Mit anderen Worten, die kleine rund 0,7 Millionen zählende Minderheit der Ureinwohner – Indianer, Metis und Inuit – hat, um eine ihr günstige Verfassungsänderung erwirken zu können, die Parlamente von sieben Provinzen zu überzeugen, die wiederum die Hälfte der heute rund 27 Millionen zählenden Gesamtbevölkerung Kanadas repräsentieren müssen.

Im jahrelangen Kampf um die verfassungsmäßige Verankerung ihrer Existenz ging es den Ureinwohnern immer auch um die Anerkennung ihres Selbstbestimmungsrechtes, das heißt um die Aufhebung der über hundert Jahre dauernden Bevormundung im kolonialen Stil durch die weißen Bürokratien in Ottawa und in den Provinzhauptstädten. (Zum Vorwurf des »internen Kolonialismus« siehe u. a. Hawkes 1989: 65.) Der Native Council of Canada (NCC), der die Nicht-Status-Indianer und zum Teil die Metis vertritt, deklarierte schon 1979 das Selbstbestimmungsrecht, allerdings – im Unterschied zu den Völkern in den Kolonialländern – im Rahmen der kanadischen Konföderation. Und die Dachorganisation der Status-Indianer, die Assembly of First Nations (AFN) formulierte in ihrer ›Declaration of First Nations‹ im Dezember 1980: »Der Schöpfer hat uns das Recht, uns selber zu regieren, und das Recht auf Selbstbestimmung gegeben. Die Rechte und die Verantwortungen, welche uns der Schöpfer übertragen hat, können von keiner anderen Nation geändert oder uns weggenommen werden.« (Zitiert nach Asch 1984: 125)

Für die Ureinwohner ist schon immer klar gewesen, daß dieses Selbstbestimmungsrecht seit jeher existiert hat, auch wenn dies nirgends dokumentiert ist. Das weiße Kanada habe dieses Grundrecht nur noch in die Verfassung aufzunehmen und dadurch zu schützen. Es gehe nicht darum, daß die Ureinwohner dieses Recht von weißer Seite garantiert bekämen, da, wie oben zitiert, dieses Recht den Ureinwohnern ja schon vom Schöpfer vor Urzeiten zugesichert worden sei.

So einig sich die Ureinwohner über ihr Selbstbestimmungsrecht waren (und sind), so uneinig waren sie bezüglich der Teilnahme an einer Verfassungskonferenz, an der sie nur ein Mitspracherecht haben sollten, die ebenfalls eingeladenen Provinzen hingegen das Stimmrecht. Der NCC und die ICNI (Inuit Committee on National Issues) waren für die Teilnahme, nicht zuletzt zwecks Erprobung ihres neuen, von der Verfassung garantierten Status als Ureinwohner; die AFN war vorerst gegen eine Teilnahme. An dieser Frage spaltete sich die AFN, weil die Mehrheit schließlich doch an den Verhandlungstisch trat. Die Ablehnungsfront argumentiert noch heute, daß gemäß der Verfassung die Provinzen keinerlei Rechte haben, die Belange der Ureinwohner mitzubestimmen; dazu hätte einzig die Bundesregierung das Recht und die Pflicht (vgl. u. a. Robinson u. Quinney 1985). Die erste Verfassungskonferenz vom März 1983 endete deshalb nur mit dem relativen Erfolg einer Verpflichtung, innerhalb von vier Jahren bis April 1987 in drei weiteren Konferenzen die anstehenden Fragen zu lösen.

Nach dem deutlichen Scheitern dieser ersten FMC war ungewiß, ob jemals eine Verständigung erreicht werden könne. Unter den Ureinwohnern und ihren Organisationen stieg das Mißtrauen wieder, das seit 1969 nie mehr völlig abgebaut worden ist. Doch die Hoffnungen auf einen Wandel der politischen Grundhaltung gegenüber den Wünschen und Forderungen der Ureinwohner wuchsen, als im November 1983 eine parlamentarische Kommission unter der Leitung von Keith Penner ihren Bericht zur Frage einer Indianischen Selbst-Regierung in Kanada vorlegte. Am 22. Dezember 1982 vom kanadischen Unterhaus eingesetzt, hatte der Ausschuß den Auftrag, alle Faktoren zu untersuchen, die den rechtlich-politischen Status, die wirtschaftliche Entwicklung und die Verantwortlichkeiten der indianischen Regierungen in den Reservationen beeinflussen und bestimmen. Der siebenköpfige Parlamentsausschuß wurde durch drei Vertreter der Ureinwohner erweitert, ein erstmaliger Akt in der Geschichte des kanadischen Parlamentes.

Während eines Dreivierteljahres führte der Ausschuß ein großangelegtes Anhörungsverfahren durch. In schriftlicher und mündlicher Form trugen die Ureinwohner, das heißt Vertreter der einzelnen Reservationsgemeinschaften oder von Organisationen, ihre Kritik an der bisherigen Regierungspolitik, am bestehenden ›Indian Act‹ oder an der ökonomischen Lage vor und formulierten ihre Erwartungen, Forderungen und konkreten Vorschläge für eine Verbesserung der gesamten Existenzlage der Ureinwohner.

Daraus verfaßte der Ausschuß einen zweihundertseitigen Bericht, den sogenannten ›Penner Report‹, der sich allerdings nur auf die Status-Indianer bezog.

Der Bericht erregte einiges Aufsehen, zumal er alle wesentlichen Forderungen der Ureinwohner aufgriff und befürwortete. Insbesondere betonte er das Recht der (Status-)Indianer auf Selbst-Regierung, das ausdrücklich in die Verfassung aufzunehmen sei. Dabei verstand der Ausschuß den Begriff »Indian Self-Government« nicht als eine bloß weitergehende Interpretation von Selbstbestimmung, geschweige denn von Selbstverwaltung. Nachdem das Department für Indianische Angelegenheiten (DIA) mittels des ›Indian Act‹ seit 1876 das ganze Leben der Indianer in ihren Reservationen bestimmt habe, solle sich dies mit dem Prinzip der Selbst-Regierung total ändern. Die indianischen Gemeinschaften – vom Penner Ausschuß »Indian First Nations« (Indianische Erste Nationen) genannt – sollen sich selbst regieren und alles selbst verwalten und bestimmen können, was das Reservationsleben ausmacht:

- selbstbestimmte politische Entscheidungsstrukturen,
- die wirtschaftliche Entwicklung sowie die Kontrolle über die vorhandenen Ressourcen,
- die schulische Erziehung der heranwachsenden Generationen, wenn erwünscht zweisprachig und zweikulturig,
- medizinische Betreuung der Kranken,
- Sozial- und Altersfürsorge,
- ein selbstbestimmtes kulturelles und religiöses Leben sowie
- eine angemessene Rechtsprechung.

Für die gesamten Dienstleistungen gegenüber ihren Mitbürgern sollen die Indian First Nations-Regierungen die unterstützende Zusammenarbeit mit den Provinzen und dem Bund ohne Beeinträchtigung ihres Selbstbestimmungsrechtes anstreben können. Indian Self-Government bedeute demnach nicht Separatismus, sondern eine Form interner Autonomie: »Die Regierungen der ›Indian First Nations‹ würden somit in Kanada eine eigene Regierungsform mit eigener, definierter Rechtsprechung bilden.« (Penner Report 1983: 141)

Noch nie hatte die Gemeinschaft der Ureinwohner Kanadas einen so eindrucksvollen Anwalt ihrer Sache gewonnen wie mit diesem Parlamentsausschuß. Gespannt wartete man deshalb auf die Antwort der Bundesregierung, die gemäß Parlamentsordnung innerhalb von 120 Tagen vorliegen mußte. Die Regierung Trudeau zeigte sich in ihrer Stellungnahme vom 5. März 1984 im Vergleich zu früher völlig gewandelt. Sie begrüßte die Empfehlungen und verkündete ihre ernsthafte Bereitschaft, in Sinn und Geist des ›Penner Reports‹ an der Verwirklichung seiner Empfehlungen mitzuarbeiten.

Für Trudeau war es allerdings ein leichtes, sich als gewandelter Saulus zu geben, der nicht mehr von Termination und Assimilation spricht, sondern von Selbstbestimmung der Ureinwohner, stand doch sein selbstgewählter Rücktritt als Premierminister kurz bevor. Die rhetorisch geschickte Befürwortung der Empfehlungen des ›Penner Reports‹ sowie der entsprechende Vorschlag der Regierung für die Einführung des Indian Self-Government anläßlich der zweiten Verfassungskonferenz vom 8./9. März 1984 konnten aber nicht darüber hinwegtäuschen, daß die Regierung keineswegs einen ernsthaften Wandel vollzogen hatte. Der Vorschlag blieb unpräzise in der Antwort auf die Fragen a) was Indian bzw. Aboriginal Self-Government genau bedeute und beinhalte, b) mit welchen finanziellen Grundlagen eine Indian First Nation-Regierung rechnen könne sowie c) wie die Machtverteilung zwischen Bund und Provinzen im Hinblick auf diesen neuen Machtfaktor, sowohl die einzelne First Nation wie auch die Gesamtheit aller First Nations, neu geregelt werden solle. Man kann deshalb von einer unheiligen Allianz sprechen, da in der Konferenz der Eindruck erweckt wurde, die Bundesregierung stehe im Einklang mit den Vertretern der Ureinwohner-Organisationen, unterstützt von Ontario, New Brunswick und Manitoba, während auf der anderen Seite der Front die übrigen sieben Provinzen eine Verankerung des Aboriginal Self-Government in die Verfassung ablehnten, nicht zuletzt wegen dieser ungelösten Fragen.

Die Weigerung der Mehrheit der Provinzen war aber zu diesem Zeitpunkt hauptsächlich mit der Unsicherheit in bezug auf die im Spätsommer anberaumten Parlamentswahlen begründet, bei welchen mit einem Wechsel von der liberalen zu einer konservativen Mehrheit zu rechnen war (was auch eintraf) und vor welcher sich einige Provinzregierungen in diesen heiklen Fragen nicht festlegen wollten. »Heikel« deswegen, weil sich mit der verfassungspolitischen Frage eines Aboriginal Self-Government unter anderem auch die Frage nach dem Verfügungsrecht über Ressourcen auf Ureinwohner-Territorien stellt. Bis heute werden die meisten Ressourcen von kanadischen, US-amerikanischen und japanischen Firmen ausgebeutet und den betreffenden Ureinwohner-Gemeinschaften nur bescheidene Abgaben ausgezahlt, die erst noch in den »Capital Fund« fließen, der von der Bundesbürokratie verwaltet wird. Dies könnte sich bei der vollen rechtlichen Kontrolle über die Ressourcen durch die First Nations ändern, und zwar auch zum Nachteil der Provinzen. Diese müßten mit einem Rückgang der Steuereinnahmen rechnen, denn nach geltendem Wirtschaftsrecht sind die Provinzen die Hauptnutznießer vorhandener Ressourcen. Es verwundert deshalb nicht, daß vor allem die ölreichen Prärie-Provinzen Alberta und Saskatchewan einem Aboriginal Self-Government den stärksten Widerstand entgegengesetzt haben.

»Aboriginal First Nation Government« in Kanada?

Die zweite First Ministers' Conference scheiterte also schlichtweg an der Machtfrage, weil die Provinzen mit einem Machtverlust rechnen müssen, wenn die Verfassung um ein »Aboriginal Self-Government« erweitert würde. Von Provinzseite wurde auch beklagt, daß sie zwar für das Wohl der außerhalb der Reservation lebenden Ureinwohner die finanziellen Lasten trügen, aber weder die Bundesregierung noch die Ureinwohner-Gemeinschaften zur Verantwortung ziehen könnten. Deshalb beharren die Provinzen auf ihrem Mitentscheidungsrecht bei einer rechtlichen Änderung des Status der Ureinwohner-Gemeinschaften; es müsse unter anderem klar geregelt werden, wer die (finanzielle) Verantwortung für die Stadt-Indianer trage: die Bundesregierung, die Provinzen oder die Regierungen der First Nations-Reservationen, aus denen die Emigranten stammen. Damit wird in der Tat das Kernproblem angeschnitten, das in der Kurzform lautet: Keine Aboriginal First Nation-Regierung ohne wirtschaftliche Basis. Die heutige Situation bezüglich dieses Kernproblems für die Reservationsgemeinschaften formulierte der ›Penner Report‹ wie folgt: »Die gegenwärtig von indianischen Regierungen verwalteten wirtschaftlichen und finanziellen Mittel reichen nicht aus, diese Regierungen zu tragen. Der Ausschuß hofft und erwartet, daß den ›Indian First Nations‹-Regierungen durch ›claims‹-Regelungen, durch eigene Verfügungsgewalt über indianisches Territorium und dessen Entwicklung, durch neue Beteiligungsabkommen für Ressourcennutzung ebenso wie durch andere langfristige und feste Finanzabkommen rechtzeitig die nötigen finanziellen Mittel gesichert werden. Vorläufig sind jedoch Subventionen notwendig und gerechtfertigt.« (1983:145)

Dazu muß daran erinnert werden, daß die Ausgangsposition der meisten First Nations für eine Selbst-Regierung äußerst prekär ist, was nicht zuletzt in sozio-ökonomischen Fakten sichtbar wird, wie sie beispielsweise im ›Penner Report‹ vorgelegt worden sind:

- Die Säuglings-Sterblichkeit ist 60 Prozent höher als der Landesdurchschnitt;
- nur 20 Prozent der indianischen Kinder bleiben bis zum Ende der Sekundarstufe in der Schule, gegenüber 76 Prozent im Landesdurchschnitt;
- noch 1977 waren nur 40 Prozent der indianischen Häuser mit fließendem Wasser, Kanalisation usw. ausgerüstet, gegenüber 90 Prozent im Landesdurchschnitt;
- die Arbeitslosigkeit beträgt 35–90 Prozent, je nach Gebiet [während der Landesdurchschnitt um die 10 Prozent pendelt];
- die Selbstmordrate ist im Vergleich zum Landesdurchschnitt dreimal so hoch, und die Mehrzahl der Fälle geschieht im Alter zwischen 15 und 24 Jahren (1983:15).

Es geht aber nicht nur um eine vergleichbare finanzielle beziehungsweise wirtschaftliche Gleichstellung der First Nations mit dem Landesdurchschnitt, sondern um eine Überwindung kolonialer Zustände durch massive Unterstützung durch Bund und Provinzen. Das Recht auf solche Hilfe leiten die Ureinwohner schlicht von der Tatsache ab, daß sie den Weißen im Verlauf der Zeit fast die gesamte eigene Landbasis abtreten mußten, ohne je dafür angemessen entschädigt worden zu sein.

Die finanzielle »Entwicklungshilfe« ist somit eine der Stützen für eine funktionsfähige Selbst-Regierung; eine weitere wäre die vergrößerte Landbasis, sofern alle Landrückforderungen vor Gericht anerkannt würden. Die Forderungen sind im Vergleich zum Verlust bescheiden und beziehen sich in der Regel auf unbewohntes Kronland, und davon gibt es mehr als genug. Der ›Penner Report‹ weist darauf hin, daß Kanada für die Indianer nur

24 335 qkm, für Nationalparks hingegen 130 168 qkm reserviert hat (1983: 112).

Die Hoffnungen auf mehr Land sind seit 1973 gestiegen. Am 31. Januar jenes Jahres entschied der Oberste Gerichtshof im sogenannten Calder- oder Nishga-Fall, daß Ureinwohner-Gesellschaften zur Zeit des ersten Kontaktes in einer Form gelebt haben, welche die Anerkennung ihrer Rechte vor Gericht verlangt, unabhängig davon, ob diese Rechte zu jener Zeit anerkannt waren. Auch bestehe die Möglichkeit, befand das Gericht, daß zumindest einige dieser Rechte bis in die Gegenwart weiter existiert haben (siehe u. a. Raunet 1984).

Die koloniale Grundeinstellung gegenüber den Ureinwohnern – mit der Eroberung Nordamerikas und der Etablierung des kanadischen Staates seien die Rechtsansprüche der Ureinwohner erloschen – wurde zum ersten Mal in der Geschichte Kanadas korrigiert, was angesichts der weltweiten Entkolonisierung längst überfällig war. Bezeichnenderweise änderten sich erst nach dem Calder-Fall die Politik und die Gerichtspraxis in Fragen der Land-Rückforderungen oder Entschädigungen. Landrückgaben oder Entschädigungsleistungen wurden nun plötzlich möglich, wie das James-Bay-Abkommen von 1975 beweist, durch das die betroffenen Cree und Inuit zwar Land verloren, dafür aber anderes Land und Jagd- sowie Trapperrechte erhielten und mit insgesamt 225 Millionen Dollar verteilt auf zehn Jahre entschädigt wurden, was keineswegs überall Zustimmung fand (vgl. u. a. Richardson 1991).

Der Hauptkonfliktpunkt im Prozeß um eine Einführung von Aboriginal Self-Government bleibt aber nach wie vor die Machtfrage. Als auf der dritten First Ministers' Conference im April 1985 die neue Regierung Mulroney den Vorschlag für eine Verfassungsänderung bezüglich der »Rights of Aboriginal Peoples of Canada« vorlegte, fand sie zwar bei den Provinzen mit Ausnahme von Alberta und British Columbia Zustimmung, doch lehnten die Ureinwohner-Vertreter ihn ab, weil er das Recht auf Selbst-Regierung verwässere und auf eine von oben (lies: Bund und Provinzen) delegierte Erlaubnis degradiere, sich selbst verwalten zu dürfen. So scheiterte auch diese Verfassungskonferenz, weil vor allem die Provinzen keine dritte Regierungsform neben der Bundes- und der Provinzregierung dulden, wie sie die First Nations-Regierungen mit provinzähnlicher Macht darstellen würden.

Eine schwerwiegende Konsequenz aus diesem Scheitern der bisherigen Verfassungskonferenzen – eine weitere ist bis dahin (d. h. Frühjahr 1986) nicht festgelegt worden – sind die zunehmenden Konflikte innerhalb der einzelnen Ureinwohner-Organisationen und untereinander. Man kann die Konflikte auf den Nenner »Grundsatz-Politik oder Pragmatismus« bringen: Die politischen Vertreter der Ureinwohner spalten sich in diejenigen, die Prinzipien wie »Souveränität, Autonomie, Selbstbestimmung« hochhalten und diese gegen jeglichen Widerstand in der Verfassung verankern wollen, und in jene, die zwar die gleichen Prinzipien vor Augen haben, aber mehr einen pragmatischen Weg suchen, um allenfalls Schritt für Schritt den hochgesetzten Zielen näherzukommen. Das schließt Kompromisse nicht aus, geht aber auch auf die Erkenntnis ein, daß zur Erreichung der Ziele noch ein gewaltiges Stück Informations- und Erziehungsarbeit zu leisten sei. Es fehle der kanadischen Öffentlichkeit und vor allem den politischen Entscheidungsträgern an Information und Bildung über die Kultur und das Leben der Ureinwohner im allgemeinen und über deren Wertvorstellungen im besonderen. Zu lange wurden die Ureinwohner entweder total ignoriert oder dann als inferiore Minderheit abqualifiziert, die nur überleben könne, wenn sie sich total dem »Canadian way of life« anpasse, assimiliere. Dieses Zerrbild hat zu einem »bösen« Erwachen geführt, als sich in den letzten Jahren seit dem »White Paper 1969« die Ureinwohner mit allen rechtlichen Mitteln zu wehren begonnen haben und auch den Weg zu internationalen Instanzen – UN-Menschenrechtskomitee, UNO – nicht scheuen sowie mit völkerrechtlichen Argumenten fechten (vgl. u. a. Opekokew 1982). Deshalb unterstützte der Parlamentarier und ehemalige Vorsitzende des oben erwähnten Untersuchungsausschusses, Keith Penner, die Ansicht, vor allem die Provinzregierungen und -parlamente bräuchten eine intensive Weiterbildung, die ihnen von den Ureinwohnern angeboten werden müsse; denn vor allem die Provinzen müßten gewonnen werden, wenn eine Verfassungsänderung im Sinne des Wunsches der Ureinwohner erreicht werden solle.

Schon aus diesem Grunde können sich die Ureinwohner eine Zersplitterung ihrer Kräfte gar nicht leisten, droht ihnen doch erneut der kulturelle Völkermord. Die Grundhaltung des berüchtigten »White Paper 1969« – Termination und Assimilation – findet sich nämlich auch in der konservativen Regierung von Brian Mulroney, der seit September 1984 Premierminister ist. Ein paar Tage nach der dritten First Ministers' Conference im April 1985 hat ein mutiger Beamter einen geheimen Untersuchungsbericht – den sogenannten ›Nielsen Report‹ – an die Öffentlichkeit weitergeleitet, worin drastische Subventionskürzungen, die Auflösung des Department of Indian Affairs (DIA), die Übertragung der Verantwortung für die Ureinwohner vom Bund auf die Provinzen und anderes mehr vorgeschlagen werden.

Diese »Wiedergeburt« des White Paper wurde von den Ureinwohnern vehement verurteilt. Das allgemeine Mißtrauen gegenüber der Mulroney-Regierung fand nun reichlich Nahrung, auch wenn der Regierungschef sofort beteuerte, der Report spiegle keineswegs die Politik der Regierung wider, was ihm niemand abnahm, saßen doch in der Untersuchungskommission lauter Minister unter der Führung des stellvertretenden Premierministers Nielsen. Die Kommission arbeitete dann auch prompt weiter und verfaßte eine neue Version, die am 11. März 1986 veröffentlicht wurde. Die AFN verlangt ein Moratorium, um zu verhindern, daß die Empfehlungen des ›Nielsen Reports‹ in die Tat umgesetzt werden. Der Bericht nimmt keinerlei Rücksicht auf die Argumente der Ureinwohner und auf den bisherigen Prozeß einer zunehmenden Akzeptanz der Idee eines Aboriginal Self-Government innerhalb der kanadischen Verfassung.

Der ›Nielsen Report‹ ist zwar keineswegs repräsentativ für die veröffentlichte Meinung in Kanada, wie eine wachsende Zahl von Publikationen und Studien andeutet, die den Standpunkt und die Argumente der Ureinwohner vertreten. Allerdings ist der ›Nielsen Report‹ ein Regierungsdokument, dem politische Legitimität anhaftet, die in ihrem potentiellen Einfluß auf die öffentliche Meinung nicht ignoriert werden kann. Es wäre ein trauriges Schauspiel, wenn die Regierung Mulroney dem Report folgen würde und der Interpretation recht gäbe, daß des »Weißen Mannes einzig guter Indianer noch immer der Nicht-Indianer« sei...

Inzwischen gehen die Bemühungen der Ureinwohner weiter, die Aboriginal Self-Governments bis zum April 1987 doch noch in die Verfassung zu bringen. Ein Weg dazu führt über bilaterale Verhandlungen zwischen einzelnen Ureinwohner-Gemeinschaften und der Bundesregierung, um für die jeweilige First Nation eine angepaßte Form von Selbst-Regierung zu finden. Dies entspricht auch den Empfehlungen des ›Penner Reports‹ (1983:50). Ein erstes Modell wurde vom Parlament 1986 gutgeheißen; es handelt sich um die Sechelt First Nation nördlich von Vancouver in British Columbia (vgl. dazu Etkin 1988). Mit solchen Modellösungen auf Gesetzesebene will man Erfahrungen sammeln und den oben erwähnten Lernprozeß beschleunigen, damit dann schließlich eine flexible Lösung auf Verfassungsebene gefunden und von allen Entscheidungsträgern akzeptiert werden kann.

Nachwort 1993

Die vergangenen Jahre seit der erstmaligen Veröffentlichung dieses Beitrages im Herbst 1986 haben gezeigt, daß die Probleme dieselben geblieben sind. Die Grundhaltung der konservativen Regierung und der meisten Provinzregierungen verharrt in der Ideologie der »Termination« und »Assimilation«, die wirtschaftlichen Interessen bezüglich Ressourcenausbeutung bleiben die gleichen (vgl. Gerber 1993). Die finanziellen Kürzungen aller »Indianerprogramme« in direkter Folge des ›Nielsen Reports‹ hat die Arbeit der Ureinwohner an einer selbstbestimmten Lebensgestaltung stark beeinträchtigt. Es sind den Ureinwohnern zwar keineswegs interne Auseinandersetzungen erspart geblieben, aber es sind auch vermehrt Kräfte mobilisiert worden, in der oben beschriebenen Weise weiterzukämpfen. Die indigenen Organisationen haben tendenziell ihre Geschlossenheit beibehalten können, die sie erstmals eindrücklich im März 1987 bei der damals letzten Verfassungskonferenz demonstriert hatten.

Im August 1992 einigten sich die Bundesregierung, die Premierminister der Provinzen und die Vertreter der Ureinwohner auf ein neues Verfassungsabkommen, dessen politischer Schwerpunkt eine Lösung der Quebec-Frage gewesen wäre: Der französischsprachigen Provinz Quebec sollte ein Sonderstatus als »distinct society« verliehen werden. Da sich die Ureinwohner noch legitimierter als »distinct societies« verstehen, erkämpften sie in diesem Abkommen die Möglichkeit, Selbst-Regierungsmodelle innerhalb von fünf Jahren zu verwirklichen. Das kanadische Volk hat jedoch dieses Abkommen im Referendum vom 26. Oktober 1992 abgelehnt. Somit warten die Ureinwohner Kanadas weiterhin auf ihr Selbstbestimmungsrecht...

Literatur

Asch, Michael: Home and Native Land. Aboriginal Rights and the Canadian Constitution. Toronto 1984.

Etkin, Carol E.: The Sechelt Indian Band: An Analysis of a New Form of Native Self-Government. In: The Canadian Journal of Native Studies (1988), H. 1, S. 73–105.

Gerber, Peter R.: Das Recht, Indianer zu sein. Die kanadische Regierung versus die Ureinwohner. In: Bulletin Nr. 48. Hrsg. Société suisse des Américanistes, Genf 1984, S. 7–12.

Gerber, Peter R.: Stagnation oder Fortschritt. Zur Selbstbestimmung der Indianer Kanadas. In: 500 Jahre danach. Zur heutigen Lage der indigenen Völker beider Amerika. Hrsg. P. R. Gerber, Chur, Zürich 1993.

Hawkes, David C.: Aboriginal Peoples and Constitutional Reform. What have we learned? Final Report. Kingston, Ontario 1989.

Opekokew, Delia: The First Nations. Indian Government in the Community of Man. Saskatoon 1982.

Penner Report: Indian Self-Government in Canada. Report of the Special Committee, House of Commons Canada. Ottawa 1983.

Raunet, Daniel: Without Surrender, Without Consent. A History of the Nishga Land Claims. Vancouver 1984.

Robinson, Eric u. Henry Bird Quinney: The Infested Blanket. Canada's Constitution – Genocide of Indian Nations. Winnipeg 1985.

Weaver, Sally M.: Making Canadian Indian Policy. The Hidden Agenda 1968–1970. Toronto 1981.

Ludger Müller-Wille

Kostenanalyse der modernen Jagd bei den Inuit der kanadischen Zentralarktis (im Jahre 1973)

Zielsetzung und Methode ·

Während einer ethnologisch-geographischen Untersuchung von August bis Dezember 1973 in der zentralarktischen Siedlung Repulse Bay, Nordwest-Territorien (Kanada)*, wurde in Gesprächen mit den einheimischen Inuit häufig die folgende Frage aufgeworfen: »Wieviel Geld muß aufgebracht werden, um gegenwärtig die Jagd auf See- und Landtiere auszuüben, und werden die erbrachten Produkte, falls sie nicht vom Jäger selbst verwertet werden, auch genügend finanzielle Einnahmen erbringen, um die Anschaffungskosten auszugleichen?« Diese Fragestellung war für die Inuit-Jäger vor 15 bis 20 Jahren nur bedingt notwendig gewesen, da die damaligen Voraussetzungen, die den traditionellen Wirtschaftszyklus bestimmten, wenig durch äußere, das heißt technische und monetär bedingte Einflüsse gelenkt werden. Die wirtschaftlichen und sozio-politischen Entwicklungen der letzten Jahre im Norden Kanadas, auf die hier nicht im einzelnen eingegangen werden kann, haben für die Inuit ein neues Abhängigkeitsverhältnis geschaffen, das sich nun nicht mehr allein mit der natürlichen Umwelt sondern vor allen Dingen mit Verbindungen zu den Wirtschafts- und Entscheidungszentren im Süden Kanadas auseinanderset-

Leicht abgeänderte Fassung des gleichnamigen Beitrages in: Kanada und das Nordpolargebiet. Hrsg. Ludger Müller-Wille u. Helmut Schroeder-Lanz. Trierer Geographische Studien, Sonderheft 2 (1979), S. 87–104.
* Die Feldforschung in Repulse Bay war Teil einer Vergleichsstudie zum technischen und sozio-ökonomischen Wandel bei den Dene im nördlichen Saskatchewan (Kanada) und bei den Sámi im nördlichen Finnisch-Lappland zwischen 1972 und 1974.

zen muß. Diese Abhängigkeit ist nicht mehr aus dem Leben der Inuit wegzudenken; sie stehen somit zwischen zwei Wirtschaftssystemen, die sich anscheinend nicht vereinigen lassen.

Um dieser Situation in der Jagdausübung nachzugehen und vielleicht anwendbare Ergebnisse zu erlangen, wurde im Einvernehmen mit der Bevölkerung von Repulse Bay ein Fragebogen erstellt und eine Befragung aller 63 Haushalte und der 60 aktiven Jäger im Oktober und November 1973 durchgeführt. Laurent Kringayark, der damals siebzehnjährige Sohn eines prominenten Jägers, und der Verfasser sammelten die Informationen, die über alle Haushalte zu folgenden Aspekten der Jagdausübung einschließlich des Fallenstellens auf felltragende Tiere Auskunft gaben: Einführung, Anwendung und Wirtschaftlichkeit von Motorschlitten im Gegensatz zum traditionellen Hundeschlitten, von Boot und Außenbordmotor und von Gewehren. Die vorläufigen Ergebnisse dieser Umfrage wurden in einem vervielfältigten Rundbrief in Englisch und Inuktituk (Eskimo) zusammengefaßt, der Ende November an alle Haushalte verteilt wurde (Repulse Bay 1973).

Das Ziel dieser Aktion war es, die Jäger und deren Familien auf die wirtschaftlichen, finanziellen und technischen Probleme aufmerksam zu machen, die die Anwendung moderner technischer Gegenstände in einem Bereich der traditionellen Subsistenzwirtschaft mit sich bringt. Die Ergebnisse sollten gleichzeitig einen Überblick über den Geldfluß in der Siedlung und über den Finanzhaushalt der einzelnen Familien geben. Der Rundbrief diente aber ebenso dazu, den Inuit-Jägern die Möglichkeit der Reflexion über ihre Situation im stärker spürbar werdenden Verbundsystem wirtschaftlicher Abhängigkeit zu bieten. Die danach folgende Diskussion zeigte, daß der Bevölkerung und deren Vertretern eine bessere Position in der Auseinandersetzung mit den verantwortlichen Regierungsstellen zuteil wurde, da die Ar-

107

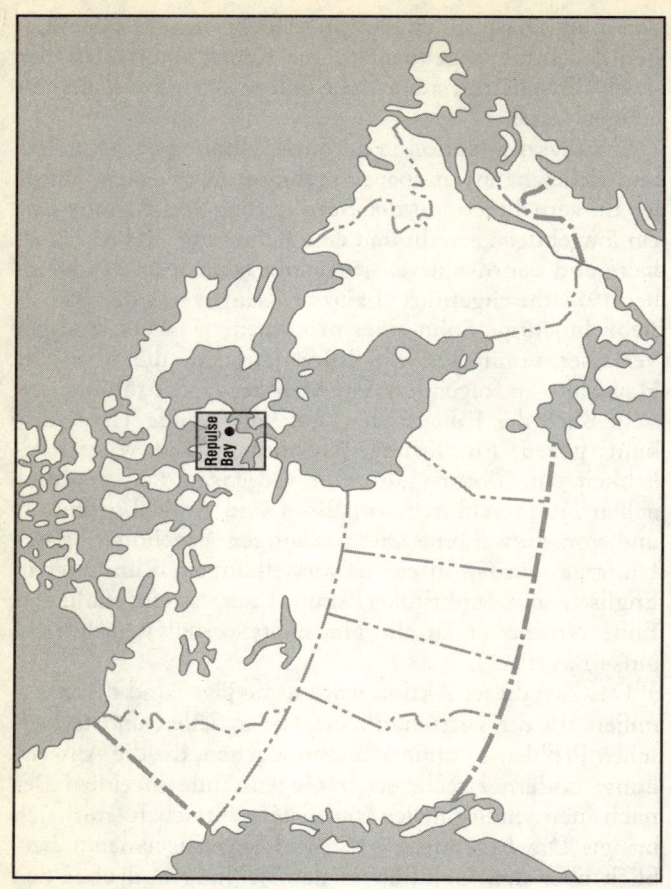

Lage des Untersuchungsgebietes in Kanada

gumentationsbasis für die stärkere Beachtung der Nutzung vorhandener, erneuerbarer Ressourcen durch die lokale Bevölkerung unter diesen Gesichtspunkten deutlicher wurde. Trotzdem wird es für die Inuit und ihre Interessenorganisationen fast unmöglich sein, den für die Entwicklung des Nordens verantwortlichen Persönlichkeiten und Stellen eine Kompromißlösung abzuringen, die nicht nur die Ausbeutung nicht erneuerbarer Ressourcen wie Erdöl und -gas für Zentren im Süden, sondern auch eine wirtschaftliche Expansion für lokale Bereiche wie Jagd vorsieht, was somit vorrangig der Bevölkerung des Nordens zugute käme.

Jagdausübung und Fallenstellen in der Umgebung von Repulse Bay (Naujaa/Aivilik)

Die Jagdgebiete und Fallenstrecken der Inuit-Jäger haben sich in der kanadischen Arktis seit den fünfziger Jahren räumlich erheblich verschoben, da die Zentralisierung der Inuit-Bevölkerung in festen Siedlungen gezwungenermaßen eine Verdichtung der Aktivitäten der Jäger innerhalb eines variierenden Radius um diese Siedlungen hervorrief. Die Folgen sind, daß einige Gebiete zu stark belastet sind und andere nicht mehr oder weniger ausgenutzt werden, da die größere Entfernung zum Wohnort eine Nutzung nicht mehr wirtschaftlich erscheinen läßt. Dies hat vor allem auch Auswirkungen auf die Populationsdichte der einzelnen Tierarten (vgl. Freeman 1976). Der gleiche Prozeß vollzog sich für die Siedlung Repulse Bay, die seit 1963 wie ein Pilz auf der Tundra entstanden ist und 1973 insgesamt 234 Einwohner hatte (220 Inuit und 14 Euro-Kanadier).

Im Jahre 1973 gingen in Repulse Bay 60 Inuit-Männer der Jagd und dem Fallenstellen in einem Gebiet nach, das sich zwischen 64° und 58° Nord sowie 80° und 89° West erstreckte (Müller-Wille 1974a; Freeman 1976, Bd. 3,

S. 47–48). In Kilometern ausgedrückt heißt das, daß sich die Jäger bis zu 240 km nördlich und südlich sowie 200 km östlich und 100 km westlich von der Siedlung entfernten. Nach einer Ausplanimetierung des genutzten Wirtschaftsraumes ergab sich eine Fläche von etwa 46 000 qkm oder – idealerweise – eine Dichte von einem Jäger pro 766 qkm. Diese Zahlen geben natürlich nicht die eigentliche Dichte und Häufigkeit der Nutzung der Jagdgebiete wieder, da dies schwer zu ermitteln ist, zumal die Tierpopulationen und somit die Aktivitäten der Jäger und Fallensteller nicht gleichmäßig auf den gesamten Land- und Meeresraum verteilt sind. Die räumliche Verteilung der Jäger fluktuiert saisonal; hierbei ist die Jagd zu Land und auf dem Meereis stärker vertreten.

Die ständige Nutzung eines solchen Wirtschaftsraumes über Jahre hinweg bedeutet einen Besitzanspruch von seiten der Inuit-Jäger, deren Jagdgebiete in letzter Zeit immer mehr von anderen wirtschaftlichen Aktivitäten wie Erdölbohrungen eingeschränkt werden. Obwohl die Inuit-Gesellschaft ein anderes Verständnis von Besitzrecht als die eurokanadische Gesellschaft hat, sind die heutigen Anspruchsforderungen der Inuit auf Land und dessen Nutzung von der kanadischen Bundesregierung nicht von der Hand zu weisen (Brody 1976; Berger 1977).

Nur ein geringer Teil der 60 Inuit-Jäger von Repulse Bay kann als »Berufsjäger oder -fallensteller« angesehen werden, die für den Lebensunterhalt ihrer Familien allein auf die Erträge dieses Wirtschaftsbereiches angewiesen wären. Die meisten Inuit-Männer übten die Jagd als Nebenerwerb zusätzlich zur meist gelegentlichen Lohnarbeit im Dienstleistungssektor in der Siedlung aus. Das bedeutet eine zeitliche und räumliche Einschränkung ihrer Aktivitäten auf das Wochenende (sog. »Wochenendjäger«) und auf ein Gebiet von etwa 30 bis 40 km Umkreis um Repulse Bay, der leicht durch Motorschlitten oder -boot zu bewältigen war. Diesen Inuit gelang es somit, an der modernen und traditionellen Wirtschaftsausübung teilzunehmen

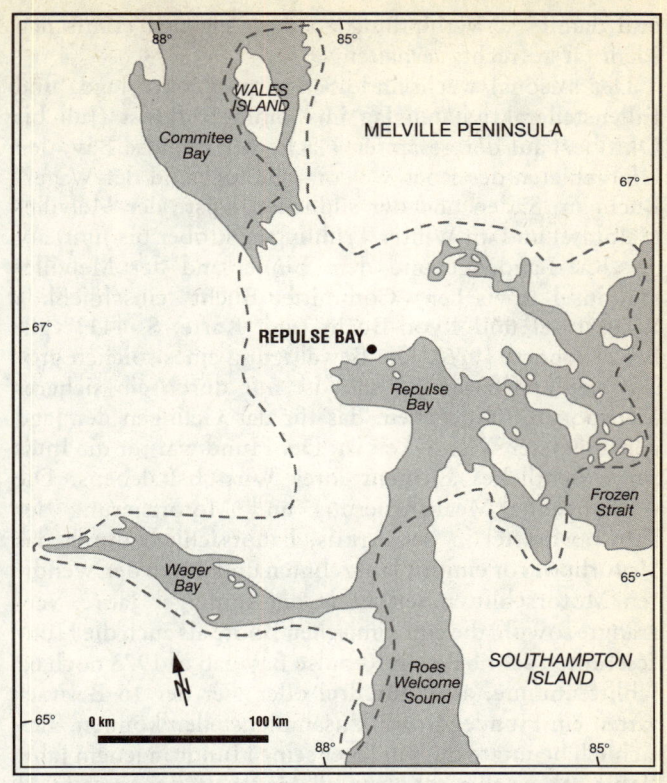

Wirtschaftliches Einzugsgebiet der Inuit-Jäger von Repulse Bay, N.W.T., Kanada 1973–1974 (nach: Freeman 1976, Bd.3, Karte 48; Müller-Wille 1974a)

111

und damit die Verbindung zu ihrer eigenen ethnischen Identität aufrechtzuerhalten.

Der saisonal wechselnde Schwerpunkt der Jagd- und Fallenstelleraktivitäten lag im Sommer/Herbst (Juli bis Oktober) auf der gesamten Fläche der Repulse Bay, den Ufergebieten des Roes Welcome-Sundes und der Wager-Bucht im Süden und der südlichen Küste der Melville-Halbinsel und im Winter/Frühling (Oktober bis Juni) auf der Rae-Landenge und dem Binnenland der Melville-Halbinsel zwischen Committee-Bucht einschließlich Wales-Insel und Lyon-Bucht (vgl. Karte, S. 111; vgl.: Brice-Bennett 1976). Die Bewältigung eines solchen großen siedlungsfreien Raumes ist nur durch ein sicheres Transportmittel gegeben, das für das Gelingen der Jagd von äußerster Wichtigkeit ist. Der Hund war für die Inuit ein wesentliches Element ihres Wirtschaftslebens. Die vordringende Mechanisierung und Motorisierung der Transportmittel in der Arktis, hauptsächlich durch das Motorboot vor einigen Jahrzehnten und durch den wendigen Motorschlitten seit Ende der fünfziger Jahre, verdrängte sowohl die einheimischen Boote als auch die Hundeschlitten sehr bald. In Repulse Bay gab es 1973 noch 62 Schlittenhunde, aber nur drei oder vier der 16 Besitzer hätten ein Hundegespann zusammenstellen können. Tatsächlich benutzte nur ein Jäger seine Hunde in jenem Jahr. Dafür gab es aber schon in elf Haushalten insgesamt 14 »qabluna«-Hunde, das heißt Hunde der Weißen, die aus dem Süden eingeführt worden waren.

Neuerdings entwickelte Querfeldeinfahrzeuge (Zwei- bis Vierradfahrzeuge verschiedener Art) öffnen jetzt auch weite Landstriche während der Sommermonate; diese waren früher nur durch lange Fußmärsche erreichbar. Diese Entwicklung bedeutet, daß, obwohl die Räume der kanadischen Arktis auch vor der Motorisierung von einem engmaschigen Verkehrsnetz traditioneller Art überzogen waren, die Dichte der Verkehrslinien, vor allem nun zwischen den Siedlungen, steigt, was aber besondere Probleme der Treibstoffversorgung auf diesen siedlungsfreien Strecken mit sich bringen wird.

Die Inuit-Jäger von Repulse Bay erlegen folgende Arten der arktischen Fauna in wechselnder Menge für Fleisch- und Kleidungsbedarf und Verkauf von Fellen oder anderen Produkten (Müller-Wille 1974a; Brice-Bennett 1976):

Seerobben
   Gemeine Robbe *(Phoca vitulina)*
   Ringelrobbe *(Pusa hispida)*
   Sattelrobbe *(Pagophilus groenlandicus)*
   Bartrobbe *(Erignathus barbatus)*
Walroß *(Odobenus rosmarus)*
Wale
   Weißwal *(Delphinapterus leucas)*
   Narwal *(Monodon monoceros)*
   Grönlandwal *(Balaena mysticetus)*
Karibu *(Rangifer tarandus arcticus;* auch *R. t. groenlandicus)*
Eisbär *(Thalarctos maritimus)*
Schneehase *(Lepus arcticus)*
Fuchs *(Vulpes fulva; Alopex lagopus)*
Wolf *(Canis lupus)*
Vielfraß *(Gulo luscus)*
Luchs *(Lynx canadensis)*
Fisch
   Arktischer Lachs *(Salvelinus alpinus)*
   Forelle *(Salvelinus fontinalis)*
Wildvögel
   Schneehuhn *(Lagopus lagopus albus; L. mutus rupestris)*
   Enten (verschiedene Arten)
   Gänse (verschiedene Arten)
   Schwan *(Olor columbianus)*
   Kranich *(Grus canadensis)*
   Haubentaucher *(Gavia arctica* u. a.)

Nicht alle der oben genannten Arten werden in jedem Jahr gejagt. Im Jahr 1973 beteiligten sich 60 Personen der Bevölkerung von Repulse Bay an Jagd und Fischfang. Es wurden insgesamt 2500 Tiere, Fisch und Wildvögel nicht gerechnet, erlegt. Sie verteilten sich auf folgende Tierarten: Ringelrobbe 1300; Bartrobbe 30; Walroß 10; Weißwal 23; Karibu 600; Eisbär 16 (jährliche Quote). Dazu kamen noch eine Anzahl pelztragender Tiere, vor allem Fuchs, weniger Wolf, Luchs und Vielfraß. Die letzteren beiden sind Ausnahmen in dieser Region.

Moderne Jagdausstattung – Anwendung und finanzielle Belastung

Seit den intensiven Walfangaktivitäten zwischen 1890 und 1910, der Einrichtung von Handelsposten (Hudson's Bay Company seit 1920; Revillon Frères zwischen 1924 und 1936) und der katholischen Missionsstation (seit 1932) sind graduell immer mehr technische Elemente zu den Inuit der zentralarktischen Region um die Repulse-Bucht gelangt. Der Versuch, eine Versorgungsstation für die Posten der »Distant Early Warning Line« in der Nähe der Hudson's Bay Company-Niederlassung in den fünfziger Jahren aufzubauen und schließlich die Entscheidung der kanadischen Bundesregierung, den Handelsposten und die Missionsstation als Kern für eine permanente Inuit-Siedlung zu nehmen, bedeutete für die in dieser Region verstreut wohnenden Inuit eine überwältigende Flut von materiellen Gütern, deren Einfuhr durch regelmäßigen jährlichen Schiffsverkehr und wöchentliche Flugverbindungen mit dem Süden bis zur Gegenwart stark anstieg.

Die Hudson's Bay Company (H.B.Co.) stellte nach Gründung der Siedlung ihr Verkaufsangebot auf das südliche Niveau um und verließ somit ihre bisherige Verkaufspolitik, die allein auf Fallenstellen, Jagd und Grundnahrungsmittel ausgerichtet war. Die Eröffnung eines

Genossenschaftsladens (1968) und der Zugang der Inuit-Bevölkerung zu den Angeboten südlicher Versandwaren-häuser durch das Nachnahmesystem der Post ließen bald die materielle Ausstattung der Inuit-Haushalte gleich einem nordamerikanischen Haushalt der mittleren Einkommensklasse erscheinen, angefangen vom Plattenspieler bis zur Tiefkühltruhe. Die Abhängigkeit von entfernt gelegenen Produktionsstätten wurde dadurch augenscheinlich. Die Finanzierung dieser Güter konnte kaum noch durch die lokalen wirtschaftlichen Aktivitäten gerechtfertigt werden, sondern war zu einem hohen Prozentsatz nur durch die aufgedrängte Subventionswirtschaft der kanadischen Bundesregierung möglich.

Die eingeführten materiellen Güter veränderten die tägliche Routine der Inuit erheblich. Für die traditionelle Jagdausübung bedeuteten vor allem Motorschlitten und -boot sowie Gewehr einschneidende Veränderungen, die hier eingehender dargestellt werden sollen, auch wenn andere technische Elemente (zum Beispiel Benzinkocher, Konserven usw.) den Stil der Jagdausübung zusätzlich beeinträchtigten.

Der Motorschlitten

Die Einführung des einsitzigen, wendigen Motorschlittens verdrängte, wie oben erwähnt, den Hundeschlitten als Transportmittel während der Jagd und des Fallenstellens innerhalb weniger Jahre. Die Anwendung dieses Fahrzeuges in der Jagdausübung ist in Verbindung mit der gesamten wirtschaftlichen Entwicklung in der kanadischen Arktis zu sehen. Die Vorteile für den Inuit-Jäger sind augenscheinlich: Zugang zu entfernt gelegenen Jagdgründen und Transport größerer Lasten in kürzerer Zeit; keine Kosten, wenn das Fahrzeug nicht in Gebrauch ist usw. Andererseits müssen neue Risiken, wie zum Beispiel Verlust von Maschinen, zeitraubende Reparaturen, be-

Tabelle 1: *Zahl der Motorschlitten nach Alter in Repulse Bay, N.W.T. (November 1973)*

Kaufjahr	Anzahl	Prozent
1973	22	36,7
1972	34	56,7
1971	3	5,0
1970	–	–
1969	1	1,6
Gesamt:	60	100

schränkte Treibstoffversorgung in Kauf genommen werden.

Der erste Motorschlitten wurde im Winter 1967/68 von einem eurokanadischen Regierungsangestellten nach Repulse Bay eingeführt (s. a. Damas 1975:64). Verglichen mit anderen Siedlungen der kanadischen Arktis ist dies eine Verzögerung von einigen Jahren, was auf die – von außen gesehen – verkehrsmäßig recht ungünstige Lage von Repulse Bay zurückzuführen ist. Im November 1973 gab es 60 Maschinen in der Siedlung, das heißt ein Motorschlitten auf vier Einwohner oder einen Haushalt (Tabelle 1). Über die Hälfte der Fahrzeuge (56,7 Prozent) war in der zweiten Fahrsaison; rund ein Drittel begann den ersten Winter im Oktober 1973. Von den 49 Besitzern der 60 Motorschlitten besaßen seit 1967/68 13 ihren ersten Motorschlitten, elf ihren zweiten, 13 ihren dritten, sieben ihren vierten und fünf ihren fünften. Sechs Personen waren im Besitz eines gebrauchten Fahrzeuges (für eine Person keine Angaben). Dieser hohe Wechsel an Fahrzeugen läßt auf eine kurze Lebensdauer des Motorschlittens in nördlichen Regionen schließen, wie dies durch die hohen Reparaturkosten bestätigt wird.

Die 60 Motorschlitten verteilten sich auf fünf kanadische oder amerikanische Herstellerfirmen (50; 7; 1; 1; 1), aber allein auf 13 verschiedene Modelle mit einer Motor-

Tabelle 2: *Treibstoff- und Ersatzteilbedarf für Motor-schlitten in Repulse Bay, N.W.T. (42 Fahrzeuge/Saison 1972/73)*[1]

Art	Verbrauch (Anzahl)
Treibstoff	52 050 l
Zündkerze	400 Stück
Zahnradfeder	370 Stück
Zahnrad	140 Stück
Vorderlenkski	140 Stück
Vergaser	40 Stück
Gummiraupe	22 Stück
Motor	12 Stück
Keilriemen	150 Stück

[1] Eine Auswahl an Ersatzteilen; nicht genannte Teile brachen seltener.

stärke zwischen 12 und 45 PS. Die Verschiedenartigkeit der Modelle, gesteuert durch eine auf südliche Absatz-märkte eingestellte Verkaufspolitik der Hersteller und der Händler am Ort (H.B. Co. und Genossenschaft), und der starke Verschleiß der Maschinen auf der Tundra und dem Meereis erzeugten eine hohe Nachfrage an Ersatzteilen (Tabelle 2). Obwohl sich die Händler bemühten, führte der langwierige Nachschub an Ersatzteilen – häufig per Post kommend – dazu, daß ein großer Teil der Fahrzeuge häufig wochenlang außer Betrieb war und dadurch die Ak-tivität der Jäger im Winter beeinträchtigt wurde.

Der Treibstoffverbrauch für die Fahrsaison 1972/73 für 42 Motorschlitten wurde nach den Angaben der Fahrer und der Geschäfte (»Tankstellen«) errechnet. Demnach wurden 52 050 Liter Treibstoffgemisch in Repulse Bay verbraucht; das heißt ein Durchschnittsverbrauch von 1239 Liter/Motorschlitten (gleich 355 Can $) oder gleich 50 Tankfüllungen. Unter idealen Fahrbedingungen und normaler Last (eine Person plus 200 kg Fracht auf dem An-hängerschlitten) bedeutete dies pro Motorschlitten eine

Reichweite von etwa 2500 Kilometern während einer Fahrsaison oder einen Treibstoffverbrauch von 0,5 Liter/ Kilometer. Eine ähnliche Untersuchung, durchgeführt bei samischen Rentierleuten im norwegischen Finnmarken, erbrachte einen Durchschnitt von 0,26 Liter/Kilometer (Statskonsulenten 1976: 9–11). Hierbei ist zu beachten, daß die Schneedecke im nördlichen Fennoskandien eine geringere Beanspruchung des Motors erfordert als die hartgeblasene und oft nicht vorhandene Schneedecke auf der kanadischen Tundra. Die Unkosten an Treibstoff beliefen sich damit auf 0,25 DM/Kilometer (Kurs 1973) für den Inuit-Jäger.

Die in den Norden Kanadas importierten Maschinen sind für den Gebrauch während der angenehmsten Wintermonate im Süden entworfen worden, wo die Belastung als Erholungsfahrzeug nicht sehr groß ist. Die ständige Beanspruchung des Motorschlittens unter extremen Bedingungen verschleißt schwache Teile der Konstruktion. In Tabelle 2 ist der Gesamtverbrauch an Ersatzteilen für alle Motorschlitten in Repulse Bay für die Fahrsaison 1972/73 aufgeführt; dabei wurde bei genauer Berechnung der Verbraucherpreise eine Durchschnittssumme von 350 Can $ für Ersatzteile für einen Motorschlitten im zweiten, bei einigen schon im ersten Jahr ermittelt. Bei einem damaligen Neupreis von 750 bis 1000 Can $ je nach Modell war dies ein zusätzlicher Geldeinsatz von 35 bis 45 Prozent.

Der Anhängerschlitten, der frühere Hundeschlitten, hat durch den Motorschlitten als Zugmaschine einige technische Veränderungen erfahren, ohne die eigentliche Form zu verlieren – zwei starke Holzkufen mit durch Riemen darauf gebundenen Querstreben, die die Beweglichkeit des Schlittens gewährleisten. Die Zugkraft des Motorschlittens läßt Anhängerschlitten von 7 bis 8 Metern Länge zu, die durch Stahl- und Plastikkufen in ihrer Gleitfähigkeit verbessert wurden. Die Schlitten werden von den Inuit selbst gebaut; die eingeführten Materialien kosteten pro Schlitten etwa 100 Can $. Im Jahr 1973/74 waren 52 Schlitten in Gebrauch, von denen noch 18 für Hunde als Zugtiere entworfen worden waren. Auch bei den Schlitten hat der Motorschlitten einen stärkeren Verschleiß gebracht. Nach Auskunft der Inuit-Jäger hält trotz aller Kunstfertigkeit ein Schlitten nur zwei bis drei Jahre hinter einem Motorschlitten. Kufenbrüche und Abnutzung der Stahlkufen auf dem felsigen Untergrund und dem scharfen Meereis sind häufig. Schnelles Fahren und eine Normallast von durchschnittlich 400 kg bei längeren Ausflügen (zum Beispiel muß Treibstoff mitgeführt werden) begünstigen eine schnelle Abnutzung. Der Schlitten, früher ein mühsam aus Treibholz zusammengefügtes Gerät, ist heute fast zu einem Konsumgut geworden, das jederzeit ersetzt werden kann.

Das Motorboot

Die Inuit der Küstenstriche der nördlichen Hudson-Bucht sind schon seit den zwanziger Jahren dieses Jahrhunderts mit Motorbooten vertraut. Damals übernahmen sie kleine motorisierte Segelkutter, auch Walfängerboote genannt, in denen sie sich während der eisfreien Zeit von Lager zu Lager bewegten und der Jagd auf Meeressäuger nachgingen. Der handliche Außenbordmotor für offene Kanus bis zu einer Länge von 8 Metern gelangte in den fünfziger Jahren in diese Regionen. Das Außenbordmotorboot ist nicht mehr aus der Meeressäugerjagd und dem Fischfang in den Flußmündungen wegzudenken. Obwohl noch einige Familien von Repulse Bay während der eisfreien Zeit ein Zeltlager auf dem Land unterhalten, um den Jagd- und Fischgründen näher zu sein, ermöglicht das bewegliche und schnelle Motorboot, daß von der Siedlung aus in einem Tag größere Seeflächen abgefahren werden können. Die Beute vor allem an Seerobben ist höher; auch können Walroßplätze eher erreicht werden. Trotz allem hat auch hier die Motorisierung des Bootsverkehrs eine Verdichtung und räumliche Begrenzung hervorgerufen.

Tabelle 3: *Boote in Repulse Bay, N.W.T. (August 1973)*

Kaufjahr	Fracht-kanu	Fiber-glas	Alumi-nium	Walboot	Gesamt
1971–1973	6	3	1	–	10
1968–1970	5	2	–	2[1]	9
1965–1967	2	–	–	–	2
–1964	5	–	–	1[1]	6
Gesamt:	18	5	1	3[1]	27

[1] gebraucht gekauft

Im Sommer 1973 (Mitte Juli bis Anfang Oktober) waren 27 Boote verschiedener Art in Repulse Bay in Betrieb (Tabelle 3). Jedes Boot war mit einem Motor ausgerüstet; die Motorstärken lagen zwischen 5 und 40 PS. Die Motoren verteilten sich auf drei amerikanische Fabrikate (13; 8; 6) und waren bis auf drei nach 1968 gekauft worden.

Die Lebensdauer für ein Boot beläuft sich je nach Qualität und Benutzung auf fünf bis sechs Jahre. Eisschollen sind während des Sommers fast immer eine beständige Gefahr für die Boote, die zum größten Teil nur mit behandeltem Segeltuch bezogen sind. Trotzdem sind die Unterhaltungskosten niedrig; nur etwa ein Drittel der Boote mußte 1973 ausgebessert oder angestrichen werden.

Im Vergleich zu den Motorschlitten zeigte sich, daß die Außenbordmotoren eine längere Lebensdauer haben und in ihrer Entwicklung extremen Bedingungen eher angepaßt sind, so daß relativ wenig Reparaturen anfallen. So wurden für 1973 an Reparaturkosten für jeden Motor etwa 25 $ errechnet, die hauptsächlich für Zündkerzen, die am anfälligsten sind, ausgegeben wurden. Schäden am Motor, wie Kolben oder Propeller, entstanden seltener. Als durchschnittlicher Treibstoffverbrauch für ein Boot konnten 500 Liter ermittelt werden, was etwa dem Verbrauch der Motorschlitten entspricht, wenn er auf die Fahrzeit umgerechnet wird. So ist das Motorboot einer ähnlichen Belastung ausgesetzt wie der Motorschlitten.

Das Gewehr

Mit der Expansion des Walfangs und des Pelzhandels in die kanadische Zentralarktis vor 50 bis 90 Jahren gelangte auch das Gewehr zu den Inuit der Repulse Bay-Region, die angehalten waren, dieses Hilfsmittel bei der Jagd auf Meeres- und Landsäuger zu benutzen, um einen höheren Ertrag an Fleisch und Fellen für den Handel mit den Walfängern und den Pelzhändlern zu erbringen. Die Jagdmethoden der Inuit wurden dadurch einschneidend verändert; das Gewehr brachte eine größere räumliche wie auch geistige Distanz in das Verhältnis zwischen Jäger und Tier, als dies bei der Jagd mit Harpune, Pfeil und Bogen der Fall war.

Die Ergebnisse der Umfrage über den Gebrauch von Gewehren erstaunte die Inuit von Repulse Bay, da die Zahlen zeigten, daß jeder Haushalt fast einem Arsenal von Waffen glich, zumal der Zugang zu Waffen laut dem Waffengesetz der Nordwest-Territorien recht einfach ist und vor allem für Inuit als Einheimische noch keine Begrenzungen in bezug auf Besitz von Feuerwaffen gelten.

Bei den für 1973 erfaßten 163 Gewehren entfielen somit 1,3 Gewehre auf einen Einwohner oder drei auf einen Inuit-Jäger. Nicht selten besaß aber ein Jäger fünf bis sechs Gewehre verschiedenen Kalibers. Der Umsatz an Gewehren in den beiden Geschäften am Ort war hoch, was einmal auf die Verkaufspolitik zurückzuführen ist, indem immer die neuesten Modelle angeboten werden. Aber auch der Einfluß von Salzwasser und Kälte während der Jagd erlaubt kaum eine längere Lebensdauer als zwei oder drei Jahre trotz angemessener Pflege. Von den 163 Gewehren wurden 1973 58, 1972 46 und 1971 oder früher 59 gekauft.

Tabelle 4: *Gewehre und verbrauchte Munition in Repulse Bay, N.W.T. (Oktober 1972–Oktober 1973)*

Kaliber	Anzahl		Munition		Schuß/ Gewehr
	n	%	n	%	n
308	6	3,70	960	1,96	160
303	5	3,10	140	0,28	28
32	1	0,60	–	–	–
300	2	1,20	100	0,20	50
30–30	9	5,50	440	0,90	49
22–250	16	9,80	1 820	3,71	114
222	23	14,10	3 140	6,40	136
270	7	4,30	1 040	2,12	149
250	3	1,85	660	1,35	220
243	11	6,80	660	1,35	60
17	1	0,60	–	–	–
7 mm	2	1,20	200	0,40	100
5 mm	5	3,10	2 870	5,85	574
22 mag.	16	9,80	6 800	13,86	425
22	51	31,30	30 150	61,45	591
12 g	3	1,85	–	–	–
20 g	1	0,60	–	–	–
410	1	0,60	80	0,17	80
Gesamt	163	100,00	49 060	100,00	301

20 dieser Gewehre waren mit einem Zielfernrohr ausgerüstet; diese Kombination wurde hauptsächlich während der Karibu-Jagd benutzt, da hier auf größere Entfernung geschossen werden konnte.

Die Gewehre verteilten sich auf 18 verschiedene Kaliber (Tabelle 4). Das beliebteste und wirkungsvollste Gewehr war Kaliber 22, das mit über 31 Prozent unter den Gewehren vertreten war und über 61 Prozent des Munitionsverbrauches auf sich vereinigte. Die starke Anwendung dieses Gewehres, das zur 5mm-Gruppe gehört, ist aus der hohen

Schußzahl pro Gewehr zu ersehen, die hier bei 591 Schuß im Durchschnitt lag. Dieses Gewehr kam hauptsächlich bei der Jagd auf Seerobben zur Anwendung. Für die größeren Tiere (Karibu, Eisbär, Wolf, Bartrobbe, Walroß und Weißwal) wurden neben den Gewehren der 300er-Klasse vor allem die Kaliber 22–250, 222 und 270 benutzt, die eine erhöhte Feuerkraft, Geschwindigkeit und Genauigkeit erlaubten.

Die oben genannten Zahlen sagen nur andeutungsweise aus, wie sich der Gebrauch der einzelnen Gewehrkaliber auf die einzelnen Tierarten verteilt. Die Anwendung eines bestimmten Gewehres richtet sich ganz nach der Tierart und der Situation der Jagd. Normalerweise nimmt der Jäger zwei Gewehre verschiedenen Kalibers (zum Beispiel aus der 300er oder 5mm-Gruppe) mit auf die Jagd, um sich der jeweils entstehenden Lage anpassen zu können. Im Jahr 1972/73 wurden nach den Angaben ungefähr 2500 Tiere erlegt. Das bedeutet bei einem ermittelten Munitionsverbrauch von 50 000 Patronen ungefähr 20 Schuß pro Tier oder 100 Schuß pro Jäger/Saison. Dies läßt auf eine relativ hohe Fehlschußquote schließen, die sich aber leicht erklären läßt, wenn man berücksichtigt, daß über 80 Prozent der Munition während der Jagd auf Meeressäuger, vor allem Seerobben, vom fahrenden Boot aus verbraucht wurden (s. Tabelle 4, Kaliber 5 mm, 22 mag. und 22). Dies ist eine Situation, die hohe Fehlschußquoten mit sich bringt, da sowohl die Beschaffenheit der See als auch das kleine Ziel der aus dem Wasser für Sekunden auftauchenden Robben zum häufigen Fehlschuß beiträgt; vom Jäger werden daher gute Treffsicherheit und schnelle Reaktionsfähigkeit verlangt. Durch eine vergleichbare Untersuchung bei den Dene-Jägern im nördlichen Saskatchewan während der Karibu-Jagdsaison 1972/73 wurde ein Munitionsverbrauch von 2,5 Schuß pro erlegtem Karibu ermittelt. Dies ist eine relativ geringe Fehlschußquote, die auf die Eigenart des gejagten Tieres zurückzuführen ist, das ein weitaus größeres Zielfeld abgibt als Seerobben (Müller-Wille 1974b: 15).

Die Kosten für die Munition beliefen sich auf 85 $ durchschnittlich für jeden Jäger; für Reparaturen konnten kaum Kosten eingesetzt werden, da Gewehre zumeist, soweit möglich, vom Jäger selbst repariert und daher nur selten zur Reparatur an die Hersteller verschickt werden. Die Kosten für auswärtige Reparaturen sind zu hoch und es wird daher eher ein neues Gewehr erstanden. Die häufigsten Probleme bei den Gewehren sind Rost im Lauf durch Einfluß von Seeluft und Wasser sowie Hemmung der Ladekammer bei tiefen Temperaturen.

Kostenanalyse der Jagdausübung

Aus den angeführten Daten ist ersichtlich, daß die Jagdausübung der Inuit unter der heute möglichen Technisierung und Mechanisierung der materiellen Kultur sehr kostenintensiv ist. In den folgenden Absätzen soll geprüft werden, inwieweit diese hohen Ausgaben durch die lokalen wirtschaftlichen Möglichkeiten gerechtfertigt werden können. Für die Kostenanalyse der Jagd ist als vergleichbares Maß der im Jahr 1973 angebotene durchschnittliche Richtpreis für ein Fell der Ringelrobbe genommen worden, der sich auf 19 $ belief. Der Vergleich ermöglicht gleichzeitig, den Konflikt zwischen Subsistenz- und Geldwirtschaft zu verdeutlichen. Diese Methode ist nur ein Versuch, um die finanzielle Situation des modernen Jägers darzustellen. Es können nicht alle Faktoren mit herangezogen werden, die für eine eingehende Analyse der heutigen Lage der Subsistenzwirtschaft im Zusammenhang mit der vorherrschenden Geldwirtschaft notwendig wären.

Die moderne Jagdausübung der Inuit ist heute sowohl auf den noch weiterbestehenden Subsistenzbereich als auch auf den seit einigen Jahren vorherrschenden monetären Wirtschaftsbereich aufgebaut. Für den Subsistenzbereich ist es schwierig, eine Kostenanalyse zu erstellen, auch wenn Geldmittel ständig in ihn einfließen. Die Produktion und deren Verteilung geschieht in diesem Bereich weiterhin durch das traditionelle Reziprozitätssystem der Inuit. Dies gilt vor allem für die Aufteilung von Fleisch in der Verwandtschaft. Da laut Gesetzgebung zum angeblichen Schutze der traditionellen Wirtschaftsgrundlage der einheimischen Bevölkerung ein monetärer Absatzmarkt in Kanada nur in Ausnahmefällen geschaffen werden kann, ist die Geldwirtschaft in diesen Wirtschaftsbereich noch nicht eingedrungen. Diese Schutzmaßnahme erweist sich heute aber als Einschränkung der lokalen wirtschaftlichen Entwicklungsmöglichkeiten.

Der Kauf und die Anwendung moderner technischer Mittel durch die Inuit-Jäger setzt einen internen und externen Mechanismus des Geldflusses voraus, der meßbar ist. Für die Jagdausübung in der kanadischen Zentralarktis ergab sich seit Einführung des Pelzhandels durch die H. B. Co. und andere Handelsgesellschaften eine geldliche Inwertsetzung der Produktion aus Jagd und Fallenstellen, die durch auswärtige Faktoren gesteuert wurde. Auch wenn sich die finanzielle Situation der jungen Inuit-Siedlungen durch die Subventionen der kanadischen Regierung wie Fürsorgeunterstützung, Kindergeld, Renten, die allen Kanadiern zugute kommen, und durch die durch sie geschaffenen Arbeitsstellen im tertiären Bereich in den Siedlungen sowie durch den Absatz von Inuit-Kunstwerken stark gegenüber der einflußreichsten Periode der H. B. Co. geändert hat, ist es meines Erachtens sinnvoll, als Meßeinheit für die Kostenanalyse der Jagd die oben definierte »Seerobbenfelleinheit« (SRE) und ihren entsprechenden Geldwert in einem bestimmten Jahr als Anhaltspunkt zu nehmen. Diese Methode kann nur einen Idealtypus eines Jägers darstellen, der alle technische Attribute, wie sie in den Tabellen 3, 4 und 5 aufgezählt sind, auf sich vereinigt. Andererseits kommt auf diese Weise zum Ausdruck, wie kostenintensiv die Tätigkeit in einem traditionellen Wirtschaftsbereich nach dessen Modernisierung sein kann. Hier kann als Vergleich die Umstellung der

Tabelle 5: *Durchschnittliche Ausgaben für Anschaffung und Anwendung der Jagdausrüstung in Dollar und Seerobbenfelleinheit (SRE) in Repulse Bay, N.W.T. 1972/1973[1]*

Gegenstand	Lebens-dauer (Jahre)	An-schaffung		Betriebs-kosten		Repara-turen		Gesamt	
		$	SRE	$	SRE	$	SRE	$	SRE
1 Motorschlitten	1	1000	52,6	355	18,7	350	18,4	1705	89,7
1 Anhänger-schlitten	2	100	5,3	–	–	55	2,9	155	8,2
1 Frachtkanu	5–6	1000	52,6	–	–	40	2,1	1040	54,7
1 Bootsmotor (20 PS)	4	900	47,4	180	9,5	25	1,3	1105	58,2
3 Gewehre mit Zielfernrohr	2–3	450	23,7	85	4,5	–	–	535	28,2
Gesamt:		3450	181,6	620	32,7	470	24,7	4540	239,0

[1] Eine SRE = 19 $ (1973)

Rentierwirtschaft im nördlichen Fennoskandien auf die Benutzung des Motorschlittens und -rades zwischen 1962 und 1968 herangezogen werden, die eine erhebliche finanzielle Belastung für die samischen Rentierleute bedeutete und zu einer marktwirtschaftlich orientierten Rentierfleischindustrie führte (vgl. Müller-Wille und Aikio 1971).

Für die Situation des Inuit-Jägers wurde im Jahr 1973 in Repulse Bay festgestellt, daß dieser idealerweise, falls er die Möglichkeit der Jagd unter den gegenwärtigen Umständen voll ausnutzen wollte, die in den Tabellen 3, 4, 5 aufgeführten Fahrzeuge und Geräte anschaffen und benutzen mußte, um »konkurrenzfähig« zu sein. Daß diese Gegenstände nicht nur für die Jagd, sondern auch für andere Tätigkeiten, zum Beispiel Personen- und Gütertransport, eingesetzt werden, soll hier nicht weiter berücksichtigt werden. Auch bedeutet diese Aufzählung nicht die gesamte Liste der notwendigen Gegenstände, die auf der Jagd benutzt werden.

In Tabelle 5 wurde angenommen, daß ein Jäger alle Gegenstände neu anschaffte, einsetzte und die notwendigen

Reparaturen während eines Jahres veranlaßte. Bei der Umsetzung der Dollarwerte in Seerobbenfelleinheiten von je 19 $ für 1973 ergab sich, daß der betreffende Jäger 4540 $ oder 239 Seerobbenfelle erwirtschaften oder erjagen mußte, um die anfallenden Kosten zu begleichen, ohne jedoch einen Gewinn zu erbringen. Die sehr kurzen Verschleißperioden der einzelnen Gegenstände verdeutlichen die hohe Kapitalinvestition.

Im Jahr 1973 wurden von allen jagdausübenden Personen etwa 1300 Seerobben erlegt. Das bedeutet, daß nur fünf bis sechs Jäger einen Kostenausgleich durch die Seerobbenjagd hatten erwirtschaften können. Natürlich werden nicht alle Fahrzeuge und Geräte gleichzeitig angeschafft, aber der ständige Bedarf an flüssigem Kapital ist augenscheinlich. Auch wenn der Ertrag aus dem Verkauf von anderen Fellen (hier zum Beispiel Eisbärfell, das 1973 bis 4000 $ erbringen konnte) und anderen Produkten der Jagd dazugerechnet wird, ist ersichtlich, daß die Jagdausrüstung und deren Anwendung nicht allein durch den Jagdertrag gedeckt werden kann. Der erfolgreichste Inuit-Jäger von Repulse Bay, einer der wenigen, der als Berufsjäger im modernen Sinne angesehen werden kann, erlegte 190 Seerobben in einem Jahr oder 14,6 Prozent des gesamten Abschusses aller Jäger.

Aus diesen Zahlen läßt sich erkennen, daß die Entwicklung oder Überführung eines Teilbereiches der Subsistenzwirtschaft in die moderne Geldwirtschaft unter neuen technischen Voraussetzungen wohl eine Erhöhung des Ertrages den natürlichen Grenzen gemäß mit sich bringen kann, aber gleichzeitig eine Verringerung der Zahl derjenigen auslöst, die ihr Haupteinkommen aus diesem Bereich beziehen wollen. Dadurch ergibt sich eine notwendige Verlagerung von der Jagd als Haupterwerb zum Nebenerwerb. Der Haupterwerb kann nur noch, falls nicht andere Wege gefunden werden, die für einige Personen die Möglichkeit des Berufsjägertums schaffen, im Bereich der von außen gelenkten Geldwirtschaft gefunden werden. Die Bildung eines Berufsjägertums unter neuen Vorzeichen bei den Inuit oder anderen einheimischen Gruppen in Kanada – früher als fester Bestandteil der wirtschaftlichen Tätigkeit gesehen – wird aber teilweise auf Widerstand in den eigenen Reihen stoßen, da fast jeder es als Teil der Bestätigung seiner ethnischen Identität sieht, auf die Jagd zu gehen und somit am »traditionellen« Leben der eigenen Kultur teilnehmen zu können. Es muß abgewartet werden, ob sich Tendenzen in dieser Hinsicht ergeben, wie sie schon in dem kürzlich verabschiedeten Abkommen zwischen den Regierungen von Kanada und Quebec und der einheimischen Bevölkerung von Neu-Quebec, den Cree, Inuit und Naskapi, festgelegt worden sind. Durch dieses Abkommen wurde der einheimischen Bevölkerung ein Vorrecht auf Jagdausübung und -kontrolle einschließlich der der Weißen in dieser Region zugesprochen (Canada 1977; James Bay 1976).

Formen des Wirtschaftswandels in der Zentralarktis

Die Entwicklung der Wirtschaftsformen der Inuit hat sich in den zeitlichen Stufen an der jeweils gegebenen natürlichen Ausstattung ihres Lebensraumes orientiert, der sich in einem eindrucksvollen Bogen zwischen der östlichen Spitze Sibiriens bis zum südlichen Teil Ostgrönlands über die nördlichen, zumeist baumlosen Gebiete Nordamerikas erstreckte. Das Wirtschaftssystem war an einen festen Zyklus gebunden, der durch die Abhängigkeit des Menschen von der Natur und hier besonders vom Tier geprägt war. Der Mensch jagte das Tier, das gleichzeitig Nahrung und fast alle Elemente der materiellen Ausstattung des Jägers und seiner Familie lieferte. Der Zyklus schloß sich in all seinen Teilen gewissermaßen vor Ort, das heißt es war eine lokal orientierte Wirtschaftsweise. Er wurde nur in seltenen Fällen von außen, zum Beispiel durch Handel mit Nachbarbevölkerungen, ergänzt. Das System trug sich selbst, war aber gleichzeitig leicht verletzbar, was erforderte, daß das Gleichgewicht zwischen Mensch und Natur nicht gestört wurde, wie es durch eine Zunahme der Bevölkerungsdichte geschehen konnte, die entweder Auswanderung oder Hungersnöte veranlaßte.

Mit dem Beginn der Kontaktperiode zwischen expandierenden Europäern und den nomadisierenden Inuit-Gruppen der kanadischen Zentralarktis entstand eine zusätzliche Abhängigkeit, die sich über die Jahrzehnte immer stärker entwickelte und ihren Einfluß und schließlich ihre Unentbehrlichkeit für das Leben der Inuit augenscheinlich werden ließ. Der Wirtschaftszyklus war nicht mehr lokal geschlossen, sondern er erfuhr durch die Öffnung nach außen eine neue Variante, die der »Entlokalisierung der Ressourcen« (»de-localization of resources«, Pelto 1978), das heißt, die Wirtschaftsausübung der Inuit wurde abhängig von Gütern, die außerhalb ihres Einflußkreises hergestellt und von anderen Kräften in ihr Wohngebiet eingeführt wurden. Pelto benutzte diesen Begriff für die wirtschaftlichen Entwicklungen in den nördlichen zirkumpolaren Regionen, wo die Abhängigkeit von auswärtigen Gütern stärker hervortritt als in anderen Gebieten. Schon Ruong (1937) gebrauchte einen ähnlichen Begriff, den des »Fernverbrauches« (schwedisch »fjärrkonsumption«) für die Situation der Sámi in Nord-Schweden, die in den dreißiger Jahren dieses Jahrhunderts an das Verflechtungsnetz der schwedischen Nationalwirtschaft angeschlossen wurden.

Diese Form des Wirtschaftswandels bedeutet, daß im Falle der Inuit zwischen Mensch und Natur (Tier) im Rahmen der Jagdausübung technische Elemente wie Gewehr und Motorschlitten getreten sind, die nicht örtlich produziert werden und deren Versorgung mit Materialien von außen kontrolliert wird. Der Wirtschaftszyklus ist durch den Einbau von Zwischenstufen, »Kompetenzen« oder Vermittlern, »entlokalisiert« und damit in ein stark differenziertes Spannungsfeld von Beziehungen einbezogen worden. Die einzige direkte Verbindung, bei der aber dennoch der Weg zur Erlangung geändert wurde, besteht darin, daß der Jäger das Fleisch als Jagdbeute seiner Familie ohne Umwege zuführen kann. Wie lange dieses Bindeglied bestehen bleibt, ist nur eine Frage der Zeit, da durch die Differenzierung der Arbeitsstruktur bei den Inuit immer weniger Personen jagen werden, der Bedarf an Fleisch aber nicht nachlassen wird, so daß eine Zwischenstufe eingebaut werden wird, um die Verteilung zu gewährleisten.

Die Modernisierung der Lebensweise und damit auch die Mechanisierung der Jagd der Inuit in Repulse Bay wirft sowohl sozio-kulturelle als auch wirtschaftliche Fragen auf, die heute nicht allein von den Inuit gelöst werden können. Es ist klar, daß die Jagdausübung ein wesentlicher Bestandteil der kulturellen Integrität der Inuit ist. Die Darstellung der wirtschaftlichen Situation der Jagd macht deutlich, daß im Rahmen der heutigen Geldwirtschaft die professionelle Jagd ein zu subventionierender Bereich ist, da er wirtschaftlich nicht selbsttragend sein kann, aber gleichzeitig einen hohen Wert für die Inuit-Gesellschaft hat. Es kommt daher darauf an, die Wertigkeit lokaler Interessen im Vergleich zu überregionalen Entwicklungen, wie zum Beispiel die des Baues eines Erdöl- und Gasleitungskorridors entlang des Mackenzie-Flusses im nordwestlichen Kanada, zu sehen. Ein realistisches Abwägen zwischen den Belangen der rohstoffliefernden Peripherie, wie die kanadische Arktis sie ist, gegenüber denjenigen der Verbraucherzentren ist in diesem ungleichen Abhängigkeitsverhältnis von größter Wichtigkeit (Berger 1977).

Die Inuit Nord-Kanadas sind über Nacht in den expansiven Sog wirtschaftlicher Nutzbarmachung aller vorhandenen Ressourcen geraten, ohne bisher auch nur geringe Möglichkeiten zu haben, die Entscheidungen zu beeinflussen. Die gegenwärtig andauernden Verhandlungen zwischen der kanadischen Bundesregierung und den verschiedenen Vereinigungen der einheimischen Bevölkerung in Gebieten, über die noch keine Verträge abgeschlossen worden sind, werden zeigen, ob die Belange der

Eingeborenen zunächst Vorrangigkeit vor der internationalen Wirtschaftsentwicklung haben oder nicht. Es ist zu vermuten, daß dem letzteren nachgegeben wird, auch wenn den Anliegen der Indianer und Inuit zur Zeit verstärkte Sympathie entgegengebracht wird.

Nachtrag 1993

Seit 1973 hat sich die Lage der Jagdausübung bei den Inuit in der kanadischen Arktis und anderen Gebieten der Nordpolargebiete im wesentlichen nicht geändert; die Jagd ist weiterhin ein fester Bestandteil des Lebens in der Arktis und ihre Ausübung ein wesentliches Element der Identität und des Selbstverständnisses der Inuit. Die seit Anfang der siebziger Jahre zwischen den Inuit und der kanadischen Regierung geführten Verhandlungen über Land- und Besitzansprüche in Nunavut (dem mittleren und östlichen Teil der Inuit-Gebiete in den Nordwest-Territorien) schlossen immer die Frage der Bewahrung und Fortsetzung der Jagd (einschließlich Fischfang und Fallenstellen) mit ein. Diese Verhandlungen sind nun durch das Nunavut-Abkommen, das im November 1992 von den Inuit in einem Referendum angenommen wurde, abgeschlossen worden. Dadurch ist die Ausübung der Jagd der Inuit in ihrem eigenen Gebiet für die Zukunft gesichert.

Diese Entwicklung scheint von außen gesehen recht positiv, andererseits ist aber zu beachten, daß sich die politischen und sozio-ökonomischen Grundlagen in Nunavut während der letzten zwei Jahrzehnte geändert haben und somit einen direkten Einfluß auf die Jagdausübung hatten. So ist der Jagd auf Meeressäuger, vor allem auf Seerobben, seit dem Boykott des Fellverkaufes durch die Europäische Gemeinschaft in den achtziger Jahren der Boden genommen worden und hat bei den Inuit zu großen finanziellen

Einbußen geführt (Wenzel 1989, 1991), die bisher noch nicht voll kompensiert worden sind. Ein sich auch in der Arktis ausbreitender globaler (Wildnis-)Tourismus kann die wirtschaftlichen Verluste nicht ganz ausgleichen.

Trotz dieser äußeren Einflüsse trägt bis heute die Jagd auf Meeres- und Landsäuger wesentlich zum Nahrungs-haushalt und -bedarf der Inuit-Bevölkerung bei. Ein kürz-licher Aufenthalt zur Durchführung einer Inuit-Ortsna-menerhebung im August 1991 in Repulse Bay (Naujaa/Ai-vilik) bestätigte, daß die Inuit dieser Siedlung weiterhin im Vergleich zu 1973 alle oben angeführten Tierarten jagten und nutzten (Müller-Wille u. Weber-Müller-Wille 1991). Ebenso hatte sich das Einzugsgebiet der Inuit-Jäger räum-lich nicht wesentlich geändert, obwohl die Bevölkerungs-zahl von 234 (1973) auf 485 (1991) angestiegen war und da-her ein stärkerer Druck auf Raum und Ressourcen durch die Jäger anzunehmen ist.

Die moderne Technik der Jagd ist durch einige Innova-tionen bereichert und verfeinert worden; dies bezieht sich im wesentlichen auf stärkere Motorschlitten, vierrädrige Geländemotorräder mit hoher Nutzkraft (die Dreirad-Räder der siebziger Jahre sind wegen ihrer hohen Unfall-rate verboten worden) und schließlich größere Motor-boote. Diese Fahrzeuge ermöglichen heute auch häufigere Besuche zwischen den weit auseinanderliegenden arkti-schen Siedlungen in Nunavut und tragen somit zu engeren sozialen Beziehungen der Inuit in Nunavut bei. Seit etwa zehn Jahren haben sich Funkgeräte, die öffentliche, räum-lich begrenzte Frequenzen (CB = civic band) benutzen, in allen Siedlungen und bei den Jägern durchgesetzt und so-mit die Kommunikation (neben Telefon via Satelliten) in den Siedlungen und zwischen Jägern auf Land und See und den Siedlungen revolutioniert. Heute stehen alle Beteilig-ten in einem gewissen Einzugsgebiet im fortwährenden Kontakt und können auf diese Weise wichtige Informatio-nen weitergeben, die für Entscheidungen bei der Jagdaus-übung und anderen Tätigkeiten ausschlaggebend sind.

Andererseits kann in Notfällen sofortige Hilfe herbeigerufen werden.

Diese Entwicklung läßt erkennen, daß die individuelle Selbständigkeit eines Inuit-Jägers in der arktischen Umwelt durch ein Netzwerk von technischen Errungenschaften in ein umfassenderes gesellschaftliches Umfeld eingebunden ist, das nun persönliche Entscheidungen weniger in den Vordergrund stellt, ein wesentlicher Aspekt der Anpassung der Inuit-Kultur an eine besondere Umwelt. Andererseits trägt die erweiterte Kommunikation zu einer Intensivierung des Systems des Teilens von Informationen und Produkten der Jagd bei, auf das die Inuit-Gemeinschaft seit undenklichen Zeiten aufgebaut ist. Dies bedeutet gleichzeitig eine Stärkung der Inuit-Gesellschaft in der heutigen Zeit.

Seit 1973 sind nur wenige Untersuchungen zur Kostenanalyse der Jagd bei den Inuit durchgeführt worden. George Wenzel (1989) liefert für die östliche Arktis einige Daten und Zahlen, die darauf hinweisen, daß sich die Struktur der modernen Jagd in bezug auf Ausstattung und Ausgaben nicht wesentlich geändert hat. So ist der Grundausstattung eines Jägers neben den angeführten Gegenständen (Tabelle 5) ein zusätzlicher, stärkerer Bootsmotor hinzuzufügen (Wenzel 1989:9). Die Gesamtausgaben für die Ausstattung haben sich von 3450 $ (1973) auf 12 511 $ für 1984 (Wenzel 1989:9) erhöht und lagen nach Schätzungen 1991 zwischen 20 000 $ und 25 000 $ für einen Jäger-Haushalt (Müller-Wille und Weber Müller-Wille 1991). Leider liegen keine neueren Angaben über die Kosten der Jagdausübung für heute vor; nimmt man die Steigerungsrate der Ausstattungskosten von 1973 bis 1991, so würde eine Ziffer von 6000 bis 7000 $ herauskommen. Die gesamten Kosten für Anschaffung und Betrieb eines Jägerhaushaltes betrügen somit etwa 26 000 bis 32 000 $, das bedeutete soviel wie das durchschnittliche Jahreseinkommen eines Inuit-Haushaltes, das sich 1986 auf 27 800 $ – gegenüber 39 100 $ für Kanada – belief (vgl. Müller-Wille 1990:466).

Dies würde bedeuten, daß das gesamte Einkommen eines Haushaltes in die Jagd flösse; dies ist durch drei Tatsachen zu erklären, die die heutige Jagdausübung unterstützen: 1. ein weiterhin bestehendes, geldloses Tauschsystem von Gegenständen, Produkten und Arbeit, 2. Regierungsprogramme zur Unterstützung der Nutzung erneuerbarer Ressourcen und 3. die überwiegende Beschäftigung von Inuit im tertiären Sektor, d. h. im öffentlichen Dienst mit hohen Löhnen und Gehältern einzelner Mitglieder von Haushalten, die einen Großteil ihres Einkommens in die Jagd fließen lassen.

Die Jagd ist heute ein subventionierter Wirtschaftsbereich, wenn moderne marktwirtschaftliche Maßstäbe angesetzt werden, andererseits ist sie in den Augen der Inuit ein wesentlicher Teil der Inuit-Kultur und der Lebensqualität in der Arktis und somit von unschätzbarem Wert, der zum Wohlbefinden der arktischen Bevölkerung beiträgt und nicht ersetzbar ist.

Literatur

Berger, Th. R.: Northern Frontier, Northern Homeland. The Report of the Mackenzie Valley Pipeline Inquiry. 2 Bde, Ottawa 1977.

Brice-Bennett, C.: Inuit Land Use in the East-Central Canadian Arctic. In: Inuit Land Use and Occupancy Project. Hrsg. M. M. R. Freeman, Ottawa 1976, Bd. 1, S. 63–81.

Brody, H.: Land Occupancy. Inuit Perceptions. In: Inuit Land Use und Occupancy Project. Hrsg. M. M. R. Freeman, Ottawa 1976, Bd. 3, S. 185–240.

Canada: House of Commons, 2nd Session, 30th Parliament, 25–26 Elizabeth II, 1976–1977. The James Bay and Northern Quebec Native Claims Settlement Act. Bill C 9, Passed by Parliament May 4, 1977.

Damas, J.: Construction of a Netsilik Sledge at Repulse Bay, N. W. T., in 1967. In: Contributions to Canadian Ethnology 1975. Hrsg. D. Carlisle, National Museums of Man, Canadian Ethnology Service Paper 31, S. 17–66.

Freeman, M. M. R. (Hrsg.): Inuit Land Use and Occupancy Project. Report. 3 Bde, Ottawa 1976.

James Bay and Northern Quebec Agreement. Quebec: Editeurs officiels. 1976.

Müller-Wille, Ludger: Technischer und sozio-ökonomischer Wandel bei Bevölkerungsgruppen im arktischen und subarktischen Grenzraum der Ökumene. DFG-Bericht 1974.

Müller-Wille, Ludger: Caribou Never Die! Modern Caribou Hunting Economy of the Dene (Chipewyan) of Fond du Lac, Saskatchewan and N. W. T. In: Musk-Ox 14 (1974), S. 7–19.

Müller-Wille, Ludger: Nationen der Vierten Welt in Kanada. Kultur und Raum in Gefahr. In: Geographische Rundschau 42 (1990), H. 9, S. 460–466.

Müller-Wille, Ludger u. Olavi Aikio: Die Auswirkungen der Mechanisierung der Rentierwirtschaft in der lappischen Gemeinde Utsjoki (Finnisch–Lappland). In: Terra 83 (1971), H. 3, S. 179–185.

Müller-Wille, Ludger u. Linna Weber-Müller-Wille: Tagebuchnotizen. Nuna-Top Keewatin Inuit Place Name Survey. Repulse Bay (Naujaa/Aivilik), N. W. T. August 1991.

Pelto, P.: Ecology De-localisation and Social Change. In: Consequences of Economic Change in Circumpolar Regions. Hrsg. L. Müller-Wille u. a., Edmonton 1978.

Repulse-Bay: Survey of Snowmobiles, Sleds, Motor Boats, and Guns. 1973 (hektogr.).

Ruong, I.: Fjällapparna i Jukkasjärvi socken. Uppsala 1937.

Statskonsulenten i reindrift: Snøscooteren i reindrift. Orientering om svar pa 50 sporsmal om snoscootere. Tromsø 1976 (hektogr.).

Wenzel, George: Sealing in Clyde River, N. W. T. A Discussion of Inuit Economy. In: Etudes/Inuit/Studies 13 (1989), H. 1, S. 3–22.

Wenzel, George W.: Animals Rights, Human Rights. Toronto 1991.

Kristin Sens

Vom Anfang aller Legenden
Museen der indigenen Bevölkerung Kanadas

Von der Fremddarstellung zur Selbstreflexion

Wenn ich Freunden von meinem Interesse an der Darstellung altamerikanischer Kulturen in kanadischen Museen erzähle, sind sie häufig überrascht zu erfahren, daß es auch Museen gibt, die von Indianern und Inuit (Eskimo) geleitet werden.

Gewöhnlich sind diese Museen Bestandteile indigener Kultur- und Bildungszentren. Die meisten von ihnen wurden in den späten siebziger und frühen achtziger Jahren gegründet, im Zuge von Bestrebungen, politische, soziale und kulturelle Souveränität wiederzuerlangen. Ihre Entstehungsgeschichte ist geprägt vom Kampf gegen interkulturelle Indifferenz, Ethnozentrismus und Rassismus. Nicht nur negative Klischees, sondern auch Idealvorstellungen setzen die autochthone Bevölkerung unter psychosozialen Druck (Fienup-Riordan 1990). Die Erziehungsarbeit dieser Kultureinrichtungen richtet sich daher sowohl nach außen als auch nach innen. Bestandteil der Bemühungen, bestehende Vorurteile abzubauen, ist der Entwurf einer amerikanischen Kulturgeschichte aus der Perspektive der autochthonen Bevölkerung (Sioui 1989; Doxtator 1988), die ein differenzierteres Bild indigener Kulturen anbietet und sowohl euroamerikanische Geschichtsschreibung wie ethnologische Theorien hinterfragt. Mit zunehmender Akzeptanz indigener Selbstdarstellung geht kritische Reflexion der eigenen Kultur einher (Ames 1992; Cole 1985). Der Begriff »Akkulturation« beispielsweise ist durch »Transkulturation« ersetzt worden, um die Wechselseitigkeit interkultureller Beziehungen sowie die Durchlässigkeit und Dynamik von Kulturen hervorzuheben (Pratt 1992).

136

Die Komplexität der Vorgänge in solchen interkulturellen »Transiträumen« sichtbar zu machen, ist das Anliegen dieses Beitrages. Einigen allgemeinen Anmerkungen zu sozio-kulturellen Rahmenbedingungen und der Entstehungsgeschichte indigener Kulturorganisationen in Kanada wird die ausführlichere Vorstellung zweier kultureller Institutionen, des Avataq Cultural Institute in Inukjuak (Quebec) und des Kwagiulth Museum and Cultural Centre in Cape Mudge (British Columbia), folgen. Diese Darstellungen sind allerdings bewußt impressionistisch und subjektiv.

Das Andersartige, Fremde, erschließt sich nur über die eigene Lebenserfahrung. Jeder Mensch ist in einem (sozialen) Kontext verankert und daher – in gewissem Umfange – voreingenommen. Sich der eigenen Vorurteile bewußt zu werden, ist die Voraussetzung für einen respektvollen Umgang miteinander im transkulturellen Spannungsfeld.

Was steckt in einem Begriff?
Terminologischer Exkurs I

Es sind eine Reihe von Bezeichnungen für die indigene Bevölkerung Amerikas im Umlauf. Begriffe wie »autochthon«, »aboriginal« oder »indigen« werden überwiegend von Ethnologen benutzt. Am geläufigsten sind immer noch die Bezeichnungen »Indianer« (»American Indians« im Englischen) und »Eskimo«. Im offiziellen Sprachgebrauch Kanadas haben sich die Begriffe »Native« (»Amérindien« im Französischen) und »Inuit« weitgehend durchgesetzt. Indigene Organisationen haben in Kanada den Begriff »First Nations« in Umlauf gebracht. Er entstand als Antwort auf das eurokanadische Konzept, das der angelsächsischen und frankophonen Bevölkerung als »Gründernationen« Kanadas besondere Rechte zuspricht. Der Begriff spielt auch auf die Tatsache an, daß die Kolonisatoren anfänglich die Ureinwohner Amerikas als Nationen respektierten, so in der ›Royal Proclamation‹ von 1763. Weil dieser Begriff aber Metis (Mischlinge) und Inuit ausgrenzt, wird er häufig durch »First Peoples« ersetzt.

Letztendlich sind jedoch alle Bezeichnungen unzulänglich, weil sie etwas suggerieren, was nicht existiert: *den* Indianer oder *den* Eskimo. Es gibt keine einheitliche indianische oder eskimoische Kultur bzw. Geschichte. Wenn die Autochthonen Amerikas etwas gemeinsam haben, so ihre Erfahrung der europäischen Invasion. Vergröberungen und Schlagwörter lassen sich nicht immer vermeiden, aber man sollte sich ihrer Konsequenzen bewußt sein. Nominelle Zuschreibungen bedürfen bedachter Handhabe. Sie transportieren Identität und fordern zum Respekt gegenüber ihren Trägern auf.

Die »echten« Indianer

Schlagwörter erleichtern die Bildung von Stereotypen. Auch mein Denken war bestimmt von Klischees, wie mir bei der Suche nach dem »rein-indianischen« Museum bewußt wurde. Meine Vorstellungen beruhten auf derselben absurden Annahme, daß Andersartigkeit sich äußerlich sichtbar darstellen müsse. Indigene und eurokanadische Museen gleichen einander oft in Aufmachung und Konzeption. Die kleineren indigenen Einrichtungen sind nämlich in ihren finanziellen Mitteln eingeengt und müssen mit überregionalen oder nationalen Museen zusammenarbeiten, um Mittel und »Know-how« zu erhalten. Mit der Hilfe kommt zwangsläufig auch Überfremdung. So imitiert die Sprache, in der Texte und Broschüren abgefaßt sind, häufig den Duktus der Nationalmuseen.

Ohne es zugeben zu wollen, war ich enttäuscht, als ich in indianischen Andenkenläden jene »kitschigen«, vom amerikanischen Souvenirmarkt bekannten Indianerpuppen entdeckte, die so sehr den Klischees der Filmindustrie entsprachen. Es dauerte eine Weile, bis ich akzeptieren konnte, daß Andenkenläden zuallererst kommerzielle Unternehmen sind, unterworfen den Gesetzen der »freien Marktwirtschaft«, selbst wenn sie auf einer Reservation liegen. Die Mehrzahl der Souvenirläden indigener Museen, die ich besuchte, nahmen allerdings eine sehr bewußte Auswahl vor, darauf bedacht, ihre Organisationsziele nicht zu kompromittieren.

Oft liegt der Unterschied in Details, wie James Clifford (1990) beim Besuch des Kwagiulth Museums erfuhr: Erstaunt, auf Ansichtskarten die gestellten, stereotypen Indianerportraits des Fotografen Edward Curtis zu finden, entdeckte er jedoch beim Umwenden, daß die Beschriftung um zusätzliche Informationen ergänzt worden war, die aus den anonymen Objekten des Fotografen historisch bedeutsame Persönlichkeiten werden ließen. Um mehr Verständnis für diese, oft subtilen Unterschiede zu wecken, möchte ich zunächst den Kontext skizzieren, in dem die ersten indigenen Museen Kanadas entstanden.

Kulturelles Selbstverständnis artikuliert sich

Die frühen siebziger Jahre gelten generell als Zeit des kulturellen und politischen Aufbruchs der Ureinwohner Kanadas. Revitalisierung erfolgte jedoch nicht über Nacht und aus dem Nichts. Kanadas autochthone Bevölkerung hatte sich seit den ersten Kontakten mit den Kolonialmächten gegen politische Bevormundung, ökonomische Ausbeutung und territoriale Enteignung gewehrt und auch stets eigene Interessen artikuliert. In den späten sechziger Jahren gewann dieser Widerstand jedoch neuen Elan. Ermutigt durch die indianische Bürgerrechtsbewegung in den Vereinigten Staaten und provoziert durch die Veröffentlichung des sog. ›White Paper‹ (1969) – ein Vorschlag der kanadischen Regierung, ihre politische und administrative Verantwortung für die indigene Bevölkerung auf-

zukündigen – wurden Indianer und Inuit in verstärktem Maße politisch aktiv. Gleichzeitig sensibilisierte die
allgemeine Aufbruchstimmung der sechziger Jahre die
euroamerikanische Gesellschaft und machte sie den Interessen der indigenen Bevölkerung gegenüber aufgeschlos-
sen.

Einen ersten Sieg feierte die autochthone Bevölkerung
Kanadas mit der Tilgung des ›White Paper‹ von der politischen Agenda. Die Folgen aber reichten weiter. Verschiedene indianische Organisationen hatten mit der Veröffentlichung eigener Stellungnahmen geantwortet, etwa dem
›Red Paper‹ oder ›Citizens Plus‹ (1970). In dieser Schrift
wurde nicht nur die Terminationspolitik der Regierung in
Ottawa als Ethnozid verurteilt, man erarbeitete auch konstruktive Gegenvorschläge. Von vorrangiger Bedeutung
war die Wiedergewinnung von Autonomie in den Bereichen wirtschaftliche Entwicklung und Erziehung. Erziehung im Sinne herkömmlicher Traditionen und Wertvorstellungen wurde als Voraussetzung für soziales und ökonomisches Wohlergehen verstanden, weil das Bewußtsein
der eigenen kulturellen Besonderheit dazu beiträgt, das individuelle und kommunale Selbstvertrauen zu stärken und
so Eigeninitiative ermöglicht.

Der Anspruch auf Bildungseinrichtungen erfüllte sich
schließlich mit dem vom Department of Indian and Northern Affairs entwickelten »Cultural Education Centre
Program«. Es war konzipiert worden, um Indianer und
Inuit bei der Einrichtung unabhängiger kultureller Institutionen zu unterstützen. Heute gibt es zahlreiche Cultural
Education Centres in Kanada, die mit regionalen und nationalen Organisationen kommunizieren. Diese Zentren
verstehen sich als kulturelles Rückgrat einer indigenen Gemeinschaft. Besonders in sehr kleinen und abgelegenen
Siedlungen sind sie häufig die einzige kulturelle Einrichtung und fungieren als politisch-soziale Knotenpunkte
und Multiplikatoren.

Die wesentlichen Aufgaben eines Kulturzentrums dekken sich weitgehend mit denen eines Museums: Sammeln, Forschen, Wissensvermittlung. Das Woodland Cultural and Educational Centre in Ontario, das Kanien'kehaka Raotitiohkwa Cultural Centre in Quebec und die Secwepemc Cultural Education Society in British Columbia verfügen alle über museumsartige Einrichtungen. In ihren Zielsetzungen, Aktivitäten und Einflußmöglichkeiten gehen sie jedoch weit über das Museumsmandat hinaus. Zwar wenden Kulturzentren und Museen ähnliche Strategien an, sie folgen aber unterschiedlichen Konzepten und setzen andere Prioritäten. Was die Zentren am meisten von Museen unterscheidet, ist ihre Dynamik. Ihr Ziel ist *Entwicklung* (durch Stimulierung kultureller Produktivität und Intensivierung künstlerischer Kreativität) und nicht nur *Bewahren* des Bestehenden. Indigene Kulturzentren sprengen somit den funktionalen Kanon herkömmlicher Museen.

Ein Feld, das nicht von euroamerikanischen Museen abgedeckt wird, ist die Überlieferung von kulturellem Wissen, das, verankert in der Vergangenheit, gleichzeitig gelebte Gegenwartserfahrung ist. Dazu gehören orale Traditionen und Geschichte, Heilkunde, Wirtschaftsweisen sowie technologische, ergologische und künstlerische Ausdrucksformen. Euroamerikanische Museen verfügen selten über derart umfassende Zielvorstellungen, sie tendieren eher zu Spezialisierung und Unterteilung. Dadurch trennen sie Wissen von seinem ursprünglichen Kontext, entweder durch räumliche, zeitliche oder konzeptionelle Distanzierung. Indigene Bildungseinrichtungen versuchen, umgewidmete, abgewertete und verschüttete Wissensfragmente zu lokalisieren und sie wieder in einen ganzheitlichen Sinnzusammenhang einzubauen. Obwohl die Kulturzentren fast alle zur gleichen Zeit gegründet wurden und sich ihre Richtlinien ähneln, weichen sie hinsichtlich ihrer Entstehungsgeschichte, ihres ethnischen Hintergrundes und in den Arbeitsbedingungen voneinander ab. Besonders deutlich wird dies im alltäglichen Be-

141

trieb, wo jede der Institutionen mit andersartigen Problemen konfrontiert ist und spezifische Strategien entwickeln muß. Auf den folgenden Seiten sollen beispielhaft zwei kulturelle Institutionen vorgestellt werden: das Avataq Cultural Institute in Inukjuak (Quebec) und das Kwagiulth Museum and Cultural Centre in Cape Mudge (British Columbia). Ich habe diese Institutionen nicht ausgewählt, weil sie repräsentativ sind, sondern weil ich mit ihnen am besten vertraut bin. Verwurzelt in verschiedenen ethnischen Substraten und mit unterschiedlicher Genese und Zielsetzung veranschaulichen sie die Vielfalt indigener Kulturdarstellung in Kanada.

Avataq Cultural Institute

Das Avataq Cultural Institute ist eine Organisation der Nunavik-Inuit im Norden Quebecs. In Nunavik, der Region zwischen James Bay und Ungava-Halbinsel, leben ungefähr 6000 Inuit (Zentral-Eskimo) in ca. 16 Siedlungen, verstreut über ein Gebiet von 380 000 qkm. Nunavik bildet somit eine territoriale Einheit, aber keine soziale.

Avataq wurde 1981 mit dem Ziel gegründet, eine effektivere Zusammenarbeit im Bereich kultureller Projekte herzustellen. Es wird von dem Bewußtsein getragen, daß ökonomisches und kulturelles Wohlergehen einander bedingen. Nur eine vitale Kultur, so die Auffassung, gibt Menschen das nötige Selbstvertrauen, um die sozialen, ökonomischen und ökologischen Herausforderungen des Alltags zu meistern. (»Avataq« bedeutet »Schwimmer«. Schwimmer aus Robbenfell wurden bei der Jagd auf Meeressäuger verwendet.) In Zusammenarbeit mit örtlichen Behörden und Organisationen, wie Schulamt, Radio- und Fernsehstation und der Makivik Corporation (zuständig für die wirtschaftliche Entwicklung der Region), entwickelt Avataq Projektvorschläge, die der regionalen Ältestenkonferenz bei ihren jährlichen Treffen zur Diskussion und Verabschiedung vorgelegt werden. Eines der Anliegen, das 1981 auf der ersten Northern Quebec Inuit Elders Conference zur Sprache kam, war die Korrektur und offizielle Anerkennung von Orts- und Familiennamen der Inuit. Dahinter steht die Bewahrung der eigenen Sprache (Inuttitut). Das zweite Hauptanliegen gilt der Unterweisung der jungen Generation in den traditionellen Lebens- und Überlebensstrategien. Dazu gehören die Vermittlung praktischen Wissens über das Land, die Einübung von Jagdtechniken, technologischen Verfahren sowie von Heilpraktiken. Kulturelles Wissen wird verbal (durch Geschichten, Legenden und Mythen) weitervermittelt und in der Sprache bewahrt (z. B. in Orts- oder Pflanzennamen). Durch Anwendung wiedererlernter Fähigkeiten wird es aktiv erhalten. Mit der Kommunikation während ihrer Ausübung verbessert sich die Sprachpraxis; Sprache und Know-how bedingen sich.

Die Themen, die auf der ersten Elders Conference zur Sprache kamen, waren für Avataq richtungweisend. Ein Großteil des traditionellen Wissens steckt im Land, liegt entweder auf oder unter der Erde. Archäologie ist daher eines der Hauptarbeitsgebiete von Avataq. Als ich das Cultural Institute 1989 zum ersten Mal besuchte, waren die meisten Angestellten noch Eurokanadier. Ziel ist aber, einheimische Mitarbeiter auszubilden. Dies geschieht zum Beispiel in Sommercamps im Norden, in denen Inuit unter der Anleitung ausgebildeter Archäologen Grabungen vornehmen. Solche Bestrebungen werden durch die Wiederaneignung der Quellen ergänzt, die das lokale Wissen dokumentieren und belegen. Diese Zeugnisse, von Anthropologen, Missionaren, Händlern und Reisenden gesammelt, befinden sich nun in Museen, Archiven oder Privatsammlungen im Süden Kanadas. Der andere Arbeitsschwerpunkt Avataqs ist deshalb das Dokumentationszentrum. Es besteht aus Bibliothek, Archiv und einer Sammlung ethnographischer Objekte und

143

Kunstwerke. Es koordiniert und lenkt aber auch verschiedene Forschungs- und Publikationsvorhaben, wie etwa das Ortsnamen-Projekt, genealogische Studien, die Herausgabe einer eigenen Zeitschrift und die Erstellung eines Inuttitut-Wörterbuches.

Um die Interessen der Nunavik-Inuit in den städtischen Ballungszentren des Südens vertreten zu können und um einen besseren Zugang zu Forschungs- und Fördermitteln zu haben, sind Dokumentationszentrum und Archäologisches Büro nach Montreal verlegt worden. Daß wichtige Einrichtungen nun über tausend Kilometer entfernt von der Bevölkerung, der sie in erster Linie dienen sollen, liegen, bringt Probleme mit sich. Selbst moderne Kommunikationsmittel können fehlende Nähe und die Intensität persönlicher Kontakte nicht aufwiegen. Besucher aus dem Norden sind daher im Dokumentationszentrum stets willkommen. Mitarbeiter erhalten Nachrichten über Freunde und Verwandte aus erster Hand, und die Besucher können sich über Avataqs Aktivitäten sowie Erfolge informieren.

Die Möglichkeit, die eigene Kultur einem weißen Publikum zu präsentieren, hat allerdings auch positive Seiten. Sie verschafft eigenen künstlerischen Manifestationen Forum und Prestige. Im Herbst 1990 hatte ich Gelegenheit, für vier Wochen im Dokumentationszentrum in Montreal auszuhelfen. Einmal sah mir ein Besucher aus Nunavik über die Schulter, als ich mit einer Reihe von Dias arbeitete – Aufnahmen einer Sammlung von Kunstwerken, die kürzlich den Inuit vom Department of Indian and Northern Affairs zurückgegeben worden waren. Der Besucher erkannte plötzlich auf den Bildern ein Kunstwerk seines Onkels und zeigte es daraufhin aufgeregt und voller Stolz herum. Er machte uns dabei auf Details aufmerksam, die ich nie entdeckt hätte.

Die vier Wochen, die ich bei Avataq verbrachte, reichten nicht aus, um volles Verständnis von Struktur und Aktivitäten des Instituts zu gewinnen. Es war zudem eine schwierige Zeit, denn im Jahr der »Oka-Krise« (der militanten Auseinandersetzung um einen Landkonflikt südlich von Montreal) wurden Inuit in Montreal wiederholt tätlich angegriffen. Wegen der Krise und interner Umstrukturierungen waren Fördermittel für indigene Einrichtungen eingefroren worden. Avataq, das hochfliegende Pläne verfolgte, zum Beispiel den Aufbau eines Museumsnetzes in Nunavik und die Erweiterung der Dependancen in Montreal, befand sich in prekärer Lage. Ungeachtet der angespannten Situation blieb die Arbeitsatmosphäre jedoch entspannt und kooperativ, und die Mitarbeiter waren enthusiastisch, engagiert und zuversichtlich.

Avataq besteht nun seit über zehn Jahren. Aufgrund seiner Erfahrungen ist das Institut inzwischen imstande, andere Kultureinrichtungen zu beraten. Während meines Aufenthaltes besuchte eine Innu(Naskapi)-Delegation aus Labrador Avataq. Die Indianer, die den Aufbau einer ähnlichen Bildungsstätte planten, waren vor allem an den didaktischen Programmen, an der Zeitschrift und anderen Publikationen interessiert, die Avataq dreisprachig herausgibt (Englisch, Französisch und Inuttitut). Andere Besucher, vom Kanien'kehaka Raotitiohkwa Cultural Centre in Kahnawake, südlich von Montreal, informierten sich über Avataqs Archivierungsmethoden und die Anwendungsmöglichkeiten von Computern.

Ein wichtiger Bereich, in dem Avataq mittlerweile über Erfahrungen verfügt, ist die Finanzierungspolitik. Ohne öffentliche und private Mittel kann kaum eines der Zentren arbeiten. Allerdings üben die Geldgeber auch Einfluß auf Projekte und Konzeptionen geförderter Einrichtungen aus. Indigene Institutionen müssen dabei des öfteren Kompromisse eingehen, da Statuten und Bewilligungskriterien der Sponsoren nur selten die besonderen Ansprüche und Strukturen dieser außerschulischen Bildungsstätten berücksichtigen. Das beginnt bei der unterschiedlichen Auslegung von Begriffen wie »Kultur«, »Geschichte« oder »Tradition«. Im allgemeinen haben Indianer und Inuit ein ganzheitlicheres Verständnis dieser Begriffe, was z. B. die Unterscheidung zwischen »Kunst« und »Kunsthandwerk« bedeutungslos werden läßt. Ebenso kann »Geschichte« nicht losgelöst vom Heute verstanden werden. »Traditionen« sind demnach nicht unbedingt Relikte aus der Vergangenheit, sondern gelebte Gegenwart.

Das Dokumentationszentrum wird nicht nur von indigenen Besuchern frequentiert. Die Zusammenarbeit mit Universitäten, Museen und Galerien in Montreal ist fester Bestandteil von Avataqs Vermittlungsaufgabe im Süden. Darüber hinaus unterhält das Institut Beziehungen zu Museumsethnologen, Wissenschaftlern und Kunstsammlern aus dem Ausland. Ziel allen Forschens und Dokumentierens ist Wissensvermittlung, vor allem an die junge Inuit-Generation. Die Planung eines eigenen Museums zu diesem Zweck war von Anfang an eine von Avataqs Prioritäten. Nach Sondierung, Beratung und Verhandlung wurde ein Konzept gefunden, das auf allgemeine Zustimmung in der Bevölkerung stieß. Weil der Zugang zu den Quellen das Hauptanliegen war, hat man sich entschlossen, mehrere kleinere »Transmission Centres« in verschiedenen Siedlungen zu errichten. Die dezentrale Struktur erleichtert die Einbindung der örtlichen Bevölkerung. Damit die Zentren den Bedürfnissen und Anliegen aller Bewohner gerecht werden, ist deren Beteiligung an Planung und Betrieb Voraussetzung. Wie schon im formaledukativen Bereich, seit Gründung des Kativik School Board eigenverantwortlich gestaltet, soll kulturelle Erziehung *von Inuit für Inuit* geleistet werden.

Museen sind Errungenschaften der europäischen Kulturtradition. Auch die Planung von »Transmissionszentren« beruht auf Entwürfen eurokanadischer Beraterfirmen, die Vorstellungen eines Ökomuseums einbrachten, eine ursprünglich in Frankreich entwickelte Idee. Dennoch sollen die Museen in Nunavik letztendlich die Inuit-Kultur vorstellen. Dies ist äußerlich an der Architektur erkennbar, die sich an die Kuppelform eines Iglu anlehnt. Zu

146

»wirklichen« Inuit-Museen werden die Zentren jedoch erst durch ihre Aktivitäten. Es ist noch zu früh, um flankierende Projekte zu bewerten, da das erste Zentrum erst Ende 1991 seine Arbeit aufnahm. Entsprechend den Zielsetzungen will man lokales Engagement fördern. Die Museumseinheiten werden einige Aufgaben des Montrealer Dokumentationszentrums übernehmen, das auf nationaler Ebene weiterhin als Sprachrohr und Vermittler fungieren soll.

Für die Nunavik-Inuit ist die Gelegenheit, eigene kommerzielle, kulturelle und soziale Einrichtungen zu betreiben, von großer politischer und sozio-ökonomischer Bedeutung – ein Weg zu Selbstbestimmung, Einkommen und Beschäftigungsalternativen. Gleichzeitig sind diese Institutionen Quelle individueller Selbstbestätigung und kommunalen Stolzes.

Was steckt in einem Begriff?
Terminologischer Exkurs II

Mit dem wachsenden Einfluß der indigenen Bevölkerung auf die Darstellung ihrer Kultur werden ethnologische Theorien und Begriffe stärker hinterfragt. Die Namensänderungen bei ethnolinguistischen Einheiten und deren Untergruppierungen stellen derzeit die gesamte völkerkundliche Landkarte auf den Kopf. Museumsethnologen, Journalisten und Laien gleichermaßen sind in zunehmendem Maße verwirrt, da Begriffe, die gestern verbindlich waren, heute kritisiert werden und morgen wieder veraltet sein können. Abgesehen von der Tatsache, daß der Verlust oder die Erosion altamerikanischer Sprachen oft die Ursprünge des »richtigen« Namens verdunkelt (das betrifft besonders die »korrekte« Schreibweise in Idiomen, die ursprünglich keine Schriftsprachen waren), decken sich auch herkömmliche Benennungen für Familien, Lokalgruppen und Individuen selten mit den politischen und administrativen Strukturen, wie sie heute existieren. Die Verwirrung um das Ethnonym »Kwagiulth« ist ein gutes Beispiel für das angeschnittene Problem. Franz Boas prägte den Begriff »Kwakiutl« für alle Gruppen, die »Kwak'wala« sprechen, obwohl sich der Name ursprünglich nur auf eine Lokalgruppe bezog. Die Kolonialverwaltung favorisierte die Schreibweise »Kwagwelth«. Nach internationaler Phonetik lautet die »korrekte« Version »Kwagu'l«, was im Englischen am besten mit »Kwagiulth« oder »Kwa'gulth« umschrieben wird. Das U'mista Cultural Centre brachte ein altes Endonym ins Spiel: »Kwakwaka'wakw«, es bedeutet »jene, die Kwak'wala sprechen«. Bisher hat sich aber diese Bezeichnung nicht überall durchgesetzt. Je nach persönlicher Auffassung, politischer oder institutioneller Zugehörigkeit werden daher verschiedene Namensvarianten und Ethnonyme benutzt. Das Kwagiulth Museum, das zur Zeit an einem Schullehrplan für Kwak'wala mitarbeitet, verwendet das internationale phonetische Alphabet. Noch ist allerdings kaum jemand damit vertraut. Das Museum hat deswegen für seinen eigenen Namen die gebräuchlichste Schreibweise beibehalten.

Kwagiulth Museum and Cultural Centre

Kwagiulth Museum und Avataq weichen in vielfältiger Weise voneinander ab. Abgesehen von ihrer Lage (das eine Zentrum an der Westküste Kanadas, das andere in der östlichen Arktis, das eine mit einer Zweigstelle in Kanadas zweitgrößter Stadt, das andere in einer kleinen Siedlung), sind es vor allem Entstehungsgeschichte und Mandate, die beide Institutionen unterscheiden. Das Kwagiulth Museum and Cultural Centre wurde in erster Linie gegründet, um eine zurückgegebene ethnographische Sammlung aufzunehmen, während Avataq eingerichtet worden war, um Kulturprogramme zu initiieren und zu koordinieren.

Das Kwagiulth Museum liegt auf einer kleinen Insel,

rund 200 km nordwestlich von Vancouver. Als ich das Museum zum ersten Mal besuchte, hatte ich nur ein sehr dürftiges (Buch-)Wissen vom Leben der Indianer vor Ort. Mir war bekannt, daß die traditionelle Nordwestküsten-kultur sich von anderen nordamerikanischen Kulturen vor allem durch ihre hierarchische Gesellschaftsstruktur und ihren einzigartigen Kunststil unterschied. Ich wußte nichts über das Leben der Menschen heute. Ich kannte die Veröffentlichungen von Franz Boas, der den Großteil sei-ner anthropologischen Studien der Nordwestküste wid-mete. Um die Jahrhundertwende hatte er seine Kollegen gedrängt, von den Zeugnissen indigener Traditionen zu retten, was zu retten war, da sie dem »Untergang« geweiht schienen. Als ich 1991 zu den Kwakwaka'wakw kam, war ich erstaunt, wie viel von der »traditionellen« Kultur noch lebendig war: fast der gleiche jahreszeitliche Rhythmus, der Boas so viele Einschränkungen bei seiner Feldfor-schung auferlegte – die Fischsaison im Sommer, die Zere-monien im Winter. Das heißt nicht, daß die Gefahr kultu-reller Assimilierung nie existiert hätte. Die Kwakwaka-'wakw hatten, wie so viele indianische Völker, unter der Kolonisierung unsäglich gelitten; unbekannte Infektions-krankheiten, Kriege, Enteignung und Ausbeutung von Land und Ressourcen bewirkten einen drastischen Rück-gang der Bevölkerungszahlen (teilweise über 70 Prozent). Die dramatischen demographischen Veränderungen blie-ben nicht ohne Auswirkung auf das Sozialgefüge und die religiösen Praktiken der Menschen. Die Jahre zwischen 1880 und 1935, die Spanne, in der auch Boas seine Studien betrieb, waren wohl die schwierigste Zeit überhaupt.

1973 entschloß sich das National Museum of Man (das jetzige Canadian Museum of Civilization) in Ottawa, sei-nen Anteil an der sogenannten »Potlatch Collection« zu-rückzugeben. Die Sammlung besteht aus Zeremonialge-genständen (Masken, Rasseln, Pfeifen und Kupferplatten), die 1922 nach der Feier eines (verbotenen) Potlatch auf Village Island amtlich beschlagnahmt worden waren. Der

Begriff »Potlatch« kommt aus dem Chinook, das als »lingua franca« im traditionellen Fernhandel diente, und bedeutet »geben«. Unter diesem Begriff lassen sich eine Reihe ritueller Aktivitäten bündeln, die Aspekte des Versammelns, Feierns, Redens und Schenkens einschließen. Weil schriftliche Aufzeichnungsmethoden fehlten, dienten geladene Gäste als Zeugen, um die korrekte Abwicklung rechtlicher, sozialer oder ökonomischer Transaktionen zu beurkunden, etwa die Übertragung von Rechten an Titeln, Namen, Liedern, Tänzen oder materiellem Besitz. Potlatche wurden auch anläßlich von Todesfällen, Geburten oder Eheschließungen abgehalten, um eine Schuld zu begleichen oder als Ausgleichszahlung für soziales Fehlverhalten und Rechtsbrüche. Geschenke dienten dabei als »Zeugengeld« und drückten zugleich den Wohlstand eines Haushalts oder einer Verwandtschaftsgruppe aus. So gesehen, bildete ein Potlatch *die* zentrale gesellschaftliche Instanz, regelte er doch wichtige rechtliche und politische Anliegen. Er war Parlament und Gericht, Theater und Marktplatz in einem.

Die kanadische Regierung ist sich wahrscheinlich der Bedeutung des Potlatch für die indianischen Kulturen der Nordwestküste voll bewußt gewesen, als sie 1884 die Zeremonie verbot. Ihrer Ansicht nach – und das entsprach dem eurozentrischen Denken dieser Zeit – verhinderte der Potlatch mit seiner ausgeprägten Traditionsbindung die angestrebte Assimilierung der indianischen Bevölkerung. Im Falle des Village Island Potlatch wurden rund achtzig Teilnehmer verhaftet. Die meisten von ihnen ließ man mit dem Versprechen frei, an keinen weiteren Zeremonien dieser Art teilzunehmen und ihre Ritualgegenstände abzuliefern. Etwa fünfhundert Objekte kamen so zusammen. Einiges gelangte in Privathand (George Heye, dessen Sammlung später in den Besitz des Museum of the American Indian, Heye Foundation, in New York überging, war einer von ihnen). Der größte Teil der Sammlung wurde jedoch nach Ottawa geschickt und im dortigen Victoria Memorial

Museum (dem Vorgänger des National Museum of Man, jetzt Canadian Museum of Civilization) verwahrt. Ungefähr 130 Exponate übernahm das Royal Ontario Museum in Toronto.

1951 ließen die Behörden das »Potlatch Law« stillschweigend fallen. Die Eigentümer der Objekte jedoch erneuerten ihre Bemühungen um Rückerstattung der Gegenstände. (Die Regierung hatte eine symbolische Abfindung von insgesamt 1400 Dollar gezahlt – ein lächerlicher Betrag selbst zur damaligen Zeit, da eine einzige Kupferplatte für ihren Besitzer mehrere tausend Dollar wert sein konnte.) Nach langwierigen Verhandlungen erklärte sich das National Museum of Man 1973 endlich bereit, seinen Anteil abzugeben – allerdings unter der Bedingung, daß die Objekte nicht an Einzelpersonen zurückgingen, sondern an die Gemeinschaft aller Kwakwaka'wakw und daß sie in museumsähnlichen Einrichtungen aufbewahrt würden, d. h. unter Bedingungen, die Unversehrtheit und öffentlichen Zugang gewährleisteten. Doch dadurch traten neue Probleme auf. Die Kwakwaka'wakw kannten kein Gemeinschaftseigentum an Zeremonialgegenständen. Zudem hatte sich ihre gesellschaftliche Organisation verändert. Das Erbhäuptlingstum war durch gewählte Gemeindevorstände ersetzt worden. Siedlungen hatte man zusammengelegt, oder sie existierten nicht mehr. Familienverbände waren auseinandergerissen und Erbfolgen unterbrochen. Schließlich kam es zur Gründung von zwei musealen Einrichtungen, die die zurückgegebene Sammlung unter sich aufteilten: dem 1979 eröffneten Kwagiulth Museum and Cultural Centre der »Nuyumbalees Society« (»nuyumbalees« bedeutet »der Anfang aller Legenden« [d. i. Geschichte]) in Cape Mudge und dem U'mista Cultural Centre in Alert Bay, das ein Jahr später seine Arbeit aufnahm (»u'mista« bedeutet »zurückgekehrt«, ein Ausdruck, der für Familienmitglieder, die nach langer Abwesenheit heimkehrten, benutzt wurde). Im Jahre 1987 entschloß sich schließlich auch das Royal Ontario Museum in

Toronto zur Rückgabe seines Anteils an der »Potlatch Collection«. Das Museum of the American Indian sträubte sich vehement gegen die Überstellung seiner Objekte, da man glaubte, die Gegenstände »legal« erworben zu haben. Nachdem das Museum nun aber – unter indianischer Leitung – dem Smithsonian Institute in Washington angegliedert wurde, scheint man sich zu besinnen. Unlängst wurde die Rückgabe zweier Objekte angekündigt, und weitere sollen folgen.

Mit diesem Rüstzeug zur Geschichte der »Potlatch Collection« und einem Kopf voller Fragen betrat ich das Museum. Mir war bewußt, daß ich während des ersten Besuches, der nur einen halben Tag dauerte, kaum mehr als einen oberflächlichen Eindruck gewinnen würde. Zunächst ergab ich mich meinen romantisch-versponnenen Erwartungen und genoß die Szenerie, als ich mich auf der Fähre der Insel näherte, auf der das Museum steht. Meine Einbildung sah ein idyllisches Fischerdörfchen, in dem die Zeit stehengeblieben war. In der kleinen Bucht von Quathiaski Cove umrahmten bunt bemalte Fischerboote die Fähre, und enge, gewundene Straßen führten mich auf holpriger Fahrt über die Insel, durch dichten Regenwald, an der felsigen Küste entlang und an einsamen Friedhöfen vorbei. Spätere Besuche gaben mir dann reichlich Gelegenheit, meine rege Vorstellungskraft durch realistischere Eindrücke zu korrigieren: Kahlschläge zerrissen die »unberührte Wildnis«, holzverarbeitende Betriebe verpesteten die Luft und »Aussteiger« aus der Stadt traf man häufiger als Fischer. Die Reservation, auf der sich das Museum befindet, nimmt nur einen kleinen Teil der Südspitze der Insel ein, und Cape Mudge selbst besteht aus ungefähr vierzig Häusern, die sich an der Küste verteilen. Auf den ersten Blick ist nicht zu erkennen, daß dies eine indianische Siedlung ist. Dann aber entdeckt man da und dort ein »traditionelles« Fischerlager hinter einem Haus, die bemalte Fassade der Gemeindehalle fällt ins Auge, und ein hoher, schlanker Wappenpfahl überragt den Friedhof. Die Straßen wirken verlassen; es ist Werktag, und die meisten Bewohner sind bei der Arbeit oder in ihren Häusern beschäftigt. Einige Kinder auf dem Spielplatz und ein Hund, der ein paar Krähen über den staubigen Fußballplatz scheucht, sind die einzigen Lebenszeichen.

Das Museum liegt mitten im Ort, in einer Reihe mit der Kirche und der Gemeindehalle, zwischen dem Friedhof und dem Fußballplatz. »Das Museum sieht einladend aus«, schreibe ich später in mein Tagebuch. Tatsächlich verleiht die Holzarchitektur mit ihren Aperçus dem Gebäude etwas Freundliches, Harmonisches. Drei hölzerne Willkomm-Figuren grüßen Besucher mit erhobenen Armen. »The unique design of the museum building«, so der Text der Museumsbroschüre, »reflects ancient and modern – the lofty beamstructure of the traditional Big House and the spiral form of the sea snail to reflect evolution of Kwagiulth culture through time.« Kontinuität ist auch das Hauptthema im Inneren des Gebäudes, das mit einer Wendeltreppe die schneckenrunde, asymmetrische Außenform fortsetzt. Die Ausstellung der »Potlatch Collection« geht nahtlos in eine Präsentation jüngerer Neuerwerbungen über, und sogar die Museumsboutique, die zeitgenössisches Kunstgewerbe der Kwakwaka'wakw anbietet, ist in den offenen Schauraum integriert. Eine Gedenksäule, errichtet zu Ehren des verstorbenen Chiefs Billy Assu, durchbricht die drei Etagen des Museums, Vergangenheit, Gegenwart und Zukunft verbindend, wie der Lebensbaum der Kwakwaka'wakw, die Riesen-Thuja, aus deren Holz sie geschnitzt ist. Der Hauptraum ist der »Potlatch Collection« gewidmet. Die Exponate sind in Glasvitrinen arrangiert und Besitzerfamilien zugeordnet. Das Untergeschoß wird für Wanderausstellungen, Workshops (Herstellung von »button blankets« u. ä.), Kunstausstellungen, Vorführungen und andere Veranstaltungen genutzt. Die Wendeltreppe führt auf eine Galerie, von der aus man die Halle übersehen kann. Hier werden wechselnde Ausstellungen gezeigt. So ist bei meinem ersten Besuch auf einigen Stellwänden der Problemkreis indianischer Souveränität und Selbstbestimmung dargestellt. (Das war ein Jahr nach der »Oka-Krise« und ein Jahr vor dem kanadischen Verfassungsreferendum, in dem die Frage indigener Autonomie eine große Rolle spielte.) An den Wänden, die die Halle umgeben, sind historische Fotos von verschiedenen Kwakwaka'wakw-Siedlungen aus der Zeit um die Jahrhundertwende montiert. Die Beschriftung der Exponate ist ungewöhnlich: Der Text bezieht sich auf Eigentümer einzelner Objekte, und gelegentlich ist angegeben, bei welchem Tanz oder welcher Zeremonie sie verwendet wurden. Die Namen von Masken und Tänzen erscheinen in Kwak'wala. Offensichtlich richtet sich die Ausstellung an ein informiertes Publikum.

Besucher können sich mit Fragen an die ständig ansprechbaren Museumsangestellten wenden. Zur Zeit sind drei Mitarbeiter fest angestellt, im Sommer arbeiten zusätzlich Studenten als Führer. Bei meinem ersten Besuch begleitet mich Dora Sewid-Cook durch das Haus. Ihre Großmutter, Agnes Alfred, war eine der Teilnehmerinnen des Village Island-Potlatch von 1921. Ihr Vater, James Sewid, war federführend im Prozeß um die Rückgabe der »Potlatch Collection«. Was sie mir an diesem Tag beibringt, entspricht dem Wissen, das man Schulkindern vermittelt – und mir wird später bewußt, wie angemessen dieser Vergleich ist. Einiges, was sie mir erzählt, klingt vertraut. Anderes verstehe ich erst im nächsten Jahr, und manches werde ich vielleicht in den kommenden Jahren begreifen. Ich vergesse dabei ganz meine Fragen, konzentriere mich aufs Zuhören. Hier lernt man durch Finden, nicht durch Suchen, durch Assoziationen und Anspielungen, Erzählungen und Erfahrungen. Als ich später mit der Direktorin des Museums, Gina Robertson, zusammensitze, werde ich mutiger. So bin ich schließlich dreist genug, sie zu fragen, was ein indianisches von einem eurokanadischen Museum unterscheidet. Ihrer Ansicht nach ist die Gelegenheit zur kulturellen Präsentation ausschlaggebend, da die einheimische Bevölkerung über ein akkurateres und intimeres Wissen verfüge als Außenstehende. Kontrolle über die Darstellung der eigenen Kultur in ihren materiellen und immateriellen Ausformungen sowie Anerkennung der Tatsache, daß es mehr als die eine, allumfassende »Wahrheit« der Weißen gibt, scheinen in der Tat Kernpunkte indigener Interessen zu sein. Derlei Anliegen spiegeln sich auch in den Prinzipien des nationalen Task Force on Museums and First Peoples, der 1992 eine Reihe von Empfehlungen verabschiedet hat: Rückgabe von (oder Zugang zu) Kulturgütern, Zusammenarbeit und Mitspracherecht auf dem Gebiet kultureller Darstellung und Instandsetzung mittels Ausbildung und Finanzierung zur Ausübung dieser Rechte.

Ehe ich das Museum verlasse, überreicht mir Dora Sewid-Cook die Biographie ihres Vaters. Das Buch schildert James Sewids persönliche Erfahrungen. Seine »Transkulturations-Geschichte« bietet keinen linearen Entwicklungsverlauf, sondern offenbart sich als Prozeß der Zugeständnisse und Übergänge: Werte, Glaubensvorstellungen und Alltag der Kwakwaka'wakw koexistieren mit den Konventionen und Paradigmen der eurokanadischen Gesellschaft, wobei einige Facetten aufgezwungen, andere bewußt und gewollt integriert wurden. Leben gleicht einer Komposition – mehrstimmig und mit vielen Variationen. Nicht immer sind die Stimmen harmonisierbar, aber in der Orchestrierung versucht jeder Spieler, Diskrepanzen zu mildern.

Bei meiner Rückkehr zum Kwagiulth Museum im nächsten Jahr sehe ich mir dessen Zielsetzungen genauer an. Sein Mandat, entsprechend den Statuten der Nuyumbalees Society, ähnelt auf den ersten Blick bekannten Museumsaufgaben: »to collect, preserve and display ... artifacts of cultural, historic and artistic value«. Doch weichen die Zielvorgaben des Hauses in drei Punkten vom Auftrag herkömmlicher Völkerkundemuseen ab: Ausdrücklich sind immaterielle Kulturausprägungen (z. B. Tanz) einge-

155

schlossen. Außerdem will das Museum die Gegenwarts-kultur der Kwakwaka'wakw darstellen. Bei der sonst übli-chen Konzeption richtet sich das Hauptaugenmerk auf hi-storische materielle Zeugnisse und kulturgeschichtliche Zusammenhänge. Ein drittes Unterscheidungsmerkmal kommt in dem Bestreben zum Ausdruck, enteignetes Kul-turerbe zu repatriieren. Was demnach das Kwagiulth Mu-seum auszeichnet, ist seine Verankerung im Hier und Heute. Sein Bildungsauftrag schließt die Gegenwart mit ein, weil Kultur als Kontinuum gesehen wird. Seine Lage im Wohngebiet der Kwakwaka'wakw ermöglicht unmit-telbaren Zugang, und seine primäre Zielgruppe, die ansäs-sige Bevölkerung, ist im Verwaltungsrat vertreten. Ob-wohl das Haus seine Existenz externer Anregung ver-dankt, und seine Direktoren bis vor kurzem Eurokanadier waren, dient es doch vorbehaltlos indigenen Interessen. Die Besonderheit des Museums kommt in der Art und Weise zum Ausdruck, wie Kultur und Geschichte der Kwakwaka'wakw präsentiert wird – mehrdimensional, aus der Perspektive einzelner Familien. Rechte an be-stimmten Tänzen, Liedern oder Emblemen werden indivi-duell wahrgenommen und innerhalb der Familien weiter-gegeben. Die Tanzgruppe der Nuyumbalees Society zum Beispiel ist in erster Linie eine Familien-Angelegenheit. Dies führt mitunter zu Konflikten, da die Society selbst eine »öffentliche« Organisation ist.

Gelegenheit, die Eigenarten des Museums im alltägli-chen Betrieb kennenzulernen, bot sich mir während eines dreimonatigen Volontariats. Als größte Bereicherung empfand ich, die Beziehungen der Mitarbeiter untereinan-der und zwischen dem Haus und seinen Besuchern erleben zu dürfen. Ehe Ferienzeit und Fischereisaison begannen, kamen Museumsbesucher überwiegend aus der Umge-bung; Verwandte aus Nachbargemeinden, ortsansässige Künstler, die ihre neuesten Werke vorführten, oder Leute, die dem Museum historische Fotos und andere Doku-mente vermachten. Mitglieder der Nuyumbalees Society und Volontäre schauten regelmäßig vorbei, übermittelten Ideen, Anregungen oder den neuesten Klatsch. Im Laufe des Sommers nahm die Zahl ausländischer Besucher zu. Sie stammten überwiegend aus den Vereinigten Staaten, aus Japan und Europa (hauptsächlich Frankreich und Deutschland), und ich wurde immer mehr als »exotisches Kuriosum« bestaunt. Die häufigste Frage, die gestellt wurde, betraf den Namen des Museums, dessen korrekte Schreibweise und Aussprache. Die übliche Begriffsverwirrung (siehe Exkurs II) ist kein rein akademisches Problem, sondern beschäftigt Personen wie Institutionen im Alltag und im interkulturellen Dialog.

Das Kwagiulth-Museum, ein Ableger eurokanadischer Bildungstradition, mit dem Anspruch, die indigene Geisteshaltung widerzuspiegeln, verkörpert exemplarisch interkulturelle Spannungen und Brüche. Äußerer Initiative verdankt es seine Entstehung. Es ist daher Anforderungen unterworfen, die oft im Gegensatz zu überlieferten indigenen Wertvorstellungen stehen. Ebenso muß es allgemein gültigen Vorschriften entsprechen (z. B. beim Umgang mit Exponaten), um Fördermittel zu erhalten. Seine Angestellten wurden nach eurokanadischen Richtlinien ausgebildet.

Selbst in Museen mit sehr hohen Ansprüchen an die Unversehrtheit der Objekte geschult, beobachtete ich des öfteren, wie andere scheinbar unbekümmert ein sehr altes und wertvolles Museumsstück in die Hand nahmen. Ursprünglich dienten die Masken und Tanzkostüme der »Potlatch Collection« zeremoniellen Darbietungen. Während einige Objekte hohen symbolischen Wert besaßen, sind andere reine Gebrauchsgegenstände gewesen, sozusagen Theaterrequisiten. Wieder andere wurden nur für einen einzigen Anlaß hergestellt und anschließend zerstört. Wegen ihrer Diaspora und der veränderten kulturellen Bedingungen heute hat die »Potlatch Collection« eine neue Wertigkeit und Funktion gewonnen. Dennoch, Dora Sewid-Cook bestand darauf, daß Masken und Parapherna-

lien ihre Bedeutung für die Eigentümer und deren Nachfahren bewahrt hätten; sie fungierten noch immer als Weg-
weiser sachgerechter Überlieferung sowie als Sinnbilder
der kulturellen Kontinuität und des Rechtsempfindens der
Kwakwaka'wakw. Ihre Rolle mag sich gewandelt haben,
aber ihre Funktion ist die gleiche geblieben. Ob materielle
Kulturgüter nun beim Potlatch benutzt oder in einem Museum ausgestellt werden, ob man sie als indianische Kunst
zum Verkauf anbietet oder sie als Anschauungsmaterial im
Unterricht dienen, immer sind die Objekte Ausdruck und
Garant kulturellen Flusses. Was heute Gebrauchsgegen-
stand ist, kann morgen historisches Dokument sein.

Ein persönliches Resümee

Hauptanliegen der indigenen Institutionen ist es, dem drohenden Verlust überlieferten Wissens und ethnischer Entfremdung entgegenzuwirken. Ihre Arbeit ist Bestandteil
des Überlebenskampfes in Familie und Gesellschaft – Erfahrungen, in denen sich Rassismus, Gewalt, Sexismus
und ideologische Indoktrination widerspiegeln. Spricht
man die sozialen Probleme von Indianern und Eskimos an,
besteht die Gefahr, negative Stereotypen zu untermauern.
Der Anteil der indigenen Bevölkerung Kanadas, der mit
Armut, Gewalt und Drogenmißbrauch konfrontiert ist, ist
sehr viel höher als der vergleichbare Prozentsatz von
Nicht-Autochthonen. Wenn man allerdings die Benachteiligung vieler Ureinwohner in Betracht zieht und berücksichtigt, in welchem Umfang sie mit Indifferenz, Ignoranz oder Rassismus konfrontiert sind, setzen sie sich
meist sehr viel erfolgreicher mit ihrer Situation auseinander als jene, die sich nicht im interethnischen Spannungsfeld bewähren müssen. Indianer und Inuit sind, kraft ihrer
Erfahrungen, Experten im interkulturellen Dialog.
    Meine Gastgeber unterscheiden sich von mir und den
meisten Eurokanadiern durch ihre Lebenserfahrungen.

Die Rekonstituierung ethnischer Identität spielt dabei eine existentielle Rolle. Sie fordert ein Geschichts- und Kulturverständnis, das von den Entwürfen der euroamerikanischen Tradition unabhängig ist und sowohl im Widerspruch als auch in Ergänzung zu gesamtgesellschaftlichen Leitbildern stehen kann. Dieses Verständnis suchen kulturelle, soziale und politische Institutionen der Ureinwohner anzuregen oder zu reaktivieren. Ganz pragmatisch bieten sie Arbeit und Einkommen an, sorgen aber daneben für Inhalte, die Selbstverwirklichung ermöglichen und Selbstvertrauen aufbauen. Bewußtsein für diese Zusammenhänge ist meines Erachtens wichtig, um die Notwendigkeit von Kulturarbeit in den indigenen Gemeinden Kanadas begreifen zu können.

Aus der Überzeugung, daß der Untergang autochthoner Kulturen unvermeidlich sei, haben Anthropologen den Mythos der Assimilierung erfunden. Nachdem deutlich wurde, daß sogar die »kalten Kulturen« (Lévi-Strauss) sich verändern, weil Kultur an sich dynamisch ist, und daß statische Kulturmodelle ein Paradox darstellen, verlagerte sich der Forschungsschwerpunkt auf Übergangsphänomene: Im Prozeß der Akkulturation, so hat man beobachtet, werden durch erzwungenen Wandel soziale Risse und kulturelle Streß-Situationen hervorgerufen (Frideres 1974). Obwohl diese Studien die europäische Kolonisierungspolitik und ihre Auswirkungen auf die Entwicklung der indigenen Kulturen nicht leugnen, fragen sie selten nach den Ursachen von sozialen Krisen und kultureller Erosion. Es sind aber gerade die historischen Bedingungen, auf die die gegenwärtigen Schwierigkeiten der Ersten Amerikaner zurückgehen. Diesen Knoten zu lösen, ist daher *unser* Problem (Sioui 1989).

Als ich von Deutschland nach Kanada reiste und dort bei Ureinwohnern gastliche Aufnahme fand, hatte ich zwei kulturelle Grenzen überschritten. Ich mußte mich »akkulturieren« und neue Verhaltensmuster lernen. Ich war es, die »entwurzelt« war, da mein Wissen über meine

Vorfahren kaum über die Generation meiner Großeltern hinausging, und ich hatte ein »soziales Problem«, da ich ganz ohne Freunde oder Familie kam. Die Gastfreundschaft seitens der indigenen und der »eurogenen« Kanadier verhinderte, daß all dies tatsächlich zu einem »Problem« für mich wurde, aber man hat mich vermutlich häufig bemitleidet und als eine Art Waisenkind betrachtet. Ich bin im Laufe der Jahre so oft umgezogen, daß ich zu zögern begann, wenn man mich fragte, wo ich herkäme. Unter meinen Gastgebern dagegen gibt es Leute, die zeitlebens bodenständig geblieben sind, und denen die Überlegung, woanders zu leben, nie in den Sinn kam. Diese Menschen kannten sich aus; sie wußten, wo und wann man fischen, Beeren sammeln oder Mais ernten konnte. Ich, für meinen Teil, sah mich außerstande, einen Lachs von einer Forelle zu unterscheiden, und ich wußte nicht, welche Beeren eßbar waren...

Auf Quadra Island fand ich weder unberührte Natur noch »edle Wilde« – aber ich traf Menschen, die zu meiner Überraschung im Gleichklang lebten, offen für eine Fülle von Lebensalternativen – Fischfang, Lohnarbeit oder Sammeln von Wildfrüchten. Diese Form der Daseinsgestaltung trägt noch immer Züge, die an Beschreibungen von Franz Boas vor rund hundert Jahren erinnern. Die Uhr jedoch ist nicht stehengeblieben. Gewaltige Veränderungen, im technologischen Bereich, aber auch bei Wertvorstellungen, sind eingetreten. Diese Entwicklungen folgen nur nicht der Maßgabe abendländischer Zeitvorstellung. Für die Ureinwohner, die in der Neuen Welt »seit dem Anfang aller Legenden« gelebt haben, sind Kultur und Geschichte nicht in Perioden gegliedert, sie kombinieren vielmehr Vergangenheit und Gegenwart, Mythos und Alltagsrealität.

Ames, Michael M.: Museums, the Public and Anthropology. A Study of the Anthropology of Anthropology. Vancouver 1986.

Ames, Michael M.: Cannibal Tours and Glass Boxes. The Anthropology of Museums. Vancouver 1992.

In Celebration of Our Survival. The First Nations of British Columbia. B. C. Studies. Special Issue 89 (1991).

Clifford, James: Four Northwest Coast Museums. Travel Reflections. In: Exhibiting Cultures. The Poetics and Politics of Museum Display. Hrsg. Ivan Karp u. Stephen Lavine, Washington 1990.

Craig, Mary u. Deborah Smith: Ottawa Collections Move North – Transfer of Artworks From Indian and Northern Affairs Collections to Avataq. In: Muse 8 (1990), H. 2, S. 51–56.

Doxtator, Deborah: Fluffs and Feathers. An Exhibit on the Symbols of Indianness. Brantford 1988.

Fienup-Riordan, Ann: Eskimo Essays. Yup'ik Lives and How We See Them. New Brunswick 1990.

Fisher, Robin u. Kenneth Coates (Hrsg.): Out of the Background. Readings on Canadian Native History. Toronto 1988.

Frideres, J. S.: Canada's Indians. Contemporary Conflicts. Scarborough, Ont. 1974.

Mauzé, Marie: Exhibiting One's Culture. Two Case Studies. The Kwagiulth Museum and the U'Mista Cultural Centre. In: European Review of Native American Studies 6 (1992), H. 1, S. 27–30.

McFeat, Tom (Hrsg.): Indians of the North Pacific Coast. Studies in Selected Topics. Ottawa 1966.

Morrison, Bruce u. C. Roderick Wilson (Hrsg.): Native Peoples. The Canadian Experience. Toronto 1986.

Museums and the First Nations. In: Muse. Special Issue 6 (1988), H. 3.

The Nature of Northern Museums. In: Muse. Special Issue 8 (1990), H. 1.

Pratt, Mary Louise: Imperial Eyes. Travel Writing and Transculturation. London 1992.

Sawid-Smith, Daisy: Prosecution or Persecution. Cape Mudge, B. C. 1979.

Sioui, Georges E.: Pour une autohistoire amérindienne. Essai sur les fondements d'une morale sociale. Québec 1989.

Spradley, James P. (Hrsg.): Guests Never Leave Hungry. The Autobiography of James Sewid, a Kwakiutl Indian. Montreal 1969.

Task Force Report on Museums and First Peoples: Turning the Page. Forging New Partnerships Between Museums and First Peoples. Ottawa 1992.

Tumivut. The Cultural Magazine of the Nunavik Inuit. Inukjuak, Montreal 1991.

PIETER HOVENS

Zwischen Normabweichung und Anpassung:
Indianer in der Stadt

Einführung

Bis vor kurzem haben sich Anthropologen kaum ernsthaft
mit dem Problemkreis von Delinquenz (»abweichendes
Verhalten«, insbesondere das strafrechtlich nicht zu ahn-
dende schuldhafte Handeln Jugendlicher) und Kriminalität
oder Normenverletzungen allgemein auseinandergesetzt.
Derlei Verhaltensmuster wurden den Sozialwissenschaften, allen voran der Soziologie, als Forschungsgegenstand
zugeschoben. Darüber hinaus galt weithin die Doktrin,
Stammesgesellschaften seien konfliktarm und verfügten
über effektive soziale Kontrollmechanismen.

Dennoch gibt es bemerkenswerte Ausnahmen von dieser Regel. Malinowskis ›Crime and custom in primitive society‹ (1928) hat als Klassiker sozialer Problemstudien zu
gelten. Für die Indianistik untersuchten Oberg, Hoebel,
Mooney und Devereux Verbrechen, Selbstmord, Legisla-
tive und Rechtsprechung in Stammesgesellschaften vor
und nach deren Eingliederung in imperiale oder nationale
Staatswesen.

Bis in die vierziger Jahre, als Norman Hayner (1942) auf
galoppierende soziale Desorganisation als Kernfaktor indianischer Kriminalität hinwies, wurde das Phänomen von
wissenschaftlicher Seite vernachlässigt. 1945 veröffentlichte der angesehene Kriminologe Hans von Hentig einen
Artikel über die ansteigende Flut indianischer Strafgefan-
gener. Intarsie seiner Dokumentation waren Überlegun-

Leicht gekürzte Fassung des Beitrags Between Deviance and Integration. Indians in
the City. In: North American Indian Studies. Hrsg. Pieter Hovens, Edition Herodot Göttingen 1981, S. 255–279. Übersetzung von Wolfgang Müller.

gen zu möglichen sozio-kulturellen Triebkräften. Der Aufsatz des Anthropologen Omer C. Stewart (1964) über ethnospezifische Verbrechensanteile ist das erste Schlüsselwerk zum Thema in der Nachkriegszeit. Stewart verglich die Zahl der Häftlinge bei verschiedenen Volksgruppen, und er konnte das Ausmaß von Alkoholdelikten statistisch untermauern. Es erschienen danach Publikationen aus der Hand von Sozialarbeitern, Bewährungshelfern, Rechtsanwälten und Soziologen. 1972 kam eine Reevaluierung der Arbeit Stewarts von Charles Reasons heraus, die auf chronologischer Fortschreibung derselben Quelle (›Uniform Crime Reports‹ des FBI) beruhte. Stewarts und Reasons' Ergebnisse deckten sich weitgehend, was den Ernst und die Persistenz des Problems verdeutlicht.

Auffällig viele Anthropologen haben sich mit den exzessiven Trinkgewohnheiten nordamerikanischer Indianer beschäftigt. Dabei vernachlässigte man in der Regel rechtspflegerische Maßnahmen gegen Trunkenheit wie auch andere Verhaltensfacetten, die korrektiv behandelt werden. Soziologen und Kriminologen versäumten es generell, Delinquenz und Verbrechen, soweit sie Indianern anzulasten sind, in größere Zusammenhänge einzuordnen. 1965 legte W. T. McGrath eine Fallstudiensammlung mit dem Titel ›Crime and its Treatment in Canada‹ vor. In keinem der Beiträge wurden Indianer erwähnt, obwohl fast ein Drittel der Insassen staatlicher oder föderaler Vollzugsanstalten aus der Urbevölkerung stammt (vgl. Tabelle 1). Diese Zahlen gewinnen noch an Bedeutung, wenn man sich vergegenwärtigt, daß Indianer und Eskimo lediglich zwei Prozent der kanadischen Gesamtbevölkerung ausmachen.

Der vorliegende Aufsatz zielt darauf ab, Aspekte indianischer Straffälligkeit zu beleuchten. Da es sich um einen ersten Versuch handelt, fällt die Arbeit notgedrungen impressionistisch aus. Analytische und theoretische Momente treten hinter deskriptiven Erfordernissen zurück. Trotzdem sind einige theoretische Erwägungen, die ich bei

Tabelle 1: *Ureinwohner in kanadischen Vollzugsanstalten, 1965*

Roberval County Jail, Quebec	29 %
Kenora District Jail, Ontario	79 %
Dauphin, Manitoba	78 %
Calgary, Alberta	16 %
Oakalla Prison, British Columbia	17 %
Fort Smith, North-West Territories	82 %

Quelle: Canadian Criminology and Corrections Association, 1967.

Bedarf einstreue, unverzichtbar. Das Originalmaterial gründet auf Feldforschungen, die ich 1973, 1974 und 1976 in Vancouver, British Columbia, durchführte.

Feldforschung

Viele der hier aufbereiteten Informationen stammen aus zugänglichen sozialwissenschaftlichen Quellen. Um adaptive oder problemimmanente Kongruenzen und Abweichungen scharf zu stellen, wurden Untersuchungen über indianische Milieuanpassung (Verstädterung), Alkoholkonsum, Delinquenz und Kriminalität herangezogen.

In Vancouver interviewte ich Spitzenfunktionäre indianischer Verbände, Vertreter von Wohlfahrtsorganisationen und Ämtern. Zusätzlich wurden in Bars und Vergnügungslokalen sowie unter Insassen verschiedener Vollzugsanstalten der Lower Mainland-Region (Oakalla Prison, British Columbia Penitentiary, Agassiz Correctional Work Camp, Mountain Prison, Haney) Befragungen vorgenommen. Ferner wohnte ich acht Wochen lang Gerichtsverhandlungen mit indianischer Beteiligung bei. Die so gewonnenen Daten ergaben zusammengesetzt ein allgemeines Bild der Situation, wie sie sich seinerzeit für eine amerikanische Großstadt darbot.

Statistiken und Grundmuster

Der einschlägigen Literatur fehlt es vielfach an aussage-kräftigen Statistiken. Nur wenige Arbeiten geben erschöpfend über Haftquoten Auskunft, unterscheiden zwischen ethnischen Gruppen oder verfolgen Fälle über mehrere Jahre. Um das hier zur Debatte stehende Themenpaket angemessen darstellen zu können, ist es nötig, Probleme in ihrer ganzen Tragweite zu erfassen. Außerdem gilt es, verhaltensrelevante Grundmuster aufzuspüren, wozu es der Auswertung bestimmter Konfigurationen, des Stadt-Land-Gefälles z. B. oder des Geschlechterverhältnisses in kriminologischen Zusammenhängen, von Deliktkategorien und der Interdependenz von Alkoholkonsum und rechtswidrigem Handeln bedarf. Gestützt auf dieses Material gelangt man zu Schlußfolgerungen, etwa bezüglich der Frage, ob Indianer zu spezifischen Straftaten neigen oder eher als andere Volksgruppen straffällig werden.

Alle verfügbaren Statistiken belegen, daß Indianer häufig mit dem Gesetz in Konflikt geraten. Nach Stewart (1964) lag 1960 die Haftquote von Angehörigen der Urbevölkerung in den USA um das siebenfache über dem nationalen Durchschnitt, überstieg die von Afro-Amerikanern um das Dreifache und die von Weißen gar um das Achtfache. Reasons (1972:320) bestätigt diesen Befund anhand der ›Uniform Crime Reports‹ für 1968. Vergehen in ländlichen Gebieten scheinen in solchen Übersichten nicht auf.

Aus den Aufstellungen spricht ferner der relativ hohe indigene Delinquenzanteil in Städten sowie die dortige extreme Notierung indianischer Straftäter. Tabelle 2 basiert auf Statistiken des Vancouver Police Department. Da die indianische Minderheit nur ein Prozent der Bevölkerung Vancouvers ausmacht, wird deutlich, daß sie unter den Inhaftierten überrepräsentiert ist. Weiter fällt die additive Zunahme dieser statistischen Menge auf. Offenbar hängt das mit der Ankunft neuer Zuwanderer zusammen, aber auch mit dem Umstand stärkerer Polizeikontrollen. Es

Tabelle 2: *Indianische Haftquoten in Vancouver*

Jahr	Häftlinge insgesamt	Indianische Häftlinge	Prozentanteil Indianer
1962	1564	73	4,6
1963	1882	81	4,3
1964	1985	148	7,5
1965	2445	278	11,4

war nicht in Erfahrung zu bringen, ob der Anstieg bei Delinquenz und Ahndungskriminalität absolut erfolgte. In Winnipeg, wo Indianer zu drei Prozent in der Wohnbevölkerung vertreten sind, stellen sie 32 Prozent aller Arretierten (Bienvenue u. Latif 1974:108).

Nach sorgfältiger Retabulierung und Neuberechnung sahen wir uns imstande, eine Reihe von Tabellen zu entwerfen, die Volksgruppenzugehörigkeit und Straftatbestand in Beziehung setzen. Allerorts fanden wir Hinweise auf Festnahmen in Verbindung mit Alkoholdelikten: Rausch in der Öffentlichkeit, Erregung öffentlichen Ärgernisses, Übertretung der Verordnungen zu Ausschank, Verkauf und Erwerb von Spirituosen, etc.

Tabelle 3 entstand unter Mithilfe des Vancouver Police Department. Sie verdeutlicht, daß Indianern, abgesehen von ihrer Verstrickung in Alkoholvergehen, am häufigsten Eigentums- und Personendelikte (Tätlichkeit, Pöbelei) zur Last gelegt werden. Vergewaltigung und Mord stehen vergleichsweise selten zur Strafverfolgung an.

Tabelle 4 gibt den ethnischen Verteiler bei Straftatbeständen in den USA an, wie er sich 1968 darstellte. Sie geht auf Reasons (1972:323) zurück. Die Ähnlichkeit mit den Verhältnissen in Vancouver frappiert. Befremdlich allerdings wirken Abweichungen bei Sittlichkeitsverbrechen und Mord.

In seiner Untersuchung von 18 Pueblo-Gruppen und

Tabelle 3: *Ethnischer Schlüssel für Straftatbestände in Vancouver (1965)*

Vergehen	insge-samt	Weiße	Indianer	Andere	Prozent-anteil Indianer
Tätlichkeit	237	205	14	18	5,9
Raub	129	108	7	14	5,4
Diebstahl	1133	1024	57	52	5,0
Einbruch	191	170	9	12	4,7
Besitz von Diebesgut	88	78	3	7	3,4
Verkehrs-delikte	1677	1593	37	47	2,2
Betrug	98	96	1	1	1,0
Notzucht	26	25	0	1	0,0
Mord	8	7	0	1	0,0

Tabelle 4: *Ethnischer Schlüssel für Straftatbestände in den USA (1968). Zahlen pro 100 000*

Vergehen	Weiße	Schwarze	Indianer
Diebstahl	265	1196	913
Einbruch	138	671	485
Tätlichkeit	41	385	250
Raub	19	307	149
Mord	5	54	34
Notzucht	5	45	26

zwei Navajo-Gemeinschaften fand Stewart (1964) ein vergleichbares Muster, doch trat hier die Zahl der Mordanschuldigungen zurück. Ergänzendes Material, jugendliche Straftäter in Gallup betreffend, deckte sich mit diesem

167

Tabelle 5: *Ethnischer Schlüssel für Straftatbestände in Winnipeg (1969)*

Vergehen	Insgesamt	Weiße	Indianer	Prozent-anteil Indianer
Mord	9	2	7	66,6
Raub	15	10	5	33,3
Tätlich-keit	73	52	21	28,9
Einbruch	39	31	8	20,0
Diebstahl	110	93	17	15,4
Notzucht	36	34	2	5,0

Bild, Tätlichkeiten allerdings wurden kaum registriert. Letzteres ist wahrscheinlich schärferer sozialer Kontrolle, der Heranwachsende auf Reservationen oder ethnischen Enklaven der Städte unterstehen, gutzuschreiben.

Auch anhand der Daten, die über die Verhältnisse in Winnipeg vorliegen (Bienvenue u. Latif 1974), läßt sich der allgemeine Befund absichern. Indianern angelastete Morde kamen dort häufiger vor, man muß hierbei jedoch die geringe Wohnbevölkerung in Rechnung stellen.

Es wurde bereits darauf hingewiesen, daß bei Indianern in besonderem Maße Alkoholdelikte korrektiver Behandlung unterliegen. Darunter fallen keineswegs nur sog. Rauschtaten, also Vergehen unter Alkoholeinfluß, sondern (und dies zuallererst) selbst der Besitz berauschender Getränke oder deren Einwirkung auf individuelles Verhalten. Der Trinkergewahrsam stellt eine typische Arabeske dieser Deliktgruppe dar, wiewohl die praktische Handhabung örtlich wechselt. In Vancouver wurden Betrunkene von der Polizei aufgegriffen, in die Ausnüchterungszelle gesteckt und danach oft ohne weiteres Procedere wieder auf freien Fuß gesetzt. Seattle dagegen bietet ein anderes

Bild. Razzien in der »Skid Row« enden hier tagtäglich mit der Festnahme von Trinkern. Nach einer Nacht in der Ausnüchterungszelle müssen sie vor Gericht erscheinen. 64 Prozent aller dort verhandelten Fälle sind Alkoholdelikte (Spradley 1970: 174). Da viele Indianer im Bereich des Kneipen- und Amüsierviertels leben, färbt das polizeiliche Vorgehen ganz erheblich ihre Haftquote. In offiziellen Statistiken anderer Städte jedoch sind solche Festnahmen nicht aufgeführt.

Indianer, die drei Prozent der Bevölkerung Winnipegs ausmachen, waren 1969 zu 47 Prozent von Verwahrungen nach Alkoholdelikten betroffen (Bienvenue u. Latif 1974). Gemessen am Gesamtaufkommen indianischer Inhaftierungen schlägt diese Ziffer mit 77 Prozent zu Buche. Immerhin wurden seit 1974 gewisse Übertretungen des in Manitoba rechtsverbindlichen ›Liquor Control Act‹ nicht mehr geahndet: Berauschtsein, Trunkenheit in der Öffentlichkeit und in Schanklokalen. Festnahmen infolge »ungebührlichen Benehmens« und »Ruhestörung« blieben weiter möglich. Die Canadian Criminology and Corrections Association hat empfohlen, weitere Straftatbestände, bei denen Alkohol im Spiel ist, aus den Gesetzbüchern zu streichen. Insbesondere einige Passagen des ›Indian Act‹ fanden in dem Zusammenhang kritische Würdigung (CCCA 1970).

Nach Reasons (1972: 321) hatten 1968 Alkoholdelikte an der Verwahrung von Indianern einen Anteil von 74 Prozent. Dieser Wert korrespondiert mit Stewarts 78 Prozent im Jahr 1960. Clairmont (1962: 11) gibt für Inuvik und Aklavik eine Arrestrate an, die bei 86 Prozent liegt, wiederum bezogen auf Gesetzesübertretungen in Verbindung mit Alkohol. Dieselbe Quote konnte für in Denver, Colorado, ansässige Navajo ermittelt werden (Graves 1971: 282). Der Statistiker des Vancouver Police Department kommt zu einem ähnlichen Ergebnis. Er schätzt, daß etwa 70 Prozent der Inhaftnahmen von Ureinwohnern Alkoholvergehen zuzuschreiben sind.

Übereinstimmend gelangen Statistiker und Kriminologen zu dem Schluß, daß in Städten weit mehr Straftaten verübt werden als auf dem Land. Allerdings ist die Abgrenzung solcher sozialgeographischer Eckpunkte schwierig, und die polizeiliche Praxis unterscheidet sich. Grosso modo differiert nicht nur das Verhältnis absoluter Kriminalität von Stadt und Land, sondern es oszillieren auch die Gewichte einzelner Deliktgruppen beträchtlich. Hier wie dort aber nehmen Verbrechen und Gesetzesverstöße zu.

Derlei Abweichungen sind maßgeblich den im ländlichen Bereich noch stärker verankerten sozialen Kontrollmechanismen zuzuschreiben. Größere gesellschaftliche Homogenität, die mildere Ausprägung sozialer und kultureller Konfliktfelder sowie ein weitgehendes Fehlen deliktnotorischer Anreize müssen ebenfalls genannt werden. Genau das Gegenteil trifft auf urbane Ballungsgebiete zu.

Ohne ausreichende statistische Unterstützung läßt sich schwer ermessen, ob die angesprochene Stadt-Land-Opposition auch das kriminelle Verhalten von Indianern beeinflußt. Nur Stewart (1964) legt dazu interessante Daten vor. Wie er zeigen konnte, ist die Haftquote städtischer Indianer 25mal höher als die von Stammesmitgliedern im ländlichen Milieu. Auf dem Land erfolgten 50 Prozent aller Festnahmen in Zusammenhang mit Alkoholdelikten; in Städten waren es ungefähr 80 Prozent. Läßt man Alkoholstraftatbestände beiseite, übersteigt die Zahl der im urbanen Umfeld festgenommenen Indianer die der Reservationsbewohner um das Zehnfache (die von Angehörigen der weißen Landbevölkerung nur um das Dreifache und die von Schwarzen um das Siebenfache).

Zwei mögliche Erklärungen für die Stadt-Land-Dichotomie bei indianischen Straffälligen bieten sich an. Eine ethnische Gruppierung mit traditionellem Hintergrund hat, verpflanzt in ein komplexes, industriell geprägtes Ambiente, mit größeren Anpassungsschwierigkeiten zu kämpfen als weiße oder schwarze Landbewohner. Hinzu kommt, daß Indianer in Städten stärker auffallen und deshalb polizeilichem Zugriff eher ausgesetzt sind. Auf die polizeiliche Praxis gehe ich später noch näher ein.

Statistiken, die Auskunft über den sozio-ökonomischen Status indianischer Rechtsbrecher geben, liegen nicht vor. Doch gilt wahrscheinlich auch hier, daß mit zunehmendem Besitzstand die Neigung zu kriminellen Handlungen abnimmt. Indirekt kann dies aus der Häufigkeit von Mundraub und Kleindiebstählen geschlossen werden.

Frequenzunterschiede im kriminellen Verhalten von Männern und Frauen wurden von mehreren Autoren nachgewiesen und kommentiert. Wenn sich allerdings die Rollenzuschreibung von Frauen wandelt, wie es derzeit in Europa und Nordamerika der Fall ist, findet dies auch in der Kriminalstatistik Niederschlag: Immer häufiger geraten sie mit dem Gesetz in Konflikt. Bei Jugendlichen fallen geschlechtsspezifische Frequenzschwankungen noch stärker ins Gewicht. Es ist freilich zu berücksichtigen, daß gegen aufgegriffene Mädchen gesetzlich seltener vorgegangen wird, und man sie eher wieder an ihre Familien überstellt als Jungen. Auch hinsichtlich der Deliktkategorien hat die Forschung geschlechtsgebundene Unterschiede festgestellt. Gewaltverbrechen beispielsweise werden Frauen in verschwindendem Umfang zur Last gelegt, aber vielerorts beinahe 100 Prozent der Prostitutionsdelikte. Nach Bienvenue und Latif (1974) betrug 1969 das Verhältnis straffällig gewordener Männer und Frauen neunzehn zu eins, bei Indianern drei zu eins. Diese Disproportion rührt daher, daß man Indianerinnen öfter wegen Landstreicherei und Alkoholvergehen in Gewahrsam nimmt.

Einige Autoren haben auf die Existenz indianischer Straßengangs aufmerksam gemacht, ohne jedoch auf Einzelheiten einzugehen. Die Jugendbanden der Stadtbewohner finden ihre Entsprechung bei Junggesellengruppen und Cliquen Halbwüchsiger auf den Reservationen. Indianische Stadtgangs sind anderen Unterschichtbanden vergleichbar. Das Ausmaß ihrer Beteiligung an Straftaten ist aber nur schwer abzuschätzen. Gangs aus dem ländlichen Milieu wurden für Vancouver Island, den Südwesten und die Region um die Großen Seen beschrieben, urbane Jugendbanden für Minneapolis, Rapid City, Aklavik und Inuvik sowie kanadische Präriestädte. Auch in Vancouver waren sie präsent. Umfassendere Untersuchungen sind nötig, um beurteilen zu können, welche Funktionen solche Gruppierungen im Leben junger indianischer Städter erfüllen.

Theoretische Anmerkungen

Um Normabweichungen innerhalb gesellschaftlicher Systeme zu verstehen, muß zuerst konformes Verhalten theoretisch gefaßt werden. Mertons Ansatz zur Erklärung dissidenter Muster fußt auf dieser Prämisse. In seiner Analyse versucht der Autor herauszufiltern, wie bestimmte Sozialstrukturen Persönlichkeitsaspekte dahingehend modellieren, daß diskonforme Verhaltensfacetten die Oberhand gewinnen (Merton 1957:132). Angepaßtes (konformes) und individuell ausgelegtes Handeln sind homogene Verhaltensbausteine, denn sie wurden anerzogen bzw. gelernt und sie wirken zielgerichtet. Wenn man also Normabweichungen erklären will, gilt es, Variablen und Prozesse zu erkennen, die zur Nichtanpassung führen (vgl. Jessor u. a. 1968:47).

Wie man sich verhält, ist nicht naturgegeben, sondern Folge des Bezugs auf einen allgemeinen Normenkanon. Wir können Delinquenz und Kriminalität demnach als Rechtsnormenbruch einstufen. In den USA und in Kanada haben sich die Ureinwohner nach ihrer Unterwerfung dem Normensystem der dominanten Gesellschaft zu beugen. Jeder Regelverstoß zieht daher strafrechtliche Konsequenzen nach sich.

Definitorische Schwierigkeiten bereitet hier exzessiver Alkoholkonsum. So wird Trunkenheit nicht in jedem Fall als Normenverletzung gesehen. Auf vielen Reservationen und unter Stadtindianern stilisiert man den Rausch gar zum Modellverhalten einer In-Group. Derjenige, der sich von der Trinkerrunde fernhält oder seinen Drink allein genießt, gerät in den Geruch des Abweichlers. Außenseiter sind auch die, die im Rausch ihre Frauen schlagen, sich zu Pöbeleien hinreißen lassen oder ihre Kinder vernachlässigen (vgl. Heath 1964:127; du Toit 1964; Dozier 1966). Da indianische Trinkgelage auffallen, betrachten Weiße diese oft als Normenübertretung, wobei sie offenkundig eine Doppelmoral an den Tag legen, denn für sich selbst lassen sie andere Kriterien gelten.

Delinquenz, Kriminalität und Trunksucht sind dann als gesellschaftliche Probleme anerkannt, wenn von staatlicher Seite, von Wohlfahrtsverbänden oder engagierten Privatleuten darauf reagiert wird. Dies ist an anderer Stelle auszuführen. Vorab aber wollen wir uns noch mit einigen theoretischen Erwägungen zur Begründung von »abweichendem Verhalten« beschäftigen.

Chancengleichheit ist seit dem »War on Poverty« ein Schlüsselwort in Diskussionen über die soziale Frage. »Chance« meint hier den sozial strukturierten und institutionell legitimierten Zugang zu Zielen und Werten, die die gesellschaftliche Rahmenkultur vorgibt. Einigen Gruppen im Sozialgefüge fällt dieser Zugang kraft ihrer Herkunft, ihrer Bildung, ihrer ökonomischen Potenz, ihrer Entwicklungsmöglichkeiten etc. leichter als anderen, was erklärt, warum in den unteren gesellschaftlichen Schichten kriminelle Neigungen stärker ausgeprägt sind. Als Hauptgrund für »abweichendes Verhalten« bei städtischen Indianern nehmen wir jene gesellschaftliche Benachteiligung an, die die indigene Bevölkerung von der Wahrung ihrer »Chance« abhält.

Zuletzt ist der in ethno-soziologischen Kreisen häufig gebrauchte Akkulturationsbegriff scharf attackiert worden. Insbesondere seine impliziten Elemente landeten auf dem Prüfstand. Viele Anthropologen waren überzeugt,

173

daß tribale Organisationsformen völlig zusammenbrechen würden und sahen die Indianer im amerikanischen Schmelztiegel aufgehen. Ralph Linton (1940) und der Social Science Research Council (SSSR 1954) verkündeten die Unausweichlichkeit jener Vorgabe, denn nach ihrer Auffassung verliefen Akkulturation und Assimilation ausschließlich in Richtung auf die dominante weiße Gesellschaft. Provinse u. a. (1954) jedoch zogen die Berechtigung dieser Annahme in Zweifel. Sie vermuteten, daß zunehmender Integrationsdruck indianische Identität stärke. Reaktive Adaption und wachsende Angleichung führen möglicherweise, so die Autoren, zur Rückbesinnung auf traditionelle Werte.

Nur wenig später konnte Vogt (1957) darauf verweisen, daß die demographischen Ziffern der indigenen Bevölkerung rasch anstiegen, und daß der Akkulturationsprozeß sehr viel schleppender als vorausgesagt verlief. Dozier (1957) schließlich bestätigte zwar den allgemeinen Akkulturationskurs, räumte aber die längerfristige Persistenz indianischer Sozialverbände ein.

Wissenschaftler haben die Meinung vertreten, viele Indianer hätten sich dem Lebensstil und den Wertemustern ländlicher und urbaner Unterschichten angeglichen (Hurt 1962; Johnson 1969; James 1970; Kemnitzer 1970; White 1970; Jorgensen 1972: 78). In einer Reihe anthropologischer Studien wurde diese Sicht insofern modifiziert, als man der (direkten oder indirekten) Anpassung an *verschiedene* sozio-ökonomische Segmente und Schichten mehr Spielraum zugestand (Stern 1966: 222–235; White 1970: 176; Kupferer 1972: 219).

Weiterhin stützt sich die Theoriebildung zu Delinquenz und Kriminalität auf rechtswidriges Verhalten von Angehörigen der gesellschaftlichen Unterschicht und von Banden, die dieser Formation angehören. Price (1974: 36) erwähnt Gangs indianischer Kleinkrimineller (Taschendiebstähle u. ä.) der Städte Nord-Ontarios und des Präriegürtels. Aus Rapid City, South Dakota, beschreibt White

(1970) Jugendcliquen, die sich – in den Worten des Autors – einer »Nervenkitzel-Kultur« hingeben. Donald Clairmont spiegelt das pöbelhafte Verhalten von Banden indianischer »Halbstarker« in subarktischen Kleinstädten gegen Unterschicht-Delinquenzmuster in kanadischen Ballungszentren. Deren nicht utilitaristisch ausgerichtete Aktionen – sie verfolgen allein den Zweck, »gut drauf« zu sein und den rechten »Kick« zu bekommen – rechtfertigen den Vergleich. In Vancouver waren solche Gangs im Stadtmitte/Skid Row-Milieu zu Hause.

Die wachsende Zahl städtischer Indianer schließt sich immer mehr der urbanen Unterschicht-Subkultur an. Ein Grund für diese Entwicklung ist selektive Migration. Vor allem jüngere, gebildetere und stärker akkulturierte Indianer verlassen die heimatlichen Reservationen (Ablon 1964; Roy 1962; Stanbury u. Siegel 1973). Trotzdem liegen Ausbildungsstand und Befähigung jener Migranten meist unter den Mindestanforderungen vieler Jobs. Arbeitslosigkeit ist weit verbreitet. Zudem erschweren anti-indianische Ressentiments von Arbeitgebern die Suche nach einer Beschäftigung.

In ihrer Untersuchung indianischer Trinkgewohnheiten gelangen Jessor u. a. (1968) zu dem Schluß, daß Teile der indigenen Bevölkerung dann zum Rechtsbruch tendieren, wenn ihnen das Erreichen gesellschaftlich gesteckter Ziele verwehrt ist. In Leistungsgesellschaften, wo Werte wie Erfolg und Karriere bereits im Schulunterricht vermittelt und durch die Massenmedien festgeklopft werden, bildet Erfolgsstreben einen zentralen Verhaltensantrieb. Viele Indianer haben wenigstens einige Jahre lang nationale Bildungseinrichtungen durchlaufen. Dies und der Einfluß des Fernsehens, wichtigste Freizeitbeschäftigung von Jugendlichen, führten zu partieller Aufnahme leistungsorientierter Werte und zu deren verhaltensmotivierender Umsetzung.

So sind einerseits Leistungserwartung und Zielwertvorstellungen einprogrammiert, andererseits herrscht gesellschaftliche Benachteiligung. Diese Schere zwischen Erwartungshaltung und realer Chancennutzung fördert Anomie. Das Scheitern von Mitgliedern der eigenen Gruppe, vielfach hautnah erlebt, schmälert die Hoffnung, selbst dem Teufelskreis zu entrinnen. Entsprechende Wahrnehmungen und Orientierungen prägen sich schon in der Sozialisierungsphase ein und generell im Enkulturationsprozeß, Lebensabschnitten also, die individuelle Rollen festschreiben. Angesichts der Situation, wie sie oben angerissen wurde, entwickelt sich rasch Entfremdung, gepaart mit dem Gefühl von Machtlosigkeit, und mit der Überzeugung, daß gesellschaftliche Zielvorgaben nur durch rechtswidriges Verhalten zu erreichen sind, wächst die Bereitschaft zur Normenverletzung (Jessor u. a. 1968: 102). Entfremdung meint hier den bewußt wahrgenommenen Mangel an oder das Scheitern von Eigeninitiative bzw. persönlicher Führung. Es war der Anthropologe Walter Miller (1958), der darauf hinwies, daß im Bewußtsein von Unterschichtangehörigen externe, d. h. nicht selbstverantwortete Auslöser (Schicksal, Glück, Gelegenheit) individuelles Handeln modellieren. White (1970) überprüfte diese These im indianischen Unterschichtmilieu von Rapid City. Seine Ergebnisse deckten sich mit denen Millers. Andere Sozialwissenschaftler konnten belegen, daß Reservationsindianer in höherem Maß auf »äußere Führung« bauen als Weiße aus ländlichen Gebieten. Solche Leitlinien sind in jeder Gesellschaft verwurzelt. Für die indigene Bevölkerung freilich haben sie besondere Bedeutung, denn hier bremste, wie verschiedentlich ausgeführt, staatliche Einmischung im Lauf der Geschichte – und fortgesetzt in der Gegenwart – ökonomische wie soziale Entfaltung. Wenn Indianer, die konventionelle gesellschaftliche Schnittmuster verinnerlicht haben oder geläufigen Wertvorstellungen nachhängen, erkennen müssen, daß ihre Lebensentwürfe scheitern, wird Dissidenz zum Credo. Viele können die Kluft zwischen Anspruch/ Anforderung und Wirklichkeit nicht akzeptieren und reagieren selbstzerstörerisch (Alkoholismus, Selbstmord).

Das Verhältnis von Polizei und indianischer Minderheit in Stadtgebieten ist in letzter Zeit immer gespannter geworden. Teilweise liegt das am gestärkten ethnischen Bewußtsein der indigenen Bevölkerung. Durch den steten Zustrom von Migranten gewinnt die allgemeine Entwicklung noch an Schärfe. Besonders dort, wo sich Protest artikuliert, kann die Auseinandersetzung zwischen Ordnungskräften und Indianern handgreifliche Züge annehmen. Mit dem Entstehen ethnischer Enklaven verlaufen Begegnungen immer öfter in den Bahnen von Mißtrauen, Haß und Gewalt, ähnlich der Situation in den Ghettos von Schwarzen, Puertoricanern und Chicanos.

Indianer betrachten Polizisten nicht selten als Erfüllungsgehilfen des herrschenden Systems, wobei sich gewissermaßen eine Rückkopplungsschleife ergibt, wenn Polizeibeamte, meist Weiße, ihrerseits ethnischen Vorurteilen nachgeben (Bahr 1973:231; CCCA 1967:23). Das Gefühl, diskriminiert zu sein, wird dadurch gesteigert, daß Minderheiten für gewöhnlich in Unterschicht-Nachbarschaften oder in Slums leben, wo polizeiliche Überwachung am stärksten ausfällt. Oft löst allein die Präsenz eines Indianers schärfere Observierung aus. Um derlei Spannungen abzubauen, so eine gängige Meinung, solle man (mehr) Beamte indianischer Abstammung in Dienst stellen (CCCA 1967:39). Wenn allerdings das Pendel gegenseitiger Antipathie so deutliche Ausschläge zeigt, dürften Stammesgenossen diese Polizisten eher beschimpfen als ernst nehmen.

Die mit Abstand meisten Festnahmen städtischer Indianer erfolgen in den Kneipen- und Rotlichtbezirken, also dort, wo sich soziale Probleme verdichten und Normabweichungen »ökologische« Nischen finden. Um Rechtssicherheit herzustellen, verfügen die Ordnungskräfte über einen Katalog einschlägiger Richtlinien, die bestimmte Verhaltensäußerungen als kriminell einstufen und darauf bezogene Handlungsanweisungen vorschreiben. Ein »friedenstiftendes« Konzept aber fehlt oft. Da man von Polizisten erwartet, daß sie die Skid Row »im Griff« haben, wird aggressives Vorgehen gebilligt. Neben schichtspezifischer und rassischer Diskriminierung erklärt dies die manchmal brutalen Übergriffe auf Einwohner und Besucher der Amüsierviertel, Indianer eingeschlossen (Spradley 1970:142; Bahr 1973:233; persönliche Beobachtung).

Betrachtet man die Alkoholproblematik in Nordamerika, so hat sich, vor allem hinsichtlich der Strafverfolgung, in jüngerer Zeit einiges geändert. Als die Auffassung, Alkoholismus sei eine Suchtkrankheit, immer nachdrücklicher verfochten wurde, verhandelte man Rauschdelikte vor Gericht meist dementsprechend: Ein Alkoholiker, der wegen Trunkenheit in der Öffentlichkeit in Ausnüchterungsarrest komme, könne nicht zu einer Haftstrafe verurteilt werden, weil er für die Symptome seiner Krankheit keine Verantwortung trage (vgl. den Easter-Fall, 1966); Strafverfolgung sei grausam und unverhältnismäßig (vgl. den Driver-Fall, 1966). Der Oberste Gerichtshof der USA allerdings vertrat eine abweichende Meinung und schrieb 1968 die Bestrafung von Alkoholikern verfassungsrechtlich fest. Zwar könne man Trunkenheit allein nicht unter Strafe stellen, müsse aber dafür sorgen, daß Alkoholmißbrauch in der Öffentlichkeit unterbleibe. Die Empfehlung, Entzug und Betreuung in Haftanstalten vorzunehmen, entbehrt jeder vernünftigen Grundlage, denn dort gibt es kaum ausgearbeitete Rehabilitationsprogramme, oder deren Durchsetzung ist stark eingeschränkt. Häftlinge machen sich über derlei Projekte lustig und sehen darin einen eher lockeren Zeitvertreib. Unter solchen Voraussetzungen schwindet natürlich die zum Erfolg dringend nötige Motivation. 1970 legte die Canadian Criminology and Corrections Association einen Bericht über den Trinkergewahrsam vor. Im kanadischen Strafgesetzbuch, Paragraph 160, heißt es: Jede Person, »die außerhalb ihrer Wohnung, ob in einer öffentlichen Einrichtung oder nahebei, betrunken auftritt, ist eines Vergehens schuldig und wird nach Überführung abgeurteilt«. Die Paragraphen 94 und 96 des ›Indian Act‹ verbieten Indianern und Eskimo gar den Besitz geistiger Getränke. Weil jene Passagen aber die kanadische Menschenrechtserklärung konterkarieren, ist mit einer Anpassungsnovelle im neuen Minderheitenstatut zu rechnen.

Auch kommunales Recht findet bei Alkoholdelikten Anwendung. Derzeit allerdings arbeiten Reformkommissionen an dessen Abmilderung. Ferner ist vorgesehen, Alkoholkranken Betreuung durch die Gesundheits- und Sozialfürsorge zukommen zu lassen. Erwartet wird schließlich, daß die Zahl schuldig gesprochener Alkoholiker zurückgeht, wenn mehr städtische Polizeidienststellen Betrunkene nach ihrer Ausnüchterung auf freien Fuß setzen.

Indianer sind zu allen Zeiten rechtlich benachteiligt gewesen. In den USA war man anfangs bestrebt, allen Bevölkerungsteilen gleichen Rechtsschutz angedeihen zu lassen, doch mußte dieses löbliche Vorhaben angesichts der Geschworenenpraxis scheitern. So beurteilen Weiße im Geschworenenstand Anklagen gegen Indianer nicht nach denselben Maßstäben, die sie bei Euro-Amerikanern anlegen.

Allgemein bestärken Rechtsverbindlichkeiten als Ausdruck angloamerikanischer Dominanz assimilative Tendenzen. Die untergeordnete sozio-ökonomische Stellung des Indianers beschneidet die Möglichkeiten seiner gesellschaftlichen Einflußnahme, ein Umstand, der vor Gericht nicht berücksichtigt wird. Rassistische Elemente flossen in die Gesetzgebung ein. Bei bestimmten Delikten moduliert die Rassenzugehörigkeit des Delinquenten nicht nur die Jurisdiktion, sondern auch das Strafmaß. Gegenwärtig unterliegen indigene Rechte ständigen Anfechtungen. Die Landrechtsfrage etwa beherrscht die Tagespolitik kanadischer Indianer. Wirtschaftliche Interessen bedrohen »unveräußerliche« Jagd- und Fischereiprivilegien in den USA. Die Stämme lebten und leben mit der Furcht, daß der Staat seine Verantwortlichkeit für die Reservationen aufkündigt. So wird diese Terminationspolitik noch heute von der kanadischen Indianerbehörde verfochten. Im urbanen Umfeld, das uns hier besonders interessiert, sieht sich die indigene Bevölkerung mit einer Fülle straf- und zivilrechtlicher Probleme konfrontiert.

Gleiche Rechtsbehandlung ist sowohl in den USA als auch in Kanada gesetzlich garantiert. Ausschlaggebend war dafür in den Vereinigten Staaten der Fall Gideon gegen Wainwright (1963), aufgrund dessen das Oberste Gericht entschied, einem Angeklagten sei ungeachtet seiner wirtschaftlichen Lage Rechtsbeistand zu gewähren.

Anwälte spielten die entscheidende Rolle bei der Klimaverbesserung zwischen Armen und Sozialämtern. Der Durchbruch war geschafft, als man erreichte, daß Sozialhilfeempfänger nicht länger den Nachweis eines festen Wohnsitzes erbringen müssen. Diese Regelung begünstigte Neuzuwanderer, soweit sie freiwillig (und nicht im Zuge relokativer Maßnahmen) in die Städte kamen.

Ab 1966, nach Verabschiedung des ›Ontario Legal Aid Act‹, wurde Rechtshilfe in Kanada verbindlich. Anders als in den Vereinigten Staaten lag die Entscheidung darüber bei den Provinzen.

Die kanadische Rechtshilferegelung folgte US-Präzedenzen, namentlich dem erwähnten Casus Gideon gegen Wainwright. Sie sieht vor, daß Beistand bereits vor der ersten Instanz geleistet werden muß. Pflichtverteidiger machen jeden Morgen vor Prozeßbeginn die Runde. Für eine effektive Beratung aber reicht die Zeit nur selten. Sind weitere Konsultationen nötig, wendet man sich meist an eine Kanzlei. Ureinwohner suchen, wenn es sich fügt, Rat bei indianischen Rechtshelfern (Native Courtworkers). Rechtshilfe erstreckt sich auf alle Kriminalfälle und wird auch in Berufungen fortgesetzt. Ausnahmen bilden einige zivilrechtliche Verfahren.

Anwälte fungieren bei Jugendlichen, die ein Schuldbekenntnis abgelegt haben, als persönliche Berater. Ein stän-

dig wiederkehrendes Problem ist die mangelnde Bereitschaft von Rechtsbeiständen, sich in den sozialen Hintergrund der Angeklagten zu vertiefen und effiziente Vertei-
digungsstrategien auszuarbeiten.

Erster Schritt auf dem Weg zu mehr Rechtshilfe war die
Gründung sog. »Freundschaftskreise« (Indian Centres) in
US-amerikanischen und kanadischen Großstädten. Diese
Organisationen, gewöhnlich von Indianern geleitet und
unterstützt von verschiedenen staatlichen Stellen, Kirchen
und Privatleuten, wollen den Schwierigkeiten, in die Ureinwohner geraten können, wenn sie ihre Reservation verlassen, begegnen. In einigen Fällen führten konkrete Hilfs-
ersuchen zur Entstehung solcher Zentralen (z. B. bei der
Indian and Non-Indian Goodwill Asscociation in Frede-
ricton, New Brunswick), zumeist aber konnten entsprechende Programme erst nach dem Aufbau einer Anlauf-
stelle in die Tat umgesetzt werden (etwa die Initiative des
indianischen Rechtsanwalts Lowell Halverson in Seattle).

In den letzten Jahren sind die Arbeitsanforderungen der
mit den Freundschaftskreisen verbundenen Anwälte
enorm gewachsen. Daraus entstand das Dilemma, entweder jeden Klienten zu betreuen, worunter zwangsläufig die
Qualität der Beratung leidet, oder Hilfe punktuell, unter
Ausschöpfung aller Mittel, anzubieten. Da die letztge-
nannte Möglichkeit dem Prinzip der »Rechtsgleichheit«
zuwiderläuft, entschloß man sich zu ersterem.

Ein anderes Beispiel, das verdeutlicht, wie schwer es
fällt, die Maxime »gleiches Recht für alle« einzulösen, betrifft die Stellung von Kautionen. Indianern fehlen hierfür
oft die Mittel, und so müssen sie bis zu ihrem Prozeß hinter Gittern ausharren. Vielfach erhalten diese Straffälligen
erst nach der ersten Instanz Rechtsbeistand. Weiße Ange-
klagte, die eher Kautionen aufbringen können, erhalten
dank des Haftaufschubs Gelegenheit, ihr Verfahren mit einem Anwalt vorzubereiten. Gerechtigkeit, so die Folge-
rung, ist käuflich! Kritik an der gängigen Rechtshilfepraxis
zielt im übrigen auf mangelnde Qualifikation der Berater

(oft Jura-Studenten oder Doktoranden, die Erfahrungen sammeln wollen) und Strafverteidiger.

Nicht nur in Zusammenhang mit verbrecherischer Rechtsbeugung sind juristische Verwicklungen gegeben, sondern auch, um nur zwei Punkte herauszugreifen, bei Bedürftigkeit und im Wege des Verbraucherschutzes. Viele Ureinwohner schrecken (wie andere Bevölkerungsgruppen auch) davor zurück, Sozialhilfe in Anspruch zu nehmen. In den Städten sind die meisten Indianer Nutznießer eines reziproken Austausch- und Unterstützungssystems, das ihnen für eine Weile relative Unabhängigkeit garantiert, wenn das Geld ausgegangen ist. Sollten sie aber doch gezwungen sein, beim Sozialamt vorzusprechen, schlägt ihnen dort Feindseligkeit entgegen. Vorurteile, die Unzahl nicht abgeschlossener oder unklarer Akten und Arbeitsüberlastung sorgen für Sprengstoff. Ebenso werden Sozialarbeiter nicht von allen indianischen Klienten geschätzt. Man empfindet die andauernde Befragung als lästige und impertinente Verletzung der Privatsphäre. Nach dem Dafürhalten vieler Betroffener stellt Sozialhilfe Almosenempfang dar. Ohne Einsicht, daß ihnen entsprechende Leistungen von Rechts wegen zustehen, fühlen sie sich unbehaglich und entwickeln Willfährigkeit. Diese Menschen spüren, daß ihnen die Zügel aus der Hand gleiten. Sie haben Angst, den Gang der Dinge nicht beeinflussen zu können und scheuen sich, ihre Rechte auszuschöpfen. Die Möglichkeit, Beschwerde zu führen und Eingaben zu machen, ist gänzlich unbekannt. Angesichts von Konflikten treten viele den Rückzug an.

Kreditkauf leistet der Illusion Vorschub, ein überquellendes Warenangebot erlaube selbst Niedrigverdienern bequemen Zugriff. Aus dieser Täuschung jedoch resultiert nur ein weiteres rechtliches Problem. Wenn ein Kreditvertrag unterzeichnet wurde, weist der Verkäufer die Rechnung in der Regel seiner Bank an. Sollte das erstandene Objekt (häufig Möbel oder Haushaltsgerät) kurz nach Lieferung entzweigehen oder es an Geld für eine fällige

Rate fehlen, verweigert der Händler die Haftung, und die Bank belangt den Kreditnehmer. Doch noch ehe es zur Klage vor Gericht kommt, üben einige Geschäftsleute Druck auf den Kunden aus in der Absicht, sein Einverständnis mit den Kaufbedingungen zu erzwingen. Manchmal können sogar Händler ihren Verpflichtungen nicht nachkommen. Nicht wenige erliegen der Versuchung, ihre unwissende, machtlose Kundschaft zu übertölpeln. Rechtsstreitigkeiten zwischen Käufern und Verkäufern sind dann die Regel; Indianer ziehen dabei unweigerlich den kürzeren (Gabouri 1971).

Anhand der Verhältnisse in British Columbia wollen wir die Rechtshilfepraxis konkretisieren. 1967 startete die John Howard Society auf Vancouver Island unter indianischen Insassen der Strafvollzugsanstalten eine situationsbezogene Umfrage. Aufgrund der Ergebnisse wurde 1969 ein Beratungs- und Rechtshilfeprogramm aufgelegt. Die John Howard Society, das Department of Indian Affairs and Northern Development, der First Citizen Fund of British Columbia und Privatpersonen trugen das Projekt (Bennett 1973). Hinweise auf Fälle kamen von Polizei und Justiz. Vor dem ersten Gerichtstermin arrangierte man Anhörungsgespräche und vermittelte die Klienten dann an Anlaufstellen, darunter die Rechtshilfe. Nach anfänglicher Experimentierphase, und nachdem die Beteiligten miteinander bekannt geworden waren, stieg die Zahl der Hilfsgesuche. Zuguterletzt mußte man zwei weitere Berater verpflichten. Diese Offiziellen, selbst Indianer, leisteten nicht unmittelbar juristischen Beistand, erklärten den Angeklagten aber ihre Rechte sowie das gerichtliche Procedere und verwiesen die Fälle an Anwälte.

1973 wurde die Native Courtworker and Counseling Association of British Columbia in Vancouver aus der Taufe gehoben. Zentral im Amüsierviertel gelegen, erfreute sich ihre Niederlassung bald regen Zuspruchs. Auf der anderen Straßenseite befindet sich der städtische Gerichtshof. Die Ziele der Organisation sind wie folgt umrissen:

- Beratungsangebot an Indianer, die mit dem Gesetz in Konflikt gerieten;
- Rechtsmittelbelehrung;
- Aufbau eines Netzes von Informations- und Beratungszentren in ganz British Columbia.

Die Vereinigung hatte im Untersuchungszeitraum 12 Mitglieder, die von Indianervertretungen bestellt worden waren. Hierbei wurde auf Parität von Stammesrepräsentanten und solchen der Ureinwohner ohne offiziellen Status geachtet. Neben ihren oben skizzierten Aufgaben kümmern sich die Berater auch um die Familien der Angeklagten. Sie sind bei allen Verhandlungen anwesend und gewährleisten, daß ihre Schutzbefohlenen jeden Verfahrensschritt nachvollziehen können. Oft geben sie den Richtern Ratschläge und bieten ad hoc Rechtshilfe an. Außerdem betreut die Organisation Indianer in Haftanstalten oder auf Bewährung. Sie stellt Kontakte mit Anwälten her, sammelt und verbreitet Informationen hauptsächlich zu juristischen Fragen. Ganz besonders liegt der Vereinigung ein Erziehungsprogramm am Herzen, das über Alkoholkonsum informieren will. 1974 existierten 12 Zentralen in British Columbia: Nanaimo, Alert Bay, Terrace, Burns Lake, Victoria, Prince George, Dawson Creek, Williams Lake, Okanagon, Cranbrook, Chilliwack und Vancouver. Darüber hinaus arbeiten Freiwillige auch andernorts in der Provinz. Festangestellte und Helfer verfügen über individuell verschiedene Erfahrungs- und Ausbildungshorizonte. Einige sind Absolventen rechtswissenschaftlicher Fakultäten oder anerkannte Sozialarbeiter, andere kennen die Materie aus dem praktischen Umgang. Vor ihrer Beschäftigung erhielten sie ein Kurztraining an der University of British Columbia. Alkoholberater müssen Kurse über Drogenmißbrauch an der University of Utah in Salt Lake City belegen.

Bei Rechtshilfeprogrammen wie diesem steckt der Teufel oft im Detail. Einige Schwierigkeiten haben wir oben bereits angesprochen. Hinzu kommen Mißhelligkeiten im Stab, namentlich Reibereien zwischen Stammesvertretern und den Repräsentanten der Ureinwohner ohne offiziellen Status. Chronische Geldnot zwingt zur Improvisation. Organisatorische Schwächen sorgen für weitere Irritationen. Indianische Klienten reagieren darauf sehr sensibel, und einige äußern ungeschminkt, manche Helfer und Berater dächten in erster Linie an ihr berufliches Fortkommen. Ränke und Machtkämpfe zehren an der Energie, die besser in die Arbeit investiert würde. Trotzdem ist zu konstatieren, daß das Projekt der indigenen Bevölkerung Vancouvers zu mehr Rechtsgleichheit verholfen hat.

Gerechtigkeit ist ein höchst ambivalenter Begriff. Vor allem in multikulturellen Gemeinwesen trifft man auf Konfliktpotentiale, die Einzelpersonen ermuntern, die Jurisdiktion des gesellschaftlichen Gesamtorganismus als nicht verbindlich abzulehnen. Noch komplizierter wird es, wenn der sozietäre Aufbau in der Dominanz einer Gruppe über Mitbürger gründet. In Nordamerika hat man Sondergesetze geschaffen, die den Indianern ihren gesellschaftlichen Platz zuweisen und die Interaktion zwischen ihnen und der Bevölkerungsmehrheit reglementieren. Wir haben einige der daraus resultierenden Probleme schon kurz beleuchtet. In Gesetzestexten durchscheinender Ethnozentrismus ergänzt das Spektrum. Wenn man konformes und »moralisches« Verhalten (beides wird fälschlicherweise oft gleichgesetzt) sanktioniert, kann dies in Gesellschaftsgefügen mit lebhafter ethnischer Tektonik unliebsame Begleiterscheinungen hervorrufen und die Rechtsprechung erschweren.

Alkoholvergehen, wir wiesen wiederholt darauf hin, stehen an der Spitze der Deliktskala. Verfahren und Aburteilung beschränken sich hier gewöhnlich auf die Routine des Ausnüchterungsarrests. Andere Fälle jedoch erfordern ein einfühlsameres Procedere. Vielen Richtern allerdings mangelt es an Einblick in jene Wirkprinzipien, die individuelles Verhalten steuern. Honigman (1966) schlägt daher bei Bedarf die Hinzuziehung von Sachverständigen vor. Der Einsatz indianischer Anwälte stellt einen Schritt in diese Richtung dar. Generell aber gilt es, durch stärkere Einbindung der Sozialwissenschaften die Ausbildung von Richtern dahingehend zu verbessern, daß Rechtsgleichheit für alle gewährleistet ist.

Mit der nach wie vor verbreiteten Diskriminierung von Indianern fällt ein weiterer Schatten auf die Gerichte. Im Lauf der Zeit haben sich mancherorts regelrechte Reiz-Reaktionsketten gebildet. Landstädte quer durch den ganzen Kontinent sind Keimzellen, in denen Vorurteile und Diskriminierung stetig weiterwachsen. Aber auch in Großstädten, wo verschiedene ethnische Gruppen Seite an Seite leben, ist Diskriminierung in den Gerichtssälen an der Tagesordnung (eigene Beobachtung in Vancouver).

Im Februar 1975 wurde in Winnipeg eine Konferenz zum Thema Indianer und Justiz abgehalten. Mehrere Komitees mahnten dort Modizifierungen des Vollzugssystems an. Um bei den Betroffenen mehr Einsicht in die Strafpraxis zu erreichen, empfahl man die Wiedereinführung restitutiver Regelungen. Richter Ian Dubiensky aus Winnipeg hatte diese Methode einige Zeit mit Erfolg angewandt. Eine Strafe, die auf Wiedergutmachung ziele, sei, so die Meinung der Diskutanden, für Indianer akzeptabler und verständlicher als der übliche Vollzug.

In Gefängnissen sind Indianer überrepräsentiert, wenn man reale Bevölkerungsziffern dagegensetzt. Tabelle 6 zeigt, daß die Quoten örtlich 95 Prozent erreichen. Manche Distrikt- und Kreisgefängnisse sind voll von Indianern, während in Gegenden, wo mehr und mehr Weiße leben, die Zahlen zwar zurückgehen, aber immer noch über dem Durchschnitt liegen. Man schätzt, daß Ureinwohner ein Drittel aller Gefängnisinsassen in Kanada stellen. Ihr Anteil an der Gesamtbevölkerung aber beträgt nur 2 Prozent.

In Gefängnissen begegnet man drei Gruppen von Gefangenen: Einmal sind es diejenigen, die sich in Untersuchungshaft befinden. Fällt die Warteliste nicht zu lang aus, werden Vorladungen in der Regel zügig ausgesprochen. Kautionen setzt für gewöhnlich der Richter fest. Die damit verbundenen Probleme habe ich bereits erwähnt. Dank der Rechtshilfe gelang es, sie teilweise auszuschalten. Schwerer wiegt indessen, daß Arme unter Umständen ihre Beschäftigung verlieren, wenn sie während der Untersuchungshaft der Arbeit fernbleiben müssen.

Tabelle 6: Indianische Häftlinge in kanadischen Gefängnissen (CCCA 1967: 44–45)

New Carlisle Jail, Quebec, 1966	12 %
Roberval County Jail, Quebec, 1965	29 %
Kenora District Jail, Ontario, 1966 (Frauen)	95 %
Algoma District Jail, Ontario, 1966	24 %
Burtch Industrial Farm, Ontario, 1966	16 %
Kenora District Jail, Ontario, 1966 (Männer)	71 %
Provincial Goal, Kamloops, B.C., 1966	41 %

In der zweiten Gruppe sind all jene zusammengefaßt, die nach der Verurteilung auf ihren Transport in ein Zuchthaus warten. Man hat vorgeschlagen, die Schwerverbrecher von einfachen Missetätern abzusondern, um Kontakte untereinander auszuschließen (Cressey 1964). Wie sich nämlich herausstellte, wurden durch Beeinflussung nicht wenige Kleinkriminelle in die Planung und Durchführung schwerster Straftaten verstrickt. Unter solchen Umständen können also selbst »Besserungsanstalten« kriminogene Bedeutung erlangen.

Der dritten und umfangreichsten Gruppe gehören Rechtsbrecher an, die Haftstrafen unter zwei Jahren verbüßen. Es handelt sich dabei zumeist um Verkehrssünder oder Trunksüchtige. Hier sind Indianer besonders stark vertreten. Aus Gründen, die zuvor dargelegt wurden, würde sich auch bei dieser Tätergruppe die Trennung von notorisch Straffälligen empfehlen.

Gefängnisse stellen die wohl problematischsten Institutionen im Strafvollzug dar, sind sie doch häufig überfüllt und heterogen belegt. Hinzu kommt eine erhebliche Fluktuation, da ihre Insassen ein Strafmaß gewärtigen, das zwischen ein paar Tagen und zwei Jahren schwankt. Kontinuierliche Betreuung einzelner Täter ist unter diesen Umständen nicht gewährleistet, und es fehlen deshalb Resozialisierungsprogramme. Um hier Abhilfe zu schaffen, wurden jüngst separate Arrestblöcke für Jugendliche, Alkoholiker, Drogenabhängige etc. in Betrieb genommen, die über spezielle, auf gezielte Betreuung abgestellte Einrichtungen verfügen.

Die größte Schwierigkeit, die Indianer mit regulierter Haftverschonung haben, beruht auf mangelnder Einsicht in die Intentionen von Freigang und Bewährung. Gemeinhin verbinden Rehabilitanden damit die Möglichkeit, »sich Unannehmlichkeiten vom Hals zu schaffen«. Leider geht ihre Rechnung nicht auf, denn, wie die Erfahrung lehrt, werden viele noch vor Ablauf ihrer Bewährungsfrist wieder in ein Gefängnis eingeliefert.

Seit langem diskutiert man in Fachkreisen über Sinn und Zweck von Bewährungsstrafen. Ihr Erfolg wurde hauptsächlich an Rückfallquoten in der Rehabilitationsphase und danach gemessen. Untersuchungen zur Rückfallhäufigkeit lieferten wichtige Erkenntnisse, die in Betracht zu ziehen sind, wenn neue Vorschläge zur Bewährungspraxis auf den Tisch kommen. Dressler (1971:266–276) konnte nachweisen, daß Resozialisierungserwartungen bei Jugendlichen negativer ausfallen als bei Erwachsenen. Ferner hat sich gezeigt, daß Bewährungshelfer und Probanden mit ähnlichen Persönlichkeitsbildern (aufbrausend, introvertiert usw.) besser miteinander auskommen als gegensätzliche Charaktere. Auf den jeweiligen Fall bezogenes Vorgehen und der Einsatz einfühlsamer Bewährungshelfer konnten bei Drogenabhängigen, Alkoholikern, Debilen, Gewalt- und Sittlichkeitsverbrechern die Rückfallquote senken. Erfolgversprechend erscheint vor diesem Hintergrund die stärkere Einbindung indigener Bezugspersonen. Doch sind hier die Aussichten trübe. Deutlich wurde das bei einem mit äußerst fadenscheinigen Argumenten (man fürchtete ethnische und regionale Überhänge) zurückgewiesenen Gesetzentwurf, der dafür plädierte, den neunköpfigen kanadischen Bewährungsausschuß um einige indianische Teilzeitmitglieder aufzustokken.

Für Indianer eignen sich zur Bewährung ausgesetzte Strafen nur bedingt, denn die üblichen Auflagen (fester Wohnsitz, geregelte Arbeit, ständige Nähe zum Bewährungshelfer) sind nur selten zu erfüllen. Derlei Anforderungen wurden auf Durchschnittsbürger abgestimmt, bei der mobilen indigenen Bevölkerung aber sind sie verfehlt. Indianer, deren Festnahme in einer Stadt erfolgte, wollen oft nach ihrer Entlassung aus dem Gewahrsam auf die heimatliche Reservation zurückkehren, doch läßt das derzeitige Reglement dies kaum zu.

Wenn Entscheidungen darüber zu treffen sind, welcher Häftling Bewährung erhalten soll, richtet man sich oft nach einem Tableau, das die Kandidaten hinsichtlich ihrer Rückfallerwartung einstuft. So kompetente Fachleute wie E. W. Burgess, L. D. Ohlin, Walter Reckless und das Ehepaar Glueck unterstützen dieses Verfahren. Eine prognostische Größe solcher Tableaus ist der Familienstand der Kandidaten. Man hat nachweisen können, daß verheiratete Straftäter seltener als Ledige erneut straucheln (Dressler 1971: 153). Anthropologen kamen zu ähnlichen Ergebnissen. Ehepartnerinnen, so die Essenz ihrer Untersuchungen, stabilisieren das seelische Gleichgewicht vor allem in schwierigen Lebensabschnitten, z. B. beim Umzug in ein urbanes Umfeld. Auch wenn aus der Vita des Probanden kontinuierliche Beschäftigung hervorgeht, erhöht dies die Rehabilitationschance (und die Länge seiner Verweildauer in der Stadt).

Die Art des Vergehens moduliert ebenfalls Bewährungsaussichten. Schwindler und Betrüger etwa sind schwer resozialisierbar, denn für sie hat sich das Verbrechen als zu einträglich erwiesen. Indianer jedoch findet man unter ihnen kaum. Eine weitere Rubrik umfaßt Eigentumsdelikte. Auch dort begegnen uns notorische Straftäter, die Raub oder Diebstahl quasi geschäftlich betreiben. Die Mehrheit allerdings, und dazu zählen viele Indianer, bringt fremdes Eigentum an sich, um das nackte Überleben zu sichern. Alkoholiker und Problemtrinker erfüllen noch am ehesten Rehabilitationserwartungen.

Probanden, deren Reintegration von der Deckung materieller Bedürfnisse begleitet ist, sind sozial und psychisch besser gewappnet als Personen, die solche Absicherungen entbehren müssen (Dressler 1971: 218). Wieder stützt dieser Befund unsere Hypothese, daß Delinquenz und Kriminalität bei Indianern in hohem Maß von zerrütteten materiellen, sozialen und mentalen Strukturen abhängen.

Drei Ansätze sind bei der Bewährungshilfe zu beachten: die traditionelle Einzelfallbetreuung, Gruppentherapie und kommunale Federung. Jede dieser Vorgehensweisen kann individuell zugeschnitten und bestimmten Situationen angepaßt werden. Während die erstgenannten Ansätze einen eher therapeutischen Zweck verfolgen, lebt der dritte von sozialer Interaktion auf Gemeindeebene und vom Angebot diverser Leistungen wie Wohlfahrt, Wohnungsbau, Beschäftigung, medizinischer Versorgung, Erziehung etc. Zusammengenommen sollen die Dienste das Rückfallrisiko von Straftätern auf Bewährung verringern. Unglücklicherweise aber sind Hilfeleistungen regional recht unterschiedlich ausgeprägt. Insgesamt betrachtet ist die Zielvorgabe, Indianern mehr Gerechtigkeit zu vermitteln, unter den waltenden Umständen kaum realistisch. Es überrascht daher nicht, daß die Rückfallquote indianischer Rechtsbrecher im Schnitt höher ausfällt als die anderer Bevölkerungsgruppen in den USA (Dressler 1971: 154).

Den gleitenden Übergang vom Gewahrsam zur Freilassung sollen sog. »Halfway Houses« gewährleisten. Man hofft, daß sich dort jene psychische und soziale Stabilität einstellt, die Sträflinge brauchen, um in Freiheit bestehen zu können. Vorgesehen sind diese Einrichtungen für Delinquenten, die die letzten Monate ihrer Haft verbüßen, und für Freigänger. Die Insassen haben die Möglichkeit, sich »draußen« nach einer Beschäftigung umzusehen. Einige Anstalten bieten diverse Rehabilitationsprogramme an: Treffen anonymer Alkoholiker, Gruppentherapie, psychotherapeutische Sitzungen, Berufsberatung, Fortbildung usw. Hauptsächlich wegen der Erfolge, die »Halfway Houses« in den letzten zehn Jahren vorweisen konnten, bekunden Kommunen zunehmend Interesse an flankierenden Projekten zur Haftentlassung.

Etliche »Halfway Houses« haben sich auf bestimmte Fälle spezialisiert. Daytop Lodge (New York) und Synanon (Santa Monica) etwa nehmen ausschließlich zur Bewährung vorgeschlagene Drogenabhängige an und das auch nur auf freiwilliger Basis. Überall in Kanada und den USA existieren Sondereinrichtungen für Alkoholiker. Leider müssen solche Institutionen häufig – aus verschiedensten Gründen – nach ein paar Jahren den Betrieb einstellen. Ein Wiedereingliederungskonzept von staatlicher Seite läßt bis dato auf sich warten.

Als interessanteste Entwicklung der letzten Jahre hat ein 1969 eröffnetes »Halfway House« für Indianer in Vancouver zu gelten. Die Idee stammt vom National Brotherhood Club im staatlichen Zuchthaus von British Columbia. Obwohl die Einrichtung nur über ein schmales Budget verfügt und finanzielle Sorgen drücken, wurden 1973 im Haus 3400 Manntage abgeleistet. Der geschäftsführende Direktor, selbst Indianer, besucht Versammlungen von Native Clubs der Strafvollzugsanstalten in und um Vancouver, um den Insassen die Bewährungsmodalitäten seiner Institution zu erläutern. An einigen vorbereitenden Sitzungen zur Haftentlassung durfte der Autor teilnehmen. Zur Sprache kamen u. a. Beschäftigungs- und Wohnungsangebote sowie Sozialleistungen. Da mehrere Vertreter von Indianerorganisationen, Sozialämtern und Reha-Verbänden anwesend waren, fiel es den Betroffenen leicht, erste Kontakte (die später vertieft werden sollten) zu Offiziellen herzustellen.

Im Haus finden Sitzungen anonymer Alkoholiker statt, die bisher recht erfolgreich verliefen. Die meisten Probanden arbeiten oder feilen an beruflichem Fortkommen und Weiterbildung. Auch andernorts in Kanada gibt es »Halfway Houses« für Indianer mit Alkoholproblemen. Das Indian Centre von San Diego schließlich bietet indianischen Ex-Häftlingen Resozialisierungsprogramme an, dessen Beratungsschwerpunkte im Beschäftigungs- und Bildungsbereich angesiedelt sind.

Dieser Beitrag ist das Ergebnis einer ersten Erkundung der Problematik von normabweichendem Verhalten von Indianern in nordamerikanischen Großstädten. Weitere Forschungen sind notwendig zur Klärung der vielen Fragen, die hier angesprochen wurden.

Literatur

Ablon, Joan: Relocated American Indians in the San Francisco Bay Area. In: Human Organization 23 (1964), S. 296–304.
Bennett, M. C.: The Indian Counsellor Project. In: Canadian Journal of Criminology and Corrections 15 (1973), S. 1–6.
Bienvenue, R. u. A. Latif: Arrests, Disposition and Recidivism. A Comparison of Indians and Whites. In: Canadian Journal of Criminology and Corrections 16 (1974), S. 105–116.
Canadian Corrections Association (CCA): Indians and the Law. Ottawa 1967.
Canadian Criminology and Corrections Association (CCCA): Drain the Drunk Tank. Ottawa 1970.
Clairmont, Donald: Notes on the Drinking Behavior of the Eskimos and Indians in the Aklavik Area. Ottawa 1962.
Dozier, E. P.: Problem Drinking Among American Indians. In: Quarterly Journal of Studies on Alcohol 27 (1966), S. 72–87.
Dozier, E. P., G. Simpson u. J. M. Yinger: The Integration of Americans of Indian Descent. In: Annals of the American Academy of Political and Social Sciences 1957.
Dressler, David: Practice and Theory of Probation and Parole. New York 1971.

Gabouri, F. W.: Justice and the Urban American Indian. In: Journal of the State Bar of California 46 (1971), S. 36–49.

Graves, Theodore D.: Drinking and Drunkenness Among Urban Indians. In: The American Indian in Urban Society. Hrsg. J. Waddell u. O. Watson, Boston 1971, S. 274–311.

Hayner, Norman S.: Variability in Criminal Behaviour of American Indians. In: American Journal of Sociology 47 (1942), S. 602 bis 613.

Heath, Dwight B.: Prohibition and Post-Repeal Drinking Patterns Among the Navaho. In: Quarterly Journal of Studies on Alcohol 25 (1964), S. 119–135.

Hentig, Hans von: The Deliquency of the American Indian. In: Journal of Criminal Law 36 (1945), S. 75–84.

Honigman, John J.: Culture and the Courts. 1966 (Typoskript).

Hurt, Wesley: The Urbanization of the Yankton Indians. In: Human Organization 20 (1962), S. 226–231.

James, B. J.: Continuity and Emergence in Indian Poverty Culture. In: Current Anthropology 11 (1970), S. 435–452.

Jessor, R., Th. D. Graves, R. Hanson u. S. Jessor: Society, Personality and Deviant Behaviour. New York 1968.

Johnson, H. W.: Rural Indians in Poverty. Washington 1969.

Jorgensen, Joseph: Indians and the Metropolis. In: The American Indian in Urban Society. Hrsg. J. Waddell u. O. Watson, Boston 1971, S. 66–113.

Kemnitzer, L. S.: Familial and Extra-Familial Socialization in Urban Dakota Adolescents. In: The Modern Sioux. Hrsg. E. Nurge, Lincoln 1970, S. 246–267.

Kupferer, H.: Health Practices and Educational Aspirations as Indicators of Acculturation and Social Class. In: Native Americans Today. Hrsg. H. Bahr, B. Chadwick u. R. Day, S. 291–303.

Linton, Ralph (Hrsg.): Acculturation in Seven American Indian Tribes. New York 1940.

McGrath, W. T. (Hrsg.): Crime and its Treatment in Canada. Toronto 1965.

Malan, V.: The Dakota Indian Family. Brookings 1958.

Merton, Robert K.: Social Theory and Social Structure. Glencoe 1957.

Miller, F. u. D. Caulkins: Chippewa Adolescents. In: Human Organization 23 (1964), S. 150–159.

Miller, Walter B.: Lower Class Culture as a Generating Milieu of Gang Delinquency. In: Journal of Social Issues 14 (1958), S. 5–19.

Price, J.: The Urban Integration of Canadian Native People. In: Western Canadian Journal of Anthropology 4 (1974), S. 29–47.

Provinse, John u. a.: The American Indian in Transition. In: American Anthropologist 56 (1954), S. 387–394.

Reasons, Charles: Crime and the American Indian. In: Native Americans Today. Hrsg. H. Bahr, B. Chadwick u. R. Day, New York 1972, S. 319–326.

Riffenburgh, A. S.: Cultural Influences and Crime Among Indian Americans. In: Federal Probation 28 (1964), S. 38–46.

Roy, P.: The Measurement of Assimilation. The Spokane Indians. In: American Journal of Sociology 67 (1962), S. 541–551.

Spradley, James P.: You Owe Yourself a Drunk. Boston 1970.

Social Science Research Council (SSRC): Acculturation. An Exploratory Formulation. In: American Anthropologist 56 (1954), S. 973–1002.

Stanbury, W. T. u. Jay Siegel: Some Demographic Characteristics of British Columbia Indians Living off Reserves. Vancouver 1973.

Stewart, Omer C.: Questions Regarding American Indian Criminality. In: Human Organization 23 (1964), S. 61–66.

Toit, Brian M. du: Substitution. A Process in Culture Change. In: Human Organization 23 (1964), S. 16–23.

United Community Services (UCS): Downtown Community Health Society. A Final Evaluation of Service Reports. Vancouver 1973.

Voget, Fred W.: Crow Socio-Political Groups. In: Acculturation in the Americas. Hrsg. S. Tax, Chicago 1952, S. 88–93.

Vogt, E. Z.: The Acculturation of American Indians. In: American Academy of Political and Social Sciences 311 (1957), S. 137–146.

White, R. A.: The Lower Class Culture of Excitement Among the Contemporary Sioux. In: The Modern Sioux. Hrsg. E. Nurge, Lincoln 1970, S. 175–197.

Peter Bolz

Der Sonnentanz der Lakota

Problemstellung

Die Lakota oder westlichen Sioux, ehemals nomadische Bisonjäger der nördlichen Great Plains Nordamerikas, leben heute in verschiedenen Reservationen in den Staaten North und South Dakota. Mit einer Bevölkerungszahl von nahezu 20000 sind die Oglala der Pine Ridge Reservation in South Dakota die größte der sieben Lakota-Untergruppen. Der Sonnentanz war und ist auch heute noch die bedeutendste religiöse Zeremonie dieser Indianer. Im wesentlichen handelt es sich dabei um ein persönliches körperliches Opfer, das dargebracht wird, um Wakan Tanka, die allumfassende Macht des Universums, gnädig zu stimmen und damit den Fortbestand des Volkes zu gewährleisten. Die jüngste Geschichte des Sonnentanzes und seine Entwicklung zum revitalisierten Identitätssymbol bildete einen Teil meiner Untersuchungen zum Thema »ethnische Identität und kultureller Widerstand«, die ich 1980 auf der Pine Ridge Reservation begann (siehe Bolz 1986).

Zu den Vorbereitungen meiner ersten Feldforschung gehörte selbstverständlich auch das Studium der Literatur über den Sonnentanz, der ich entnahm, daß diese Zeremonie einmal jährlich im Hochsommer vom gesamten »Stamm« gemeinsam begangen werde. Dies entspricht dem »traditionellen« Ideal der Oglala und ist in fast jeder Publikation über ihre Religion nachzulesen, und zwar nicht nur in Publikationen von weißen Ethnologen, sondern auch solchen der Indianer selbst. Jüngstes Beispiel

Leicht gekürzte Fassung des gleichnamigen Aufsatzes aus: Mitteilungen der Berliner Gesellschaft für Anthropologie, Ethnologie und Urgeschichte 12 (1991), S. 55–67.

195

dafür ist das Buch von Ed McGaa (Eagle Man), ein Oglala-Rechtsanwalt, der über den Sonnentanz schreibt: »The Sun Dance ist the annual coming together of the tribe to thank the Great Spirit for all that the Creator has given to the people. Where the Vision Quest is an individual ceremony for inner peace and strength, the Sun Dance exists for tribal unity, peace, and strength through the honor and thanksgiving offered to Wakan Tanka« (McGaa 1990: 8).

Wie andere Autoren auch vermittelt McGaa den Eindruck, als gäbe es auf der Reservation nur einen einzigen Sonnentanz, der im Zeichen der tribalen Einheit steht und bei dem von allen Oglala gemeinsam ein Opfer für Wakan Tanka dargebracht wird. Um so überraschter war ich, als ich im Sommer 1980 sogleich mit mehreren Sonnentänzen konfrontiert wurde, die zu unterschiedlichen Zeiten an verschiedenen Orten auf der Reservation stattfanden und auch in der Zeitdauer, der Zahl der Teilnehmer und der Art der Durchführung deutlich voneinander abwichen.

Im Jahre 1980 stellte sich die Situation des Sonnentanzes der Oglala so dar, daß es auf Pine Ridge einen großen, offiziellen »Tribal Sun Dance« und mehrere kleinere »inoffizielle« Sonnentänze gab. Letztere hatten einen überwiegend privaten Charakter und wurden von einzelnen Großfamilien durchgeführt. Sie wichen nicht nur formal, sondern auch in ihrem religiösen Anspruch deutlich vom »Tribal Sun Dance« ab, so daß ich damals von »Sonnentanz-Sekten« sprach, die dabei seien, sich immer weiter auseinanderzuentwickeln (Bolz 1986: 225).

Um festzustellen, ob sich dieser Trend bestätigen ließ, konnte ich im Sommer 1990 eine von der Deutschen Forschungsgemeinschaft geförderte Feldforschung auf der Pine Ridge Reservation durchführen, die ich auch auf die benachbarte Rosebud Reservation ausdehnte, da es zwischen diesen beiden Reservationen sehr enge Kulturbeziehungen gibt.

Die für mich überraschende und zugleich wichtigste Erkenntnis war, daß es heute keinen »Tribal Sun Dance«

196

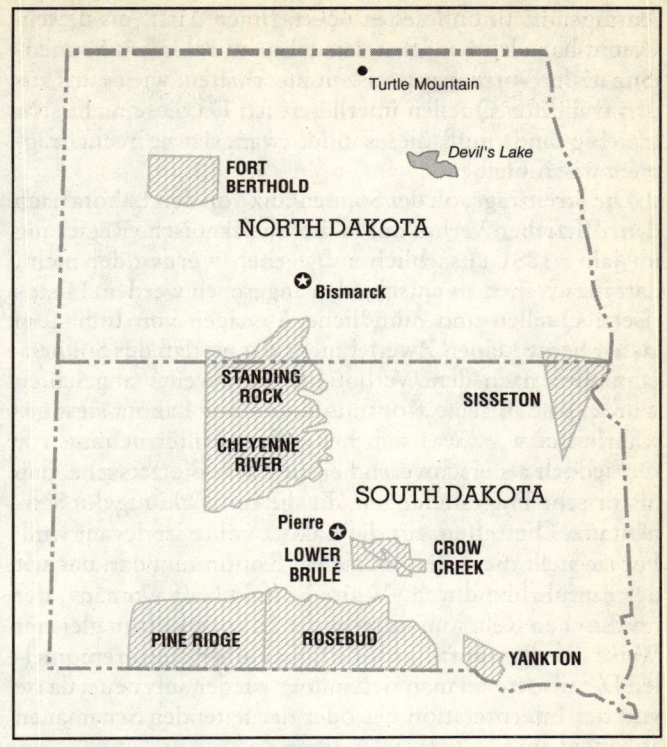

Sioux-Reservationen in North und South Dakota

mehr gibt, d. h. keinen zentralen oder offiziellen Sonnentanz, den man als den wichtigsten auf der jeweiligen Reservation bezeichnen könnte. Diese Zeremonie hat sich in
den vergangenen Jahren völlig dezentralisiert, ganz entgegen dem »traditionellen« Ideal der Einheit des Stammes,
die dabei eigentlich demonstriert werden sollte.

Beim Studium älterer Quellen kamen mir allerdings erhebliche Zweifel über die historische Tiefe dieses »traditionellen« Ideals der Einheit des Sonnentanzes. Gerade bei
den Sioux erwiesen sich oftmals »uralte Traditionen« als
relativ neu oder als recht kurzlebig, so daß man solche

Aussagen nicht unbesehen übernehmen darf. Aus diesem Grund habe ich zunächst versucht, ein Bild vom Sonnentanz in der Vorreservationszeit zu erhalten, wie es uns aus den frühesten Quellen überliefert ist. Da diese nicht sehr ergiebig sind, muß dieses Bild zwangsläufig recht fragmentarisch bleiben.

Die Streitfrage, ob der Sonnentanz von den Lakota nach dem offiziellen Verbot durch die amerikanische Regierung im Jahre 1881 tatsächlich aufgegeben wurde oder nicht, darf inzwischen als entschieden angesehen werden. Historische Quellen und mündliche Aussagen von Indianern lassen heute keinen Zweifel mehr daran, daß der Sonnentanz auch nach dem Verbot heimlich weiter abgehalten wurde, so daß seine Kontinuität bei den Lakota stets gewährleistet war. Was sich bei meiner Untersuchung vor Ort jedoch als erschwerend erwies, war die Tatsache, daß historische Fragestellungen, die die Entwicklung des Sonnentanzes betreffen, für die Lakota völlig irrelevant sind. Für sie stellt diese Zeremonie ein Kontinuum dar, das seit der Einführung durch »White Buffalo Calf Woman«, der mythischen Religionsstifterin der Lakota, stets in gleicher Weise durchgeführt wird. Lediglich über die zeremoniellen Details streitet man sich immer wieder aufs neue, da sie von der Interpretation des oder der leitenden Schamanen abhängig sind.

Ein Oglala, der 1980 an dem von mir besuchten »Tribal Sun Dance« in Porcupine auf der Pine Ridge Reservation teilgenommen und sich dem »Piercing« (Durchbohren der Brusthaut) unterzogen hatte, war im Frühjahr 1991 in Berlin. Bei unserer Unterhaltung bestritt er hartnäckig, daß das American Indian Movement (AIM), eine »militante« Indianerorganisation, die damals auf der Reservation noch recht aktiv war und besonders in Porcupine viele Anhänger besaß, irgendeinen Einfluß auf diesen Sonnentanz gehabt hätte. Meine Aufzeichnungen von damals belegen jedoch eindeutig, daß AIM sowohl in der visuellen Präsenz als auch durch organisatorische Maßnahmen, vor allem aber durch ideologisch geprägte Ansprachen, sehr wohl einen starken Einfluß auf diesen Sonnentanz hatte (siehe Bolz 1986:218–223).

Ähnliche Probleme stellen sich dem heutigen Feldforscher allenthalben: Indianer machen zwar ständig Aussagen über bestimmte historische Ereignisse, die ihre eigene Kultur betreffen, doch legen sie dabei völlig andere Maßstäbe zugrunde, die mit den Augen unserer »westlichen« Geschichtsauffassung als ahistorisch anzusehen sind. Ed McGaa (1990:89) erwähnt beispielsweise den Versuch der Missionare, den Sonnentanz zu stoppen, ohne auch nur den geringsten Hinweis zu geben, zu welcher Zeit dies stattfand. Dies bedeutet, daß bestimmte historische Ereignisse nach einiger Zeit in den Schatz der oralen Überlieferungen aufgenommen werden und damit einen gewissen zeitlosen Charakter annehmen. Es heißt dann lediglich, daß etwas »vor langer Zeit« stattgefunden habe, wobei ebensogut zehn Jahre wie hundert oder tausend Jahre gemeint sein können. Orale Traditionen besitzen für die Indianer außerdem den Vorteil, daß sie jederzeit uminterpretierbar sind und man sie kurzfristig den jeweils gegebenen politischen oder sozialen Verhältnissen anpassen kann. Dies soll nicht bedeuten, daß sie für ethnologische oder historische Fragestellungen irrelevant sind, doch muß der Feldforscher wissen, unter welchen Bedingungen bestimmte Aussagen zustande gekommen sind und welchen ideologischen Stellenwert sie im Kontext der gegenwärtigen Reservationskultur einnehmen. Dies betrifft vor allem Aussagen zur sogenannten »traditionellen Kultur« der Vorreservationszeit, die heute in einem solch glorreichen Licht gesehen wird, daß sie einer permanenten Idealisierung unterliegt.

Mit der Herausgabe von ›Sun Dance of the Plains Indians‹ durch Clark Wissler im Jahre 1921, einer Anthologie von zwölf Beiträgen mit einer zusammenfassenden Analyse von Leslie Spier, rückte der Sonnentanz mehr und mehr in den Mittelpunkt ethnologischer Forschung und Theorie-bildung. Er wurde zum Modellfall für die Untersuchung der Verbreitung von Kulturelementen und des Einflusses historischer Ereignisse auf die Kulturentwicklung. Vor allem aus dem Vorhandensein oder Fehlen bestimmter Merkmale (»Traits«) glaubte man, historische Abfolgen feststellen zu können, um damit das Ursprungszentrum des Sonnentanzes zu lokalisieren. Bennett (1944) wies zu Recht auf die Fragwürdigkeit dieser Methoden hin, da es sich ebensogut um Phänomene der Akkulturation handeln könne.

In den dreißiger Jahren »entdeckten« Psychoanalytiker den Sonnentanz als Möglichkeit, tiefer in die Psyche fremder Völker eindringen zu können. Was dabei herauskam, soll ein Zitat des »Neofreudianers« Erik H. Erikson verdeutlichen, der in einer weit verbreiteten Sozialisations-studie über die Sioux den Sonnentanz als Sühne für ein weltweites Schlechtigkeitsgefühl ansieht und zu folgender Erkenntnis gelangt: »In unserem Falle (des Sonnentanzes) könnte man also annehmen, daß die Zeremonie den Höhe-punkt all der verschiedenartigen Äußerungen absichtsvoll provozierter Wut an der Mutterbrust während der Beiß-periode darstellt, die mit der langen Saugizenz in Wider-streit liegt. Die Gläubigen wenden die daraus erwachsen-den sadistischen Wünsche, der Mutterbrust zu schaden, gegen sich selbst und nehmen ihre eigene Brust zum be-sonderen Ziel der Selbsttortur« (Erikson 1973: 145). Mit dieser haarsträubenden Erklärung der Torturen beim Son-nentanz entlarvt Erikson die Psychoanalyse unfreiwillig als untaugliches Instrument zur Interpretation fremder Kulturen, solange ihr lediglich eurozentrische Denkmu-ster zugrunde liegen.

In der Nachfolge von Ralph Linton (Nativistic Movements, 1943) und Anthony F. C. Wallace (Revitalization Movements, 1956) untersuchte Joseph G. Jorgensen (1972) den modernen Sonnentanz der Ute und Shoshone unter dem Aspekt sozialer Bewegungen und ordnete ihn als »Erlösungsbewegung« (Redemptive Movement) ein. Diese hat seiner Meinung nach ihre Ursachen in der »Unterentwicklung« der Indianer auf den Reservationen, wo sie in einer »neokolonialen« Situation leben (Jorgensen 1972:6–12). Wie Jorgensen bereits im Untertitel seiner Studie, ›Power for the Powerless‹, zum Ausdruck bringt, ermöglicht der Sonnentanz den Teilnehmern, in ihrer Gemeinschaft sozialen Status, Achtung, eine gewisse Macht und Autonomie zu erlangen. Dies sind Möglichkeiten, die den Ute und Shoshone in ihrer neokolonialen Situation von der dominanten weißen Gesellschaft vorenthalten werden (Jorgensen 1972:236).

Fred W. Voget wiederum ging es in seiner Analyse des »Shoshoni-Crow Sun Dance« (1984) um die Veränderungen, die ein solches Ritual durchmacht, wenn es von einem anderen Stamm übernommen wird. Die Crow in Montana hatten ihren eigenen Sonnentanz um 1875 aufgegeben und 1941 die Version der Wind River Shoshone in Wyoming übernommen. Das wiedererwachte Interesse der Crow an ihren kulturellen Werten und Zeremonien stellte den Sonnentanz in den Mittelpunkt, der die Funktion eines Katalysators für die Wiederherstellung ihrer kulturellen Identität innehatte. Da Voget die Übernahme des Sonnentanzes durch die Crow als Ergebnis eines Akkulturationsprozesses herausstellt, betont er in erster Linie die Bedeutung, die diese Zeremonie im heutigen Leben der Crow einnimmt.

Andere Autoren untersuchten den Sonnentanz unter dem Gesichtspunkt von »Resistance to Integration« (Medicine 1981) bzw. des »kulturellen Widerstandes« (Bolz 1986). Grundlage meines eigenen Interesses am Sonnentanz war die Beobachtung, daß er seit den siebziger Jahren unter den Sioux in South Dakota einen enormen Zulauf zu verzeichnen hatte, vor allem bei der jüngeren Generation. Für die Sioux wurde er zum bedeutendsten Symbol ihrer kulturellen Erneuerung, die auf verschiedenen Ebenen stattfand, am erfolgreichsten in den Bereichen der Schulerziehung und der Religion (siehe Bolz 1986: 175–230). Die Teilnahme an diesem Ritual wurde als öffentliches Bekenntnis zum Traditionalismus verstanden, wobei allerdings die Gefahr bestand, daß die Anhänger des American Indian Movement es zu politischen Zwecken mißbrauchten. Vor allem für solche Indianer, die auf der Suche nach einer Identität, einer Ideologie oder einer religiösen Erfahrung waren, bot der Sonnentanz ideale Voraussetzungen. Die Tatsache, daß die weiße Gesellschaft ihn vorübergehend verboten hatte, machte ihn zum Ritual der Unterdrückten. Er wurde zum Symbol der Rebellion gegen die dominante Gesellschaft und verkörperte den Widerstand gegen die Integration in diese Gesellschaft. Damit wurde er für die Lakota zu einem kulturellen Merkmal, das ihnen eine positive ethnische Identität vermittelt und sie stolz sein läßt auf ihre indianische Herkunft (Medicine 1981: 281–284, Bolz 1986: 240).

Frühe Quellen

Da der Sonnentanz der Plains-Indianer zu den bedeutendsten religiösen Zeremonien Nordamerikas gehört, zog er bereits sehr früh die Aufmerksamkeit von Reisenden und Forschern auf sich. Einer der ersten Europäer, die diese Zeremonie kennenlernten, war der Franzose François Marie Perrin du Lac, der zwischen 1801 und 1803 den oberen Missouri bereiste und dessen »wilde Völkerschaften« beschrieb. Er hat dem Sonnentanz ein eigenes Kapitel gewidmet, in dem er einleitend die Sioux, Cheyenne und Arapaho erwähnt, denen der Tanz eigen ist. Es bleibt jedoch unklar, ob er die Zeremonie einer bestimmten Gruppe beschreibt oder ob er lediglich Beobachtungen bei verschiedenen

Gruppen zusammenfaßt. Es ist von einer großen Hütte die Rede, die von Bisonhäuten bedeckt und umgeben ist, und von jungen Leuten beiderlei Geschlechts, die bei Sonnenaufgang im Inneren der Hütte einen Tanz beginnen. Zwölf junge Männer hingegen tanzen außerhalb der Hütte, die Hände der Sonne entgegengestreckt, deren Lauf sie sich stets zuwenden. Während die Tänzer in der Hütte essen und trinken dürfen, müssen die zwölf außerhalb der Hütte fasten (Perrin du Lac 1807: 216–219). Dies sind die einzigen Entbehrungen, die erwähnt werden, so daß eher an eine Cheyenne- oder Arapaho-Zeremonie zu denken ist als an eine der Sioux. Weitere frühe Berichte über den Sonnentanz sind zwar ebenso fragmentarisch, sie weisen jedoch deutlich auf den individuellen Charakter hin, den diese Zeremonie haben konnte. Darcy Paige (1979), der diese Berichte zusammengefaßt hat, erwähnt den von William H. Keating 1822 beobachteten Sonnentanz eines »Yanktoanan«-Häuptlings, der dieses Ritual ganz alleine als persönliche Erfüllung eines Gelübdes abhielt. Er unterzog sich dabei der Selbsttortur am heiligen Pfahl und verteilte Geschenke, es gab jedoch keine Sonnentanzhütte und keine weitergehenden Zeremonien, die die Stammesgemeinschaft einbezogen hätten (Paige 1979: 101).

Dies entspricht genau der Szene, die der amerikanische Maler und Ethnograph George Catlin 1832 in der Nähe von Fort Pierre am Missouri sah und im Bilde festhielt. Sie zeigt einen einzelnen Mann als Sonnentänzer, umringt von einer größeren Zahl von Zuschauern. In seiner Brust stecken zwei Holzsplinte, von denen ein Seil zum heiligen Pfahl führt, der sich unter dem Gewicht des zurückgelehnten Tänzers biegt. Catlin beschreibt zwar die Tortur recht genau, und auf seinem Gemälde sind alle Details des Piercing wiedergegeben, doch interpretiert er die Zeremonie lediglich als Standhaftigkeitsprobe eines werdenden »Mystery Man«, ohne ihren eigentlichen Sinn zu erfahren. Wenig später kommt er in der gleichen Gegend zu einer Sonnentanzhütte der Sioux, in der kurz zuvor ein größerer

Sonnentanz stattgefunden hatte. In der Mitte stand noch der heilige Pfahl, an dem die jungen Männer das Piercing durchgeführt hatten. Und bei seinen indianischen Begleitern konnte er noch die frischen Wunden dieser Tortur sehen. Da Catlin die Okipa-Zeremonie der Mandan kannte, bei der in ähnlicher Form Fleischopfer dargebracht wurden, hielt er den Sonnentanz der Sioux für eine unvollkommene Imitation dieser Zeremonie, die bei den Mandan gleichzeitig eine dramatische Aufführung ihrer Weltschöpfungsmythe war (Catlin 1841, I: 233). Catlins Beobachtungen dieser unterschiedlichen Ausführungen des Sonnentanzes sind ein Beweis dafür, daß beide Formen dieses Rituals, die individuelle und die kollektive Form, um 1830 noch gleichzeitig bestanden haben. Spätere Berichte erwähnen nur noch die kollektive Form, als individuelles Ritual ist er wahrscheinlich seit der frühen Reservationszeit verschwunden.

Einer der größten Sonnentänze der Vorreservationszeit fand 1866 bei Fort Sully in der Nähe der heutigen Stadt Pierre in South Dakota statt. Die Soldaten zählten fast 1900 Sioux, zehn verschiedenen Untergruppen angehörend, die beim Fort lagerten. Die Zahl der Tänzer war jedoch relativ gering, sie betrug lediglich 25 Männer und Frauen, von denen sich 21 junge Männer dem Piercing unterzogen. Der eigentliche Sonnentanz dauerte zwei volle Tage, und während dieser Zeit herrschte für die Tänzer ein strenges Fastengebot (Paige 1979: 101–109).

Der »letzte große Sonnentanz« der Sioux wurde 1882, ein Jahr nach dem offiziellen Verbot dieser Zeremonie durch die Indianerbehörde, südlich von Pine Ridge abgehalten. Das Verbot, das der Indianeragent Valentine McGillycuddy in diesem Jahr endlich durchsetzen wollte, wurde in erster Linie mit den Torturen begründet. In den Worten seiner Frau Julia hört sich dies folgendermaßen an: »The subjection of the Sun Dancers to physical torture was contrary to the ideas of civilization and retarded the progress of the red men« (McGillycuddy 1941: 167). Va lentine McGillycuddy drohte zwar drastische Strafen an, falls das Verbot des Sonnentanzes nicht befolgt würde, doch zeigen die Aufzeichnungen seiner Frau, daß er ein gewisses Verständnis für die Indianer aufbrachte. Er erwartete zwar, daß sie von da an keine Gelübde mehr für den Sonnentanz ablegen, falls sie es in Zukunft aber dennoch täten, sollten sie an einen verborgenen Platz gehen, um es einzulösen, dies jedoch nicht in der Öffentlichkeit tun (McGillycuddy 1941:168). Dies bedeutet, daß kleinere Sonnentänze, die außerhalb der Sichtweite von McGillycuddys Agentur stattfanden, stillschweigend geduldet wurden. Für die weitere Entwicklung des Sonnentanzes war dies insofern entscheidend, als das offizielle Verbot dieser Zeremonie offenbar keine so einschneidende Veränderung bedeutete, wie dies von Ethnologen bisher angenommen wurde.

In einem Aufsatz über den Geistertanz der Lakota weist Raymond DeMallie (1982) auf die strukturellen Parallelen hin, die Sonnentanz und Geistertanz aufwiesen. Am auffallendsten war dabei die Verwendung eines Baumes im Mittelpunkt des Tanzkreises, der in der Art der Dekoration einem Sonnentanzpfahl entsprach. Solch ein Pfahl wurde nur von den Sioux aufgestellt, andere Gruppen verwendeten ihn nicht beim Geistertanz. Auch andere Beobachter des Geistertanzes wiesen auf diesen Umstand hin, so Warren K. Moorehead (1902), der von einem neun bis zwölf Meter hohen »Sacred Tree« sprach, mit Streifen aus farbigem Tuch an der Spitze und an der Basis. Im Baum wurden von Zeit zu Zeit Opfergaben in Form von Tuchstreifen, Tabakpäckchen oder Pfeifen befestigt, und auf dem Höhepunkt der Zeremonie brachten einige der Tänzer Fleischopfer dar, indem sie sich in ihren Arm schnitten. Sie stießen Klagelaute aus und riefen dabei: »Great Father, I want you to have pity upon me«, wie dies auch beim Sonnentanz geschieht (Moorehead 1902:18). Diese ganz offensichtlichen Parallelen des Geistertanzes der Sioux zum Sonnentanz machen deutlich, daß hier der

Rundtanz der Paiute, bei dem Männer und Frauen zusammen tanzen, indem sie sich an den Händen halten, mit den Grundformen des Sonnentanzes kombiniert wurde (DeMallie 1982:398). Dies bedeutet, daß der Sonnentanz für die Lakota auch zu Zeiten des Geistertanzes (1889–1890) eine solch zentrale Stellung einnahm, daß er diesem kulturfremden Ritual seine wesentlichen Strukturen aufdrückte. Der Geistertanz darf daher keinesfalls als Ersatz für den Sonnentanz angesehen werden.

Mit dem Massaker von Wounded Knee am 29. Dezember 1890 endete der Geistertanz im Gebiet der Sioux. Der Sonnentanz hingegen wurde weiter aufgeführt, dafür gibt es zahlreiche Belege. Es gab halböffentliche Aufführungen, die von den Indianeragenten stillschweigend geduldet wurden, solange die Indianer auf die Selbsttortur verzichteten. Die Sonnentänze hingegen, die das Piercing einschlossen, wurden heimlich, »back in the hills«, in aller Stille aufgeführt. Dies wurde von Behörden und Ethnologen allerdings lange Zeit nicht wahrgenommen, so daß der Sonnentanz der Sioux offiziell als »ausgestorben« galt und Margot Liberty (1980:168) sogar von einer »wiedereingeführten« Zeremonie spricht, die bei den Oglala nach 1920 entstanden sei, wobei Cheyenne- und Arapaho-Formen als Vorbild gedient hätten.

Faßt man die frühen Augenzeugenberichte über den Lakota-Sonnentanz zusammen, so kommt man zwangsläufig zu dem Schluß, daß dieses Ritual niemals eine »einheitliche« Zeremonie war, die von einer Stammesgruppe gemeinsam einmal im Jahr abgehalten wurde. Es zerfiel vielmehr in viele kleinere und größere Aufführungen, die von Individuen, einer Lokalgruppe oder einer Vielzahl von Lokalgruppen je nach den gegebenen Möglichkeiten und Bedürfnissen abgehalten wurden. Der Eindruck eines einheitlichen, alles umfassenden Sonnentanzes kam offensichtlich erst in der Zeit nach 1882 zustande, als der Lakota-Sonnentanz nicht mehr durch teilnehmende Beobachtung, sondern lediglich durch die Befragung von

Informanten erforscht wurde. Vor allem die Synthese von James Walker (1917) aus den Aussagen einer Vielzahl von Informanten dürfte entscheidend zur Prägung dieses Bildes beigetragen haben.

Die Entwicklung nach 1882

Wie wir gesehen haben, ist die »Einheit des Sonnentanzes« unter den Lakota lediglich als ein kulturelles Ideal zu betrachten, das in der Praxis nicht durchführbar war. Gefördert wurde diese Idealvorstellung sicherlich durch die generelle Lebenssituation auf den Reservationen, als die Lakota nicht mehr in der Lage waren, sich frei über die Great Plains zu bewegen, sondern sich einem mehr oder weniger seßhaften Lebensstil anpassen mußten. Die Indianeragenturen wurden zur zentralen Einrichtung, dort gab es die Lebensmittelrationen, wurden Schulen und Missionsstationen eingerichtet, so daß sich dort innerhalb kurzer Zeit das öffentliche Reservationsleben konzentrierte. Was hingegen im schwer zugänglichen Hinterland geschah, das blieb den Regierungsvertretern und Missionaren weitgehend verborgen.

Der Arzt James R. Walker, der von 1896 bis 1914 auf der Pine Ridge Reservation tätig war, hat zahlreiche Oglala über den Sonnentanz befragt und seine Ergebnisse 1917 in einer umfangreichen Studie niedergelegt. Für viele Forscher stellt sie eine Art Modellanalyse dar, die die Grundlage für viele theoretische Untersuchungen bildete. Obwohl sich Walker über Jahre hinweg intensiv mit dem Sonnentanz beschäftigte, hat er offenbar selbst niemals einen solchen gesehen. Die Gründe dafür sind unklar (siehe Walker 1980: 300, Anm. 9). Anderen Forschern erging es ähnlich, so auch Scudder Mekeel und Gordon Macgregor, die in den dreißiger und vierziger Jahren auf der Pine Ridge Reservation Feldforschung betrieben haben. Obwohl Macgregor die Aufhebung des Sonnentanzverbots im Jahre 1934 erwähnt, gibt es bei ihm keinerlei Hinweis auf die Reaktion der Oglala auf diese Maßnahme. Der Sonnentanz scheint bei den Lakota dieser Zeit nur aus vergangenen Erinnerungen bestanden zu haben, und Macgregor bezeichnet sein Ende (er meint damit das Verbot nach 1882) als eine Schwächung der sozialen Kontrolle und einen Zerfall der Kultur (Macgregor 1946: 91).

Auch wenn die Lakota den Sonnentanz niemals wirklich aufgegeben haben, so scheinen die dreißiger Jahre doch einen gewissen Tiefpunkt für diese Zeremonie zu markieren. Dies wird aus einem Bericht von Edward A. Milligan deutlich, der 1936 in Little Eagle und 1937 in Cannonball (beide auf der Standing Rock Reservation gelegen) jeweils selbst an einem Sonnentanz teilnahm, dies jedoch erst 1969 publizierte: »For over two generations the Sun Dance was a dormant institution. Here and there... what at best might be called a degenerated observance was still to be seen. Then came the great drought which created dust bowls from Texas to North Dakota... The white man prayed, the Indians prayed in the white man's manner, but no rain came to answer their pleas. A great unrest shook the Sioux reservations and agitation for a revival of the true Sun Dance in its pure form took place among the elders of the tribes« (Milligan 1969: 5). Daraus wird deutlich, daß der Sonnentanz in den ersten Jahrzehnten dieses Jahrhunderts nur aus einer »degenerierten« Form bestand und es einer Naturkatastrophe wie der großen Dürre der dreißiger Jahre bedurfte, um ihn wieder in seiner »reinen« Form aufzuführen.

In den fünfziger Jahren scheint der Sonnentanz zumindest auf der Pine Ridge Reservation mit einiger Regelmäßigkeit stattgefunden zu haben, wobei es offensichtlich zur »Tradition« geworden war, ihn bei dem Ort Pine Ridge, dem Verwaltungszentrum der Reservation, abzuhalten. Dies trifft beispielsweise für den von Stephen E. Feraca 1954 besuchten Sonnentanz zu, der etwa eine Meile östlich von Pine Ridge Town aufgeführt wurde (Feraca

1963: 12). Bei Feraca gibt es allerdings auch einen Hinweis auf einen Sonnentanz bei der Gemeinde Oglala, der vor der »Tribal Celebration«, d. h. dem offiziellen »Pine Ridge Sun Dance«, stattfand (Feraca 1963: 14). Der »Tribal Sun Dance« wurde von einem »Sun Dance Committee« organisiert, das u. a. das Datum des Tanzes festlegte, Plakate drucken und verbreiten ließ und für die Instandhaltung des Sonnentanzplatzes sorgte. Das »Oglala Sioux Tribal Council« hat diese Aufgaben geleitet und finanziert und dafür von den Stammesmitgliedern Eintrittsgelder kassiert (Feraca 1963: 12, 68). Über die Tänze, die Thomas H. Lewis zwischen 1967 und 1972 auf Pine Ridge gesehen hat, macht er fast identische Angaben (Lewis 1990: 54), so daß der Sonnentanz in den fünfziger und sechziger Jahren eine erstaunliche Kontinuität aufwies, die sich bereits wieder zu einer neuen Form der »Tradition« entwickelt hatte. Die Werbemaßnahmen des Oglala-Stammesrates müssen recht erfolgreich gewesen sein, denn in den sechziger Jahren nahm das Interesse am Pine Ridge-Sonnentanz sprunghaft zu. Dies verdeutlicht sich in einer ganzen Reihe von Publikationen, die von Ethnologen, Historikern, Medizinern, Journalisten und sonstigen Beobachtern stammen.

Die Erneuerung des Sonnentanzes

Es war vor allem der Stammesrat in Pine Ridge, der in den sechziger Jahren die »Tradition« des Sonnentanzes hochhielt und eifersüchtig darüber wachte, daß auf der Reservation keine Dissidenten in Erscheinung traten, die diesen von ihm offensichtlich in allen Einzelheiten kontrollierten Sonnentanz in Frage stellten. Der Stammesrat war bemüht, dieses jährliche Ereignis als Hauptattraktion auf der Reservation herauszustellen, um damit Touristen anzulocken. Die religiöse Funktion des Sonnentanzes wurde immer mehr durch die soziale ersetzt, und die eigentlichen

Rituale fanden nur noch an den Vormittagen statt, während die Nachmittage und Abende von Powwows, Wahlen von »Indianerprinzessinnen« und politischen Aktivitäten ausgefüllt waren. Jedermann sollte sich amüsieren, und dem Alkohol wurde so kräftig zugesprochen, daß die Festnahme von Betrunkenen zum Bestandteil des Sonnentanz-»Rituals« wurde (Lewis 1972:46–48).

Unter traditionell orientierten Oglala kam jedoch immer mehr Unzufriedenheit mit dieser Art des Sonnentanzes auf, so daß 1971 eine kleine Gruppe unter der Führung von Bill Schweigman beschloß, einen eigenen Tanz bei Wounded Knee abzuhalten. Doch kaum hatte der Tanz begonnen, erschien die Stammespolizei und erklärte ihn für illegal. Die Tänzer beriefen sich auf ihre Religionsfreiheit und ignorierten das Verbot. Dies führte dazu, daß die Polizei am nächsten Tag zurückkehrte und die Teilnehmer verhaftete. Die Situation war insofern prekär, als eine Gruppe von »Indians of All Tribes« aus San Francisco anwesend war, die an der Besetzung von Alcatraz teilgenommen hatte. Sie wollte sich auf einen Kampf mit der Polizei einlassen, was die religiösen Führer nur mit Mühe verhindern konnten. Nach einigen Stunden wurden die Tänzer zwar wieder aus dem Gefängnis entlassen, doch die Polizei hielt den Sonnentanzplatz besetzt, um eine Fortsetzung der Zeremonie zu verhindern. Daraufhin beschlossen die Teilnehmer, auf das private Land von Leonard Crow Dog auf die Rosebud Reservation umzuziehen (Crow Dog u. Erdoes 1990:254–255, Lewis 1990:65).

Es war aber nicht nur die zunehmende »Verweltlichung« des Sonnentanzes, die den Unmut der traditionellen Führer hervorgerufen hatte, sondern auch der zunehmende Einfluß der katholischen Kirche, der so weit ging, daß dabei sogar die Messe zelebriert und die Heilige Kommunion erteilt wurde. In den Jahren 1970 und 1971 wurde dagegen heftig protestiert, und 1972 beteiligte sich erstmals eine größere Zahl von Anhängern des American Indian Movement am Sonnentanz. Das Erscheinen dieser

»militanten« Indianerorganisation, deren Führerschaft sich überwiegend aus reservationsfremden »Stadtindianern« zusammensetzte, nahm der damalige Stammespräsident Richard Wilson zum Anlaß, den Tanz für die nächsten zwei Jahre zu verbieten. Die Tänzer wichen daraufhin wiederum zu Leonard Crow Dog auf die Rosebud Reservation aus.

Das Jahr der Wiederzulassung, 1975, markiert den Wendepunkt in der Geschichte des modernen Sonnentanzes auf Pine Ridge. Er wurde nach Porcupine verlegt, wo das American Indian Movement die größte Anhängerschaft besaß. AIM sorgte dafür, daß sich der äußere Rahmen des Tanzes vollständig veränderte. Alle nichtreligiösen Aktivitäten wie Powwow, Rodeo, Verkaufsstände und Volksbelustigungen wurden abgeschafft. Es wurde ein striktes Verbot für Alkohol, Waffen, Kameras und Tonbandgeräte erlassen, damit der religiöse Charakter des Festes nicht durch die Erfindungen des weißen Mannes gestört würde und um schaulustige Fremde fernzuhalten.

Mit dem Einfluß des American Indian Movement erwuchsen dem Sonnentanz jedoch neue Schwierigkeiten. Frank Fools Crow, der von AIM als traditionelles Aushängeschild benutzt wurde, war weiterhin gewillt, den Sonnentanz zu leiten, während Pete Catches, seit langen Jahren der Rivale von Fools Crow, 1978 den endgültigen Bruch mit dem »Tribal Sun Dance« vollzog und fortan seinen eigenen abhielt. Zuvor hatte schon Selo Black Crow bei Wanblee in der Nordostecke der Reservation seinen eigenen Sonnentanz begründet. In der Mitte der siebziger Jahre hatte sich der Sonnentanz somit in zweifacher Hinsicht verändert: Seine Einheit, die vom Tribal Council vor allem aus kommerziellen Gründen aufrechterhalten worden war, zerfiel zusehends, gleichzeitig erfolgte eine Rückkehr zu den ursprünglichen, rein religiös bestimmten Formen des Tanzes.

Die Ursache für die religiöse Erneuerung des Sonnentanzes lag in einem stark gewachsenen Selbstbewußtsein unter Indianern Nordamerikas, die das Wertesystem der weißen Gesellschaft zunehmend in Frage stellten und ihr eigenes kulturelles Erbe und ihre ethnische Identität zu bewahren suchten. Plötzlich waren es nicht mehr nur die alten Männer, die Interesse am Sonnentanz zeigten, sondern vor allem die jungen Leute, die in immer größerer Zahl am Sonnentanz teilnahmen. Im Jahre 1967 hatte Lewis noch 16 Tänzer beim Pine Ridge Sonnentanz gezählt, fünf Frauen und elf Männer, von denen sich acht dem Piercing unterzogen. 1972 hatte sich die Zahl der Tänzer bereits verdoppelt, es waren 17 Frauen und 18 Männer. Beim »Tribal Sun Dance«, der 1980 noch immer bei dem Ort Porcupine stattfand, zählte ich anfangs 61 Tänzer, 35 Männer, 20 Frauen und sechs Knaben. Am letzten Tag hatte sich die Zahl der Männer auf 42 erhöht, von denen sich alle dem Piercing unterzogen. Gerade die Tatsache, daß von allen männlichen Teilnehmern erwartet wird, daß sie sich dieser Tortur unterziehen, ist ein besonderes Merkmal des erneuerten Sonnentanzes der siebziger und achtziger Jahre, und daran hat sich bis heute nichts geändert. Das Piercing hat stellenweise den Charakter einer Massenabfertigung, und bei 40 oder mehr männlichen Teilnehmern kann es nicht mehr wie früher erst am letzten Tag als Höhepunkt des Tanzes durchgeführt werden, sondern erstreckt sich meist über die gesamten vier Tage des Tanzes.

Im Jahre 1982 wurde der »Tribal Sun Dance« von Porcupine in die Nähe des Hauses von Frank Fools Crow bei Kyle verlegt und, um diesen altgedienten Medizinmann besonders zu ehren, als »Fools Crow's Sun Dance« bezeichnet. Die finanzielle Unterstützung durch den Stammesrat entfiel, so daß dieser Sonnentanz zukünftig, wie alle anderen auch, lediglich durch private Spenden finanziert wurde. Damit endete die Ära der »Tribal Sun Dances« auf der Pine Ridge Reservation, alle dort abgehaltenen Sonnentänze waren von nun an nach außen hin gleichrangig. Vielfach wurden sie nach dem jeweiligen »Sun Dance Chief«, der die Oberaufsicht innehatte, benannt. Selbst nach dem Tod von Frank Fools Crow im Jahre 1989 war sein Sonnentanz, den er seit 1929 geleitet hatte, weiterhin der bedeutendste auf der Reservation, während der von Pete Catches, der sich als »Purist« betrachtet, stets zweitrangig blieb.

Fools Crow's Sun Dance, der 1990 vom 26. bis 29. Juli stattfand, war durch ein Schild an der Straße als »Oglala Lakota International Sun Dance« angekündigt, wobei sich »international« auf die unterschiedlichen »Indian Nations« bezieht, die es in Nordamerika gibt. Die Zahl der Tänzer belief sich auf über sechzig, ich zählte 44 Männer und 18 Frauen. Als ich mich nach dem leitenden »Medizinmann« erkundigte, wurde mir erklärt, daß es seit dem Tod von Fools Crow niemanden gäbe, der seine Nachfolge hätte antreten können, so daß der Sonnentanz von einer Gruppe von relativ jungen, weniger erfahrenen »Medizinmännern« im Sinne von Fools Crow gemeinsam geleitet würde. Der Sonnentanz von Pete Catches, der vom 19. bis 22. Juli 1990 in einem schwer zugänglichen Gelände in den Hügeln weit ab von Straßen und Häusern stattfand, dauerte diesmal ebenfalls vier Tage, 1980 waren es nur zwei Tage gewesen. Die Rivalität zwischen Pete Catches und Frank Fools Crow war bereits in den sechziger Jahren so offensichtlich, daß es nur eine Frage der Zeit war, wann sich einer von beiden vom »Tribal Sun Dance« lösen und seine eigene Zeremonie begründen würde. 1971 hatte Catches ernsthaft gehofft, die Leitung des »offiziellen« Sonnentanzes übernehmen zu können, doch im letzten Moment wurde Fools Crow dazu bestimmt (Lewis 1990:66). Wie Lewis weiter dazu bemerkt, konkurrierte Catches in jedem Jahr verbissen mit Fools Crow, um den Kontrakt als »Chief Sun Dancer« vom Stammesrat zu erlangen. Er selbst hat sich unzählige Male dem Piercing unterzogen, während Fools Crow dies niemals tat. Dieser habe außerdem sein Amt als Leiter des Sonnentanzes in Erbfolge von seinem Vater und Großvater übernommen. Auf Sonnentanz-Fotos aus den sechziger und siebziger Jahren ist

Fools Crow, der normalerweise einen kurzen Haarschnitt trug, stets mit einer Perücke aus langen schwarzen Zöpfen zu sehen. Bei offiziellen Anlässen liebte er es außerdem, eine große Adlerfederhaube zu tragen, so daß man ihm nachsagte, er sei ein »Show Man«. Pete Catches hingegen erscheint stets als Asket, auf älteren Sonnentanz-Fotos sieht man ihn häufig mit Adlerfedern an Armen und Rükken, die direkt auf der Haut aufgenäht sind. Catches' Ideal war es, einen Sonnentanz weitab in den Hügeln, ohne Metall, Glas oder Autos durchzuführen, d. h. ohne die Verwendung von Errungenschaften des weißen Mannes. Dies erklärt, warum er als Leiter des »Tribal Sun Dance« nicht gefragt war, denn dies hätte enorme organisatorische Schwierigkeiten mit sich gebracht. Die Konsequenz war schließlich, daß er sich mit einer gewissen Verbitterung vom »Tribal Sun Dance« gelöst hat und seit 1978 seinen eigenen Sonnentanz »in den Hügeln« durchführt.

Im Sommer 1990 war gleichzeitig mit Fools Crow's Sun Dance bei dem Ort Wanblee in der Nordostecke der Pine Ridge Reservation ein weiterer Sonnentanz angekündigt. Auf der Rosebud Reservation fand, ebenfalls zur gleichen Zeit, bei St. Francis ein Sonnentanz statt, der unter der Leitung von Joe Eagle Elk stand. Mit nahezu hundert Tänzern, 49 Männern und 44 Frauen, war er einer der größten dieses Jahres. Alle Männer hatten sich dem Piercing unterzogen, das über die vier Tage verteilt worden war. Wiederum gleichzeitig wurde auf der Rosebud Reservation Crow Dog's Sun Dance abgehalten, der ähnliche Dimensionen aufwies. Das heißt, allein an einem Wochenende fanden auf den Reservationen Pine Ridge und Rosebud vier Sonnentänze statt, von deren Existenz ich erfuhr, mit einer Teilnehmerzahl von bis zu hundert Tänzern. Da Sonnentänze jedoch in den seltensten Fällen öffentlich angekündigt, sondern lediglich durch Mundpropaganda bekannt werden, muß man mit weiteren Tänzen rechnen, die zur gleichen Zeit irgendwo im »Hinterland« stattfanden. Bei diesen Dimensionen wird deutlich, daß das Ideal der

Einheit des Sonnentanzes allein aus organisatorischen Gründen nicht zu verwirklichen ist. Und die Zahl der Tänzer übersteigt heute bei weitem diejenige, die uns aus dem 19. Jahrhundert überliefert ist. Crow Dog und Erdoes sprechen sogar von nahezu 200 Tänzern, die bei Crow Dog's Sun Dance heute teilnähmen, was die absolute Höchstzahl darstellen dürfte. Auch mit dem Anspruch, daß sich alle männlichen Tänzer dem Piercing unterziehen sollen, sind die heutigen Sonnentänze mit nahezu 50 Männern, die diese Tortur auf sich nehmen, an ihre Kapazitätsgrenze gelangt. Hinzu kommt, daß sich neuerdings auch Frauen dem Piercing unterziehen, wobei die Holzsplinte nicht in der Brust, wie bei den männlichen Tänzern, sondern an Schultern oder Armen befestigt werden (Crow Dog und Erdoes 1990: 260).

Ein »privater« Sonnentanz im Jahre 1980

Neben den inzwischen fest etablierten Sonnentänzen, die jedes Jahr am gleichen Ort stattfinden und vom gleichen »Sun Dance Chief« geleitet werden, gibt es immer wieder einzelne Tänze, die lediglich einmal von einer bestimmten Familie ausgerichtet werden, nur ein oder zwei Tage dauern und eine relativ geringe Teilnehmerzahl aufweisen. Solche Sonnentänze entziehen sich im Grunde der Beobachtung, da nur ein sehr kleiner Kreis von Eingeweihten überhaupt etwas von ihrer Existenz erfährt. Im Jahre 1980 hatte ich die Gelegenheit, bei solch einem Sonnentanz dabei zu sein, der von der Großfamilie von Hildegarde Catches ausgerichtet und von Frank Fools Crow geleitet wurde (Bolz 1986: 224).

Da ein solcher »privater« Sonnentanz bisher in der Literatur noch nie beschrieben wurde, möchte ich an dieser Stelle etwas näher darauf eingehen und seine charakteristischen Merkmale herausstellen. Dieser Sonnentanz fand am Samstag, dem 2. August 1980 in einem hügeligen Gelände westlich des Ortes Pine Ridge statt. Er dauerte lediglich einen Tag, woraus sich erklärt, daß die Sonnentanz-»Hütte« relativ klein und bescheiden gestaltet war. Sie bestand lediglich aus einem Ring von aufrechtstehenden Kiefernästen von etwa zwanzig Metern im Durchmesser. An vier Seiten, die ungefähr den vier Himmelsrichtungen entsprachen, waren auf Pfosten ruhende Schattendächer errichtet, unter denen sich Zuschauer, Tänzer und Sänger aufhielten. Im Mittelpunkt der Hütte stand der heilige Pfahl, ein Cottonwood-Baum, in dessen Gipfel bunte Stoffstreifen hingen. In einer Astgabel in ca. fünf Metern Höhe hatte man Zweige des Chokecherry-Busches befestigt, die allgemein als Nest des Donnervogels interpretiert werden. Dort waren auch die Stricke für die Tänzer angebunden, die sich dem Piercing unterziehen wollten. Am unteren Teil des Stammes waren bunte Tücher als Opfergaben angebracht. Zwischen heiligem Pfahl und äußerer Begrenzung der Hütte steckten jeweils paarweise Stäbe mit bunten Tuchstreifen im Boden, die die vier Himmelsrichtungen markierten. Sie dienten als symbolische Eingänge in den heiligen inneren Kreis, den nur die Tänzer betreten durften. Ihre Farben waren Gelb für Osten, Weiß für Süden, Schwarz für Westen und Rot für Norden. Zwischen den schwarzen Flaggen im Westen befand sich der Altar, ein mit roten Punkten und Streifen bemalter Bisonschädel, der auf einem Bett aus Sage (ein Kraut mit aromatischem Duft, das bei allen Zeremonien der Sioux Verwendung findet) ruhte. Dahinter war ein Gestell errichtet, an das die Pfeifen der Tänzer gelehnt waren. Die Ostseite der Hütte hatte eine breite, mit Seilen abgesperrte Öffnung zur aufgehenden Sonne hin. Durch sie begrüßten die Tänzer am frühen Morgen zu Beginn des Tanzes in einer besonderen Sunrise-Zeremonie die aufgehende Sonne. Unter dem südlichen Schattendach war die Trommel aufgestellt, die von dem Sänger, Matt Two Bulls, bedient wurde. Das westliche Schutzdach war für die Tänzer und den Leiter des Sonnentanzes, Frank Fools Crow, reserviert. Westlich von der Sonnentanzhütte befand sich in einiger Entfernung die Schwitzhütte mit Feuerstelle. Sie diente zu Beginn und am Ende des Tanzes der zeremoniellen Reinigung der Tänzer.

Ausgerichtet wurde dieser Sonnentanz von Hildegarde Catches, einer Verwandten von Pete Catches, die man mir gegenüber als »Boß« ihrer Großfamilie bezeichnet hatte. Da es sich nicht um einen »öffentlichen« Sonnentanz handelte, waren nur wenige Zuschauer anwesend, etwa zwanzig an der Zahl, die unter den beiden verbliebenen Schattendächern Platz fanden. Die sieben Tänzer setzten sich aus vier Männern und drei Frauen zusammen, darunter Hildegarde selbst, ihre Mutter, ihr Mann und ihr Sohn. Die anderen Tänzer waren weitere Verwandte oder gute Freunde. Getanzt wurde zumeist in einer Reihe vor dem Altar, jeweils eine Stunde lang, dann führte Fools Crow die Tänzer im Uhrzeigersinn (d. h. dem Lauf der Sonne folgend) um den heiligen Pfahl auf die südliche Seite, wo dem Sänger in einer besonderen Zeremonie eine der Pfeifen zum Rauchen angeboten wurde. Solange der Sänger rauchte, konnten die Tänzer unter dem Schattendach ausruhen, wobei sie allerdings das Fastengebot zu beachten hatten, d. h. den ganzen Tag nichts essen oder trinken durften. Die Pause dauerte jeweils etwa eine Viertelstunde, danach begann die nächste Tanzrunde. Lediglich die Mittagspause betrug etwa eine Stunde.

Das eigentliche Tanzen besteht im wesentlichen aus einem rhythmischen Treten auf der Stelle, wobei die männlichen Tänzer gleichzeitig auf Pfeifen aus einem Adlerknochen blasen, die einen hohen schrillen Ton von sich geben. Die beim Sonnentanz übliche Tracht besteht bei den Frauen aus einem leichten bunten Stoffkleid, mit einem zusätzlichen, um die Hüfte gewickelten Tuch. Die Männer tragen nur diesen speziellen »Wickelrock«, ihr Oberkörper ist frei. Lediglich einer der Tänzer trug eine davon abweichende Tracht, nämlich lederne Leggins und einen Lendenschurz, dazu einen besonderen Haarzierat. Die

Mehrzahl der Tänzer trug auf dem Kopf einen Kranz aus Sage, ebenso an Hand- und Fußgelenken. Die übrige Ausstattung der Tänzer bestand aus individuellen Symbolen, die sich auf die Art eines Gelübdes, auf eine Vision oder auf die Art der Tortur, der man sich unterzog, beziehen konnten.

Am frühen Nachmittag fand das Piercing statt, dem sich drei der vier männlichen Tänzer unterzogen. Im Gegensatz zu der sonst üblichen Methode, bei der sich die Kandidaten auf ein Bisonfell legen, ließ Fools Crow sie dabei stehen. Er war dafür bekannt, daß er das Piercing nicht sehr tief durchführte. Ihm kam es mehr auf den symbolischen Akt an und nicht so sehr darauf, daß die Tänzer bei der Tortur lange zu leiden hatten. Damit stand er beispielsweise im Gegensatz zu Pete Catches, der das Piercing stets tief und schmerzhaft haben wollte. Die auf beiden Seiten durch die Brusthaut gesteckten Holzsplinte wurden am Seil befestigt, das am heiligen Pfahl hing, und die Tänzer bewegten sich so weit rückwärts, bis das Seil gespannt war. So tanzten sie mehrmals vor und zurück, wobei sie jedesmal am heiligen Pfahl verweilten, um zu beten und neue Kraft zu schöpfen. Beim vierten Mal rannten sie rückwärts, um sich mit ihrem Körpergewicht nach hinten zu werfen, wodurch ihre Brusthaut, in der die Holzsplinte steckten, durchriß und sie damit vom Pfahl befreit waren. Dank des »milden« Piercing von Fools Crow hatte keiner der Kandidaten Schwierigkeiten, vom Pfahl loszukommen. Nach einer kurzen Abschlußzeremonie war der Tanz beendet und die Teilnehmer begaben sich in die Schwitzhütte, um sich zeremoniell zu reinigen. Anschließend fand ein Festessen statt, und danach wurden Geschenke verteilt, sowohl an die Tänzer als auch an Frank Fools Crow und Matt Two Bulls, den Sänger.

Bei dieser kleinen bescheidenen Zeremonie, die ohne großen organisatorischen Aufwand durchgeführt wurde, war mir der religiöse Charakter dieses Festes besonders deutlich geworden. Hier kam es nicht darauf an, Showeffekte zu erzielen, wie dies bei größeren Sonnentänzen häufig der Fall ist. Fools Crow, der es gewohnt war, solche Tänze mit einer großen Zahl von Teilnehmern zu leiten, äußerte sich sehr zufrieden über diese Zeremonie, die ohne viel Publikum vonstatten gegangen war. Es handelte sich um eine rein religiöse Veranstaltung, die um ihrer selbst willen durchgeführt wurde, um daraus neue Kraft zu schöpfen, wie Hildegarde Catches bemerkte. Der unauffällige Rahmen dieser Zeremonie unterschied sich wohltuend von der Massenabfertigung, die heute bei großen Sonnentänzen mit bis zu hundert Teilnehmern stattfindet. Eine Zeremonie mit diesen bescheidenen Ausmaßen ist als Ausnahme anzusehen, und ich bezweifle, ob sie heute noch in dieser Form möglich wäre. Die immer stärkere »Traditionalisierung« bringt auch eine immer größere Formalisierung mit sich, d. h. gemäß der heiligen Vierzahl muß ein Sonnentanz heute vier Tage lang dauern, Abweichungen davon werden als »untraditionell« angesehen.

Bemerkenswert ist auch, daß von vier männlichen Tänzern sich lediglich drei dem Piercing unterzogen. Hier gab es offenbar keinen moralischen Druck, daß jeder Tänzer auch die Tortur mitzumachen habe. Daher hatte das Piercing hier den Charakter eines echten Opfers, das Wakan Tanka dargebracht wurde. Bei anderen Sonnentänzen erscheint es eher als eine Standhaftigkeitsprobe, die vor allem den jungen Tänzern abverlangt wird.

Das Piercing: Opfer oder Standhaftigkeitsprobe?

Viele traditionell orientierte Lakota lehnen heute die in ihren Augen übertriebene Form des Piercing ab und beklagen sich über die Nichteinhaltung des Fastengebotes. Die Lakota fasten lediglich tagsüber während des Tanzens, am Abend jedoch werden volle Mahlzeiten eingenommen. Die Arapaho, deren Sonnentanz ich 1984 besuchte, fasten hingegen während der gesamten Dauer der Zeremonie, kennen jedoch kein Piercing. Aus diesem Grund wird der Arapaho-Sonnentanz von vielen Lakota als der ursprünglichere angesehen, und die Familie von Oliver Red Cloud, einem der bedeutendsten traditionellen Führer auf Pine Ridge, reiste 1984 auf die Wind River Reservation in Wyoming, da einer der Söhne von Red Cloud am Sonnentanz der Arapaho teilnahm.

Bei vielen Lakota konnte ich beobachten, wie routiniert sie sich dem Piercing unterzogen. Selbst junge Burschen im Alter von 16 Jahren oder weniger hatten schon mehrere Narbenpaare auf Brust oder Rücken vorzuweisen, als Beweis dafür, daß sie bereits erfahrene Sonnentänzer waren. Schon Julia McGillycuddy hat im Zusammenhang mit dem »letzten großen Sonnentanz« der Sioux von 1882 darauf hingewiesen, daß dieses Ritual als Initiationszeremonie in den ehrenhaften Rang eines Kriegers anzusehen sei, da kein Indianer, der sich nicht der Tortur unterzogen hatte, als tapfer gelten würde. Und der alte Red Cloud, bei der gleichen Gelegenheit von einem Missionar nach dem Sinn des Piercing gefragt, meinte: »We do not torture our young men for the love of torture but to harden them to endurance, to test their ability to defend their families in time of war« (McGillycuddy 1941: 175). Von diesem kriegerischen Geist ist noch heute, hundert Jahre nach der letzten bewaffneten Auseinandersetzung mit der US-Armee, genügend vorhanden, wie die Besetzung von Wounded Knee im Jahre 1973 gezeigt hat. Aus diesem Grund ist es nicht von der Hand zu weisen, daß dieser kriegerische Geist auch heute noch eine wesentliche Motivation für die Teilnahme am Sonnentanz und am Piercing darstellt. Das zeigte sich besonders deutlich beim »Tribal Sun Dance« von 1980, der noch stark unter dem Einfluß von AIM stand. Vor allem für junge Leute hatte AIM die Rolle eines Kriegerbundes inne, und der Sonnentanz hatte den Charakter eines dazugehörigen Initiationsrituals. Aus diesem Grund wurde das Piercing bei den Neulingen, die ihre erste Sonnentanzerfahrung machten, besonders tief und schmerzhaft durchgeführt. McGaa (1990:88) bestreitet zwar, daß es sich bei den AIM-Anhängern um »Militante« handle, bezeichnet sie andererseits aber voller Stolz als »Mystic Warriors«.

Der Jesuitenpater William Stolzman weist darauf hin, daß Medizinmänner sich beklagt hätten, weil viele junge Leute aus eigennützigen Gründen am Sonnentanz teilnehmen würden. Damit benutzten sie ihn für ihre eigenen Zwecke, was letztlich wieder auf sie und ihr Volk zurückfiele. Ein Grund für die Teilnahme sei vielfach, daß junge Männer ihrer Freundin, ihren Kumpanen oder sich selbst beweisen wollten, was für tapfere Kerle sie seien. Auch sei ein gewisser Gruppenzwang vorhanden, d. h. man nähme am Sonnentanz teil, um nicht als Außenseiter zu gelten. Andere wiederum tanzten aus Protest gegen irgendwas oder irgend jemanden (Stolzman 1986:70).

Der »traditionelle« Grund hingegen ist ein Gelübde, das ein Teilnehmer am Sonnentanz aus verschiedenen Anlässen ablegen kann: sei es, daß ein Verwandter krank ist und man für seine Genesung tanzt, oder ein Soldat gelobt, am Tanz teilzunehmen, wenn er unversehrt zurückkommt. Manchmal hat jemand auch einen Traum, in dem er sich selbst als Sonnentänzer sieht, und faßt dies als einen spirituellen Aufruf zur Teilnahme auf. Andere wiederum tanzen, weil sie sehen, daß ihr Volk Stärke nötig hat und ihr Opfer dabei unterstützend wirken kann. Und schließlich tanzen einige, damit die jungen Leute nicht dem Konsum von Alkohol oder Drogen verfallen (Stolzman 1986:69).

Wie unterschiedlich auch immer die Gründe für die Ablegung des Gelübdes sein mögen, an keinem der Teilnehmer wird der Sonnentanz spurlos vorübergehen. Allein das Jahr der Vorbereitung, an dem jeder Tänzer unter Anleitung eines Medizinmannes teilnehmen muß, verlangt Selbstdisziplin und Durchhaltevermögen. Vom Tänzer wird erwartet, daß er dem Alkohol fernbleibt und keine Kämpfe oder Streitigkeiten austrägt. Er soll vielmehr regelmäßig mit der heiligen Pfeife beten, an den Schwitzbadritualen teilnehmen oder, wenn möglich, eine Visionssuche durchführen. Dies bedeutet, daß er sich während der Vorbereitungszeit intensiv mit den traditionellen Verhaltensweisen und Denkstrukturen seiner Kultur auseinandersetzt. Er erhält eine Einführung in die rituellen Besonderheiten und Geheimnisse der Lakota-Religion und geht schließlich mit einem gestärkten Identitätsbewußtsein aus der Sonnentanz-Zeremonie hervor. Insofern ist die Teilnahme am Sonnentanz als eine Art von religiöser Initiationszeremonie aufzufassen, an deren Ende, sozusagen als »Abschlußprüfung«, das Piercing steht.

Barbara Means Adams verlangt in ihrem Buch sogar (1990:105), daß sich ein Sonnentänzer während der einjährigen Vorbereitungszeit jeglicher sexueller Betätigung enthalten soll. Da diese Forderung in krassem Gegensatz zu dem ursprünglichen Fruchtbarkeitscharakter des Sonnentanzes steht, soll hier kurz auf die sexuelle Symbolik eingegangen werden, die dieser Zeremonie noch bis zum Ende des neunzehnten Jahrhunderts innewohnte. Augenfälligstes Merkmal dafür war die Rohhautfigur eines Mannes mit erigiertem Penis, die zusammen mit der Figur eines Bisons in der Spitze des heiligen Pfahles befestigt war. Es handelte sich dabei um die Verkörperungen von Iya und Gnaski, die Schutzpatrone der Liederlichkeit und Ausschweifung (Walker 1917:108–110). Noch 1882, beim »last great Sun Dance«, konnte die Ethnologin Alice Fletcher ein Paar solcher Figuren erlangen, bei deren Anblick sie sich zu der Bemerkung hinreißen ließ, daß die Indianer »phallic worshipers« seien (McGillycuddy 1941:174). Während der Zeit der »Herrschaft« von Iya und Gnaski waren beim Sonnentanz bestimmte sexuelle Freiheiten erlaubt, die normalerweise verboten waren (Walker 1917:110).

Heute ist jegliche sexuelle Symbolik beim Sonnentanz verschwunden. Die Rohhautfiguren gibt es zwar immer noch, doch zeigen sie keine primären Geschlechtsmerkmale mehr, sie sind sozusagen sexuell »neutralisiert«. Ge

222

rade anhand dieses Beispiels zeigt sich sehr deutlich, welch ideologischen Wandlungen der Sonnentanz während der Reservationszeit unterworfen war. Die in dieses Ritual eingeflossenen puritanischen Moralvorstellungen gipfeln in der Forderung von Barbara Means Adams, die meiner Ansicht nach zwar mehr Wunschvorstellung als Realität ist, jedoch einen gewissen Trend zum Ausdruck bringt.

Wallace Black Elk, selbst ein Oglala-Medizinmann, gehört zu den wenigen, die über ihre unmittelbaren Gefühle beim Piercing berichtet haben. Vor allem warnt er davor, dies niemals nur aus Neugierde zu tun, da es mit Tod und Leben verbunden sei. Nach dem schmerzhaften Akt hatte er eine Vision, in der er von einem Wesen, das auf einem Blitzstrahl zu ihm niederstieg, eine Segnung erfuhr (Black Elk u. Lyon 1990: 132–133). Allen Ross hingegen hatte eine Vision von Christus, während er sieben Bisonschädel, die in seiner Haut am Rücken befestigt waren, über den Boden zog. Er betont vor allem den heilenden Effekt des Sonnentanzes, sowohl für die Erde, als auch für Teilnehmer und Zuschauer (Ross 1989: 116).

In den meisten Phasen seiner Ausführung ist der Sonnentanz ein kollektives Ritual, doch besonders während des Piercing macht jeder Teilnehmer seine eigenen Erfahrungen und erhält auf die eine oder andere Art eine individuelle Belohnung, meist in Form einer Vision. Das Piercing ist somit in zweifacher Hinsicht der Höhepunkt des Sonnentanzes: Einmal ist es das nach außen hin sichtbare Zeichen für die Erfüllung des Gelübdes, das der Tänzer abgelegt hat, zum anderen erwartet er während dieser schmerzhaften Phase, in der er sich in einem Trance-ähnlichen Zustand befindet, ein persönliches Zeichen von Wakan Tanka oder den Geistmächten, denen er sein Opfer darbringt.

Die Zukunft des Sonnentanzes

Als Beobachter von einem halben Dutzend Sonnentänzen, großen und kleinen, »offiziellen« und »privaten«, stellt man sich immer wieder die Frage: Was motiviert diese Menschen, sich ein ganzes Jahr lang auf eine Zeremonie vorzubereiten, die vier Tage der Entbehrung, Strapazen und Schmerzen bedeutet? Die einzig überzeugende Antwort für mich lautet: ein unerschütterlicher Glaube an die Zukunft. Der Sonnentanz soll das Überleben der Lakota als Volk sichern, wobei heute weniger das physische Überleben gemeint ist, sondern das kulturelle Fortbestehen, das Weiterexistieren einer ethnischen Gemeinschaft, die sich seit über hundert Jahren dagegen wehrt, in die angloamerikanische Gesellschaft integriert zu werden.

Spätestens beim Erleben eines Sonnentanzes wird einem außenstehenden Beobachter klar, daß hier Kräfte am Werk sind, die sich jeglicher Kontrolle durch weiße Behörden entziehen. Der Sonnentanz ist das Symbol für die Lebenskraft einer Kultur, die sich auch in der Zukunft behaupten wird, trotz der Veränderungen, die sie in den letzten hundertfünfzig Jahren durchlaufen mußte. Zu diesen Veränderungen gehört der totale Zusammenbruch des ökonomischen Systems und die vollständige Abhängigkeit von der Unterstützung durch die US-Regierung. Doch handelt es sich dabei nicht um Almosen, sondern um vertraglich zugesicherte Leistungen, für die die Lakota riesige Ländereien abgetreten haben. Das seßhafte Leben auf der Reservation hat nicht nur die sozialen Strukturen, sondern auch die religiösen Formen verändert, und das Auf und Ab des Sonnentanzes spiegelt diese Veränderungen deutlich wider.

Die Oglala der Pine Ridge Reservation zählt im Jahre 1906 offiziell 6727 Personen. Bis 1940 war ihre Zahl auf 11 329 angewachsen, und 1970 betrug sie bereits 12 675. Im Jahr 1980 wurden 15 710 Oglala gezählt, und für 1990 wurden sie auf knapp 20 000 geschätzt. Dies bedeutet eine Verdreifachung der Bevölkerung innerhalb von 85 Jahren und damit auch eine ständige Verjüngung. Die Hälfte aller Oglala ist bereits unter 16 Jahre alt, und dieser Trend wird sich weiter fortsetzen.

Vergleicht man den Sonnentanz mit dieser Entwicklung, so sind die Parallelen ganz offensichtlich: Die Zahl der Tänzer hat nicht nur erheblich zugenommen, sie sind auch immer jünger geworden. Selbstverständlich ist das gewachsene Interesse am Sonnentanz nicht nur mit dem Bevölkerungswachstum zu erklären, sondern resultiert in erster Linie aus dem Bedürfnis der kulturellen Erneuerung, die primär im religiösen Bereich stattfand.

Mit der wachsenden Zahl der Teilnehmer seit den sechziger Jahren mußte zwangsläufig auch die Zahl der einzelnen Sonnentänze zunehmen, so daß das »traditionelle« Ideal der Einheit nicht länger aufrechtzuerhalten war. Die vorhandene Rivalität der verschiedenen »Sun Dance Chiefs«, die ebenfalls zum »traditionellen« Erbe der Lakota-Kultur gehört, fördert zusätzlich die weitere Zersplitterung des Sonnentanzes. Seit den siebziger Jahren kommt hinzu, daß die Abhaltung eines solchen Rituals immer mehr zur Prestigeangelegenheit einzelner Großfamilien wurde. Und schließlich hat das militante Gehabe des American Indian Movement dazu beigetragen, daß sich viele Lakota vom AIM-beeinflußten »Tribal Sun Dance« der siebziger Jahre abwandten und sich statt dessen einem »privaten« Sonnentanz anschlossen oder ihren eigenen begründeten.

Bei meinen Recherchen auf der Pine Ridge und Rosebud Reservation im Sommer 1990 habe ich niemanden getroffen, der die Rückkehr zum »traditionellen« Ideal der Einheit des Sonnentanzes gefordert hätte. Im Gegenteil, seine Vielzahl wird allgemein akzeptiert. So hat sich wenige Jahre, nachdem der letzte offizielle »Tribal Sun Dance« stattgefunden hatte, bereits eine neue Sonnentanz-Tradition gebildet, von der angenommen wird, daß sie in ihrer Vielfalt »schon immer« so bestanden habe. Sollte die Zahl der Teilnehmer am Sonnentanz weiter zunehmen, so wird zwangsläufig auch die Zahl der einzelnen Rituale immer größer werden. Damit vergrößert sich auch die Möglichkeit der individuellen Variationen durch einzelne »Sun Dance Chiefs«, die dabei ihre persönlichen Visionen oder puristischen Vorstellungen verwirklichen können. Der Sonnentanz, der laut dem Ideal der Lakota die »tribale Einheit« verkörpert, ist somit auf dem Wege, zum Ritual der individuellen Vielfalt zu werden.

Literatur

Adams, Barbara Means: Prayers of Smoke. Renewing Makaha Tribal Tradition. Berkeley 1990.

Bennett, John W.: The Development of Ethnological Theory as Illustrated by Studies of the Plains Sun Dance. In: American Anthropologist 46 (1944), S. 162–181.

Black Elk, H. Wallace u. William S. Lyon: Black Elk. The Sacred Ways of a Lakota. San Francisco 1990.

Bolz, Peter: Ethnische Identität und kultureller Widerstand. Die Oglala-Sioux der Pine-Ridge-Reservation in South Dakota. Frankfurt a. M. 1986.

Catlin, George: Letters and Notes on the Manners, Customs, and Conditions of the North American Indians. 1841; Nachdr. 2 Bde, New York 1973.

Crow Dog, Mary u. Richard Erdoes: Lakota Woman. New York 1990 (dt. Leipzig 1992).

DeMallie, Raymond J.: The Lakota Ghost Dance. An Ethnohistorical Account. In: Pacific Historical Review 51 (1982), S. 385–405.

Erikson, Erik H.: Kindheit und Gesellschaft. Stuttgart 1973.

Feraca, Stephen E.: Wakinyan. Contemporary Teton Dakota Religion. Browning 1963.

Jorgensen, Joseph G.: The Sun Dance Religion. Power for the Powerless. Chicago 1972.

Lewis, Thomas H.: The Oglala (Teton Dakota) Sun Dance. Vicissitudes of Its Structures and Functions. In: Plains Anthropologist 17 (1972), S. 44–49.

Lewis, Thomas H.: The Medicine Man. Oglala Sioux Ceremony and Healing. Lincoln 1990.

Liberty, Margot: The Sun Dance. In: Anthropology on the Great Plains. Hrsg. W. R. Wood u. M. Liberty, Lincoln 1980.

Linton, Ralph: Nativistic Movements. In: American Anthropologist 45 (1943), S. 230–240.

McGaa, Ed (Eagle Man): Mother Earth Spirituality. Native American Paths to Healing Ourselves and Our World. San Francisco 1990.

McGillycuddy, Julia B.: Blood on the Moon. Valentine McGillycuddy and the Sioux. 1941; Nachdr. Lincoln 1990.

Macgregor, Gordon: Warriors Without Weapons. A Study of the Society and Personality Development of the Pine Ridge Sioux. 1946; Nachdr. Chicago 1975.

Medicine, Beatrice: Native American Resistance to Integration. Contemporary Confrontations and Religious Revitalization. In: Plains Anthropologist 26 (1981), S. 277–286.

Milligan, Edward A.: Sun Dance of the Sioux. Bottineau, North Dakota 1969.

Moorehead, Warren K.: The Field Diary of an Archaeological Collector. Andover, Mass. 1902.

Paige, Darcy: George W. Hill's Account of the Sioux Sun Dance of 1866. In: Plains Anthropologist 24 (1979), S. 99–112.

Perrin du Lac, François Marie: Reise in die beyden Louisianen unter die wilden Völkerschaften am Missouri, durch die vereinigten Staaten und die Provinzen am Ohio, in den Jahren 1801, 1802 und 1803. Wien 1807; Nachdr. Wyk 1989.

Powers, William K.: Beyond the Vision. Essays on American Indian Culture. Norman 1987.

Ross, Allen C.: Mitakuye Oyasin. »We are all related«. Ft. Yates 1989.

Stolzman, William: How to Take Part in Lakota Ceremonies. Pine Ridge 1986.

Voget, Fred W.: The Shoshoni-Crow Sun Dance. Norman 1984.

Walker, James R.: The Sun Dance and Other Ceremonies of the Oglala Division of the Teton Dakota. In: Anthropological Papers of the American Museum of Natural History 16 (1917), H. 2, S. 55–221; Nachdr. New York 1979.

Walker, James R.: Lakota Belief and Ritual. Hrsg. Raymond J. DeMallie u. Elaine A. Jahner, Lincoln 1980.

Wallace, Anthony F. C.: Revitalization Movements. In: American Anthropologist 58 (1956), S. 264–281.

Wissler, Clark (Hrsg.): Sun Dance of the Plains Indians. Anthropological Papers of the American Museum of Natural History 16 (1921).

GESINE SCHROETER-TEMME

Wykoopah – Ein indianisches Zweisprachenprojekt bei den Nördlichen Ute

Der ›Bilingual Education Act‹ wurde 1968 verabschiedet, und zwar als »Title VII« (Ergänzungsparagraph VII) eines schon 1965 erlassenen Gesetzes zur Regelung und Finanzierung des Unterrichts an Grundschulen und weiterführenden Schulen in den USA, dem ›Elementary and Secondary Education Act‹ (Kjolseth 1982:2). Schulunterricht, der durch Title VII finanziert wird, soll diejenigen Schüler an öffentlichen Schulen fördern, deren Schwierigkeiten mit der englischen Sprache in Wort und Schrift auf folgende Gründe zurückzuführen sind: Sie sprechen entweder eine andere Sprache als Englisch, oder ihr Sprachumfeld zu Hause wird sehr stark von einer anderen, nichtenglischen Sprache beeinflußt.

Die »Schmelztiegel-Ideologie«, die ihren ganz eindeutigen Niederschlag in vielen Gesetzen und Programmen zum Schulunterricht für ethnische Gruppen in den USA gefunden hat, zielt auf die Assimilation dieser Gruppen an die dominante anglo-amerikanische Gesellschaft. Menschen mit andersartiger sprachlicher und kultureller Herkunft werden als kulturell benachteiligt eingestuft. Zwei- oder Mehrsprachigkeit wird ebensowenig wie eine bi- oder multikulturelle Herkunft bzw. Lebensumwelt als Privileg angesehen, das eine kulturelle Bereicherung und erhöhte Sensibilität anderen Kulturen gegenüber bedeuten könnte. Die meisten Zweisprachenprojekte an Schulen in den USA müssen sich daher den Vorwurf gefallen lassen, eine »Politik der abgebrochenen Brücken« zu betreiben (Kjolseth 1982:15f.). Indem eine ethnische Sprache als

Überarbeitete Fassung des Beitrages: Wykoopah – A Northern Ute Bilingual Project. In: North American Indian Studies. Hrsg. Pieter Hovens, Bd. 2, Edition Herodot, Göttingen 1984, S. 99–109.

Brücke gebraucht wird, versucht man mit Hilfe dieser Projekte Menschen, die neben dem Englischen eine ethnische Sprache sprechen, dazu zu bringen, nur noch Englisch zu sprechen, d. h. ihre eigene Sprache zu vergessen. Die ethnische Sprache wird in einem solchen Fall dann nur noch in der Schule gelehrt und gesprochen, während sie in der von dem Projekt betroffenen ethnischen Gruppe langsam aus dem täglichen Gebrauch kommt. Außerdem dürfen nur Mitglieder der ethnischen Gruppe an einem solchen Projekt teilnehmen.

Es gibt jedoch Zweisprachenprojekte, die sich den Erhalt einer ethnischen Sprache (und auch Kultur) zur Aufgabe gemacht haben, und deren charakteristische Merkmale von Kjolseth (1982) als pluralistisches Modell eines Zweisprachenprogramms beschrieben werden. Derartige Projekte zeichnen sich dadurch aus, daß sie meist von der jeweiligen ethnischen Gemeinde selbst initiiert werden. Schüler, die nicht der ethnischen Gruppe angehören, dürfen ebenfalls am Projekt teilnehmen, und sowohl die ethnische als auch die jeweils betroffene »mainstream«-Gemeinde tragen zur Durchführung des Programms bei. Ein solches Projekt wirkt sich also in mindestens zwei Richtungen aus, d. h. die daran beteiligten Gruppen erfahren eine gegenseitige sprachliche und kulturelle Bereicherung, indem sie einander besser kennen- und verstehen lernen. Gleichzeitig unterstreicht das Projekt die Bedeutung von Sprache und Kultur der jeweiligen ethnischen Gemeinde sowie deren Widerstand gegen Anpassung an die dominante Gesellschaft.

Dieser Aufsatz beschreibt ein Zweisprachenprojekt, das von den Nördlichen Ute initiiert wurde. Er will aufzeigen, wie die Mitarbeiter des Projekts versuchten, ihren Schülern einen ausgewogenen bilingualen und bikulturellen Unterricht anzubieten, und wie sie damit auch zur Förderung des Selbstwertgefühls und der ethnischen Identität sowohl des einzelnen als auch der ethnischen Gemeinde beitrugen.

Das Reservat der Nördlichen Ute – die Uintah-Ouray Reservation – liegt im Nordosten des Bundesstaates Utah, im Uintah-Becken. Die vergleichsweise kleine Gruppe zählt ungefähr 1800 Stammesmitglieder (1986). Sie muß sich nicht nur gegenüber der anglo-amerikanischen Bevölkerung, die um und teilweise sogar auf Reservationsland lebt, behaupten, wenn es um Zugriff auf und Nutzung von Ressourcen des Uintah-Beckens geht. Sie muß sich ebenfalls gegen eine Politik der kulturellen Assimilation zur Wehr setzen, die von der von Mormonen dominierten weißen Gesellschaft ihnen gegenüber ausgeübt wird (vgl. Jorgensen 1972, Collins 1975). Die Beziehungen zwischen den Ute und ihren weißen Nachbarn sind daher von Antipathie und Mißtrauen, ja sogar Diskriminierung von seiten der Weißen gekennzeichnet (Collins 1975: 70). Der von der dominanten Gesellschaft ausgeübte Druck zur Anpassung zielte und zielt sowohl auf die Verdrängung typischer Kulturmerkmale als auch auf eine Ausbeutung im ökonomischen Bereich. Konfrontiert mit dieser Situation, sind die Ute in jüngster Zeit in immer stärkerem Maß aktiv geworden in den Bereichen Politik, Wirtschaft, Schulerziehung und Ausbildung sowie im religiösen Bereich, und zwar mit dem Ziel der Selbstbestimmung in allen Fragen ihrer Existenz. Widerstand gegen den Druck »von außen« dokumentiert sich auch im Herausstreichen besonders auffälliger ethnischer Charakteristika, d. h. von Dingen, die von den Ute selbst als »typisch« angesehen werden, wie beispielsweise Kleidung, religiöse und andere Zeremonien – Sonnentanz, Bärentanz und 4th of July-Powwow, um nur einige zu nennen – und natürlich die eigene Sprache. Collins stellt fest, daß »perhaps the major symbol of Indian exclusiveness is the native language« – Ute-Stammesmitglieder messen den Grad des »Ute-Seins« an der Fähigkeit des einzelnen, die eigene Sprache zu sprechen und zu verstehen (Collins 1975: 68 f.). Mein während Feldforschungen in den Jahren 1980, 1982, 1983 und 1986 gesammeltes Material bestätigt diesen Befund.

Wenn ethnische Gruppen, die in pluralistischen Natio-
nalstaaten leben, sich aktiv um ihre Selbstbestimmung bemühen und dem politischen sowie dem sozio-kulturellen
Druck, der von seiten der dominanten Gesellschaft auf sie
ausgeübt wird, Widerstand entgegensetzen, dann spricht
man auch in der Ethnologie von Verhaltensweisen, die, neben anderen, das Phänomen der Ethnizität bzw. der
Wahrung einer ethnischen Identität definieren. Das Konzept der ethnischen Identität beinhaltet u. a. den Prozeß
bewußter Abgrenzung einer ethnischen Gruppe von anderen Gruppen, wobei Unterschiede im Wertesystem, in
Verhaltensmustern und andere kulturelle Merkmale wie
beispielsweise Sprache hervorgehoben werden (vgl. Barth
1969; De Vos u. Romanucci-Ross 1975; Greverus 1978).

Geht man von der Prämisse aus, daß kulturelle Charakteristika einer ethnischen Gruppe von den Gruppenmit-
gliedern bewahrt und internalisiert werden, so stellt sich
zwangsläufig die Frage, wie in diesem Zusammenhang die
ethnische Identität bzw. das Selbstbild einer Gruppe – in
diesem Fall der Nördlichen Ute – an die einzelnen Gruppenmitglieder weitergegeben wird, also die Frage nach den
Erziehungskonzepten der Gruppe. Enkulturation und Sozialisation haben zum Ziel, die Identität einer Gruppe aufzubauen, zu stabilisieren und gegen andere (außerhalb der
Gruppe) zu verteidigen. Gleichzeitig sollen sie der Identität zur Fortdauer verhelfen, indem durch sie Werte und
Normen, also auch Verhaltensweisen und -anweisungen
tradiert werden, die als sanktionierte Standards für die Lebensweise einer Gruppe dienen. Während der Feldforschung auf der Uintah-Ouray-Reservation konzentrierte
ich meine Kontakte u. a. auf Mitarbeiter der Education
Division (Abteilung für Erziehungsarbeit) des Stammes,
die sehr kooperativ waren und mich mit Informationen
über Programme und Ziele im Bereich der formalen Erziehung versorgten, Programme, wie sie vom Stamm selbst
und auch den öffentlichen Schulen den Ute-Kindern angeboten werden. Die pädagogischen Fachkräfte der Edu-

cation Division drückten ihre Besorgnis über das niedrige Leistungsniveau der Ute-Kinder in der Schule aus, wobei sie auch für die Eltern dieser Kinder sprachen. Sie bemängelten außerdem, daß an den öffentlichen Schulen, die von Ute-Kindern besucht werden, Erziehungsprogramme fehlten, die die besonderen kulturell bedingten Bedürfnisse dieser Schüler berücksichtigten.

Den weitaus höchsten Prozentsatz an indianischen Schülern hat der Uintah County School District, nämlich ca. 600 Kinder (das sind ungefähr 55 Prozent der Gesamtschülerzahl des Distrikts). Diese Kinder besuchen eine (seit Herbst 1983 zwei) Grundschule(n) bzw. eine weiterführende Schule, die alle in der Nähe von Ft. Duchesne, dem Stammeshauptsitz liegen. Weitere 125 Ute-Kinder besuchen Grundschulen (3) im Duchesne County School District (Wykoopah Proposal 1980:33f.).

Das National Indian Training and Research Center führte in den Jahren 1977 und 1978 für die Erziehungsabteilung des Stammes – das Ute Education Department – eine Erhebung durch, die die Wünsche und Bedürfnisse des Stammes hinsichtlich der Schulerziehung der Ute-Kinder erfassen sollte.

Der anhand dieser Erhebung erstellte Forderungskatalog beschreibt u. a. die pädagogischen Ziele des Ute Education Departments, nämlich »educational experience and opportunities«, d. h. Wissen und Ausbildungsmöglichkeiten auch und gerade im Hinblick auf die Kultur der Ute anbieten zu können, um die indianischen Schüler mit ihrem kulturellen Erbe vertraut zu machen und somit ihr Selbstwertgefühl und ihre ethnische Identität zu stärken. Diese Ziele werden unterstrichen von der im Rahmen der Erhebung formulierten »Ute Tribe Education Philosophy«, die u. a. feststellt, daß »a general knowledge of Ute culture/language... is vital to the attainment of positive self-worth, self-identity, philosophy or purpose in life« (Needs Assessment 1978/79:3). Die dieser »Education Philosophy« zugrundeliegende Annahme besagt, daß das geringe Selbstwertgefühl der Ute-Schüler nicht nur mit dem niedrigen Niveau ihrer allgemeinen schulischen Leistungen zusammenhängt, sondern auch mit ihrer mangelnden Vertrautheit mit ihrer eigenen Kultur und Sprache. Machte man diese Kinder also mit ihrer eigenen Sprache und Kultur vertraut, so hebe man damit ihr Selbstwertgefühl, indem man ihnen zeige, daß sie auf ihr kulturelles Erbe stolz sein, darauf aufbauen könnten. Von Ute-Stammesmitgliedern wird in diesem Zusammenhang oft die Meinung vertreten, daß ihre Kinder eigentlich viel vertrauter mit ihrer kulturellen Herkunft sein müßten, viel stärkere Bande zu ihrem Stamm haben müßten: »These children know that they're different from whites, but just because of the color of their skin« (Aufzeichnungen Schroeter-Temme, 20.5.1983).

Die meisten ethnologischen Studien, die die hohe Schulabbrecherrate und das häufige Fehlschlagen schulischer Erziehung bei indianischen Kindern untersuchen, weisen immer wieder darauf hin, daß die Mehrzahl der pädagogischen Konzepte in diesen Fällen erstellt wurde, ohne genügend Rücksicht auf die kulturelle Herkunft dieser Kinder zu nehmen. Gleichzeitig, so heißt es, haben die Indianer selbst – die Schüler, Eltern, Lehrer – kaum Anteil an der Erstellung von Unterrichtskonzepten und Lerninhalten (vgl. Fuchs u. Havighurst 1972; Chadwick 1972; Wax u. Wax 1972). Darüber hinaus war für Indianer die Institution »Schule« immer ein fremder, ein »weißer« Bereich. Da die Schule immer eine für sie fremde Sprache und Kultur, fremde Wertmaßstäbe vermittelt, haben indianische Eltern sich selbst oft nicht das Recht zugestanden, ihren eigenen Beitrag zu dieser Institution zu leisten. Zudem haben die Anglo-Amerikaner mit Erfolg versucht, indianische Eltern glauben zu machen, daß sie unfähig seien, die formale, d. h. in diesem Falle die Schulerziehung ihrer eigenen Kinder selbst in die Hand zu nehmen.

Auch die Nördlichen Ute befanden sich in dieser Situation, mit der sich der Stamm und vor allem die für Schule und Ausbildung zuständigen Fachkräfte nicht länger abfinden wollten. Sie entwickelten verschiedene Initiativen, die teils vom Stamm selbst, teils von der US-Regierung bzw. dem BIA (Bureau of Indian Affairs) finanziert werden, wie beispielsweise das Programm zur Erwachsenenbildung, das »Ute Culture and Language Maintenance Project« und das Johnson O'Malley Programm (JOM)[*].

Das JOM war bis 1978 von den Uintah und Duchesne County School Districts verwaltet worden, ging dann aber in den Zuständigkeitsbereich des Stammes über (vgl. Cuch 1982). Die Erziehungsabteilung der Stammesregierung entwickelte im Rahmen der genannten Initiativen auch Lehrmaterial für die öffentlichen Schulen, und zwar in Zusammenarbeit mit sog. »resource persons«, d. h. Ute-Indianern vor allem der älteren Generation, die ihr Wissen über Sprache und Kultur der Ute zur Verfügung stellten, und mit einem Linguisten von der American University in Washington, D.C. Außerdem wurde die Brigham Young Universität in Provo, Utah, dazu verpflichtet, Kurse zur Lehrerausbildung abzuhalten, die teils vor Ort, also auf der Reservation stattfinden, teils an der Universität selbst besucht werden sollten.

Im folgenden möchte ich anhand eines Beispiels die Bemühungen beschreiben, die der Stamm der Nördlichen Ute unternimmt, um die Erziehungs- und Ausbildungsmöglichkeiten für seine Stammesmitglieder zu verbessern. Es ist dies ein Zweisprachenprojekt, das 1980 in der Hauptsache von linguistischen und pädagogischen Fachkräften der Abteilung für Erziehung (Education Division oder Department) des Stammes erarbeitet wurde, zusammen mit Mitarbeitern des Uintah County School Districts, und das in Kooperation mit den dortigen Lehrern an einer

[*] 1934 wurde das Johnson O'Malley Gesetz verabschiedet. Es sah vor, daß die Erziehungsbehörden der Bundesstaaten finanzielle Mittel zur Erziehung indianischer Kinder erhalten sollten. Die Vergabe orientierte sich an den Richtlinien des BIA (Schierle 1991: 241; vgl. auch Szasz 1974: 89–105).

der Grundschulen bzw. ab 1983 an zwei Schulen des Distrikts angeboten wurde.

Das Zweisprachenprojekt »Wykoopah« – was in der Ute-Sprache soviel wie »Zwei Wege« oder »in zwei/beide Richtungen« bedeutet – wurde entwickelt, um einem drohenden Sprachverlust innerhalb des Stammes entgegenzuwirken. Obwohl die Fähigkeit »Ute« zu sprechen immer als ein wichtiges Identitätsmerkmal gegolten hat, war in jüngster Vergangenheit deutlich festzustellen, daß immer weniger Stammesmitglieder diese Fähigkeit noch beherrschten. Das galt besonders für die Ute-Kinder: »During the past ten years Ute children have reversed the situation from being about 90 per cent predominantly Ute language speaking to 90 per cent non-Ute speaking as indicated by recent survey« (Needs Assessment 1978/79: 1). Eine strikte Politik der Assimilation, vor allem im Sprachbereich, der die indianischen Schüler an »weißen« Schulen unterworfen waren und sind, wird dafür verantwortlich gemacht (Talbot 1981: 19). Eine 1979 von der Education Division durchgeführte Befragung der indianischen Haushalte auf der Reservation zeitigte jedoch einige sehr interessante Ergebnisse, was die Fähigkeit von Ute-Kindern betrifft, ihre eigene Sprache zu sprechen oder zu verstehen. In einem Sample von 104 Kindern, deren Sprachfertigkeiten überprüft wurden, verstanden 89 Kinder (85 Prozent) Ute bis zu einem gewissen Grad, während 15 Kinder (14 Prozent) ihre eigene Sprache überhaupt nicht beherrschten. 18 Kinder (17 Prozent) aus dem Sample verstanden alles, was auf Ute gesagt wurde, und 15 Kinder (14 Prozent) sprachen ihre Sprache gut bis sehr gut (Wykoopah Proposal 1980: 38 f.). Mit anderen Worten, die Ergebnisse der Befragung machten deutlich, daß noch eine beachtliche Anzahl junger Leute zumindest eine passive oder verdeckte Sprachfertigkeit aufwiesen, d. h. auch wenn nicht mehr viele Kinder Ute sprechen konnten, so verstanden die meisten doch zumindest bis zu einem gewissen Grade, was in dieser Sprache gesprochen wurde.

Das diesem Befund zugrunde liegende sprachliche Phänomen wurde von Leap als »American Indian English«
(Leap 1974, 1977) bezeichnet. Unter Bezugnahme auf
Leap wurde im ›Wykoopah Proposal‹ »American Indian
English« als ein »set of non-standard English codes whose
phonological and grammatical rules are based in large parts
on the phonology and grammar of the language ancestral
to the speaker's tribal tradition« (Wykoopah Proposal
1980:35 f.) definiert.

Die Spielart des American Indian English, das von den
heutigen Ute-Kindern gesprochen wird, basiert also auf
dem Prozeß des Spracherwerbs, der in der Generation ihrer Großeltern und Urgroßeltern stattfand, und der »cre-
ative construction« genannt wird. Das bedeutet, daß
Grammatik und Syntax der ersten Sprache – Ute in diesem
Fall – benutzt wurde als Basis, um Sätze in der zweiten
Sprache – hier also Englisch – zu formulieren und zu interpretieren (Wykoopah Proposal 1930:37). Das Indian English, das von den Ute-Kindern gesprochen wird, erklärt
demnach nicht nur die passive Fähigkeit Ute zu sprechen
bzw. zu verstehen, es bildet auch gleichzeitig einen soliden
Ausgangspunkt, um diese Sprache relativ leicht und
schnell zu lernen bzw. wiederzulernen.

Wiewohl dies als Handicap angesehen werden kann,
wenn es um schulische Leistungen in einem sowohl in
sprachlicher als auch kultureller Hinsicht englisch-domi-
nierten Lernumfeld geht, so zeigte die Umfrage von 1979
doch weitere interessante und in diesem Zusammenhang
unerwartete Resultate. Ein Teil des Fragebogens war darauf ausgerichtet, Gründe für das niedrige Schulleistungs-
niveau der Ute-Schüler in bezug auf deren englische
Sprachfähigkeit festzustellen. Man fand heraus, daß Kinder, in deren Familien sowohl Ute als auch Englisch gesprochen wurde, sehr wenig Probleme damit hatten, während es derartige Probleme tatsächlich für diejenigen Ute-
Schüler gab, die nur Englisch sprechen und verstehen
konnten. Außerdem zeigte ein Lesetest, den alle Schüler

der betreffenden Grundschule 1979/80 durchlaufen hatten, daß Ute-Schüler, die sowohl Ute als auch Englisch sprachen, bessere Ergebnisse dabei erzielten als die Ute-Kinder, die nur Englisch sprachen (Wykoopah Proposal 1980: 41 ff.). Dies scheint mit größeren sprachlichen Fähigkeiten bei bilingualen Kindern begründet werden zu können, deren analytische Sprachfähigkeiten stärker entwickelt zu sein scheinen als die der nur Englisch sprechenden Ute-Kinder, zumal deren Englisch nicht das reguläre Englisch ist, wie es an den Schulen gelehrt wird. Als die Linguistikexperten des Stammes diese außergewöhnliche Sprachsituation der Ute-Kinder und auch deren ungewöhnliche und unerwartete Konsequenzen erkannt hatten, riefen sie ein Zweisprachenprogramm ins Leben, das genau auf die besonderen Lernbedürfnisse dieser Schüler zugeschnitten war und sowohl ihre Ute- als auch Englischkenntnisse fördern sollte.

Der Antrag für das »Wykoopah«-Zweisprachenprojekt wurde im Juni 1980 gestellt, und das Projekt erhielt vom U.S. Office of Education im Rahmen des Gesetzes für bilinguale Erziehung, des sog. »Title VII«, Mittel für zunächst drei Jahre. Diese Periode wurde später auf insgesamt sechs Jahre verlängert, so daß das Projekt bis zum Schuljahresende 1986 lief und in diesem Zeitraum den Schülern an zunächst einer, dann zwei Grundschulen im Uintah County School District zugute kam. Im ersten Jahr nahmen die Schüler der Klassen »kindergarten« (i. e. Vorschuljahr, das schon in der Schule absolviert wird) bis dritte Klasse am Projekt teil. Danach wurde jedes Jahr eine Jahrgangsstufe mehr miteinbezogen, so daß schließlich nach drei Jahren Laufzeit den Klassen »kindergarten« bis fünfte Klasse »Wykoopah« angeboten werden konnte. Nicht-indianische Schüler sollten auf freiwilliger Basis partizipieren. Das Programm wurde an den Schulen jedoch so gehandhabt, daß immer die gesamte jeweilige Klasse daran teilnahm. Der Schuldistrikt fungierte zwar als offizieller Verwalter des Projekts und nahm dabei neun

Stammesmitglieder als Lehrkräfte unter Vertrag, der Ursprung des Projekts lag jedoch in einem der Sprachprogramme, die von der Education Division der Stammesregierung gefördert worden waren (Wykoopah Program Narrative 1982:11).

Hauptziel des Zweisprachenprojekts war die Verbesserung der Gesamtschulleistung der Ute-Schüler. Dies sollte nicht nur durch eine Verbesserung und Weiterentwicklung ihrer Ute- und Englischkenntnisse erreicht werden, man wollte auch und vor allem ein positives Selbstbild bei den indianischen Kindern schaffen, indem man sie – nun auch im Rahmen der Schule – mit ihrem kulturellen Erbe, das ja auch ihre Sprache einschließt, vertraut machte. Das Projekt gliederte sich in drei Komponenten, nämlich einen Lehrplan, einen Plan zur Ausbildung indianischer Lehrer und einen Plan für die Elternpartizipation am Projekt. Diese drei Komponenten sollen im folgenden in groben Umrissen beschrieben werden.

Der Lehrplan

Die Ute-Sprache sollte, so sah es der Projektantrag vor, nicht alleiniger Unterrichtsgegenstand sein (Wykoopah Proposal 1980:48). Sicher war das Erlernen oder Wiedererlernen dieser Sprache einer der wichtigsten Aspekte von »Wykoopah«. Ute sollte jedoch auch als ein den Unterricht stützendes Medium (»instructional support medium«) eingesetzt werden, auch und gerade in Koordination mit dem regulären Schulunterricht. Das heißt, daß der Lerninhalt des Zweisprachenunterrichts möglichst genau mit dem des regulären Unterrichts abgestimmt werden sollte. Wenn also beispielsweise in einer Klasse oder Jahrgangsstufe der Winterschlaf der Tiere Lehrgegenstand war, dann sollte die Zweisprachenlehrerin in ihrer Unterrichtsstunde darüber sprechen, wie die Ute diese Tiere in ihrer Sprache nennen, welchen Nutzen und welche Bedeutung diese Tiere für sie hatten und welche Rolle die Tiere in den Mythen und Legenden der Ute spielen.

Zweisprachenunterricht wurde in jeder Klasse täglich erteilt, und zwar jeweils für eine halbe Stunde (Evaluation Report 1982:3). Idealerweise sollte die Zweisprachenlehrkraft dabei von dem Klassenlehrer unterstützt werden, und sei es nur für Handreichungen und/oder Disziplinierungsmaßnahmen in der Klasse. In dieser Hinsicht war jedoch zumindest in den ersten drei Jahren des Projekts wenig Kooperationsbereitschaft von seiten der Klassenlehrer zu beobachten. Viele verließen sogar das Klassenzimmer während des bilingualen Unterrichts.

Die Unterrichtseinheiten waren je nach Jahrgangsstufe gestaffelt und enthielten Zahlen, Farben, Körperteilbezeichnungen, Tiernamen und schließlich einfache Sätze und Redewendungen auf Ute. Umfang und Schwierigkeitsgrad von Vokabular und Syntax waren auf die jeweiligen Klassenstufen zugeschnitten. Dazu waren von den Wykoopah-Mitarbeiterinnen Arbeitsblätter wie beispielsweise Zahlen- und Farbenkarten, Wortlisten und Vordrucke zum Ausfüllen erarbeitet worden. Auch Filme und Videos wurden als Unterrichtsmedien eingesetzt. Dabei arbeitete man mit der Audio-Video-Abteilung des Stammes zusammen, die Beiträge zu so außergewöhnlichen Themen wie Tierhäutung und Präparation von Tierhäuten, aber auch zum »Indian Day« an den Schulen lieferte. Im Laufe der Zeit wurde das Unterrichtsmaterial natürlich immer komplexer und strukturierter und umfaßte mehr und mehr Sprachmaterial. Standen am Anfang die Wortlisten und die Kärtchen mit den Ute-Bezeichnungen für Farben, Zahlen und Körperteile, so konnten die Wykoopah-Mitarbeiterinnen in den letzten Jahren des Projekts auf präzise formuliertes Unterrichtsmaterial zurückgreifen, das als komplexer und strukturierter Lehrplan für jede einzelne Unterrichtseinheit griffbereit war. Diese Unterrichtseinheiten beschrieben die jeweiligen Lernziele, deren Darstellung und Behandlung im Unterricht, das benötigte

Unterrichtsmaterial, die mögliche Einbeziehung von »resource persons« und deren Aufgaben, das Sprachmaterial wie beispielsweise Vokabellisten, Grammatik- und Aussprachregeln, phonetische Symbole (da Ute bis dato keine offizielle Schriftsprache besitzt), die Lernzielkontrollen in mündlicher und schriftlicher Form, und das alles je nach Klassenstufe gestaffelt. Dieser jederzeit abrufbereite Materialfundus zeigte zusammen mit der bis dahin kontinuierlich fortgesetzten pädagogischen Ausbildung der Zweisprachenkräfte auch seine Auswirkungen auf deren Unterrichtsstil. Dieser wurde mit der Zeit ebenfalls präziser, wovon auch die Schüler profitierten. Es fiel ihnen nun leichter als zu Projektbeginn, den Unterrichtsstoff zu begreifen und zu reproduzieren, denn der anfänglich doch etwas holperige Unterricht mit dem oft »zusammengestoppelt« wirkenden Material trug nicht gerade zu leichtem Lernen bei und stiftete manchmal eher Verwirrung.

Neben dem unmittelbaren Sprachunterricht erhielten die Schüler auch Informationen über die Kultur der Ute, deren Bräuche, Erzählgut, traditionelle Nahrung, Kunsthandwerk und – mit Beginn der 4. Klasse – deren Geschichte. Die Schüler wurden also auch mit den Werten und Normen der Ute bekannt gemacht. So wurde u. a. das soziale Umfeld, in dem die Ute-Kinder leben, als Unterrichtsgegenstand hergenommen, wobei die Schüler nicht nur die traditionellen Verwandtschaftsbezeichnungen in Ute lernten, sie setzten sich auch mit der Sozialstruktur der traditionellen Ute-Familie – gewöhnlich ein erweiterter Familienverband – auseinander, mit deren Zusammengehörigkeitsgefühl und der Zusammenarbeit innerhalb dieser Familieneinheit. Den Ute-Kindern wurde damit bewußt gemacht, daß ihre Lebensumwelt Werte und Verhaltensmuster und -maßstäbe enthält, die für sie genauso wichtig, ja sogar noch wichtiger sind als das anglo-amerikanische Werte- und Normensystem, mit dem sie tagtäglich in der Schule und auch in der weiteren Gesellschaft konfrontiert werden. Sie lernten dabei auch, daß der Beitrag, den ihr Volk zu der gesamten Bandbreite der kulturellen Entwicklung der Menschen geleistet hat, ebenso wertvoll ist wie der jeder anderen Gruppe, was in ihnen »a good feeling about themselves« hervorrief, wie es eine Ute-Lehrerin formulierte, und es stärkte ihr Selbstvertrauen.

Die Lehrerausbildung

Diese Projektkomponente sollte für die Ausbildung am Arbeitsplatz (»in-service training«) der Zweisprachenlehrerinnen sorgen und ihnen weitere Perspektiven für eine generelle Ausbildung in diesem Beruf eröffnen (Wykoopah Proposal 1980: 49). Ausbildung am Arbeitsplatz wurde allen vom Projekt betroffenen Lehrern angeboten, also nicht nur den Lehrerinnen von Wykoopah, sondern auch den Klassenlehrern. Sie wurden ausgebildet im Unterrichtsansatz und in der Erarbeitung von Unterrichtsmaterialien für das Zweisprachenprogramm, damit sie den besonderen Bedürfnissen der Kinder entsprechen konnten, die indianisches Englisch – hier Ute-Englisch – sprechen. Dies beinhaltete u. a. ein »cultural sensitivity training by Ute elders, parents, and community members« (Wykoopah Proposal 1980: 50) und eine Einweisung in die Grundstruktur der Ute-Sprache. Der eher generelle Aspekt dieser Ausbildung zielte auf Förderung und Weiterbildung der pädagogischen Fähigkeiten der professionellen Lehrkräfte sowie der Hilfskräfte des Projekts. Daher waren während der Laufzeit des Programms alle Projektmitglieder in Lehrerausbildungskursen eingeschrieben, die von der Brigham Young Universität teilweise auch vor Ort angeboten wurden, um ihren Abschluß als qualifizierte Lehrkraft zu machen (Evaluation Report 1982: 6).

Die Elternpartizipation

Wie Umfragen in der indianischen Gemeinde immer wieder gezeigt hatten, war eine Beteiligung an der bzw. eine Einflußnahme auf die Schulerziehung der Ute-Kinder durch ihre Eltern dringend notwendig geworden (Wykoopah Proposal 1980:54). Sie sollten vor allem deshalb zur Mitarbeit in der Schule aktiviert werden, da am ehesten über sie Druck auf die Institution »Schule« ausgeübt werden konnte, Druck in bezug auf Veränderungen, die sich für ihre Kinder positiv auswirken sollten. Eine verstärkte Einflußnahme der Eltern durch solche Gremien wie den Schulbeirat, das PTA (Parent-Teacher-Association) oder das PAC (Parent-Advisory-Committee) war angezeigt. Außerdem wurden Eltern und auch andere Gemeindemitglieder für eine Mitarbeit am Zweisprachenprojekt gesucht, und zwar als »resource persons«, d. h. als Informanten zu Sprache, Brauchtum und Erzählgut des Stammes. Als »resource persons« sollten sie dann Vorträge an der Schule über Kultur und Sprache der Ute halten. Anfänglich verhielten sich Eltern und auch andere Gemeindemitglieder dem Zweisprachenprogramm gegenüber sehr skeptisch. Es gelang den Projektmitarbeiterinnen jedoch nicht nur, die Zurückhaltung der Betreffenden zu überwinden – von vielen Stammesmitgliedern wurde das Projekt dann bald akzeptiert und unterstützt (Evaluation Report 1982:8) –, sie konnten auch Eltern für die Mitarbeit an Wykoopah gewinnen (Wykoopah Narrative 1982:9). Während der Laufzeit des Projekts waren ungefähr 30 Prozent der Eltern am Zweisprachenprogramm aktiv beteiligt. Ute-Eltern gründeten ein »Parent Advisory Committee« (PAC), das die Entwicklung und Implementierung des Programms an der Schule beratend und überwachend begleitete. Das Komitee nahm auch aktiv teil an allen Entscheidungen, die das Projekt betrafen, und entsandte einen Vertreter in das »Bilingual Education Committee«, das sich aus Programmdirektorin, Stammesvertreter, Schulrektor, Lehrervertreter und dem Vertreter des regulären PAC der Grundschulen zusammensetzte. Dieses Komitee entschied u. a. über die Kriterien, die ein Ute-Schüler erfüllen mußte, um an Wykoopah teilnehmen bzw. um das Projekt wieder verlassen zu können. Ein indianisches Kind konnte zum Projekt zugelassen werden, wenn seine englische Sprachfähigkeit meßbar von einer nicht-englischen Sprache beeinflußt worden war, und wenn seine schulischen Leistungen nicht dem geforderten Niveau entsprachen. Hatte das Kind dann das von der Schule geforderte Leistungsziel erreicht, was durch einen Test nachzuweisen war, so konnte es wieder aus dem Zweisprachenprogramm entlassen werden (Wykoopah Proposal 1980:47).

Durch Wykoopah konnten die indianischen Eltern in immer stärkerem Maße für die Institution »Schule« interessiert und zur Mitarbeit herangezogen werden. Das Zweisprachenprogramm wurde schließlich als einer der wichtigsten Kontaktpunkte und -vermittler zur Schule gesehen.

Während seiner gesamten Laufzeit wurde das Projekt jedes Jahr dreimal einer externen Bewertung durch bundesstaatliche Stellen und das BIA unterzogen. Ein vom Projekt unabhängiger Prüfer sollte dabei in Zusammenarbeit mit einem Team des örtlichen Title VII-Arbeitsgremiums bestimmen, inwieweit die Ziele des Projekts schon verwirklicht worden waren, und ob das Programm schon erfolgreich implementiert worden war. Die Mitarbeiterinnen von Wykoopah selbst mußten jeweils zum Schulhalbjahr und am Ende eines jeden Schuljahrs einen Leistungsbericht abgeben (Wykoopah Proposal 1980:67f.). Neun Mitarbeiterinnen zählte das Projekt: Eine Direktorin, eine Mitarbeiterin, die für die Ausarbeitung von Lehrmaterial zuständig war (»curriculum developer«), eine Mitarbeiterin für die Zusammenarbeit mit den Eltern (»parent coordinator«), fünf Zweisprachenlehrerinnen und eine Sekretärin. Alle Projektmitglieder mußten sich qualifizieren im Hinblick auf ihre Kenntnisse der Ute-Sprache und Kultur, mußten mit der Uintah-Ouray Reservation ebenso vertraut sein wie mit der Funktion der Stammesregierung und der tribalen und bundesstaatlichen Behörden, die für den Bereich »Indian Education« zuständig sind. Die erforderlichen Qualifikationen variierten je nach Position innerhalb des Projekts und reichten von »must be able to speak and write (sic!) Ute fluently« bis zu »must be familiar with Ute culture« und von »must have knowledge of general behavior characteristics of Indian people« bis zu »must be knowledgeable of Ute Indians, Ute culture and language« (Wykoopah Proposal 1980: 75 ff.). Die Projektleiterin, die auch als Koordinatorin des »Language and Cultural Maintenance Program« des Stammes tätig gewesen war und der »National Indian Education Association« angehörte, war derzeit auch Mitglied des »Curriculum Development Committee« des Stammes. Das bedeutete, daß sie über die für ihre Position notwendigen Erfahrungen hinsichtlich Sprache, Erziehung und Entwicklung von Unterrichtsmaterial verfügte. Ihre Aufgabe war es, alle Projektaktivitäten zu kontrollieren und zu koordinieren. Durch ihre kontinuierliche Arbeit am Projekt und auch durch ihre Persönlichkeit verlieh sie dem Zweisprachenprogramm eine große Stabilität, trotz des häufigen Mitarbeiterwechsels in der Anfangsphase des Projekts (Evaluation Report 1982: 1).

Da für ein Ute-Zweisprachenprogramm zunächst fast kein Lehrmaterial zur Verfügung stand, mußten die Projektmitarbeiterinnen damit ganz von vorn beginnen. Von anderen indianischen Gruppen entwickelte vergleichbare Programme konnten zwar als Modelle verwendet werden, die Situation bei den Ute erforderte es jedoch, daß neues und andersgeartetes Material erarbeitet werden mußte. Neu und anders insofern, als Sprache und kulturelles Wertesystem, Brauchtum und Traditionen sich von Stamm zu Stamm unterscheiden. Hinzu kam, daß beispielsweise die Zweisprachenprogramme der Hualapai und Papago, die u. a. als Modell Pate standen, auf eine Schriftsprache zurückgreifen konnten, während bei den Ute bis dahin nur eine orale Sprachtradition und eine inoffizielle Orthographie vorhanden war (Curriculum Guide 1982:2). Unterrichtsmaterial wurde daher vom »curriculum developer«, d. h. der Fachkraft zur Erarbeitung von Unterrichtsmaterial entwickelt, und zwar in Zusammenarbeit mit anderen Projektmitarbeiterinnen, den »resource persons« und den Sprach- und Curriculumspezialisten. Das derart entwickelte Material zeichnete sich durch Kreativität und Originalität aus.

Zu Beginn des Projekts war die Fähigkeit der Projektmitarbeiterinnen, Ute korrekt zu sprechen, von Stammesmitgliedern angezweifelt und kritisiert worden. Außerdem gab es eine Kontroverse innerhalb des Stammes darüber, welcher Dialekt der Ute-Sprache für das Zweisprachenprogramm verwendet werden sollte. Es gibt nämlich drei Dialektvarianten der Ute-Sprache, die von den drei »bands« (Gruppen), aus denen sich der Stamm der Nördlichen Ute zusammensetzt, gesprochen werden, die der Uintah, der White River und der Uncompaghre. Eine Entscheidung wurde schließlich zugunsten des Dialekts der größten Gruppe, der Uncompaghre, getroffen. Diejenigen Eltern, die einen anderen Dialekt sprechen, einigten sich darauf, die Sprache bzw. Aussprache ihrer Kinder dann zu Hause gemäß ihrem eigenen Dialekt zu verbessern.

Es gab während der Laufzeit des Projekts immer wieder einen gewissen Widerstand von seiten einiger Ute-Eltern, an Wykoopah sowohl indianische als auch weiße Schüler teilnehmen zu lassen. Sie fürchteten, daß die Anglo-Amerikaner ihnen nun auch die Sprache wegnehmen und über das Programm Informationen über wichtige und essentielle Aspekte und Elemente der Ute-Kultur erhalten würden, Aspekte, die die Ute nicht an einer weißen Schule enthüllt und diskutiert sehen wollten. Die Projektleiterin konnte die Eltern dahingehend beruhigen, daß über solche Themen nur dann in der Schule gesprochen werden würde, wenn die Schüler danach fragten und das Einverständnis der Eltern dazu vorausgesetzt werden konnte. Außerdem vertrat sie die Auffassung, daß Informationen über die Kultur der Ute, so, wie sie den indianischen und nicht-indianischen Schülern durch das Projekt dargestellt werden würden, nur gegenseitigen Respekt und Verständnis zwischen Indianern und Weißen fördern und Vorurteile abbauen würden.

Ein weiterer Reibungspunkt, den es aus dem Weg zu räumen galt, bestand zwischen den Mitarbeiterinnen des Projekts und den Lehrkräften der Schulen. Die Schullehrer warfen den Zweisprachenlehrerinnen vor, während des Unterrichts die Disziplin der Klasse nicht aufrechterhalten zu können. Man sah den Grund dafür vor allem in einem Mangel an fachlicher Ausbildung, besonders in bezug auf pädagogische Fähigkeiten bei der Klassenaufsicht. Während das Projekt lief, besuchten alle Projektmitglieder Kurse zur pädagogischen Ausbildung, um diesem Mangel zu begegnen. Die Zweisprachenlehrerinnen boten jedoch noch eine andere Erklärung dieser Situation an, die das angesprochene Problem in einem ganz anderen Licht erscheinen ließ. Die traditionelle Erziehung innerhalb der Ute-Familie unterscheidet sich insofern von einem »weißen« Erziehungskonzept, als den Kindern nicht gesagt wird, was sie zu tun und zu lassen haben. Indianische Kinder lernen vielmehr durch eigene Erfahrungen und Fehler, die sie während eines Lernprozesses machen. Sie lernen, indem man ihnen innerhalb der Familie und Verwandtschaft Aufgaben überträgt, die sie selbständig lösen müssen, und sie lernen, indem sie den Gesprächen der Erwachsenen zuhören, die für sie »moralische« (ethische) Hinweise enthalten, die eine angemessene soziale Verhaltensweise betreffen. Diese eher auf Interaktion ausgerichtete Lehrmethode, die die Zweisprachenlehrerinnen auch in ihrem Unterricht anzuwenden versuchten, kontrastiert stark mit dem autoritären Frontalunterricht, der nach wie vor von der Mehrheit der weißen Lehrer angewandt wird.

Der »indianische« Unterrichtsstil wurde jedoch von den Wykoopah-Mitarbeiterinnen immer beibehalten. Dennoch verbesserte sich mit der Zeit auch die Zusammenarbeit zwischen Ute- und weißen Lehrern. Anfänglich verließen fast alle Klassenlehrer den Raum während des Zweisprachenunterrichts, was sehr viel dazu beitrug, daß diese Unterrichtsstunde von vielen Schülern als »Freizeit« angesehen wurde. Es entstand der Eindruck, das Zweisprachenprogramm sei kein Teil des regulären Unterrichts. Nachdem Wykoopah jedoch schon mehrere Jahre an den Schulen angeboten wurde, nahmen die Klassenlehrer dann viel aktiver am Bilingual-Unterricht teil. Zum einen blieben sie meist in den Klassen und halfen ihren indianischen Kolleginnen während des Unterrichts, und zum anderen bemühten sie sich in viel stärkerem Maße um eine Koordination der Unterrichtseinheiten, so daß sich regulärer Unterrichtsstoff und Zweisprachenunterricht viel besser ergänzen konnten. Sehr wichtig war hier auch, daß die Zusammenarbeit nun mehr auf Lehrerebene lief und nicht mehr über die Rektoren und die Projektleiterin.

Neben der Weiterentwicklung der Ute- und Englischkenntnisse der indianischen Kinder sahen die Wykoopah-Mitarbeiterinnen die Förderung eines positiven Selbstbildes und Selbstwertgefühls bei diesen Kindern als ihre wichtigste Aufgabe. Sie wollten dies erreichen, indem sie sie besser mit ihrer Stammesgeschichte, der Sozialstruktur ihrer Gruppe, dem traditionellen Handwerk, Erzählgut, Nahrung, Verhältnis zur natürlichen Umwelt, kurz, mit den Werten, auf die sich ihre Kultur stützt, bekannt machten. Dabei erkannten nicht nur die indianischen Schulkinder, daß dieses Programm voll und ganz auf ihre besonderen Lernbedürfnisse zugeschnitten war, sie reagierten darauf mit verstärkter positiver Mitarbeit im Unterricht. Auch ihre Eltern beteiligten sich, seit sich das Projekt an den Schulen etabliert hatte, stärker an Schulaktivitäten, und sie interessierten sich in verstärktem Maße für die generelle Schulausbildung ihrer Kinder. Eltern und

Großeltern sahen, wie ihre Kinder und Enkel die Ute-Sprache wiedererlernten, wie sie versuchten, mit ihnen in dieser Sprache zu kommunizieren und sie dabei um Rat und Hilfe baten.

Viele Projektmitarbeiterinnen sahen zunächst in Wykoopah nur einen Job wie jeden anderen. Sie hatten erwartet, Lehrmaterial fix und fertig vorzufinden, mit dem sie den Unterricht würden abhalten können. Es gab jedoch kein solches Material, und obendrein sahen sie sich Kritik aus den eigenen Reihen, d. h. dem Stamm selbst, und von seiten des Lehrpersonals der Schule ausgesetzt. Es folgte eine Zeit der Depressionen und des Selbstzweifels. Die Mitarbeiterinnen mußten lernen, innerhalb des Schulsystems zu arbeiten, sich daran anzupassen, und sie mußten Unterrichtsmaterial selbständig entwickeln. Im Laufe des Projekts wuchsen sie jedoch an ihrer Aufgabe. Sie sahen, daß die Ute-Kinder sie und das Projekt brauchten, also knieten sie sich in ihre Aufgabe hinein und lösten sie mit Erfolg. Sie erweiterten ihre Aktivitäten auch auf Bereiche außerhalb der Schule, Aktivitäten, die in ihrer Verschiedenheit zeigten, wie sehr die Ute-Gemeinde involviert war. Projektmitarbeiterinnen hielten Workshops für Eltern ab, um ihnen zu zeigen, was sie für ihre Kinder innerhalb der Schule tun können, wie sie im PAC und in der Gemeinde mitarbeiten können, um dem Projekt verstärkte Unterstützung zukommen zu lassen. Sie veröffentlichten Material zum Projekt in der Zeitung des Stammes, wie beispielsweise Berichte über Wykoopah und Schülerarbeiten (Geschichten, Gedichte, Zeichnungen). Sie luden den »Headstart«, d. h. die Kindergartenorganisation des Stammes und Mitarbeiter der Erziehungsprojekte zur Teilnahme an Curriculum-Workshops ein, und sie ließen ihr Material zur Sprachanalyse den Mitarbeitern der tribalen Sprachenprogramme zukommen, deren Aufgabe es ist, derartiges Material zu sichten und zu kompilieren.

Indianische Zweisprachenprogramme weisen viele Facetten auf, und so hatte auch Wykoopah nicht nur die Aufgabe, zweisprachigen Unterricht an den betroffenen Schulen abzuhalten und dabei mit der Schulbehörde zusammenzuarbeiten. Projekte wie Wykoopah reflektieren indianische Selbstbestimmung in Bereichen wie beispielsweise der Kontrolle der indianischen Gemeinde über derartige Erziehungsprogramme, deren Implementierung und Durchführung sie verantwortlich mittragen und unterstützen. Hinzu kommt, daß Wykoopah als Projekt für Spracherneuerung und -erhalt nicht nur ausschließlich innerhalb der Schulen operieren konnte. Spracherneuerung und -erhalt sind letztendlich Aufgabe der Familie und Gemeinde, wo eine Sprache als tägliches Kommunikationsmittel gebraucht und auf diese Weise von einer Generation zur nächsten weitergegeben werden sollte. Hier konnte Wykoopah helfend und stützend tätig werden.

Das Zweisprachenprojekt machte die indianische Gemeinde und damit die Herkunft und Familien der Ute-Kinder sichtbar innerhalb des Schulsystems. Es lieferte Informationen über den sozio-kulturellen und den historischen Hintergrund der Ute-Gemeinde, und es agierte als Forum für Kontakt und Informationsaustausch zwischen beiden Gruppen, also zwischen Indianern und Weißen. Mit Wykoopah wurde zum einen das emotionale Lernumfeld für die indianischen Schüler verbessert, da zum ersten Mal im Unterricht auch über sie selbst, ihre Sprache und ihr kulturelles Erbe gesprochen wurde. Zum anderen wurde dadurch für die nicht-indianischen Kinder der Erfahrungshorizont über den Rahmen der üblichen Schulerziehung hinaus erweitert. Ignoranz und Vorurteile konnten damit nicht nur innerhalb der Schule, sondern auch in den betroffenen Gemeinden wenn nicht ausgeräumt, so doch gemildert werden. Damit war die Möglichkeit einer adäquaten Schulerziehung geboten, die sich sehr wohl von dem weitverbreiteten Konzept einer gleichförmigen Erziehung für alle unterscheidet. Wykoopah wurde bis Ende des Schuljahres 1986 an den Schulen durchgeführt.

Literatur

Barth, Frederic (Hrsg.): Ethnic Groups and Boundaries. The Social Organisation of Cultural Difference. Bergen, Oslo, London 1969.

Chadwick, Bruce A.: The Inedible Feast. In: Native Americans Today. Sociological Perspectives. Hrsg. H. M. Bahr, B. A. Chadwick u. R. D. Day, New York 1972, S. 131–145.

Collins, Thomas W.: Behavioral Change and Ethnic Maintenance Among the Northern Ute. Some Political Considerations. In: The New Ethnicity. Hrsg. J. W. Bennett, St. Paul 1975. S. 59–74.

Cuch, Forrest: History of Ute Education. Introduction. Ft. Duchesne 1982 (unveröffentl. Typoskript).

Curriculuma Guide. American Indian Language Development Institute Curriculum Guide. Bd. 2, Hrsg. Suzanne Weryackwe u. a., Tempe, Arizona 1982.

DeVos, George u. Lola Romanucci-Ross (Hrsg.): Ethnic Identity. Cultural Continuity and Change. Palo Alto 1975.

Evaluation Report. »Wykoopah« Bilingual Education Project. Interim External Evaluation Report, March 1982. Prepared for Title VII Bilingual Education Project, Uintah School District. Tucson 1982.

Fuchs, Estelle u. Havighurst, R. J.: To Live on This Earth. American Indian Education. New York 1972.

Greverus, Ina-Maria: Ethnizität und Identitätsmanagement. X. International Congress of Anthropological and Ethnological Science, New Delhi, Dec. 1978 (unveröffentl. Typoskript).

Jorgensen, J. G.: The Sun Dance Religion. Power for the Powerless. Chicago 1972.

Kjolseth, Rolf: Bilingual Education Programs in the United States. For Assimilation or Pluralism? In: Bilingualism in the Southwest. Hrsg. P. R. Turner, Tucson 1982, S. 3–28.

Leap, William L.: Ethnics, Emics and the New Ideology. The Identity Potential of Indian English. In: Social and Cultural Identity. Hrsg. Th. K. Fitzgerald, Athens 1974, S. 52–62.

Leap, William L.: The Study of American Indian English. An Introduction to the Issues. In: Studies in Southwestern Indian English. Hrsg. ders., San Antonio 1977, S. 3–20.

Needs Assessment for Ute Education Department and the Uintah County School District. Tempe, Arizona 1978/79 (unveröffentl. Typoskript).

Schierle, Sonja: Ethnische Identität und Erziehungserfahrungen der Tohono O'odham (Papago) und Yoemen (Yaqui) in Tucson, Arizona. Frankfurt a. M. 1991.

Szasz, Margaret Connell: Education and the American Indian. The Road to Selfdetermination Since 1928. Albuquerque 1974; 2. Aufl. 1977.

Talbot, Steve: Roots of Oppression. The American Indian Question. New York 1981.

Wax, M. L. u. Rosalie Wax: The Enemies of the People. In: Native Americans Today. Sociological Perspectives. Hrsg. H. M. Bahr, B. A. Chadwick u. R. D. Day, New York 1972, S. 177–192.

Wykoopah Program Narrative. 1982 (unveröffentl. Typoskript).

Wykoopah Proposal for a Bilingual Education Program. Vernal, Utah 1980 (unveröffentl. Typoskript).

WOLFANG LINDIG

Die »moderne« Navajo-Welt

Die formale Erziehung

Die Einführung der Schulpflicht für Navajo-Kinder
wurde im Vertrag von 1868 vereinbart, nachdem die exi-
lierten Navajo wieder in ihre Heimat zurückgekehrt waren. Doch blieben die Bemühungen der Agenten, die
Schulpflicht nach Öffnung der ersten Internatsschule 1883
in Fort Defiance zwangsweise durchzusetzen, praktisch
erfolglos. Die Navajo sahen das Ansinnen, ihre Kinder auf
amerikanische Schulen zu schicken, als Einmischung an
und widersetzten sich heftig der Anordnung. Drei Haupt-
punkte sind zu nennen, mit der sie ihre Ablehnung begründeten: 1. Man brauchte die Kinder als Hütepersonal
für die damals besonders großen Schafherden. 2. Man
empfand die Einschulung als Akt der Entfremdung, weil
die Kinder oft in weit entfernten Internaten leben mußten
und so dem traditionellen Sozialisierungsprozeß entzogen
wurden. 3. Der Unterrichtsstoff vermittelte ausschließlich
nichtindianisches Gedankengut und kulturfremde Lernin-
halte.

Erst in den dreißiger Jahren, mit John Collier als verant-
wortlichem Commissioner of Indian Affairs, nahm der
Aufbau eines effizienten Schulsystems im Zuge kommunaler Entwicklungsprogramme konkrete Gestalt an. Zwar
verlor das Vorhaben während des Zweiten Weltkrieges an
Schwung; nach Rückkehr der indianischen Kriegsteilneh-
mer stieg jedoch das Interesse der Navajo selbst an eduka-
tiven Maßnahmen merklich.

Die offizielle Indianerpolitik der amerikanischen Regie-

Aus: Helga Teiwes (Fotos) u. Wolfgang Lindig (Text), Navajo. U. Bär Verlag, Zürich 1991, S. 197–208.

rung zielte auf Assimilierung der Indianer in die US-Gesellschaft. Eines der Instrumente hierzu war die Einrichtung allgemeiner öffentlicher Schulen (Public Schools) auf den Reservationen.

In den fünfziger Jahren begann man daher mit dem Bau von Public Schools als Alternative zu den bisher von Missionaren und dem Bureau of Indian Affairs (BIA) geleiteten Bildungsstätten. Mitte der sechziger Jahre wurde dieses Regierungsprogramm im Rahmen des ›Economic Opportunity Act‹ finanziell besser ausgestattet. Erstmals stellte man auch indianische Lehrkräfte ein und entwikkelte neue, auf indianische Kinder zugeschnittene Lehrpläne. Zusätzliche Mittel aus BIA-Fonds standen für Elternbeteiligungsprogramme, Pilotprojekte für bilinguale Erziehung und Lehrerausbildung zur Verfügung, so daß der ›Johnson-O'Malley Act‹ von 1934, bis dahin Grundlage des indianischen Schuletats, die Finanzierung nicht mehr allein stützte.

Die Missionsschulen
Sie sind die Bildungsstätten mit der längsten Tradition in Indianergebieten. Gemessen an ihrer Zahl spielten sie aber stets eine geringere Rolle als andere Schultypen. Dennoch absolvierten viele führende Persönlichkeiten des politischen und kulturellen Lebens der Navajo-Nation gerade Missionsschulen.

Zu den bedeutendsten Instituten dieser Art gehörten die Navajo Methodist School (1912 in Farmington gegründet), die Ganado Presbyterian Mission School (1906 ins Leben gerufen, 1950 nach Öffnung der neuen Public School geschlossen), die Saint Michael's Catholic Indian School bei Window Rock (als erste 1902 gegründet) und die Rehoboth Christian Reformed Mission School bei Gallup (1903). Alle älteren Missionsschulen verfügten über ärztliche Ambulatorien.

Die BIA-Schulen

Das Bureau of Indian Affairs war – mit Ausnahme der Missionsschulen – bis in die fünfziger Jahre für das gesamte die Indianer betreffende Erziehungswesen allein zuständig. Zunächst förderte es Internatsschulen außerhalb (z. B. die Intermountain School in Brigham City, Nord-Utah) und später auch innerhalb der Reservation. Nachdem der Besuch von Internaten außerhalb der Reservation trotz starken Drucks seitens der Indianerbehörde zurückgegangen war, richtete man auch Tagesschulen ein.

Die Eltern hatten weder Mitspracherecht bei der Einstellung der (weißen) Lehrkräfte noch bei der Konzipierung von Curricula, so daß das Erreichen der Lernziele weit hinter den Erwartungen des BIA zurückblieb. Man stellte sich deshalb allen Ernstes die Frage, ob Navajo-Kinder weniger intelligent als weiße Schüler seien. Dank einer sozialwissenschaftlichen Studie gelang dann der Nachweis, daß schulische Leistungen stark vom individuellen Selbstwertgefühl abhängen, d. h. in einen Akzeptanzrahmen von Kultur und Sprache eingepaßt sind. Man hatte aber von den Schülern verlangt, alles Indianische abzulegen, denn sie sollten ja gute Amerikaner werden. Trotzdem beherrschten, auch nach längerem Schulbesuch, viele Kinder die Unterrichtssprache Englisch nur ungenügend, so daß ansprechende Leistungen – mangels positiver Rückkoppelung und durch das Aufkommen eines Gefühls der Minderwertigkeit – ausblieben.

Nachdem das BIA mit dem ›Navajo-Hopi Rehabilitation Act‹ von 1950 aufgerufen war, einen Teil seiner Verantwortung – und damit auch die Finanzierung – für die Erziehung der Navajo-Kinder an Public Schools abzutreten, verpflichtete sich nun die Bundesregierung, auch Indianern zugängliche Public Schools aus dem Staatshaushalt zu fördern. Das BIA konnte jetzt das Navajo Education Emergency Program (NEEP) in die Tat umsetzen, das folgende Neuerungen vorsah: den Betrieb mobiler Schulen *(trailer schools)* in abgelegenen Teilen der Reservation, die Einrichtung zahlreicher neuer Bildungsstätten vom Typ der Public Schools, den weiteren Ausbau von Internatsschulen und die Schaffung eines speziell auf die Navajo zugeschnittenen Bildungskonzeptes. Erstmals gestand man dem *saad* (Navajo) den Status einer Unterrichtssprache (für die ersten Klassen) zu. 1954 wurde dieses ehrgeizige Vorhaben, das dem BIA die alleinige Verantwortung für das indianische Erziehungswesen entzog, von der Stammesverwaltung einstimmig gebilligt. Trotz seines immer noch assimilativen Charakters war das neue Programm recht erfolgreich und erreichte Tausende von Navajo-Kindern, die sonst keine Schule besucht hätten.

Die Public Schools
Die öffentlichen Schulen finanzierten sich aus den Steueraufkommen der einzelnen Bundesstaaten und standen indianischen Schülern – deren Eltern keine Steuern zahlen – vor 1950 nicht offen. Erst mit Verabschiedung der Sozialgesetze 874 und 815 (Public Law 81-874 und Public Law 81-815) wurde diese Beschränkung auf weiße Schüler aufgehoben. Das BIA forderte die Bundesstaaten Arizona, New Mexico und Utah auf, BIA-Schulen zu übernehmen, so von 1952 bis 1954 Mexican Springs, Church Rock, Sawmill und Window Rock. Weitere Institute entstanden neu: Window Rock, Ganado, Chinle, Kayenta, Shiprock, Tuba City u. a. Allen Kindern, die bis zu drei Kilometer von einer festen Straße entfernt lebten, sollte die schulische Ausbildung durch Busse ermöglicht werden. Durch den Ausbau geteerter Straßen gelang es, das Einzugsgebiet der Schulbusse beträchtlich zu erweitern. Ende 1961 besuchten über tausend Schüler Public Schools auf der Reservation. Die Zahl der BIA-Schüler war infolge von Übertritten auf rund 15 000 gesunken. Bis sich das neue System eingespielt hatte, gab es immer wieder Streitigkeiten zwischen dem BIA, den Bundesstaaten und dem Stammesrat der Navajo über die Verwendung der zur Verfügung stehenden Geldmittel sowie über Jurisdiktion und Verantwor-

tung für diese Schulen. 1988 besuchten 41394 Schüler 160 Public Schools. Ihnen standen 15827 Schulpflichtige in 48 BIA-Schulen gegenüber.

Die Kontraktschulen

Seit den sechziger Jahren trat eine ständig wachsende Zahl von Navajo-Lehrern und -Lehrerinnen in Konkurrenz zu dem bisher fast ausschließlich nicht-indianischen Lehrkörper. Auf ihre Initiative geht der Plan zurück, nach Modellen zu suchen, die sowohl die indianische Identität bewahren als auch helfen sollten, die anglo-amerikanische Welt besser zu verstehen. Aus Mitteln des Office of Economic Opportunity und in Übereinkunft mit dem BIA sollte ein neuer Schultyp ins Leben gerufen werden, der auch die indianische Gemeinde beteiligte und damit die lokale Kontrolle örtlicher Gremien – im Sinne der traditionellen Lokalgruppenautonomie – ermöglichte.

Als Sitz des Pilotprojektes wurde die Gemeinde Rough Rock ausgewählt. Das BIA stellte ein Gebäude und bereits bewilligte Gelder für den Lehrbetrieb zur Verfügung, das Office of Economic Opportunity schoß 329000 Dollar zu. Damit war die Rough Rock Demonstration School, die weltweit bekannt werden sollte, geboren (1966). Der Schulaufsichtsrat setzte sich aus Gemeindemitgliedern von Rough Rock zusammen. Er erhielt Vollmachten, Verträge (Kontrakte) mit Lehrkräften selbst abzuschließen, und durfte über Lehrinhalte mitentscheiden. Die neue Schule wurde von den Navajo als Erfolg gefeiert und entwickelte sich zu einem Zentrum kommunaler Aktivitäten.

Den 16 Kontraktschulen des Jahres 1988 gilt Rough Rock noch immer als Vorbild. Mittlerweile hat jede Kontraktschule eigene Curricula entworfen, die sich an den Gegebenheiten und Bedürfnissen der jeweiligen Gemeinde orientieren, z. B. an der unterschiedlichen Nähe zum dominanten englischen Sprachraum. Trotz dieser Modifikationen richten sich alle Lehrpläne nach bestimmten Grundideen. Und auch die mit diesem neuen Schultyp verbundenen Probleme und Schwierigkeiten, etwa mit dem BIA und anderen Kontrollinstanzen (wie dem Stammesrat), ähneln sich.

Dem Selbstverständnis der Kontraktschulen entsprechend ist Saad erste Unterrichtssprache. Das hängt damit zusammen, daß der größere Teil der jüngeren Schüler ausschließlich oder überwiegend Saad spricht. Den Kindern werden also optimale Entwicklungschancen eingeräumt – sowohl im kognitiven wie im affektiven Bereich. Erst wenn die Schüler ihre angestammte Sprache sicher lesen und schreiben können, hält man den Unterricht in Englisch ab und führt das Englische schließlich auch als Schriftsprache ein. Allmählich gelingt so eine Fächerangleichung an amerikanische Normen. Doch bleibt das Fach »Navajo-Studien« erhalten.

Generell läßt sich aus dem Vergleich verschiedener Schultypen ableiten, daß die Leistungen von Kontraktschülern über denen von Schülern anderer Institute stehen. Ein solcher Leistungsnachweis ist für das Überleben der Kontraktschulen wichtig, garantiert er doch die Verlängerung der Verträge mit den Lehrkräften. Dieses Procedere steht jedes Jahr neu an. Eine kontinuierliche Planung ist dadurch erheblich erschwert. Der Schulrat kann erst nach Klärung der Finanzlage entscheiden, welche Lehrer weiter beschäftigt oder neu eingestellt werden sollen. Die Kollegien setzen sich heute mehrheitlich aus Navajo zusammen, die über Universitätskurse – oft nachträglich – ihre Lehrberechtigung erworben haben. In den höheren Klassen stellen Nicht-Indianer das Gros der Lehrkräfte.

Neben seiner Vorreiterposition bei der Einführung von Kontraktschulen hat sich Rough Rock auch einen Namen als Sitz einer Forschungsgruppe gemacht, die – bedingt durch den Mangel an geeignetem Unterrichtsmaterial – bilinguale Textbücher erarbeitet. Auch die Navajo Community College Press in Tsaile, Arizona, veröffentlicht Schulbücher über Geschichte und Kultur der Navajo. Teilweise werden solche Testprogramme von amtlicher Seite unterstützt und sogar anderen Indianerschulen empfohlen.

Die Rolle der Stammesregierung

Die für Erziehung zuständige Abteilung des Stammesrates ist die Navajo Division of Education (NDOE). Sie war – und ist bis heute – praktisch ohne Vollmachten. Doch hat sie verschiedene wegweisende Untersuchungen durchgeführt und sich auch als Beratungsgremium bei der Vergabe von Stipendien für College- und Universitätsbewerber bewährt. Hiermit und durch die Förderung von Fortbildungskursen für Lehrer, etwa an dem neu gegründeten Navajo Community College in Tsaile, trägt diese Institution in erheblichem Umfang zur Höherqualifizierung von Navajo bei.

Der Navajo-Hopi-Landstreit

Die heutigen Landstreitigkeiten zwischen Navajo und Hopi in der sogenannten Joint Use Area gehen auf groteske Fehlleistungen der amerikanischen Regierung im vorigen Jahrhundert zurück. Um die gegenwärtige Situation verständlich zu machen, muß die historische Entwicklung der Ereignisse wenigstens in Umrissen geschildert werden. Eine vorzügliche Zusammenstellung der »politischen Geschichte« ist von dem amerikanischen Journalisten und Anthropologen Jerry Kammer in seinem Buch ›The Second Long Walk‹ vorgelegt worden. Es bildet auch die Grundlage für die folgende Darstellung.

Im Jahre 1882 schuf der amerikanische Kongreß die gesetzlichen Voraussetzungen für eine Reservation der Hopi »und anderer in der Nähe lebender Indianer«. Dieses Schutzgebiet, das knapp 10 000 qkm umschloß, lag unmittelbar westlich der damaligen Navajo-Reservation – ein großes unwirtliches Gebiet weitab vom Kernland der seßhaften Hopi (Moqui). Als durch das starke Bevölkerungswachstum der Navajo deren Reservation mehrfach erheblich erweitert wurde, bis sie schließlich den südlichen bewohnten Teil der Hopi-Reservation völlig umgab, kam es zu Konflikten zwischen den so unterschiedlichen ethnischen Gruppen. Die Navajo waren damals prosperierende Viehzüchter, die Hopi seßhafte Bauern in einem uralten Wohngebiet. Letztere nutzten den ihnen zugesprochenen nördlichen Reservationsteil nur gelegentlich als Schafweide, fühlten sich aber als Erben dieses Raumes, aus dem ihre Vorfahren stammten.

1891 wurde die Hopi-Reservation de facto auf 2100 qkm verkleinert, weil ihre Bewohner nur geringes Interesse an dem nördlichen »Hinterland« gezeigt hatten, da es sich kaum für den von ihnen betriebenen intensiven Bodenbau eignete; auch war ihre Bevölkerung nicht so stark angewachsen, daß sie den »leeren Norden« hätten kolonisieren müssen. Man überließ den westwärts vorstoßenden Navajo deshalb stillschweigend dieses Territorium zur Nutzung; der Vertrag von 1882 jedoch blieb in Kraft. Als in den Jahren 1936 bis 1943 der Viehbestand der Navajo drastisch reduziert wurde und Weidedistrikte mit vorgeschriebenem Viehbesatz entstanden, sprach man den Hopi den Distrikt Nr. 6 zu, der sich mit der heutigen Hopi-Reservation deckt.

Als die Hopi vor der Kulisse des von den Navajo genehmigten Abbaus des Black-Mesa-Kohlevorkommens im Norden der für sie geschaffenen Reservation auf die Einhaltung des alten Vertrages pochten, bestimmte 1962 eine Kommission der US-Regierung, daß nunmehr 7284 qkm des in Frage stehenden Landstrichs von Navajo und Hopi gemeinsam genutzt werden sollten. Die Joint Use Area (JUA) war aus der Taufe gehoben.

In den Jahren 1971 und 1972 kam es zu mehreren Zusammenstößen zwischen Navajo und Hopi in der Joint Use Area, die die amerikanische Presse in Zusammenhang mit den damaligen Aktionen der panindianischen Bewegung – dem American Indian Movement – hochspielte.

Politiker aller Farben sowie Rechtsanwälte befaßten sich nun mit dem Problem. Indem sie den Rechtsanspruch von 1882 in den Vordergrund rückten, profilierten sich, auf Betreiben von Senator Steiger (Arizona), die Hopi-Sympathisanten. Auch der einflußreiche Senator und republikanische Präsidentschaftskandidat Barry Goldwater ergriff in dem Streit Partei. Er stellte sich, nachdem ihm der eloquente Stammesratsvorsitzende der Navajo, Peter MacDonald, die politische Gefolgschaft verweigerte, auf die Seite der Hopi. Die Navajo wurden u. a. von dem Anthropologen David Aberle vertreten, dessen Argumente sich aber nicht gegen die medienwirksamen Auftritte des bekannten Politikers Goldwater durchsetzten. Während Vertreter der Hopi-Stammesverwaltung die Auseinandersetzung zu einem »Kampf für Gerechtigkeit und Überleben« ihres Volkes stilisierten, sprachen die Navajo von einem »Sieg der Hopi-Landrechte über Navajo-Menschenrechte« und bezeichneten eine ins Auge gefaßte Umsiedlung als »Zweiten Langen Marsch«, dabei an die Deportation ihres Volkes 1864 nach Bosque Redondo erinnernd.

Die Hopi setzten zunächst durch, daß 1972 die Herden der in der Joint Use Area lebenden Navajo drastisch (um etwa 90 Prozent) verringert wurden, damit die ihnen zustehende Hälfte des Gebietes nicht durch Überweidung völlig ruiniert werde. Außerdem erging an Navajo-Familien die Order, fortan in der JUA keine neuen Bauten, wie Wohnhäuser, Schulen oder andere öffentliche Gebäude, mehr zu errichten. Am 22. Dezember 1974 verabschiedete der amerikanische Kongreß den ›Navajo-Hopi Land Settlement Act‹ (Public Law 93-531), das ›Gesetz zur Umsiedlung von Navajo und Hopi‹ innerhalb der JUA. Dieses Gesetz sah vor, das Land innerhalb von fünf Jahren paritätisch aufzuteilen. Um die möglichst reibungslose Abwicklung der Aktion zu gewährleisten, bewilligte die amerikanische Regierung günstige Kredite für Neuanschaffungen von Häusern und Mobiliar; außerdem stellte man Ausgleichszahlungen in Aussicht. So sollte ein indianischer

Haushalt einen Bonus von 5000 Dollar erhalten, wenn er vor Ablauf eines Jahres nach Inkrafttreten des Umsiedlungsplanes in seine neue Heimat umzöge. Erfolgte der Umzug nach zwei, drei oder vier Jahren, würde dieser Bonus um jeweils 1000 Dollar geringer ausfallen.

Da die Verteilung von Navajo und Hopi in der JUA recht unterschiedlich war, schlug das zuständige Bezirksgericht eine Scheidegrenze, die sogenannte Sinkin-Linie, zur Entflechtung vor. Einsprüche der Navajo verzögerten die Ausführung des ›Land Settlement Act‹ bis zum 18. April 1979. Per Gesetz vom 8. Juli 1980 (Public Law 96-305) wurden einige Exekutivbestimmungen detailschärfer geregelt. Am 18. April 1981 legte die inzwischen aktivierte gemeinsame Hopi-Navajo Relocation Commission einen neuen Kompromißvorschlag auf den Tisch, der vorsah, zusätzliches Land für umzusiedelnde Navajo zu erwerben; auch sollten alle älteren Navajo bis zu ihrem Lebensende Wohnrecht auf dem ihnen vertrauten Grund und Boden genießen.

Nach weiteren Verzögerungen, konzertierten Anläufen der jeweiligen juristischen Vertreter, eine einvernehmliche Lösung anzubieten – was aber wegen der auf beiden Seiten starken Führungspersönlichkeiten und ihrer Rückendeckung durch amerikanische Kongreßmitglieder nicht gelingen wollte –, ordnete die US-Regierung an, die Zwangsumsiedlung am 6. Juli 1986 in die Tat umzusetzen und die Demarkationslinie durch einen Stacheldrahtzaun kenntlich zu machen.

Die Umsiedlungsaktion traf rund 7000 Navajo – andere Schätzungen reichen bis zu 10000 Personen –, die weit verstreut im Nordwesten der Joint Use Area lebten, sowie etwas mehr als einhundert Hopi. Über die Nutzungsrechte der riesigen Kohlevorkommen, die im Big Mountain-Gebiet anstehen, wurde nicht verhandelt, obwohl die Hopi zweifellos an den durch den Abbau zufließenden Pachteinnahmen durchaus interessiert waren. Darüber hinaus ließen sie keine Neigung erkennen, ihre geringe Viehwirtschaft auszuweiten, zumal das ihnen zugesprochene Land für Weidezwecke nicht besonders geeignet schien.

Auf Druck der Öffentlichkeit, die von einer internationalen Medienkampagne eingenommen war, entschloß sich die Regierung in Washington, zunächst alle Maßnahmen zur Umsiedlung weiterer Indianer zu stoppen. Im Augenblick versuchen beide Stämme nochmals zu einer gütlichen Vereinbarung zu kommen. Im wesentlichen bleibt dabei die Sinkin-Linie unumstritten, hatte doch bereits ein großer Teil von Navajo-Familien das den Hopi zugewiesene Land verlassen.

Ein verbissen geführter interner Machtkampf um die Stellung des Stammesratsvorsitzenden der Navajo erschwert das neue Einigungsverfahren. Die US-Regierung möchte sich am liebsten neutral verhalten, wird aber im Falle des Scheiterns der bilateralen Gespräche nicht umhin können, aufgrund ihrer juristischen Verpflichtungen doch eine Entscheidung herbeizuführen, d. h. die restlichen 250 Navajo-Familien zwangsweise umzusiedeln.

Wirtschaftliche Anpassungsprobleme:
Staat und Binnenkolonie

War es nach der Rückkehr aus Bosque Redondo 1868 bis in die dreißiger Jahre unseres Jahrhunderts die Viehwirtschaft, die die Existenz der meisten Navajo sicherte, so änderte sich dies nach der erzwungenen drastischen Dezimierung des Viehbestandes grundlegend. Denn die in ihrer Zahl genau festgelegten Kleinherden lieferten kaum ausreichend Nahrung, um die Versorgung der rapide angewachsenen Bevölkerung auch nur annähernd zu gewährleisten. So wurde nach anderen Einkommensquellen gesucht. Man fand sie in der Ausbeutung lokaler Bodenschätze, was freilich nur in Kooperation mit der amerikanischen Wirtschaft und deren Hochtechnologie gelingen konnte.

David F. Aberle nennt dieses Abhängigkeitsverhältnis »binnenkolonial«. Den Abbau der Bodenschätze nämlich führen amerikanische Unternehmen durch, die dann eine profitable Verarbeitung (Veredlung) außerhalb der Reservation in ihren Betrieben vornehmen. Die Navajo erhalten nur Pachtzinsen und erst in den letzten Jahren aufgrund von Einsprüchen der Stammesregierung kräftig angehobene Tantiemen. Die Konzerne dagegen erwirtschaften mit dem Verkauf der Endprodukte riesige Gewinne.

Schon Anfang der zwanziger Jahre hatte man die ersten großen Erdölvorkommen im Norden der Reservation entdeckt und begonnen, sie auszubeuten. Die Pachtgebühren lagen bei etwa 70 000 Dollar im Jahr. Von 1938 bis 1956 kletterten die Einnahmen der Navajo aus Erdöl- und Erdgasvorkommen bis auf eine Million Dollar. Mit der Entdeckung neuer Felder im Gebiet der Four Corners in den fünfziger Jahren steigerte sich die Ölförderung, wodurch Pachteinkünfte und Tantiemen auf über dreißig Millionen Dollar hochschnellten. In den sechziger Jahren ging die Förderung stark zurück; das Stammeseinkommen aus diesem Wirtschaftssektor jedoch wurde zunächst durch angehobene Pachtgebühren ausgeglichen. In den siebziger und achtziger Jahren war die Fördermenge weiter rückläufig, so daß die dem Stamm zufließenden Einkünfte inzwischen stark geschrumpft sind: 1987 betrugen sie gerade noch vierzehn Millionen Dollar.

Pachtzinsen und Tantiemen aus dem Erdöl- und Erdgasgeschäft kamen dem gesamten Stamme zugute und trugen nicht unwesentlich zur Stabilisierung des Tribal Council bei, denn die amerikanischen Konzerne schlossen – nach ersten mißglückten Versuchen, mit kleineren Navajo-Gruppen handelseinig zu werden – nur noch Verträge mit der obersten Stammesvertretung ab.

Verglichen mit den genannten Einnahmen stehen die Einkünfte aus dem Abbau von Uran, Vanadium und Helium weit zurück. Die Profite aus verpachteten Uranerzlagerstätten sackten gar von 2,1 Millionen Dollar 1983 auf

Null vier Jahre später. Zur Zeit beseitigt man letzte (sicht-bare) Spuren von Uranerzhalden in Shiprock, Mexican Hat, Tuba City und Monument Valley. Die Mitwirkung von Navajo-Arbeitskräften am Uranabbau in den vierziger und fünfziger Jahren hatte unvorhersehbare Folgen: Durch radioaktive Verseuchung des Bodens im Bereich von Schürfgebieten und Halden erkrankten viele Arbeiter an Krebs. Das ganze Ausmaß der Tragödie wird erst heute deutlich.

Als sich das Versiegen der Ölquellen abzeichnete, wandten sich die US-Firmen verstärkt der Förderung von Steinkohle zu. Da die Kohle im kostengünstigen Tagebau-verfahren gewonnen werden konnte, blieben die Aufwen-dungen gering, die Profite der Konzessionäre aber stiegen. 1987 verbuchten die Indianer 28 Millionen Dollar Pacht-zinsen aus der Vergabe von Lizenzen. Das sind etwa zwei Drittel des Gesamteinkommens aus dem Abbau von Bo-denschätzen.

Parallel zu den Explorationen amerikanischer Bergbau-gesellschaften, insbesondere der Peabody Coal Company, gelang es der Stammesregierung, einige ihrer wichtigsten Forderungen durchzusetzen: die Beschäftigung indiani-scher Arbeiter, eine Weitergabe von Informationen über den Wert der Bodenschätze, die langfristige Planung des Abbaus sowie – last, but not least – höhere Pachtgebühren.

In den siebziger Jahren wurde der Abbau des riesigen Kohlevorkommens von Black Mesa (anstehende Menge ca. 600 Millionen Tonnen) in Angriff genommen. Die hier geförderte Kohle – zwölf Millionen Tonnen jährlich aus den Schürfstätten »Black Mesa Mine« und »Kayenta Mine« – dient fast ausschließlich der Umwandlung in elek-trische Energie. Die Peabody Coal Company transportiert ihre Kohle aus der »Black Mesa Mine« auf einem Förder-band zu einer eigens gebauten 125 km langen Bahnlinie. Auf Waggons umgeladen, tritt das »schwarze Gold« sei-nen Weg zum »Navajo-Werk« in Page am Colorado River an. Von dort bezieht der größte Teil der Reservation

Strom. Die Luftverschmutzung, die vom Kraftwerk ausgeht, gibt zu den schlimmsten Befürchtungen Anlaß und
hat zu heftigen Protesten hier ansässiger Navajo gegen seinen Betrieb geführt.

7 Millionen Tonnen Kohle pro Jahr liefert die »Kayenta
Mine«, in der die mächtigsten Flöze Nordamerikas anstehen. Durch eine 436 km lange Pipeline wird die zerklei-
nerte Kohle in drei Tagen mittels Wasserdruck zum Mo-
have-Kraftwerk am unteren Colorado River gepumpt. Bei
diesem außerordentlich billigen Verfahren kommt es zu
keiner Rauchgasentwicklung, doch hat die starke Grund-
wasserentnahme verheerende Auswirkungen auf die Ve-
getation. Auch der Abbau selbst reißt häßliche Narben in
die Natur. Die völlig zerstörte Landschaft kann nur durch
ein großangelegtes Renaturierungsprogramm wieder sa-
niert werden. Entsprechende Schritte wurden inzwischen
eingeleitet.

Profite werfen auch erneuerbare Ressourcen ab. So
bringt lizensierter Holzeinschlag in den Chuska Mountains und auf dem Defiance-Plateau jährlich 1,5 Millionen
Dollar in die Stammeskasse.

Alle Versuche der Navajo, die Ausbeutung ihrer Bodenschätze in eigener Regie oder als gleichberechtigte Partner
amerikanischer Firmen vorzunehmen, scheiterten bisher.
Vordringlich fehlt es an Aufbaukapital, aber auch an indianischen Fachkräften, namentlich in den Bereichen Technologie und Management. Die US-Regierung stellt für
Joint Ventures keine Mittel zur Verfügung; sie finanziert
ausschließlich Wohlfahrts- und Dienstleistungsunterneh-
men. Nutznießer des natürlichen Reichtums auf der Reservation sind neben Großkonzernen die Staaten Arizona
und New Mexico, die saftige Körperschaftssteuern kassie-
ren.

Die Navajo haben keine Kontrolle über den Abbau der
natürlichen Ressourcen ihres eigenen Landes: Profite werden extern erwirtschaftet, und Einkünfte aus Pachtzinsen
und Tantiemen fließen in den Etat der Stammesregierung

und in die Wohlfahrt, kommen also nicht dem Anlagever-
mögen zugute. Den größten Anteil der Stammeseinkünfte,
die 1987 knapp 250 Millionen Dollar betrugen, machen die
auf der Reservation erhobenen Steuern aus. Das Pro-
Kopf-Einkommen lag 1969 noch bei 776 Dollar (im Vergleich: 3700 Dollar für weiße Amerikaner); 1979 war es
auf 2414 Dollar gestiegen (weiße Amerikaner: 7787 Dollar). Die vom statistischen Durchschnitt ausgehende Exi-
stenzgrundlage einer Navajo-Familie bilden nach wie vor
Viehwirtschaft und Feldbau. Das Kapitaleinkommen
stützt sich auf Bezüge aus Lohnarbeit innerhalb und außerhalb der Reservation. Größter Arbeitgeber auf der Reservation ist die Stammesregierung – der »Öffentliche
Dienst« – mit ihren wirtschaftlichen Armen, der NAPI
(Navajo Agricultural Products Industry), der NFPI (Navajo Forest Products Industry) und der für Strom- und
Wasserversorgung, Müllabfuhr und Verkehr zuständigen
NTUA (Navajo Tribal Utilities Authority). Auch das Bureau of Indian Affairs, das Office of Navajo Economic
Opportunity sowie die Public Schools und der Public
Health Service beschäftigen Navajo. Immer größere Bedeutung gewinnen die Einkünfte aus Lohnarbeit außerhalb der Reservation. Sie garantieren den Betreffenden ein
besseres Auskommen als den Mitgliedern von Familien,
die auf der Reservation Arbeit fanden. Aber noch immer
lebt die Hälfte der Bevölkerung unterhalb der Armuts-
grenze (laut Erhebung von 1970 und 1980). Die Arbeitslo-
senzahl lag 1987 bei 30 Prozent. Wohlfahrtsunterstützung
erhielten 1979 etwa 38 Prozent der Navajo, die fünfzehn
Jahre oder älter waren.

Unter diesen Umständen wird verständlich, daß es für
die Navajo nicht nur sozial wünschenswert, sondern auch
ökonomisch notwendig ist, im Verband der Familie zu leben. Nur so kann der einzelne in Notzeiten Unterstützung erfahren. Im Familienkreis blüht auch das Hausge-
werbe – Teppichweberei, Silberschmiedehandwerk usw.
Aus diesem Erwerbszweig entwickeln sich zunehmend

Handwerksbetriebe, ja Kleinmanufakturen. Fertigung und Verkauf kunsthandwerklicher Produkte für den Souvenirhandel in und außerhalb der Reservation erlebten in den letzten Jahren großen Aufschwung. Auch kulturfremde Artikel wie Hopi-Kachina-Figuren werden von den Navajo in beachtlicher Menge hergestellt und an überregionale Handelsketten geliefert.

Insgesamt betrachtet steht die Stammesregierung vor einem Dilemma. Die Einkünfte aus dem Abbau von Bodenschätzen dürften zwischen den Jahren 2005 und 2025 versiegen, und ein Ersatz ist nicht in Sicht. Die Bevölkerungszahl (1988: 165000) steigt dramatisch, so daß neue Wirtschaftsprogramme schleunigst aufgelegt werden müssen. Die höchste Hürde dabei ist die binnenkoloniale Situation des Stammes, die eine eigengesteuerte ökonomische Entfaltung verhindert. Die Hauptverantwortung hieran trägt das Bureau of Indian Affairs als zuständige Behörde in seiner Unfähigkeit, sich gegen das Innenministerium und den amerikanischen Kongreß durchzusetzen. Deshalb setzt die Stammesregierung auf (eingeschränkte) innere Autonomie, eine politische Vorgabe, die wenigstens mittel- bis langfristige Perspektiven bieten könnte.

Zukünftige Ziele sind unter anderem der Ausbau der Infrastruktur, eine Verbesserung des Beschäftigungsangebots und die Förderung des Facharbeitertums sowie Bemühungen um freie Kapitalaufnahme zum Ausschöpfen lokaler Ressourcen (auch in Naturschutzgebieten!) und den Ausbau von Kleinindustrie. Die US-Regierung ist aufgerufen, Anschubfinanzierungen für die genannten Aufgaben bereitzustellen, die freilich nicht – wie bisher – privaten amerikanischen Gesellschaften zugute kommen dürfen, sondern zur Überwindung versteinerter kolonialer Strukturen, unwürdig eines der reichsten Länder der Welt, beitragen sollten.

Literatur

Aberle, David F.: The Peyote Religion Among the Navaho. New York 1966.

Adair, John: The Navajo and Pueblo Silversmiths. Norman 1944.

Adams, William Y.: Shonto. A Study of the Role of the Trader in a Modern Navaho Community. Washington 1963.

Bailey, Garrick u. Roberta G.: A History of the Navajos. The Reservation Years. Santa Fe 1986.

Downs, James F.: Animal Husbandry in Navajo Society and Culture. Berkeley 1964.

Frisbie, Charlotte J.: Kinaaldá. A Study of the Navaho Girl's Puberty Ceremony. Middletown, Conn. 1967.

Kahlenburg, Mary H. u. Anthony Berlant: The Navajo Blanket. Los Angeles 1972.

Kammer, Jerry: The Second Long Walk. The Navajo-Hopi Land Dispute. Albuquerque 1980.

Kluckhohn, Clyde: Navaho Witchcraft. Cambridge 1944 (Papers of the Peabody Museum of American Archaeology and Ethnology, Harvard University, Bd. 22; ern. Boston 1962).

Kluckhohn, Clyde u. Dorothea Leighton: The Navaho. Cambridge, Mass. 1946; 2., durchges. Aufl., Garden City, N.Y. 1962.

König, René: Navajo Report 1970–1980. Von der Kolonie zur Nation. 2. Aufl., Berlin 1983.

McNitt, Frank: The Indian Traders. Norman 1962.

Maier-Mölling, Ingrid: Die Kontraktschulen der Navajo. In: Wolfgang Lindig, Die Indianer. Bd. 1: Nordamerika. München 5.Aufl. 1992, S. 297–304.

Shepardson, Mary: Navajo Wars in Government. A Study in Political Process. Menasha, Wisc. 1963.

Wyman, Leland C.: Blessingway. Tucson 1970.

Alice Schlegel

Familienstruktur und Verwitwetenstand bei den Hopi

Vergegenwärtigt man sich, daß beinahe die Hälfte aller Erwachsenen auf der Erde den Ehepartner verloren hat oder
mit diesem Verlust rechnen muß, wird der soziale Stellenwert des Hinterbliebenenstandes über kulturelle und nationale Begrenzungen hinaus deutlich. Bislang existiert allerdings kaum Literatur über entsprechende Erfahrungen in
nicht-industriellen Kulturen. Ausreichende Informationen besitzen wir lediglich aus dem europäischen bzw. euro-
amerikanischen Bereich. Wir wissen also nicht, welche
Auswirkungen, die der Verlust eines Partners nach sich
zieht, Universalien darstellen und welche als kulturelle Eigenarten anzusehen sind. Da wir davon ausgehen müssen,
daß der Verwitwetenstand in gewissem Umfang Ausdruck
spezifischer Eheformen ist, empfiehlt es sich, das Phänomen in breiterer, kulturübergreifender Perspektive zu betrachten. Hier soll das Los von Witwern und Witwen bei
den Hopi, einer Pueblo-Gruppe im nördlichen Arizona,
beschrieben werden. Ich beschränke mich dabei auf den
Zeitraum zwischen 1860 und dem Zweiten Weltkrieg, eine
Spanne, in der die Reservation äußeren Einflüssen weiter als
früher offenstand, und es zu erheblichen Veränderungen im
Sozialgefüge kam. Schildern wollen wir die traditionellen
Verhältnisse ebenso wie den einsetzenden Wandel, der die
Hopi aus tribalen Zusammenhängen, für die Subsistenz-
gartenbau und Klanverwandtschaft kennzeichnend waren,
zur Klassengesellschaft, deren Mitglieder ihren Lebensunterhalt zunehmend auf Lohnarbeit, Fürsorgeleistungen
und Kleinunternehmertum stützten, führte.

Leicht gekürzte Fassung des Beitrages Hopi Family Structure and the Experience of
Widowhood. In: On Their Own. Widows and Widowhood in the American Southwest. Hrsg. A. Scadron, University of Illinois Press, Urbana 1988, S. 42–64. Übersetzung von Wolfgang Müller.

Die Beschäftigung mit Familienstruktur und Verwitwetenstand bei den Hopi belichtet eine Reihe diffiziler Problemstellungen, etwa die Frage nach sozialer Kontinuität. In unserer Gesellschaft ist mit dem Tod des Ehepartners ein tiefer sozialer wie persönlicher Einschnitt verbunden. Agierte das Paar vordem als eingespieltes Tandem, das das gemeinsame Vermögen hütete und, in den entsprechenden Lebensphasen, Kinder erzog, sieht sich der oder die Hinterbliebene nunmehr gezwungen, Entscheidungen in eigener Regie zu treffen und allein Pläne zu machen.

Statusminderung nach dem Auseinanderbrechen des Ehebundes kann gleichfalls zum Problem werden. Bei uns ist die rechtliche und soziale Stellung Verheirateter eine andere als die von Witwern und Witwen. Für Frauen, die in der europäischen Tradition stehen, sind Benachteiligungen größer als für Männer, denn ihre Statusrollen werden von denjenigen der Gatten gefärbt. Unter Umständen gewärtigen daher Witwen gesellschaftlichen Abstieg, wohingegen die Position eines Witwers meist unangetastet bleibt.

Ein weiterer kritischer Punkt betrifft den schmerzlichen Verlust, den der Tod eines Partners bedeutet. Beide Geschlechter beklagen die Deprivation jenes kameradschaftlichen und vertrauensvollen Miteinander, das Paarbindungen gemeinhin auszeichnet. In der euro-amerikanischen Gesellschaft obliegt die Unterhaltssicherung für gewöhnlich dem Mann, während die Frau dem Heim vorsteht und hausfraulichen Tätigkeiten nachgeht. Witwern fällt es darum leichter, Frauen zu finden, die ihnen aufwarten. Dagegen haben es Witwen in dem Bemühen, erneut einen Mann, der sie versorgt, an sich zu binden, schwerer. Mögliche wirtschaftliche Entbehrungen treffen sie deshalb härter. Hier erhebt sich die Frage, ob ökonomische Nachteile Hinterbliebener allgemein auftreten oder ob eine Konstellation vorliegt, die nur kapitalistischen Gesellschaften eignet. Außerdem wäre zu prüfen, ob Frauen im Weltmaßstab stärker betroffen sind als Männer.

Wenn man Ehe und Verwitwetenstand bei den Hopi mit ihren angelsächsischen oder ibero-amerikanischen Entsprechungen vergleicht, fallen Ähnlichkeiten auf. Die Hopi sind monogam, und es werden in etwa gleichaltrige Partner bevorzugt. Liebe und gegenseitiger Respekt gelten als Voraussetzungen für eine glückliche Beziehung. Seitensprünge mißbilligen die Hopi aus Angst, daraus entspringende emotionale Irritationen könnten die häusliche Harmonie vergiften – ein Umstand, der gegebenenfalls die Gesundheit aller Haushaltsmitglieder aufs Spiel setzt. Nach Meinung aller Pueblo-Indianer stellt sich körperliches Wohlbefinden nämlich nur dann ein, wenn sich der Geist im Gleichgewicht befindet, also Zufriedenheit und guter Wille herrschen. Abweichungen zwischen Ideal und Praxis können wir schärfer stellen, wenn das Familienleben der Hopi zur Sprache kommt.

Im Erfahrungsprüfstand von Hopi-Hinterbliebenen des späten 19. Jahrhunderts und von nicht-indianischen Zeitgenossen, denen das gleiche Schicksal widerfuhr, erkennen wir einige Dissonanzen von Gewicht. Zunächst fällt auf, daß die Zahl der Hopi-Witwer die von Witwen überstieg. Dies resultiert aus der Tatsache, daß die Pax Americana kriegerische Auseinandersetzungen mit Nachbarn unterband, und so ein Grund vorzeitiger männlicher Mortalität entfiel, andererseits aber hygienische Verhältnisse und medizinische Versorgung noch nicht den Standard erreicht hatten, um etwa die häufigen Sterbefälle im Kindbett zu vereiteln. Dank des Männerüberschusses heirateten viele Witwen, sogar ziemlich betagte, erneut, während Witwer oft leer ausgingen.

Abweichungen ergeben sich auch aus der Einbindung der Indianer in ein komplexes Verwandtschaftssystem. Dieses ausgedehnte Beziehungsgeflecht, das weit über den Haushalt eines Hinterbliebenen hinausgriff, sorgte – anders als in der nationalen Gesellschaft – für spürbare wirtschaftliche Unterstützung. Witwen konnten ökonomische Ansprüche ihren Brüdern gegenüber geltend machen,

Witwer sich an ihre Schwestern wenden. Derlei Anforderungen hatten größeres moralisches Gewicht als vergleichbare Verpflichtungen im weißen Amerika.

Drittens blieb die soziale Stellung von Verwitweten in der Gemeinschaft unberührt, da sie nicht an den Partner gebunden war. Im Gegensatz zu Personen europäischer Kulturprägung gingen Männer und Frauen der Hopi ihren Alltagsgeschäften meist in gleichgeschlechtlicher Gesellschaft nach. Partnerschaft zählte viel in der Hopi-Ehe, noch wichtiger jedoch war die Bindung des Bruders an die Schwester, egal, ob es sich tatsächlich um leibliche Geschwister handelte oder um klassifikatorische, sie also einer Generation desselben Klans angehörten. Auch wenn das Miteinander der Gatten mancherlei Beschränkungen unterlag, kann daraus nicht geschlossen werden, Ehen seien unbedeutend gewesen. Kaum ein Mann (und in noch höherem Maß galt dies für Frauen) entzog sich der Vermählung. Seinen Status als Verheirateter wahrte man, wobei es keine Rolle spielte, ob der Partner die Beziehung noch aufrechthielt, verstorben war oder die Verbindung gelöst hatte. Tatsächlich kennt die Hopi-Sprache keinen Begriff für »Witwe« oder »Witwer«; statt dessen heißt es, »Frau, die allein lebt« oder »Mann, der allein lebt«. Diese Umschreibungen sind rein deskriptiv und verweisen Personen nicht an Sozialkategorien mit speziellen Rollenerwartungen und Verhaltensmaßregeln.

Schließlich stürzte der Verlust des Partners Hinterbliebene (am wenigsten Frauen) keineswegs in jenes aus Verzweiflung geborene Gefühlstief, das Angehörige unserer Gesellschaft mitunter befällt, wenn ihnen bewußt wird, daß ein lieber Mensch dahingegangen ist. Hopi-Heiraten erfolgten unter Zwang, und ehelicher Nähe standen erheblich mehr Hindernisse im Weg als bei uns. Auch die rechtliche, soziale und moralische Legitimation zur Familiengründung, die der Ehebund in der euro-amerikanischen Kultur darstellt, entfiel bei den Hopi.

Fassen wir zusammen: Anders als in der nationalen Gesellschaft waren im Hopi-Land Eheschließungen nicht an ökonomische Abhängigkeit, Statuszuschreibung und emotionale Bindung gekettet. Obwohl der Tod des Partners zu hauswirtschaftlicher Umstellung zwang und der Verlust wohl schmerzte, sind indianische Witwer und Witwen keinesfalls so depressiv oder hilflos gewesen wie manche ihrer weißen Leidensgenossen zur selben Zeit. Die Befindlichkeit eines Verwitweten hängt eng mit der Eheform seiner Kulturgruppe zusammen. Ehemodalitäten sind daher Schlüssel zum Verständnis der unterschiedlichen Erfahrungen Hinterbliebener bei Hopi und Euro-Amerikanern.

Der kulturelle Hintergrund

Ursachen der unterschiedlichen Ehepraxis treten deutlicher zutage, wenn wir uns den Aufbau von Familienstruktur und Verwandtschaftssystem bei den Hopi näher ansehen. Beachten wollen wir auch die geschlechterspezifische Rollenverteilung in Haushalt und Klan. Im späten 19. und beginnenden 20. Jahrhundert wurde das Fundament einschneidender Veränderungen der Hopi-Kultur gelegt. Lohnarbeit und freies Unternehmertum als Begleiter der aufblühenden Wirtschaft schlugen Schneisen in die vom Gartenbau geprägte Subsistenzökonomie. Um 1939 hatte sich der Umbruch freilich erst partiell vollzogen, und das Grundmuster traditioneller Haushalts- und Verwandtschaftsorganisation blieb bis nach dem Zweiten Weltkrieg intakt.

Bis in die sechziger Jahre des letzten Jahrhunderts unterhielten die Hopi kaum Beziehungen zu Anglo-Amerikanern oder der Spanisch sprechenden Bevölkerung des Südwestens. Hierin unterschieden sie sich von den Pueblo-Gemeinschaften New Mexicos sowie den Pima und Papago Süd-Arizonas, die seit dem 16. Jahrhundert rege Kontakte mit Spaniern (später Mexikanern) pflegten. Mit

der von Europäern in die Neue Welt eingeführten Schaf-
zucht wurden die Hopi im Verlauf des 17. Jahrhunderts
bekannt. Andere europäische Importe, namentlich einige
Nutzpflanzen, gelangten durch Vermittlung östlicher
Pueblos zu ihnen. Nie allerdings konnten diese Anbau-
pflanzen die einheimischen Bohnen, Kürbisse und den
Mais verdrängen; sie ergänzten das althergebrachte Nah-
rungsangebot lediglich. Zu Beginn der Zeitspanne, die uns
hier besonders interessiert, stützten sich die Hopi auf ein
Subsistenzspektrum, das Gartenbau, Jagd und – in gerin-
gerem Umfang – Weidewirtschaft umfaßte. Bescheidene
Ertragsüberschüsse gestatteten Einzelpersonen ein wenig
Tauschhandel mit Angehörigen anderer Stämme. Dank
solcher Transaktionen gelangten Trockenfleisch, Häute,
Nußkiefernsamen sowie eine Anzahl weiterer Produkte
der Berge und Wüsten in die Hopi-Dörfer.

Ab 1860 wandelte sich die ökonomische Szenerie, was
nicht ohne Auswirkungen auf Haushaltsorganisation und
familiäre Versorgung blieb. Anglo-Amerikaner kamen in
das Gebiet – Mormonenmissionare, Händler und Wissenschaftler. Die Städte Winslow und Holbrook, später be-
deutende Beschäftigungsstandorte, wurden gegründet.
1862 versetzte Kit Carson den benachbarten Navajo ver-
nichtende militärische Schläge. Die Überlebenden, soweit
sie nicht in die Berge geflohen waren, pferchte man in Fort
Sumner, New Mexico, zusammen. Für die Hopi hatten
diese Aktionen ihr Gutes, denn sie schoben den ständigen
Überfällen der Navajo, die zudem Kontakte mit anderen
Volksgruppen beschnitten, einen Riegel vor. 1882 hob
man die Hopi-Reservation aus der Taufe. Kinder konnten
1887 erstmals eine Schule besuchen. Nur wenig später öffnete Thomas Keams in Keams Canyon seinen Handelsposten. Für Bau und Unterhalt all jener Einrichtungen
brauchte man die Arbeitskraft der Hopi. Frauen wurden
hauptsächlich als Köchinnen oder Aufseherinnen in der
Schule beschäftigt. Binnen kurzem wagten die Hopi erste
Schritte in einer ihnen fremden politischen, wirtschaftli-

chen und kulturellen Welt. Der Übergang von der Stammesgesellschaft hin zu einer Formation mit Klassencharakter hatte begonnen.

Das Erscheinungsbild der Dörfer, der Alltagsrhythmus, die von der Jahreszeit diktierten bäuerlichen Zyklen sowie der darauf abgestimmte Zeremonialkalender änderten sich nur allmählich und in kaum wahrnehmbaren Schüben von 1860 bis 1930. Auf der Reservation lebten nur wenige Menschen – etwas über 2000, vielleicht auch 3000. Jedes Dorf zählte zwischen 100 und 900 Einwohner. Man gruppierte nach wie vor Häuser aus Stein und Lehmziegeln um öffentliche Plätze (Plazas); Türen und Fenster allerdings ersetzten nun zunehmend die Dackluken, durch die man mittels Leitern in die Gebäude gelangt war, und die dem Tageslicht Einlaß geboten hatten. Da und dort parkten Pferdewagen vor den Häusern, doch die Männer sah man zu Fuß zur Feldarbeit gehen, einfache Grabstöcke in der Hand, die sich noch gegen die Zügel des Pflugs sträubte. Feldfrüchte aus eigenem Anbau genügten dem häuslichen Nahrungsbedarf, den Erfordernissen des rituellen Austauschs und dem Handel mit Nachbarn. Schafhaltung betrieb man vorrangig zur Selbstversorgung. Um 1920 wurden Rinder eingeführt; einige Hopi konnten dadurch ihre Einkommenssituation verbessern. Gegen 1895 trugen, nach Fotos zu urteilen, die meisten Männer und Kinder Kleidung »westlichen« Zuschnitts. Diese Textilien hatte man gekauft oder aus erworbenen Stoffen und ausgedienten Mehlsäcken selbst geschneidert. Ältere Mädchen und Frauen dagegen bewahrten die angestammte Tracht bis in die Anfangsjahre unseres Jahrhunderts. Eiserne Beschläge, Metallgeschirr und Franklin-Öfen gab es neben Körben und Töpferware aus häuslicher Produktion. Kaffee, Zukker und Weizenmehlbrot erfreuten sich großer Beliebtheit, obschon Mais, nach wie vor von Hand gemahlen, als Säule der Hopi-Küche unangetastet blieb.

Die meisten Männer beschäftigten sich mit Feldarbeit und Schäferei, die Frauen kochten oder schleppten Wasser herbei. Beide Geschlechter verdienten mit Lohnarbeit und dem Verkauf von Kunsthandwerk ein Zubrot. Weil Textilien und Lederwaren amerikanischer Provenienz Artikel einheimischer Herstellung schrittweise verdrängten, gestaltete sich der Arbeitsumfang von Männern erträglicher. Frauen flochten Körbe und töpferten für den Hausgebrauch, doch öffneten Trader, Touristen und Sammler alsbald neue Absatzmärkte. Kinder fehlten als Arbeitskräfte, weil sie in den gerade eingerichteten, oft weit entfernten Internatsschulen die Bank drücken mußten. Aber dieser Umstand enthob die Eltern auch der Last, ihre Sprößlinge zu nähren und zu kleiden. Der Alltag verlief in den gewohnten Bahnen. Frauen kümmerten sich um Haus und Küche, Männer – sofern Feld oder Herde sie nicht in Anspruch nahmen – saßen in Kivas, den Ritualkammern der Pueblo-Indianer, beisammen. In den Kivas gingen die »Herren der Schöpfung« aber auch ihrem Zeitvertreib nach. Dort webten sie, schnitzten oder bearbeiteten Leder, verfertigten also Dinge, die im Haushalt Verwendung finden oder an Trader verhandelt werden sollten, und besprachen Dorfangelegenheiten.

Eine ausführliche Beschreibung, geschweige wissenschaftliche Analyse der Rollen, die Mann und Frau im wirtschaftlichen, politischen, häuslichen und religiösen Leben der Hopi ausfüllen, liegt jenseits der Absichten dieses Aufsatzes. Dennoch müssen wir auf Dorforganisation, Klanstruktur und Haushaltszusammensetzung etwas näher eingehen, um unsere These zu stützen, daß Hinterbliebene dieses Volkes, gleich welchen Geschlechts, keine sozialen Nachteile hinnehmen mußten.

Die Hopi befolgten die uxori-matrilokale Residenzregelung, d. h. daß Söhne und Brüder ihr Heim verließen, um im Haushalt ihrer Frauen zu wohnen. Der Kern eines solchen Haushalts bestand aus Verwandten der weiblichen Linie – Mutter, Töchter und Schwestern –; dazu gesellten sich die angeheirateten Ehemänner sowie ledige Söhne. Während der hier zur Diskussion stehenden Zeit vollzog sich der Wechsel von der erweiterten Familie, wo mehrere verheiratete Töchter mit ihrer Mutter unter einem Dach leben konnten, zur Stammfamilie mit nur einer verbleibenden Tochter (oft die jüngste); die übrigen weiblichen Geschwister gründeten eigene Hausstände. Größte Autorität in häuslichen Belangen hatte die Matrone, der weibliche Haushaltsvorstand. Ihr Mann hingegen trug Verantwortung für das männliche Arbeitsteam aus Söhnen und Schwiegersöhnen. Kam es zu einer Trennung (Scheidung), kehrte der Mann in den mütterlichen Haushalt zurück, oder er lebte, wenn die Mutter verstorben war, bis zur Neuvermählung bei einer Schwester. Für gewöhnlich fand sich ein Mann demnach in einer Wohnsituation, wo Frauen Kontrolle ausübten, und das Haus ihm nicht gehörte. Lebte ein Mann, was selten vorkam, allein, nahm er zumindest seine Mahlzeiten mit einer Tochter oder einer anderen Verwandten ein.

Weibliche Führung und Hausbesitz sind Ausdruck einer Erbfolge, die matrilinear, also von der Mutter zur Tochter, verläuft. Erreichte das Gründerpaar den Lebensabend, übertrug die Matrone ihre Autorität sukzessive an die Tochter und zog sich allmählich von ihren Weisungspflichten zurück. Das männliche Familienoberhaupt brachte mehr Zeit in der Kiva zu oder erholte sich zu Hause, während der (älteste) Schwiegersohn Leitung und Koordination von Arbeitseinsätzen übernahm. Ein älteres Ehepaar oder überlebendes Elternteil wohnte mit einer oder mehreren erwachsenen Töchtern zusammen. Hieraus ergab sich die nötige Kontinuität der Haushalte. Paare, die ohne weiblichen Nachwuchs geblieben waren, setzten alles daran, ein Mädchen aus dem Klan der Ehefrau zu adoptieren, falls möglich, die Tochter der leiblichen Schwester. Wir haben demzufolge eine Gesellschaft vor uns, in der man die Geburt von Mädchen höher schätzte als die von Knaben. Nicht selten wurden erstere auch besser behandelt.

Weibliche Tätigkeiten spielten sich überwiegend im

Heim ab. Die Wohnsitze von Verwandten lagen nahe beieinander, wodurch ständiger Austausch gewährleistet war. Freundinnen taten sich häufig zusammen, um nach Gräsern für die Korbflechterei oder nach Töpferton zu suchen. Männer interagierten (bei Kivasitzungen) möglicherweise öfter als Frauen mit Nichtverwandten. Ihren Ehepartnerinnen blieb kaum mehr als die Gelegenheit zum nachbarlichen Schwatz von Haus zu Haus.

Trotz auffälliger Geschlechtertrennung bei Arbeit und Freizeit waren Männer und Frauen unablässig um das Wohl des Haushalts besorgt. Hier herrschte keine strenge Sonderung. Immerhin aß die Familie gemeinsam, Mann und Frau teilten dasselbe Lager (beileibe keine Selbstverständlichkeit in vielen Weltkulturen), und der Ehebund besiegelte die Versorgung von Gattin und Kindern. Obschon die Frau als Hausherrin auftrat, wurde ihre Dominanz doch durch die Abhängigkeit von der Arbeitskraft ihres Ernährers eingeschränkt.

In der matrilokalen, d. h. auf die Frau (Mutter) bezogenen Hopi-Gesellschaft bildeten Matri-Klane Elementarbausteine der verwandtschaftlichen Struktur. Ein Klan umfaßte alle erwachsenen Blutsverwandten in weiblicher Linie. Hinzu gesellten sich die Nachkommen der Frauen aus ihren jeweiligen Verbindungen. Die Kinder ihrer Brüder und Söhne jedoch wurden dem Klan zugerechnet, aus dem deren Ehegattinnen stammten. Während Mädchen Rang und Pflichten innerhalb des Klans von ihren Müttern erbten, erwarben Jungen diese von den Mutterbrüdern. Statt des leiblichen Vaters schlüpfte der Onkel in die Rolle des Erziehers und Mentors seiner Neffen. Die Beziehung von Erzeuger und Gezeugten war von respektvoller Distanz gezeichnet, zwischen Oheim und Neffen aber herrschte ein inniges, geradezu herzliches Verhältnis.

Klane reklamierten bestimmte Rituale, politische Ämter und Gartenland. Als man noch zu Fuß reiste, und Lasten nur dank menschlicher Körperkraft oder auf Eselsrücken befördert werden konnten, lagen kultivierte Parzellen meist in Dorfnähe. Jedem Haushalt wurden vom Klan Anbauflächen zur Verfügung gestellt, die die Männer beakkerten. Alle lebensnotwendigen Ressourcen befanden sich demnach in der Hand weiblicher Klanmitglieder, was deren Macht unterstrich. Sämtliche Erträge, die ihr Stück Land abwarf, gehörten der Hausfrau. Den größten Teil konsumierte man, Überschüsse allerdings zirkulierten im Rahmen reziproker Austauschringe oder dienten dem Handel mit Fremden.

Ich erwähnte bereits, daß die Hopi dem Verhältnis von Bruder und Schwester zentrale Bedeutung zumaßen und es über das Konnubium stellten. Bei vielen Klanaktivitäten, so auch im Kult, standen Geschwister im Mittelpunkt. Dabei konnte es sich um biologische (leibliche) Verwandte handeln oder um Nenn-Geschwister. Wenn Kachinas auftraten – übernatürliche Wesen, die die irdischen Gewänder von Maskentänzern überstreiften –, waren sie oft von »Schwestern« begleitet, nie von »Gattinnen«. Brüder sorgten sich sehr um die Fruchtbarkeit ihrer weiblichen Geschwister, denn der Fortbestand des Klans hing davon ab. Daher stärkten sie auch den Frauen in ökonomischer wie moralischer Hinsicht den Rücken, wenn deren Ehemänner ihre Pflichten vernachlässigten (so jedenfalls das gesellschaftliche Wunschbild – die Wirklichkeit wird uns später beschäftigen). Selbst in der Autoritätshierarchie des Klans spiegelt sich die Bruder-Schwester-Symbiose. An seiner Spitze stand ein gleichberechtigtes Paar, das man »Klan-Mutter« und »Klan-Onkel« nennen kann. Obwohl das Duo grundsätzlich nur Entscheidungen fällte, die Klanmitglieder des eigenen Geschlechts betrafen, waren Konsultationen, die auf Einhelligkeiten zielten, selbstverständlich. Auch anläßlich von Zeremonien agierten beide kooperativ in verschiedenen Rollen. Männer, die als aktive Bauern gut über die Qualität einzelner Grundstücke Bescheid wußten und Parzellen zuteilten, beugten sich letztlich dem Spruch der Klan-Mutter – weiterer Beleg des Gewichtes, das Frauen in die wirtschaftliche Waagschale werfen konnten.

Zwischen 1860 und den ersten Jahrzehnten unseres Jahrhunderts fungierten sowohl Klane als auch Fraktionen, die Klan-Allianzen durchschnitten, als politische Vertretungen. Unter der Reservationsverwaltung verloren die Dörfer ihre politische Autonomie, und die Schaltstelle der Macht verlagerte sich zur US-Regierung. Nichtsdestotrotz bestand das alte Häuptlings- und Ratswesen, obschon geschwächt, weiter fort. Jedes Dorf richtete sich nach einem eigenen Zeremonialzyklus und folgte seinem Häuptling, den ein Ratsgremium beriet. Als Foren männlicher Politik dienten Kivas. Weibliche Interessen wurden von den Matronen wahrgenommen oder im Rahmen größerer informeller Frauentreffen ventiliert.

Politische Entscheidungen auf Dorfebene trafen Männer – Häuptling und Rat. Wegen der Bedeutung, die Frauen in Haushalt und Klan zukam, fanden ihre Belange jedoch in vollem Umfang politischen Widerhall: Ein Mann konnte nicht gegen den Willen weiblicher Klanmitglieder handeln oder sich, sofern ihm an häuslichem Frieden lag, über Bedenken und Einsprüche seiner Gattin hinwegsetzen. Wenngleich subtil und indirekt, erhoben Frauen also auch in Dorfangelegenheiten ihre Stimme.

Heirat und Ehe

In einigen Aspekten erinnert die Heirats- und Ehepraxis der Hopi an Verhältnisse, wie wir sie aus Europa oder dem weißen Amerika kennen. Während Knaben nach ihrer Initiation in eine der vier Kultbruderschaften die männliche Reife erlangten, wurde ein Mädchen (mana) erst mit der Vermählung zur Frau (wuhti). Die Ehe war monogam. Mann und Frau teilten die Mahlzeiten und das Lager. Eklatante Altersunterschiede unter Gatten gab es nicht. Bei der Partnerwahl hatten die jungen Leute Mitspracherecht, die Familie des Mädchens aber mußte erst ihre Einwilligung äußern, ehe der Auserwählte das Haus seiner

künftigen Schwiegermutter betreten durfte. Am Hoch-
zeitstag ergossen sich Homilien über das Paar. In solchen
Maßregeln und Ratschlägen schwang mit, wie nötig es sei,
daß künftig Harmonie und gedeihliche Zusammenarbeit
zwischen den Partnern walte. Das kulturell geforderte
Frauenbild stilisierte eine Person, die Leben, höchstes Gut
der Hopi, schenkte und es bewahrte. Als Mutter und Ver-
weserin dessen, was der Boden abwarf, war die Frau daher
von jener Heiligkeit durchdrungen, die, nach landläufigem
Glauben, vitalisierend wirkte. Im Manne hatten sich die Eigenschaften des Ernährers und Beschützers zu vereinen,
Ideale, die wir im Hopi-Wort für Vater wiederfinden. Sogar
in dieser Gesellschaft, wo die Nachkommen eines Mannes
dem Klan der Frau zugesprochen wurden, pries man Vater-
schaft als Wert, der zu sozialer Würde verhalf.

Harmonie überschrieb eine Partnerschaft, in der der
Ehemann Frau und Kinder ebenso rührig umsorgen sollte
wie der Bauer seine Maispflänzchen – liebevoll und zärtlich.
Gegen derlei Projektionen stand freilich die Realität des So-
zialgefüges. Das matrilineare Verwandtschaftssystem, verbunden mit den Formen der Stamm- und erweiterten Familie, entfremdete die Frau ihrem Gatten und rückte sie näher
an ihre Klangenossen. Die Bindung des Mannes schwankte
zwischen Aufgaben und Pflichten, die er Gemahlin und
Kindern gegenüber zu erfüllen hatte, dem schwesterlichen
Haushalt, wo ihm u. a. die Erziehung seiner Neffen oblag,
und der Kiva, dem Ort zeremonieller Verrichtungen und
des informellen Austauschs. Es war nicht einfach, Zeitauf-
wand und Loyalitäten, die zwei Haushalte verlangten, zu
koordinieren. Dementsprechend mochte sich ein Mann
wohl fragen, wohin er eigentlich gehörte. Dieser Zwiespalt
wird in der Floskel »der Platz des Mannes ist außerhalb des
Hauses« sinnfällig, mahnt sie doch aphoristisch an, daß ein
möglicher Gegner noch vor der Schwelle abgefangen werden muß und Männer in der weiblichen Domäne nichts zu
suchen haben. Ehemänner lösten den Widerspruch, indem
sie sich zuhause relativ selten blicken ließen.

Ein anderer Faktor, der die eheliche Gemeinschaft belastete, scheint in der Emphase angelegt, mit der man auf Verantwortlichkeiten im Konnubium pochte. Wieder waren Männer härter betroffen. Hopi-Mütter übten Jungen gegenüber Nachsicht, und Väter hielten sich mit Strafen zurück, denn die spätere Heirat der Sprößlinge band diese, der Familie entrissen, an andere Haushalte, wo sie unter Anleitung ihrer gestrengen Schwiegerväter arbeiteten. Uns sind Sprichwörter überliefert, die Männer auffordern, Schwiegersöhne nicht zu bemitleiden, sondern sie anzuhalten, noch vor Morgengrauen aufzustehen und das Tagwerk anzupacken. Nachdem er ein sorgenfreies Leben als Junggeselle geführt hatte, der Feldarbeit mit mehr oder weniger Fleiß nachgegangen und nachts mit Kumpanen um die Häuser gezogen war, bürdete die Gesellschaft dem Herangewachsenen doppelte Last auf. Man erwartete, daß er nach seiner Aufnahme in eine Bruderschaft allen Lastern entsagte und sich das situierte, würdevolle Gebaren eines Menschen zulegte, dem die Weihen des Erwachsenenseins zuteil wurden. Hierzu gehörte auch jene Ernsthaftigkeit, die das Verhalten im Kult forderte. War ein Mann erst einmal verheiratet, fand er nur noch wenig Gelegenheit zur Zerstreuung, denn er mußte sein Gelübde, für Schwiegereltern und Gemeinschaft hart ins Geschirr zu gehen, einlösen. Während die Eheschließung Mädchen den Schritt ins Erwachsenenleben bescherte, scheint sie bei Männern auf geringere Begeisterung gestoßen zu sein, zumindest war die Freude in den ersten Jahren der Verbindung gedämpft. Kurz gesagt, dem weiblichen Geschlecht brachte Heirat mehr Vorteile als dem männlichen: Kinder stellten sich ein, die Frau wurde versorgt, und die Vermählung verschaffte ihr den ersehnten Erwachsenenstatus. Das Trachten der Männer zielte notgedrungen auf Pflichterfüllung und Übernahme von Verantwortung; obendrein ruhte die Last der Nahrungsgewinnung auf ihren Schultern. Autorität, die ihr Los erträglicher gestaltet hätte, besaßen sie zu Hause kaum. Burschen im heiratsfähigen Alter reagierten daher auf weibliche Avancen spröde, und selbst nach der Eheschließung nutzten sie jede Möglichkeit zu ausgedehnten Besuchen im Elternhaus. Die Angst, keinen Ehemann abzubekommen, nahm bei manchen Hopi-Mädchen traumatische Züge an und trübte die letzten Jahre ihrer Adoleszenz. Üblich war, daß mehrere um die Gunst eines aussichtsreichen Heiratskandidaten buhlten. Verheiratete lebten mit der Furcht, eine alleinstehende Frau könnte ihnen den Gatten abspenstig machen. Tatsächlich wurden, wie es heißt, Auseinandersetzungen zwischen Erwachsenen zumeist von Frauen, die um einen Mann stritten, ausgetragen.

Kamen Kinder zur Welt, verbesserte sich die Lage des Ehemannes, konnte er doch jetzt seinen Wert als Vater beweisen. Latente Spannungen jedoch stellten Partnerschaften nicht selten bis ins Alter auf eine harte Probe. In diesem Sinn müssen wir die immer wieder ausgesprochene Warnung interpretieren, Gatten nicht zu verärgern oder zu necken. Die Hopi sind große Spötter. Jedermann, selbst ehrwürdige Greise, ist Zielscheibe derber Scherze, die gewöhnlich Faulheit unterstellen, sexuellen Überschwang oder Seitensprünge. Treffen die Anzüglichkeiten zu, verletzen sie. Sind sie aber aus der Luft gegriffen, erregen sie durch ihre Absurdität Heiterkeit. Als einzige Verwandte, die einander nicht necken sollten, haben Eheleute zu gelten. Männern vor allem legt man nahe, sie möchten ihre Gattinnen nicht aufziehen. Begründet wird dies mit der Befürchtung, Gefühle könnten Schaden nehmen. Nur Alte, die das Leben zusammenschmiedete und die sich ihr Vertrauen bewiesen, dürfen miteinander scherzen, was häufig mit dem Ausdruck zärtlicher Zuwendung geschieht.

Das unbehagliche Eheleben reizte zu gelegentlichen Seitensprüngen. Die Angst davor beschlich sogar Paare, die sich gut verstanden. Man rügte, Ehebruch bringe Streit ins Heim und vermutete darin den Grund, wenn Frauen unglücklich waren. Noch immer sind die Hopi der Meinung, betrogene Frauen würden krank oder seien wegen der ihnen zugefügten Schmach nicht länger imstande, sich gebührend um die Kinder zu kümmern, worauf diese erkrankten. Seitensprünge gaben stets Anlaß zu Klatsch und übler Nachrede. Verdächtigungen trafen sowohl Frauen als auch Männer, wenngleich man häufiger über die Geliebten untreuer Ehegatten tratschte denn über männliche »Aushilfen«. Die Hopi glaubten, daß bestimmte Frauen für Männer empfänglicher wären als andere. Dabei konnte es sich um Witwen, Alleinstehende oder besonders kokette Personen handeln. Bei letzteren mutmaßte man, sie empfingen ihre Liebhaber, wenn der Ehemann seine Herde hütete oder außer Haus anderen Tagesgeschäften nachging. Wenn die Frau bei Verwandten wohnte, muß es für sie recht schwierig gewesen sein, ihr Vorhaben in die Tat umzusetzen, aber irgendwie fand sie einen Weg. War sie verwitwet und hatte nur ihre Kinder bei sich, was in dem uns interessierenden Zeitraum durchaus vorkommen konnte, oder wenn sie mit ihrem Gatten allein lebte, mochte es leichter gefallen sein, Heimlichkeiten zu vertuschen. Aber selbst dort, wo sich Ehebrecher ungestört wähnten, muß die Furcht vor Entdeckung den Liebesgenuß geschmälert haben.

Im Rückblick auf das Gesagte können wir einige Feststellungen treffen: Für Erwachsene war es normal zu heiraten. Mädchen gewannen durch die Vermählung soziale Reife, und Männer gaben damit zu erkennen, daß sie fortan kommunale Verantwortung zu übernehmen gedachten. Nach dem Ideal der Hopi sollten Partner heiter und willig zum Wohle von Haushalt und Nachkommen kooperieren. Einige Paare genügten diesem Anspruch; sie wurden Jugendlichen als leuchtendes Beispiel hingestellt. Klanverbindlichkeiten jedoch beschwerten den Ehebund. Wahrscheinlich ist, daß die ständige Anwesenheit anderer Erwachsener im Heim und das Fehlen jeglicher Intimsphäre tiefere Gefühlsbande vereitelten. Alle Familienmitglieder schliefen in demselben Raum. Liebesspiele waren nur möglich, wenn die Mitbewohner schliefen, und es galt leise zu sein, damit niemand aufwachte. Andere Stammeskulturen verfügten über ausreichend Refugien – umfriedete Gärten, Privatquartiere, stille Winkel –, wo Eheleute sexuelle Bedürfnisse stillen oder einfach in Ruhe über Probleme reden konnten. Daran mangelte es in der traditionellen Hopi-Gesellschaft.

Wir haben die Widersprüche einer Hopi-Verbindung erörtert. Damit soll aber nicht der Eindruck erweckt werden, daß Kalamitäten allzeit den Ehefrieden störten. Jede Gesellschaftsform kennt Streß, und Ehen sind davon nicht ausgenommen. Auch wenn Hopi-Paare gelegentlich Schwierigkeiten hatten, dem Harmonie-Ideal ihrer Kultur zu entsprechen, fanden sie Kompensationen. Kleinkinder beispielsweise gaben Anlaß zu viel Freude. Loyale Verwandte schafften Sicherheit. Mit ihnen und guten Freunden ging man enge, vertrauensvolle Bindungen ein. Hielt die Ehe bis ins Alter, bestand die Chance, daß das Verständnis zwischen den Partnern wuchs. Vermutlich geschah dies infolge von mehr Gleichberechtigung in der Beziehung. Die Hausfrau übertrug schrittweise Autorität an ihre Tochter, die sie als *mater familias* beerbte. Gleichzeitig verbesserte sich die Stellung des Vaters, denn er genoß jetzt als »Elder« höchsten Respekt und dirigierte die Arbeit seiner Schwiegersöhne. Heute sieht man, wie sich ältere Ehepaare liebevoll necken, und der Mann bringt mehr Zeit an der Seite seiner Gattin zu. Mag sein, daß körperliche Liebe am Lebensabend als größere Erfüllung empfunden wird, hatten die Partner doch lange Gelegenheit, sich aneinander zu gewöhnen. Die Hopi halten Sex im Alter, soviel ist sicher, keineswegs für eine moralische Verirrung.

Die Beschreibung der Hopi-Familienstruktur mit ihrem Netz aus Unterstützung und Obligation legt im transkulturellen Vergleich Unterschiede bei verwandtschaftlichen Beziehungen offen. Brüder sahen sich gegenüber ihren weiblichen Geschwistern und deren Kindern in der Pflicht, mußten Sorge tragen, daß es ihnen an nichts fehlte. Eine verwitwete Person fand in der erweiterten oder der Stammfamilie Geborgenheit. Sie hatte ein Dach über dem Kopf und ausreichend zu essen. Niemand geriet in Not. Der Sozialstatus blieb unangetastet. Witwer fuhren fort, für das weibliche Familienoberhaupt, ob Tochter oder Schwester, Felder zu bestellen, und sie besuchten die Kiva; Witwen erledigten ihr Tagwerk wie ehedem und verkehrten in den ihnen vertrauten Zirkeln weiblicher Verwandter und Freundinnen.

Im folgenden wollen wir anhand einiger Beispiele Probleme von Witwern und Witwen besprechen, aber auch Optionen, die ihnen offenstanden, nicht vergessen. Empirische Daten entnehmen wir der 1922 erschienenen ›Moqui Industrial Survey‹. Leider ist diese Quelle nicht immer leicht zu interpretieren, denn anstatt der aussagekräftigsten Sozialeinheit, dem Haushalt, wurden »Familien« – Ehemann, Gattin, Kinder – untersucht. Schwierigkeiten bereitet auch die Frage, ob ein älteres alleinstehendes Familienmitglied den Verlust des Partners beklagte oder ob es nie heiratete. Letzteres dürfte, berücksichtigt man das verschobene Geschlechterverhältnis, eher auf Männer zugetroffen haben. Dort, wo Zweifel über den Familienstand einer Person angebracht sind, vermerke ich dies.

Ein kinderloser Jungwitwer kehrte der Einfachheit halber ins Haus seiner Mutter oder Schwester zurück. Waren Kleinkinder vorhanden, erwartete man, daß er in sein Geburtshaus zog und die Sprößlinge der Aufsicht seiner Schwiegermutter überließ oder sie der Schwester seiner verstorbenen Frau anvertraute. Für Nahrung und Klei-

dung der Kinder hatte der Witwer allerdings selbst aufzu-
kommen. Es sind Fälle bekannt – einen aus den dreißiger
Jahren erwähnt das Ehepaar Beaglehole –, wo Kinder den
Vater nach dem Tod der Mutter oder einer Trennung begleiteten, gewöhnlich aber blieben sie im maternalen
Haushalt. Man möchte annehmen, daß verwitwete oder
geschiedene Männer sexuellen Abenteuern nachjagten,
doch konnten sich Hopi-Informanten an nichts derartiges
erinnern.

1922 lebten in Hotevilla auf der Third Mesa zwei Jungwitwer, 30 bzw. 32 Jahre alt. Neben ihnen selbst gehörten
lediglich ihre Kinder zum Haushalt. Beide scheinen ziemlich arm gewesen zu sein, denn sie hielten keine oder nur
wenige Tiere und pflanzten kaum Mais. Wahrscheinlich
nahmen sie ihre Mahlzeiten bei den Müttern oder Schwestern ein. Ein anderer junger Mann hatte ein Mädchen aus
Shipaulovi auf der Second Mesa zur Frau genommen und
war nach deren Tod ins Nachbardorf Shongopavi umgesiedelt, wo er erneut heiratete. Seine drei Kinder gab er in
die Obhut ihrer maternalen Großmutter, einer Witwe. Da
ihr Haushalt gut versorgt war – fünf Wagenladungen Mais
und fünfzig Pfund Bohnen – ist anzunehmen, daß der verwitwete Schwiegersohn seiner Unterhaltspflicht genügte;
gleichwohl dürfte die männliche Verwandtschaft der
Großmutter mitgeholfen haben.

Der Steckbrief eines betagten Witwers sieht wie folgt
aus: Es handelte sich um einen Mann fortgeschritteneren
Alters mit einem oder mehreren erwachsenen Kindern,
oder er war kinderlos. Wenn es an weiblichen Nachkommen für die Haushaltsübernahme fehlt, neigen Hopi dazu,
Mädchen aus der Verwandtschaft an Kindes Statt anzunehmen. Zu deren Aufgaben gehört dann auch die Pflege
der Adoptiveltern. Nach dem Brauch wohnen Witwer im
Haus ihrer verheirateten Töchter. Sie bringen allerdings
sehr viel mehr Zeit in der Kiva zu als Ehemänner und kommen normalerweise nur nach Hause, um zu essen und zu
schlafen.

Die ›Moqui Industrial Survey‹ machte 16 Männer über 50 ausfindig, die ohne Frauen lebten. Neun davon waren Witwer. Bei fünf anderen konnte der Familienstand nicht eindeutig geklärt werden. Den beiden, die übrig blieben, waren die Frauen davongelaufen. Diese Männer bildeten in gewisser Weise eine Gruppe, denn ihre Lebensbedingungen als Ältere hingen nicht notwendigerweise davon ab, daß sie »Singles« waren. Viel wichtiger als der Familienstand erwies sich in ihrer Lage, ob sie nahe Verwandte, üblicherweise eine Tochter oder Nichte, hatten, die sie aufnahmen. Nur drei der sechzehn Herren wohnten bei ihren Töchtern. Vier hausten allein, einer bei seinem Sohn. Acht hielten sich bei Verwandten auf, die aber nicht im Kindschaftsverhältnis zu ihren Dauergästen standen.

Wie es scheint, maßen sich Wirtschaftskraft und Vermögen dieser Leute nicht vorrangig daran, bei wem sie wohnten. Elf von ihnen besaßen Vieh und ernteten genug Mais und Bohnen, um gut über die Runden zu kommen. Drei davon lebten ohne Familienanschluß, fünf bei Verwandten, einer bei seinem Sohn und zwei bei Töchtern. Von denen, die wenig oder kein Vieh hielten und kaum Land beackerten, wohnte einer allein, und zwei waren im Verwandtenkreis untergekommen. Jene beiden litten an körperlichen Gebrechen. Einer von zwei verhältnismäßig wohlhabenden Männern hatte bei seiner Tochter, einer Angestellten der Polacca Day School, Aufnahme gefunden. Möglich ist, daß auch sein Sohn, der in der Armee diente, den Alten unterstützte. Die Familie bewohnte vier Räume – ein Umstand, der ihren relativen Reichtum verdeutlicht, denn üblicherweise kamen auf einen Hopi-Haushalt nur ein bis zwei Zimmer. Der zweite wohlhabende »Ruheständler«, er war 74, galt als fähiger Knochenheiler und Medizinmann; seine Dienste wurden oft in Anspruch genommen. Er und ein Kind (Alter unbekannt, vielleicht ein Enkel) lebten in einer Einzimmerwohnung bei seiner »Nichte«, wahrscheinlich der Tochter einer

Schwester. Sein Wohlstand drückte sich weniger in Besitztümern aus denn in gesicherter Versorgung. Der untersuchungsführende Forscher merkt an: »Hat keine Schwierigkeiten mit Getreidelieferungen, da bei Verletzungen gefragter Nothelfer.«

Eine Jungwitwe war für gewöhnlich mit Kleinkindern belastet. Erwachsene Söhne oder Schwiegersöhne gab es nicht im Haus. Ihre ökonomische Absicherung hing von der Größe und Zusammensetzung des Haushalts sowie vom Unterstützungspotential ihrer engsten Verwandtschaft ab. Wenn sie mit betagten Kindern zusammenlebte, die auf die Arbeitskraft des verstorbenen Ehemannes angewiesen waren, gerieten alle an den Rand des Bettelstabes. Wohnten Schwester und Schwager im Haus, mußte letzterer die wirtschaftliche Verantwortung für alle tragen. Als Mitglied einer Kernfamilie mußte sie hoffen, daß der Vater oder ihre Brüder helfen konnten.

Von den drei Jungwitwen mit Kindern, die die Untersuchung 1922 erfaßte, lebte eine bei ihrer ebenfalls verwitweten Mutter, und zwei wohnten allein. Eine der Frauen erhielt Mais vom Mann ihrer Schwester. Sie besserte ihr Einkommen durch den Verkauf von Kunsthandwerk auf. Die andere besaß eine recht ansehnliche Herde, die noch ihr Mann aufgebaut hatte.

Ein betagter Informant, wir wollen ihn John nennen, berichtete mir von einem Fall in seiner Familie. Seine Mutter war mit Mann und Kindern aus dem Elternhaus ausgezogen und in ein eigenes Heim umgesiedelt. (Zu solchen Umzügen kam es aus den verschiedensten Gründen: Es mochte sein, daß junge Paare Abgeschiedenheit suchten oder Generationskonflikten aus dem Weg gingen. Am häufigsten aber stand vor solchen Entschlüssen die Einsicht, das Elternhaus mit seiner wachsenden Schar Töchter, Schwiegersöhne und Enkel sei zu klein und unbequem.) Als Johns Vater starb, hinterließ er drei Mädchen – die älteste war 16 – und den Jungen, damals zwölf oder 13 Jahre alt. Die Familie wohnte weiterhin in ihrem Eigenheim, Mahlzeiten jedoch nahm man des öfteren bei den Eltern der Witwe ein. Johns Großvater mütterlicherseits unterstützte sie mit Felderträgen. Die Beschaffung von Kleidung gestaltete sich schwieriger. Manchmal spendeten die Kachinas, die anläßlich bestimmter Zeremonien Gaben verteilten, Mokkasins und Hirschlederhosen, Geschenke der maternalen Onkel an die Kinder. Nach Auskunft eines anderen Informanten erhielt eine Witwe immer etwas »von hier oder da« – Brüdern, erwachsenen Söhnen, Ehemännern der Töchter.

Die Nachricht vom Ableben des Vaters um 1910 erreichte John am Sherman Institute in Kalifornien, wo er zur Schule ging. Nach seiner Rückkehr, im Alter von 14 Jahren, blieb er zu Hause, obwohl er gerne weitere Klassen durchlaufen hätte. Er half seinem Onkel und dessen Sohn, Schafe zu hüten. Zum Dank bekam er sechs oder sieben Tiere im Wert von 2 bis 3 Dollar pro Stück als Grundstock für eine eigene Herde. Ein paar Jahre später heiratete seine älteste Schwester einen recht wohlhabenden Mann. Der Schwager besaß Wagen und Gespann, mit denen er zwischen Holbrook und allen möglichen Orten auf der Reservation Post, aber auch andere Fracht beförderte. Das Paar lebte bei der Witwe, was die wirtschaftliche Lage des Haushalts verbesserte.

Irgendwann in dieser Zeit verstarben Johns jüngere Schwestern, und die Mutter heiratete erneut. Obwohl John, der bei Niederschrift des Manuskriptes für diesen Aufsatz im 86. Lebensjahr stand, immer wieder Zahlen oder die Abfolge von Ereignissen durcheinanderbrachte, erinnerte er sich genau an den Auftritt seines Stiefvaters: Eines Tages kam ein Mann zum Essen und blieb einfach. Die Kinder waren zuerst verwirrt, denn niemand hatte sie vorbereitet. Dem Etat der Familie jedenfalls tat dieser zusätzliche Arbeiter wohl, denn auch er verfügte über Pferde und Wagen.

Nach dem Verständnis der Hopi wäre es schon seltsam gewesen, hätte sich die Witwe nicht wieder vermählt. Ein

Haushalt bedurfte des Engagements mehrerer erwachsener Männer; einer allein konnte die Belastung nicht tragen. Deshalb übten andere Erwachsene in der Familie Druck auf die Frau aus, sie solle sich, falls möglich, einen neuen Partner suchen. Bruderhilfe wurde zuweilen mit Mißgunst betrachtet, und es heißt, daß Schwägerinnen nicht selten derartige Bitten als grobe Zumutung verübelten. Um solchen Sticheleien aus dem Weg zu gehen, nahmen einige Witwen die schwere Feldarbeit selbst auf sich. Uns kam ein Fall zu Ohren, wo die Frau mit ihren Kindern allein das Land bestellte. Dies war hier verhältnismäßig leicht, weil die Felder, die sie besaß, in Dorfnähe lagen. Mein Informant fügte seinem Bericht erklärend hinzu, daß die Betreffende »unabhängig zu sein« wünschte.

Reziproke Arbeitsleistung ist ein Schlüsselwort der Hopi-Gesellschaft. Ernten z. B. waren oft dergestalt organisiert, daß zwei oder drei Männer sich wechselseitig halfen. Mitunter wurden auch Mahlzeiten durch Arbeit abgegolten, oder ein Helfer erhielt einen Teil des Ertrags. Eine Frau, die Mais benötigte, mochte sich bei anderen verdingen und ihnen beim Auslesen oder Lagern des Getreides unter die Arme greifen; als Ausgleich bekam sie eine bestimmte Menge. Wenn Frauen für die Erntemannschaft ihrer Gatten kochten, gesellten sich meist andere dazu. Ein Essen belohnte ihren Einsatz.

Der auf Jungwitwen ausgeübte Druck zur Neuvermählung war nicht unproblematisch, steigerte er doch die Konkurrenz auf dem Heiratsmarkt und gefährdete bestehende Verbindungen. Schließlich konnte eine Ehe relativ rasch gelöst werden, und es gab wenig, womit eine Hausfrau ihren unzufriedenen Gemahl hätte aufhalten können. Selbst wenn der Ehemann seine Partnerin nicht verließ, drohte die Möglichkeit, daß er bei Witwen sexuelle Abenteuer suchte und sie dafür beschenkte. Eine Jungwitwe mußte deshalb ständig damit rechnen, von anderen Frauen solcher Vergehen beschuldigt zu werden. Manchmal waren die Anwürfe begründet. Das Ehepaar Beaglehole etwa berichtet von einer Witwe, die ihren Unterhalt durch die Geschenke von Liebhabern auffrischte.

Läßt man Abweichungen wie die genannten beiseite, gab es für Witwen, die ihre ökonomische Situation gesichert sehen wollten, nur die Alternative, sich neu zu binden oder ganz auf die Unterstützung der Verwandtschaft zu bauen. Nach 1890 konnten sie auch auf Lohnarbeit zurückgreifen. 1910 verdienten 16 Frauen, die auf der Reservation eine Beschäftigung gefunden hatten, zusammen 2476,66 US-Dollar. (247 Männer, dies zum Vergleich, strichen im selben Jahr eine Gesamtsumme von 10674,83 Dollar ein.) 1887 öffnete die erste Schule in Keams Canyon; weitere sollten folgen. Um die wachsende Zahl der Schüler betreuen und versorgen zu können, brauchte man Köchinnen, Aufseherinnen, Näherinnen und andere weibliche Arbeitskräfte. Zuverlässige Auskünfte über den Familienstand beschäftigter Hopi-Frauen fehlen. Einem Bericht des Indian Field Service aus dem Jahr 1926 aber entnehmen wir, daß es sich bei weiblichen Berufstätigen auf und abseits der Reservation meist um Abgängerinnen von Internaten handelte. Vermutlich sind diese unverheiratet gewesen. Im Arbeitsverhältnis standen jedoch auch drei Erwachsene, allesamt Witwen von der First Mesa. Eine Achtunddreißigjährige arbeitete als Hausmädchen in Flagstaff, die zweite, 35 Jahre alt, versah bei den Hubbels in Ganado, Arizona, Dienst als Wirtschafterin, und die dritte, Alter unbekannt, war an der Polacca-Tagesschule angestellt.

Alle Frauen, die über Zeit und das nötige Geschick verfügten, konnten mit Töpfern und Korbflechten Geld verdienen. Die Produkte wurden an Museen oder Touristen verkauft. Von den 2122 Hopi, die 1910 auf der Reservation lebten, belieferten 40 bis 50 Indianerinnen örtliche Händler mit keramischen Erzeugnissen, 200 boten Flechtarbeiten an. Ab 1939 bezogen Hopi-Frauen vermehrt Einkünfte aus Dienstbotentätigkeiten. Einige putzten für weiße Schullehrer. Polingaysi Qoyaywayma (Elizabeth

White) betrieb gar eine Pension, in der Scharen von Anthropologen, Künstlern und Reisenden jahrelang abstiegen. Noch vor kurzem beschränkten sich weibliche Einkommensmöglichkeiten im Untersuchungsgebiet auf Tätigkeiten, die ohnehin dem traditionellen Verantwortungsbereich von Frauen zugewiesen werden: Saubermachen, Kinderbetreuung (in Schulen), Keramikherstellung und Korbflechterei. Niemand konnte sich an weibliche Ladeninhaber oder Büroangestellte vor 1950 erinnern. Männer hingegen ergriffen solche Berufe wesentlich früher.

Ältere Witwen mit einer oder mehr erwachsenen Töchtern im Haus waren wirtschaftlich besser gestellt als ihre jüngeren Leidensgenossinnen. Auch große Söhne waren eine Hilfe, denn sie konnten, indem sie jagten oder Vieh schlachteten, Fleisch beschaffen. Einige fanden Jobs und brachten Geld nach Hause, wovon man im Handelsposten Mehl, Textilien, Kaffee, Kochtöpfe oder Süßigkeiten kaufte. Doch selbst diese Frauen neigten dazu, sich wieder zu verheiraten. »Ein Ehemann versorgt dich besser als andere«, gab mir noch 1982 eine Betroffene zu verstehen. Kam es zu ökonomischen Engpässen, profitierten auch ältere Witwen von reziproker Hilfeleistung, Lohnarbeit und den Erträgen kunsthandwerklicher Produktion – Einkünfte, die das, was Verwandte stifteten, ergänzten. Bargeld hatte noch nicht die Bemühungen nahestehender Personen als soziale Sicherung abgelöst. Größtmöglichen wirtschaftlichen Rückhalt vermittelte daher der Haushalt mit seinem Reservoir an Vieh, Land und menschlicher Arbeitskraft. Niemand litt wirklich Not, aber nicht alle Haushalte verfügten über gleich viel Reproduktionsfläche und Personal. Witwen, die in Großfamilien lebten, ging es darum nicht schlecht; anfälliger waren diejenigen in Kleinfamilien.

Verglichen mit der großen Zahl älterer Männer ohne Ehefrauen, listet die ›Moqui Industrial Survey‹ für 1922 nur vier Witwen fortgeschritteneren Alters auf. Eine davon war die Schwiegermutter des bereits erwähnten Witwers, der wieder heiratete. Die Einundfünfzigjährige lebte allein mit drei Enkelkindern. Eine andere, 49 Jahre alt, hatte vier Kinder. Zwei trugen zu ihrer Unterstützung bei. Der Sohn erledigte die Feldarbeit, während die Tochter eine Beschäftigung als Schul-Näherin annahm. Auch eine achtundsiebzigjährige Frau, die mit ihrem unverheirateten Sohn und ihrer verwitweten Tochter zusammen wohnte, konnte über ihr Los nicht klagen. Anders dagegen eine Siebenundsiebzigjährige. Wieder lebte der unverheiratete Sohn im Haus. Vieh besaßen die beiden nicht, lediglich fünf Hühner nannten sie ihr eigen. Bei seiner Auflistung von Ernteerträgen vermerkte der damit betraute Forscher im vorliegenden Fall lakonisch: »Mais: zehn Scheffel. Keine anderen Feldfrüchte.«

Veränderungen der Haushaltsstruktur

Während der Zeitspanne, um die es hier geht, wandelte sich die Hopi-Ökonomie von der Selbstversorgung zur Kapitalwirtschaft. Von diesem Übergang war auch die Haushaltsstruktur betroffen. In dem Maße, wie Lohnarbeit und kommerzielle Viehhaltung den traditionellen Landbau zunächst flankierten und dann in den Hintergrund drängten, teilten nun zunehmend Mann und Frau die Ressourcenkontrolle; manchmal ruhte sie jetzt allein beim Ehemann. Parallel hierzu wichen die erweiterten Familienhaushalte der Vergangenheit Stammfamilien, was bedeutet, daß Töchter, die nicht erbten, fortzogen, üblicherweise in ein benachbartes Gebäude, wo sie ihren eigenen Hausstand gründeten. Dieser entwickelte sich dann zur Stammfamilie, wenn weibliche Nachkommen das heiratsfähige Alter erreichten und Ehemänner heimbrachten. Waren die Kinder aber noch klein, genoß das Paar mehr Freizügigkeit als in der früheren Gemeinschaft mit weiteren erwachsenen Mitbewohnern. Obwohl schwer zu dokumentieren, da schriftliche Aufzeichnungen, etwa Tagebücher oder Briefe fehlen, entnehmen wir den Äußerungen älterer Frauen, daß Eheschließungen als emotionaler Rückhalt immer wichtiger wurden, insbesondere für das weibliche Geschlecht. Vereinsamung spielte dabei eine Hauptrolle, denn mit den neuen Arbeitsmöglichkeiten außerhalb der Reservation zog es heranwachsende Kinder oder andere Verwandte nach Winslow, Flagstaff oder noch weiter weg. Vor allem Frauen traf dieser Aderlaß hart, waren sie doch, viel mehr als Männer, auf die nächsten Verwandten als Freunde und Gefährten angewiesen. Obschon Reservationsfrauen nicht in demselben Umfang wie ihre weißen Zeitgenossinnen des emotionalen und wirtschaftlichen Beistandes ihrer Männer bedurften, stärkte der ökonomische Wandel im Hopiland wohl entsprechende Tendenzen.

Beginnend in den zwanziger Jahren unseres Jahrhunderts zogen einige Familien, wenn die Männer Arbeit suchten, für kürzer oder länger von der Reservation fort. Natürlich geriet die Ehefrau dann noch mehr in wirtschaftliche Abhängigkeit, und man war auch emotional stärker aufeinander bezogen. Manche Paare profitierten vom Fortfall familiärer Verpflichtungen und genossen die neu gewonnene Zweisamkeit. Unter den Alten, denen man heute auf der Reservation begegnet, sind viele, die den Traditionsbruch zum eigenen Vorteil erfuhren. Das liebevolle Miteinander, das man oft beobachten kann, mag ein Ausdruck dieser Erfahrung sein.

Die geschilderten Veränderungen zwischen 1860 und den dreißiger Jahren des 20. Jahrhunderts beeinträchtigten auch das Leben Verwitweter. Weiterhin wurden Witwer und Witwen von ihren engsten Verwandten gestützt. Lohnarbeit erschloß zusätzliche Einkommensquellen. Vorrangiges Ziel für Witwen blieb ihre Wiedervermählung. Den meisten scheint das auch geglückt zu sein, begünstigt freilich durch den Männerüberschuß in der Hopi-Gesellschaft. Wie uns die im ›Moqui Industrial Survey‹

aufgeführten Beispiele zeigen, fanden sich Witwer eher mit ihrer Solo-Rolle ab als alleinstehende Frauen.

Jene, die nicht wieder heirateten, bewahrten ihren Sozialstatus, denn gesellschaftliche Beziehungen waren vom Familienstand unabhängig. Anfangs, als noch erweiterte Familien die Haushalte definierten, blieben Witwen im Wohnungsverband, ebenso ältere Witwer. Jungwitwen mußten mit den Verdächtigungen anderer Frauen leben, sie könnten Ehemänner umgarnen. Ferner sahen sie sich dem Druck ihrer Familien ausgesetzt, der Gemeinschaft so bald wie möglich eine neue männliche Arbeitskraft zuzuführen. Gleichwohl verloren sie nie die Unterstützung ihrer Verwandten, und die Chancen ihrer Wiedervermählung standen nicht schlecht. Sogar alte Frauen suchten und fanden in der Regel einen neuen Partner. Auch Witwer konnten abermals den Ehehafen ansteuern. Taten sie es nicht, bereicherte ihre Arbeitskraft immerhin den Haushalt einer Schwester. Selbst hinfällige Greise leisteten, so gut sie es vermochten, einen Beitrag zum Wohl der Hausgemeinschaft.

Um 1922 hatte die überlieferte Gesellschaftsordnung der Hopi Sprünge und Risse bekommen. Die Stammfamilie mit angegliederten Kernfamilien – Wirtschaftseinheiten von Töchtern, die samt Ehemännern das mütterliche Heim verließen – wurde zur Regel. Starb ein Mitglied dieser Kernfamilienhaushalte, stand dem Hinterbliebenen offen, ob er dort weiter wohnen wollte, mit Kindern, solange sie noch klein waren, oder ohne, wenn die Sprößlinge im heiratsfähigen Alter eigene Hausstände zu gründen beabsichtigten. Witwen erhielten von männlichen Verwandten Unterstützung; Männer verköstigten sich bei Schwestern bzw. erwachsenen Töchtern. So blieben die Bezugsstränge verwandtschaftlicher Bindung und ökonomischer Interdependenz gewahrt, gleichzeitig jedoch gelangten Verwitwete in den Genuß größerer persönlicher Unabhängigkeit und nie gekannter Beschaulichkeit – eine Perspektive, die im Zeittrend zu höherer Individualisierung gewiß nicht ihre Anziehungskraft verfehlte: 1922 lebten nur vier von 16 partnerlosen älteren Männern allein, wohl aber die beiden jüngeren Witwer Anfang Dreißig. Ohne Familienanschluß behaupteten sich auch zwei von drei Jungwitwen, wohingegen alle älteren verwitweten Frauen bei Verwandten wohnten. Derlei Präferenzen mögen mit dem absoluten Alter der Betreffenden zusammenhängen – schließlich bedürfen betagte Menschen größerer Fürsorge als jüngere –, man könnte die jungen Leute aber auch als Trendsetter ansehen, die mit der Zeit gingen. Dann hätten sie die Möglichkeiten des ökonomischen Umschwungs erkannt und die damit verknüpften persönlichen Freiräume genutzt.

Schlußfolgerungen

Solange die Hopi ihre traditionelle, drei Generationen unter einem Dach vereinende Haushaltsstruktur beibehielten, wurden Diskontinuitäten, wie sie der Verlust des Ehepartners hervorrief, durch die Anwesenheit anderer Erwachsener ausgeglichen. Probleme traten dann auf, wenn einer, von dessen Arbeitskraft sowohl betagte Eltern als auch Kleinkinder zehrten, starb. Noch empfindlicher trafen solche Verluste Kernfamilien. Durch die Übertragung von Verantwortlichkeiten auf andere Verwandte gelang es im uns interessierenden Zeitabschnitt aber, Grundbedürfnisse zu stillen und Entscheidungen gemeinsam zu fällen.

Verwitwete erlitten keine Statuseinbußen. Außerhalb der Hausgemeinschaft war die wichtigste zwischengeschlechtliche Partnerschaft die von Bruder und Schwester. Da Klanterminologie dieses Verhältnis bestimmte – jedes Klanmitglied derselben Generation also einem Verwandtschaftsgrad angehörte – gab es keine Frau ohne »Brüder« und keinen Mann ohne »Schwestern«. Sie, nicht Ehefrauen und Ehemänner, konstituierten maßgebliche kultische und politische Zweiergruppen. In der Regel jedoch

agierten Frauen und Männer gemäß der geschlechterspezi-
fischen Arbeitsteilung getrennt. Hierbei wirkte sich der
Familienstand – verheiratet, verwitwet oder geschieden –
in keiner Weise auf die Beziehungen einer Person zu anderen aus.

Ob Witwer und Witwen ökonomische Nachteile ge-
wärtigten, richtete sich nach dem Familienvermögen. In
großen, produktiven Haushalten litten Verwitwete keine
Not; kleinere Wirtschaftseinheiten allerdings waren nicht
immer in der Lage, Alleinstehende gut zu versorgen. In
solchen Fällen garantierte Lohnarbeit zusätzliche Einkommensquellen und entzog Betroffene der alleinigen
Verantwortung ihrer Verwandten.

Wie schmerzlich der Verlust eines Ehepartners empfunden wurde, läßt sich ohne schriftliche Dokumente schwer
ermessen. Jene hohe Wertschätzung und interdependente
Emotionalität, die Ehen in Amerika und Europa auszeichnet, konnten Hopi nicht teilen. Entscheidender war dort
das Band, das Gatten an matrilineare Verwandtschafts-
gruppen fesselte. Niemand trauerte öffentlich, wenn ein
Angehöriger verschied, denn man glaubte, Kummer zer-
störe die allwaltende Harmonie und verursache Krankheit, ja Tod. Mochten Hinterbliebene auch den Schicksals-
schlag beklagen, sie verschlossen die Trauer in sich. Kein
Hopi ließ den Lebensmut sinken oder verschanzte sich
hinter Unpäßlichkeiten, wenn der Tod eine Lücke gerissen
hatte. Persönliches Leid wurde dadurch wohl erträglicher,
aber es war nicht ganz zu bannen, gerade bei älteren Paa-
ren, die auf ein langes gemeinsames Leben zurückblickten.

Der häusliche und soziale Alltag von Hopi-Verwitwe-
ten ist, wie wir resümierend feststellen dürfen, weniger
Verwerfungen ausgesetzt gewesen als der ihrer Leidensgenossen in der nationalen Gesellschaft. Dies gilt sogar für
den Zeitraum, in dem sich die Bande, die Großfamilien an-
einanderketteten, lockerten und die eheliche Gemeinschaft aufgewertet wurde. Trotz gewisser ökonomischer
Einschränkungen und des erzwungenen Verzichts auf

Partnerschaft erlitten Verwitwete keine wesentlichen qualitativen Beeinträchtigungen. Eigentümlicherweise, aber durchaus nachvollziehbar, waren es gerade die die Hopi-Ehen belastenden Faktoren – verwandtschaftliche Solidarität, Verpflichtungen zwischen Brüdern und Schwestern sowie strikte Geschlechtertrennung bei Arbeit und Freizeit –, die den Gattenverlust verschmerzen ließen. Eben diese Faktoren sorgten zudem dafür, daß Hinterbliebene nicht dieselben sozialen Brüche hinnehmen mußten wie weiße Amerikaner oder Europäer in vergleichbarer Lage.

Literatur

Beaglehole, Ernest u. Pearl: Hopi of the Second Mesa. American Anthropological Association, Memoir 44 (1935).

Brainard, Margaret: The Hopi Indian Family. A Study of the Changes Represented in Its Present Structure and Functions. Diss. Chicago 1935.

Brandt, Richard B.: Hopi Ethics. Chicago 1954.

Eggan, Fred: Social Organization of the Western Pueblos. Chicago 1950.

Indian Field Service Report. Classified Files, Department of the Army, Record Group 94, File 920: 34063–1926, National Archives. Washington 1926.

Moqui Agency Statistical Report. Superintendent's Annual Narrative and Statistical Reports from Field Jurisdictions of the Bureau of Indian Affairs, 1907–1938, Record Group 75, M-1011, role 88 (microfilm), National Archives. Washington 1910.

Qoyawayma, Polingaysi (Elizabeth Q. White): No Turning Back. Albuquerque 1964.

Schlegel, Alice: The Adolescent Socialization of the Hopi Girl. In: Ethnology 12 (1973), S. 449–462.

Schlegel, Alice: Male and Female in Hopi Thought and Action. In: Sexual Stratification. A Cross-Culture View. Hrsg. dies., New York 1977, S. 344–357.

Simmons, Leo W. (Hrsg.): Sun Chief. The Autobiography of a Hopi Indian. New Haven, Conn. 1942.

Titiev, Mischa: Old Oraibi. A Study of the Hopi Indians of Third Mesa. Cambridge, Mass. 1944 (Papers of the Peabody Museum of American Archaeology and Ethnology, Harvard University, Bd. 22).

Udall, Louise: Me and Mine. The Life Story of Helen Sekaquaptewa. Tucson 1969.

HANS-ULRICH SANNER

Die Hopi-Kultur der Gegenwart im Spiegel ihrer Clowns

›Im Einklang mit dem Universum‹ – klangvolle Buchtitel
wie dieser suggerieren einer zivilisationskritischen Leser-
schaft hierzulande, daß die Hopi und andere nordamerikanische Indianer vor allem einen Sinn fürs Kosmische haben. Haben sie auch einen Sinn fürs Komische? Das aktuelle Stereotyp vom Indianer als weisem Heiler oder Propheten, der uns vor dem Öko-Kollaps warnt, ist jedenfalls
ebenso humorlos wie das seines älteren Bruders, der mit
ewig steinerner Miene im Hinterhalt auf Postkutschen lau-
erte (die glücklicherweise in der Regel von John Wayne
begleitet wurden). Vine Deloria jr., ein brillanter Theoreti-
ker und Vorkämpfer der nordamerikanischen Indianerbe-
wegung, erwähnte die Enttäuschung der indianischen Völker darüber, daß ihr ausgeprägtes Faible für Humor von
berufsmäßigen Beobachtern weitgehend ignoriert oder
verschwiegen wurde. Am Beispiel von Witzen zeigte er,
daß Humor und Lachen – das Lachen über sich selbst
ebenso wie das Lachen über andere – gerade für die kulturelle Selbstbehauptung dieser Gruppen und ihre Auseinandersetzung mit der dominanten weißen Gesellschaft
eine wichtige Rolle spielen (Deloria 1969: 148 ff.).
   Eine wachsende Zahl ethnologischer Studien offenbart
nun allmählich die Vielfalt und Kreativität indianischer
Humor-Genres. Angehörige der Westlichen Apache etwa
machen sich gelegentlich in spontanen Parodien über das
anmaßende und ignorante Verhalten weißer Händler,
Ärzte, Touristen oder Beamten der Indianerbehörde lustig
und unterstreichen damit, wie sie selbst *nicht* sind (Basso
1979). Töpferinnen der Pueblo-Indianer am Rio Grande

Der Beitrag geht auf Ergebnisse der Dissertation zurück: Tsukulalwa. Die Clownzeremonie der Hopi als Spiegel ihrer Kultur im Wandel. Diss. Frankfurt a. M. 1992.

modellieren aus Ton Karikaturen des weißen Mannes und transformieren diese Abbilder des bedrohlichen »Anderen« mit den Mitteln der Ironie zu potenten Symbolen für die Vitalität des »Eigenen« (Babcock u. a. 1986). In Gestalt des als heilig angesehenen Clowns besaßen zahlreiche Gruppen nordamerikanischer Ureinwohner schließlich einen ausgesprochenen Spezialisten für den kreativen und bedeutungsvollen Umgang mit Humor (Steward 1977; Tedlock 1982).

Bei den Pueblo-Indianern des Südwestens spielt die rituelle Clownerie bis zum heutigen Tag eine besonders wichtige Rolle. Hier existieren eigene »Clownbünde« mit initiierten Mitgliedern, die im religiösen und soziokulturellen System ihres jeweiligen Pueblos vielfältige Aufgaben erfüllen (Sanner 1990). Humor und Religion sind für die Pueblo kein Widerspruch, und ihre Ritualclowns sind Priester und Possenreißer in einer Person. Gleich, ob sie in den unterirdischen Kivas esoterische Gebetsrituale durchführen oder ob sie bei öffentlichen Tänzen auf der Plaza erscheinen, um die Zuschauer mit Spielen, Späßen und Satiren zu unterhalten und zum Lachen zu bringen: Ihr Streben ist immer darauf gerichtet, für Regen, Fruchtbarkeit und Harmonie, kurz, für das »gute Leben« zu sorgen. In ihren dramatischen Darbietungen verarbeiten sie aktuelle Probleme ihrer Gesellschaft und leisten damit einen wichtigen Beitrag zur »kulturellen Reproduktion und Regeneration« (Babcock 1986). Wie dies geschieht, möchte ich im folgenden am Beispiel der rituellen Clownerie bei den Hopi zeigen, die erstmals von Louis Hieb (1972) ausführlich untersucht wurde und den Gegenstand meiner Dissertation bildet (Sanner 1992).

Tsukulalwa – die Clownzeremonie der Hopi

Den Rahmen für die Aufführung der Clownzeremonie (Tsukulalwa) bilden die Kachina-Tänze, die im Frühsommer auf den Plazas der Hopi-Dörfer stattfinden, heute jeweils an den beiden Tagen des Wochenendes. Kachinas sind Geister der Ahnen, aber auch die spirituelle Essenz von Pflanzen, Tieren und Naturphänomenen. Ihre Heimat ist das Jenseits, die Welt der Toten, aber in der Zeit zwischen Winter- und Sommersonnenwende weilen sie zu Besuch bei den Hopi. Dargestellt von maskierten männlichen Tänzern, unterhalten und erfreuen die Kachinas die Menschen mit der Schönheit und Anmut ihrer Tänze und Lieder und der Farbenpracht ihrer Kostüme. Als Botschafter der Götterwelt bringen sie Geschenke, vor allem für die Kinder, und nehmen die Gebete der Hopi mit zurück in die andere Welt. In der Form von Wolken kehren sie wieder, um den Mais und die anderen Feldfrüchte mit dem lebensnotwendigen Regen zu versorgen (siehe Hartmann 1978).

Die Clowns (Tsutskut, Sg. Tsuku), die häufig bei den frühsommerlichen Plaza-Tänzen erscheinen, gehören keinem organisierten Clownbund mehr an, sondern werden von den Veranstaltern eines Tanzes jeweils ausgewählt und rituell ernannt. Die kleine Truppe von Auserwählten bereitet sich dann in den vier Tagen vor dem Tanz in der Kiva ihres Anführers, des Tsukumongwi, sorgfältig auf ihren Auftritt vor. Dabei durchlaufen die Darsteller einen rituellen Transformationsprozeß, in dem sie mit der für das Wesen des Clowns typischen und für die Erfüllung seiner Aufgaben notwendigen Immunität und Freizügigkeit ausgestattet werden. In der Sicht des Adlerklans, der die Clowntradition hütet, sind die Tsutskut Verkörperungen der mythischen Urahnen »Clownjunge« und »Clownmädchen«, die am Anfang der Zeiten eine Missetat begangen hatten. Die ihnen auferlegte Buße, diesen Fehltritt öffentlich einzugestehen, wurde für ihre Nachfahren zur gesellschaftlichen Verantwortung, in der Rolle von Clowns den Menschen stellvertretend ihre Vergehen und Schwächen vorzuhalten.

Den zweiten Hintergrund für das Verständnis des Tsukulalwa bildet neben der Mythologie des Adlerklans das Kachina-Konzept, das im Weltbild der Hopi eine zentrale Rolle spielt. Die Kachinas, die mit ihren harmonischen Tanzschritten und ihrem volltönenden Chorgesang die Plaza mit positiver Schwingung erfüllen, verkörpern die Natur und die ideale Ordnung der spirituellen Welt. Einen deutlichen Kontrapunkt zu dieser Harmonie bilden die sechs oder sieben unmaskierten, mit Lehm und Ruß grotesk bemalten Gestalten, die am frühen Nachmittag plötzlich auf einem Hausdach erscheinen und mit fröhlichem Geschrei ihre Ankunft verkünden. Es sind die Clowns, die in diesem Ritualdrama den Part der Menschen spielen. Nach einem abenteuerlichen und oftmals schreiend komischen Abstieg vom Hausdach richten sie sich auf der Plaza ein und machen sie zu ihrer Bühne, zum Symbol dieser Welt. Als Priester kümmern sie sich fortan um die Kachinas, und als Spaßmacher »zeigen sie das Leben«. In einer traditionellen Abfolge von Episoden, denen sie mit kreativen Einfällen und darstellerischem Geschick Farbe, Dynamik und Aktualität verleihen, dramatisieren die Clowns den Lebensweg der Menschen gemäß der Hopi-Weltsicht: von einem paradiesischen Beginn und einem redlichen Dasein bis zur Dekadenz, zum Verfall aller moralischen Werte, der zwangsläufig zur Bestrafung und Läuterung durch übermenschliche Instanzen führt.

Die Clownzeremonie der Hopi gehört zu jenen überall auf der Welt anzutreffenden dramatischen Aufführungen, die als kulturell-ästhetischer »Spiegel« ihrer Gesellschaft eine Selbstbetrachtung ermöglichen und – vor allem in traditionellen bäuerlichen Kulturen – eine regelmäßige kollektive Katharsis und Erneuerung bezwecken (Turner 1969, 1985; Schechner 1990; Schechner u. Appel 1990). Die Clowns entfernen sich im Laufe des Tages immer mehr von den Idealen des Hopi-Lebens und geraten in einen immer schärferen Kontrast zur stabilen, harmonischen Ordnung der tanzenden Kachinas. Je respektloser und skandalöser ihre Possen werden, desto häufiger und zahlreicher erscheinen an den Rändern der Plaza verschiedene Typen von Krieger-Kachinas (Kipokkatsinam). Mit düsteren Rufen und drohenden Gesten warnen diese furchterregenden Gestalten Clowns und Zuschauer vor den Folgen des moralischen Niedergangs. Die Unbelehrbarkeit der Tsutskut macht ihre Bestrafung schließlich unvermeidlich. Gegen Abend vereinen sich die Krieger-Kachinas zu einem spektakulären Überfall. Die ahnungslosen Clowns werden zunächst eingefangen, gefesselt und ausgezogen. Dann schütten ihnen die Krieger-Kachinas, begleitet vom entsetzt-belustigten Aufschrei des Publikums, eimerweise kaltes Wasser über und verpassen ihnen mit Ruten aus Yucca oder Weide schmerzhafte Hiebe. Auf diese Weise werden die Tsutskut purifiziert und geläutert, aber das dramatische Ritual ist auch eine mimetische Beschwörung des Regens, dessen Beschaffung im Mittelpunkt der kollektiven zeremoniellen Bemühung steht. Bevor das Tsukulalwa mit einem Ritual der Versöhnung und des Austauschs zwischen Menschen und Kachinas ein harmonisches Ende findet, müssen die Spaßmacher zuerst noch »Geständnisse« ablegen: In Form cleverer Wortspiele, die sie zu diesem Anlaß erdacht haben, offenbaren die einzelnen Clowndarsteller eigene persönliche Schwächen (oder die ihrer Verwandten) und geben sie dem Gelächter der Gemeinde preis (siehe Sanner 1993).

Die Pädagogik des Tsukulalwa, Teilnehmern und Zuschauern gleichzeitig die ethischen Prinzipien und Werte des »Hopi-Weges« und die fatalen Konsequenzen ihrer Mißachtung vor Augen zu führen, zeigt deutliche Parallelen zu den sogenannten Prophezeiungen, die im Diskurs der heutigen Hopi-Gesellschaft eine wichtige Rolle spielen (siehe Geertz 1989, 1992). Prophezeiung (navoti) und Clownzeremonie verfolgen mit unterschiedlichen kommunikativen Strategien die gleiche Intention, im Angesicht des rapiden Kulturwandels die Autorität und sinnstiftende Funktion von »Tradition« zu bewahren, um die Menschen zu einer kritischen Überprüfung und positiven Veränderung ihres Verhaltens zu bewegen. »Die Clowns«, so formulierte es einer meiner Hopi-Gesprächspartner, »wissen wirklich über das Leben Bescheid. Und da sie das Leben wirklich kennen, demonstrieren sie uns, wie wir nicht sein sollten. Sie zeigen den Leuten, wie sie sind und was für ein Leben sie führen.« Der schmerzhafte Preis, den die Tsutskut am Ende für ihr unverantwortliches Verhalten bezahlen müssen, ist eine deutliche Warnung an die Zuschauer.

Die Kreativität der Clowns liegt darin, das mythisch begründete Modell des Hopi-Lebensweges ständig in Beziehung zur aktuellen Realität zu setzen und damit für alle Beteiligten bedeutungsvoll zu machen. Die bemerkenswerte Kontinuität der Zeremonie über den Zeitraum der letzten einhundert Jahre spricht für die Persistenz und Vitalität des »Hopi-Weges«. Im historischen Vergleich zeigt sich aber auch, daß einzelne Rituale als Reaktion auf veränderte Bedürfnisse und Bedingungen der Hopi-Gesellschaft andere oder zusätzliche Bedeutung angenommen haben. Wenn zum Beispiel die Clowns ihrer (von einer Puppe verkörperten) »Schwester« einen Vortrag über ihre weiblichen Pflichten halten, formulieren und tradieren sie damit zeitlos gültige Werte. Die zusätzliche humorvolle Ermahnung, sich nicht mit einem Säufer oder Kiffer einzulassen, setzt das »Clownmädchen« in Beziehung zu Problemen der Gegenwart und macht es zu einem Symbol des Hopi-Mädchens von heute.

Solche Aktualisierungen, die keinesfalls mit Profanisierung verwechselt werden dürfen, bewahren die Tradition der rituellen Aufführung vor dem Erstarren und verleihen ihr immer wieder aufs neue Sinn und Bedeutung. Das wichtigste Medium für die humorvoll-dramatische Thematisierung jeweils aktueller Ereignisse, Probleme und

Belange der Hopi-Gesellschaft sind jedoch die eigens geplanten Sketche und Satiren, bei denen die Clowns von maskierten und passend kostümierten Darstellern, den Piptuqam (»häufige Besucher«), unterstützt werden. Die attraktive Mischung aus soziokulturellem Kommentar und humorvoller Unterhaltung macht diese Darbietungen, die nachmittags während der längeren Ruhepausen der Kachinas stattfinden, für viele Zuschauer zum Höhepunkt der Clownerie. Der Ethnologe, der ihnen dabei über die Schulter schaut, tut dies nicht allein aus Gründen des Amüsements, sondern mit wissenschaftlichen Hintergedanken. Ihm ermöglicht die ausführliche Betrachtung solcher Sketche in ihrem kulturellen Kontext und im historischen Vergleich interessante Rückschlüsse auf aktuelle Probleme der Hopi-Gesellschaft sowie auf Wandel und Kontinuität bestimmter kultureller Bereiche.

Die Humorthemen der Clowns

Hopi-Clowns kommen auf vielfältige Weise und mit unterschiedlichem Geschick und Talent ihrer zeremoniellen Aufgabe nach, die Zuschauer zu unterhalten und zu belustigen. Erfahrene Darsteller rufen mit spontanen witzigen Einlagen und Kommentaren immer wieder Lachsalven hervor. Die häufigen Geschicklichkeitsspiele und Wettrennen, an denen oft auch Zuschauer beteiligt werden, sorgen mit geringem Aufwand für Kurzweil und gute Laune. Bei den sorgfältig geplanten Sketchen und Satiren der Tsutskut und Piptuqam schließlich handelt es sich um komplexe Aufführungen, die zwischen Ernst und Komik oszillieren und oft eine Vielzahl von verbalen und visuellen Kategorien und Humorthemen kombinieren. Der universale Aspekt von Humor bedingt, daß auch der kulturelle Außenseiter häufig mitlachen kann und manche Pointe oder »Moral« begreift. Aber in vielen Fällen ist der Ethnograph auf zusätzliche Informationen seiner Hopi-

Gesprächspartner angewiesen, um spezifische kulturelle Hintergründe, Anspielungen auf Ereignisse oder Personen, Nuancen der Performance und des Humors, vor allem des Wortwitzes, verstehen zu können. Die ausführliche Beschreibung und Erläuterung von Clownsketchen durch Hopi, in ihrer eigenen Sprache, zeigt am besten, was Hopi komisch finden und warum sie lachen (siehe Sanner 1992). Auf einer abstrakteren Ebene lassen sich durch den Vergleich einer Vielzahl von Sketchen typische Humorthemen der Clownerie herausarbeiten und in Beziehung zu kulturellen und historischen Hintergründen setzen. Anhand der Themenkomplexe »Sexualität und Skatologie«, »soziale Kontrolle«, »die Fremden« und »Kulturwandel der Gegenwart« möchte ich im folgenden einen knappen Überblick des Aufgabenbereichs der rituellen Clownerie geben. Es sei jedoch darauf hingewiesen, daß die genannten Kategorien zu einem gewissen Grad willkürlich sind und dem analytischen Interesse des Ethnologen entspringen. Die Hopi-Clowns setzen in ihren Sketchen zwar thematische Schwerpunkte, aber sie kümmern sich verständlicherweise (und zum Glück) nicht um kategoriale Reinheit.

Den frühen Pueblo-Ethnographen des ausgehenden 19. Jahrhunderts fielen die Ritualclowns vor allem wegen ihrer häufigen sexuellen und skatologischen Späße auf. Die von viktorianischer Moral geprägten Beobachter reagierten überwiegend mit Abscheu und Befremden und verurteilten die Spaßmacher als »obszön und vulgär«. Vergleichsweise wertfrei und ausführlich beschrieb Alexander Stephen, der um 1890 bei den Hopi lebte, »Hochzeitspersiflagen« und andere Sketche, bei denen Clowns und Piptuqam ihre Zuschauer mit grotesken Imitationen des Geschlechtsaktes erheiterten, falsche Penisse und Vulven zur Schau stellten oder große Mengen von abgestandenem Urin tranken (Parsons 1936 passim). Auf den tieferen Symbolgehalt solcher Akte, z. B. als Ausdruck des zentralen Konzeptes Fruchtbarkeit oder als Demonstration der Immunität und sakralen Macht des Clowns, kann hier nicht eingegangen werden. Es sei jedoch betont, daß diese Aspekte der Clownerie weder mit unserem Begriff des Obszönen erfaßt werden können noch das Ventil einer repressiven Sexualmoral sind, wie einige Autoren mit Bezug auf die Freudsche Psychoanalyse, aber ohne Kenntnis der Pueblo-Gesellschaft und ihrer Einstellung zur Körperlichkeit theoretisiert haben.

Es spricht für das Beharrungsvermögen der Hopi-Kultur, daß trotz der massiven Unterdrückungsversuche durch amerikanische Behörden in den zwanziger Jahren und des Einflusses der weißen Schulerziehung der Humor sexueller und skatologischer Provenienz, zumal im Schutz der Hopi-Sprache, überlebt hat und heute mit neuem Selbstbewußtsein dargeboten wird. Manche weiße Zuschauer, die als unfreiwillige »Sketchpartner« herhalten mußten, können davon ein Lied singen. Besonders drastische Aspekte, wie der Verzehr von Exkrementen, sind zwar verschwunden, werden aber mitunter auf originelle Weise zitiert, wie das folgende Beispiel zeigt. Für ein Wettrennen im Dorf Hotevilla wurden am einen Ende der Plaza Schokoriegel nebeneinander in den Sand gesteckt. Die Aufgabe für die einzelnen Clowns bestand darin, möglichst schnell einen Schokoriegel zwischen die entblößten Hinterbacken zu klemmen, zur anderen Seite der Plaza zu transportieren, dort fallenzulassen und einen kräftigen Bissen zu nehmen. »Spiel ohne Grenzen« in Hotevilla!

»Ein Clown kann einfach alles tun«, sagen die Hopi. Sein heiliges Amt gibt ihm das Recht, die kulturellen Normen zu brechen und sich *qahopi* zu gebärden (»nicht-Hopi, unethisch, falsch«); gleichzeitig hat er die Macht, Verstöße gegen die Traditionen mit seinen speziellen Mitteln zu bestrafen. Diese exklusive Doppelrolle macht ihn zum wichtigen Instrument der sozialen Kontrolle. Aus unserer Sicht mag es roh erscheinen, einen Ehebrecher oder Trinker, einen erfolgreichen (und damit verdächtigen!) Ladenbesitzer oder etwa eine Dorfbewohnerin, deren Kinder der Liaison mit einem schwarzen Amerikaner entstammen, öffentlich bloßzustellen und zu verspotten. Vom Standpunkt der Hopi-Gesellschaft, die keine ausgeprägte formale Rechtsprechung besitzt und unter deren Oberfläche ein bedrohliches Konglomerat von Klatsch und Hexenglaube wuchert, ist dieses rituelle Konflikthandeln jedoch von großer Bedeutung. Es macht die Werte und Normen für alle sichtbar, stärkt den Konsens und Zusammenhalt der Gemeinde und dient der allgemeinen Psychohygiene. Die kulturell tief verwurzelte Abneigung der Hopi gegen offene Formen von Aggression, Konkurrenz und Streit macht es unmöglich, soziale Konflikte direkt und offen zu thematisieren und auszutragen. Auf diesem Hintergrund wird deutlich, was die Clowns für ihre Gesellschaft leisten: Sie allein sind in der Lage, interne Mißstände öffentlich zur Sprache zu bringen, weil sie die Kritik in Humor und Unterhaltung verpacken und damit für die Augen und Ohren ihres Publikums akzeptabel machen. Wie dies geschieht, möchte ich an einem Beispiel verdeutlichen.

Den Hintergrund des Sketches bildete der Fall einer verheirateten Frau – nennen wir sie hier Kathy –, die einen Geliebten hatte, ohne sich endgültig für einen der beiden Männer entscheiden zu können oder zu wollen. (Eheliche Untreue ist in der Hopi-Gesellschaft traditionell ein ebenso verbreitetes wie als *qahopi* verpöntes Delikt.) Um diesen Konflikt, der im Dorf für gehörigen Klatsch sorgte, zu »lösen«, erschienen bei einem Tanz zwei Piptuqam als Verkörperungen zweier international bekannter amerikanischer Box-Champions, deren Namen in eindeutiger Weise mit den Vornamen von Kathys Männern übereinstimmten (und deshalb hier ungenannt bleiben sollen). Während auf der Plaza ein Boxring eingerichtet wurde, gingen die Clowns umher und nahmen unter den Zuschauern Geldwetten darauf an, wer den Kampf (ergo: die endgültige Zuneigung von Kathy) gewinnen würde. Der anschließende Fight endete wie geplant mit dem gegenseitigen K. o. der beiden Boxer. Kathy hatte den Sketch zwar verfolgt, aber als nun die Clowns die »Bewußtlosen« hinüber zu ihrem Haus trugen, rannte sie wütend hinein und schlug die Tür hinter sich zu. Unter dem Gelächter der Zuschauer blieben die beiden Kontrahenten eine ganze Weile vor dem Haus liegen, bis sie schließlich »zu sich kamen« und zurück in die Kiva gingen.

Die unbestreitbare Absicht dieser Form der sozialen Kontrolle, »Sünder« auf den Pfad der Tugend zurückzuführen und potentielle Nachahmer abzuschrecken, ist eine Sache, ihre Wirksamkeit eine andere (vgl. Bricker 1973:222). Kathy jedenfalls konnte, wie ich erfuhr, auch durch den geschilderten Sketch nicht zur Änderung ihres Verhaltens bewegt werden. Die von manchen Forschern angenommene korrektive Funktion von Humor (siehe etwa Hieb 1972) wird von den meisten Hopi skeptisch beurteilt und erscheint auch im Lichte neuerer Theorien wenig überzeugend (Rich 1989). Dazu kommt, daß die zunehmende akkulturative Öffnung der Hopi-Gesellschaft den Einfluß der traditionellen Erziehungsinstanzen geschwächt und die Möglichkeiten des einzelnen vergrößert hat, sich dem Gruppendruck zu widersetzen. Warum gehört es dann noch immer zum Aufgabenbereich der Clowns, durch geschickte und witzige Anspielungen und Metaphern individuelle Verstöße gegen Tradition und Norm bloßzustellen? Vielleicht deshalb, weil es ihnen so gelingt, dem Wertekonflikt für einen Moment lang seine bedrückenden Eigenschaften zu nehmen und den Dorfklatsch in befreiendem Gelächter aufzulösen.

Ethnische Gruppen definieren sich nie allein aufgrund ihrer eigenen kulturellen Werte und Eigenschaften, sondern immer auch im Kontrast zu anderen, benachbarten Gruppen (Barth 1969). Ein universaler Aspekt dieses Abgrenzungsverhaltens ist die Praxis, die »anderen« durch Spott und Parodie lächerlich zu machen und abzuwerten (Apte 1985:108 ff.). Im Fall der nordamerikanischen Ureinwohner gilt dies, wie eingangs schon erwähnt wurde, ganz besonders für die dominante anglo-amerikanische Kultur und ihre Institutionen. Die in der ethnographischen Literatur zahlreich dokumentierten Karikaturen, Burlesken und Parodien der Hopi-Clowns auf Weiße, aber auch auf die Navajo und andere Fremde bekräftigen durch symbolische Abgrenzung die ethnische Identität der Hopi. Sie dienen aber auch dazu, die aus dem Kulturkontakt erwachsenden Spannungen und Konflikte abzumildern und erträglich zu gestalten.

Schon in Alexander Stephens Tagebuch von 1893 finden sich Beschreibungen von pointierten und entlarvenden Parodien auf anglo-amerikanische Touristen, Ladenbesitzer und Schullehrer (Parsons 1936 passim). Der Hopi Don Talayesva, der häufig als Clown aufgetreten war, erinnerte sich in seiner Autobiographie an vielbelachte Persiflagen christlicher Gottesdienste und Missionare (Talayesva 1964:291). In den späten sechziger Jahren sorgten kalifornische Hippies, die auf der Suche nach einem Leben in spirituellem Frieden mit »Mutter Erde« scharenweise in die Dörfer der Hopis einfielen, für gehörigen Unfrieden. Während sie von einer kleinen Gruppe politischer »Traditionalisten« als potentielle Unterstützer hofiert wurden, empfand sie die Mehrheit der Hopi wegen ihres Aussehens und ihres überwiegend respektlosen Auftretens als Belästigung (James 1974:218ff.; Koepping 1981:324). Die Häufigkeit, mit der die Tsutskut um 1970 Kommentare über Hippies abgaben oder den einen oder anderen langhaarigen, bärtigen Zuschauer als »Jesus Christus« in ihre Persiflagen einbauten, belegt die Dringlichkeit des Problems zur damaligen Zeit (Hieb 1972:196ff.). Mit dem Abflauen der Hippiewelle verschwand auch weitgehend die Notwendigkeit der Kommentierung. Es soll hier nicht unterschlagen werden, daß auch die zahlreichen Ethnologen und Archäologen, von denen die Hopi seit mehr als einhundert Jahren heimgesucht werden, ein Problem darstellen. Auch sie bekommen gelegentlich unbarmherzig den Spiegel vorgehalten, wie jener amerikanische Kollege, der beim Beobachten eines Tanzes von einem dicken Hopi-Clown den ironischen Rat bekam: »Wild Indians! Take good notes!« (McCoy 1988:14).

Die ethnische Gruppe, mit der sich die Hopi neben den Anglo-Amerikanern am stärksten konfrontiert sehen, sind die Navajo. Auch wenn ihr kultureller Einfluß vergleichsweise unbedeutend sein mag, können sie aufgrund ihrer zahlenmäßigen Überlegenheit und ihres Expansionsdranges auf Hopi-Land in gewissem Sinne als dominante Gesellschaft betrachtet werden. Die Verschlechterung der traditionell vielschichtigen Beziehungen zwischen beiden Gruppen, vor allem aufgrund des anhaltenden Landkonflikts, war an Clowndarbietungen abzulesen, die ich zwischen 1988 und 1990 in verschiedenen Dörfern beobachten konnte. So bot ein Tanz der Kuh-Kachinas (Wakasi) den passenden Hintergrund für einen Sketch, der die Probleme von Hopi-Viehzüchtern mit Navajo im Grenzgebiet der beiden Reservationen dramatisierte und die nach Hopi-Auffassung typische Gier und Aggressivität der Navajo unterstrich: Eine von Piptuqam dargestellte Navajo-Familie kam auf die Plaza und begann, die »Herde« der tanzenden Kachinas nach angeblich entlaufenen Navajo-Rindern abzusuchen. Ihr Versuch, einige der Kachina-Kühe zu entführen, führte zu einem handgreiflichen Streit mit den Clowns und zu erregten Publikumsreaktionen.

Die Abgrenzung von den Navajo dürfte den meisten Hopi aufgrund der ausgeprägten kulturellen Unterschiede und historischen Animosität nicht schwerfallen. Wenn sich die Clowns in einer Tanzpause die große Trommel der Kachinas greifen und dazu einen jaulenden Chor anstimmen, versteht jedes Kind, daß hier der typische Falsettgesang der Navajo lächerlich gemacht und die Überlegenheit des sonoren Hopi-Vokalstils betont wird. Dagegen verlangt das Verhältnis zur dominanten weißen Gesellschaft heute komplexere Strategien. Da immer größere Segmente der Hopi-Gesellschaft in größerem Umfang bestimmte Verhaltensweisen und Kulturmuster der Anglo-Amerikaner adaptiert haben, verliert die symbolische Abgrenzung von den Weißen mittels einer einfachen »Wir/sie«-Dichotomie zwangsläufig an Wirksamkeit. Die Clowns reagieren darauf mit einer Strategie, in der sich Aspekte der sozialen Kontrolle und der symbolischen Abgrenzung miteinander verbinden. Neben den Verhaltensweisen der Fremden und dem Fehlverhalten konkreter Individuen wird nun das Verhalten größerer Gruppen der eigenen Gesellschaft als Folge des massiven Kulturwandels in den Blickpunkt gerückt und mit den traditionellen Werten kontrastiert: Die zunehmende Vernachlässigung des Bodenbaus und der Hopi-Sprache, der Einfluß von Fernsehen und Video, die Anpassung an amerikanische Ernährungs- und Konsumgewohnheiten.

Wie flexibel die Clownerie auf sich wandelnde Bedingungen reagiert und dadurch bedeutungsvoll bleibt, läßt sich am Beispiel des wachsenden Alkoholproblems zeigen. Der Konsum von Alkohol spielte bis zur Mitte dieses Jahrhunderts bei den Hopi praktisch keine Rolle. Hauptgrund für die traditionelle Abstinenz und strikte Ablehnung war die Auffassung, daß Alkohol zum Verlust der Selbstkontrolle und zu Aggressivität führt. Eine Satire auf die Folgen des Whisky-Trinkens, die Alexander Stephen im Jahre 1893 beobachtete, galt eindeutig einem Verhalten der Weißen und Navajo, das den Hopi damals fremd war (Parsons 1936:367). Erst die Hopi-Veteranen, die als Alkoholiker aus dem Zweiten Weltkrieg zurückkehrten, begünstigten die allmähliche Verbreitung des Trinkens. Heute stellt der Alkoholismus mit seinen traurigen Begleiterscheinungen trotz totaler Prohibition auf der Hopi-Reservation das gravierendste soziale und gesundheitliche Problem dar. Die Tatsache, daß heute ein großer Teil vor allem der männlichen Bevölkerung zumindest gelegentlich trinkt, hat an der allgemeinen Mißbilligung des Verhaltens als *qahopi* nichts geändert. Die Diskrepanz zwischen Norm und Praxis erklärt, warum der Alkoholmißbrauch zu einem der häufigsten Themen der Clownerie geworden ist. So werden zum Beispiel die humorvollen Geständnisse am Ende der Zeremonie mittlerweile von vielen Clowndarstellern »therapeutisch« genutzt, um sich öffentlich zu ihrem Alkoholproblem zu bekennen (siehe Sanner 1993).

»Im Einklang mit dem Universum?« Was leistet die Clownzeremonie für die moderne Hopi-Gesellschaft, und was sagt sie über ihre Befindlichkeit in einer Zeit des rapiden Kulturwandels aus? Der flexible und kreative Umgang der Tsutskut mit dem Problem Alkohol, wie mit jedem anderen drängenden soziokulturellen Problem, spricht für die Stärke der Hopi, mit Humor und im Spiegel des Clowns den eigenen Unzulänglichkeiten ins Auge zu sehen und jenen Kräften und Mächten, die ihre Identität und ihr Überleben bedrohen, im gemeinsamen Lachen die Bedrohlichkeit zu nehmen. Das Tsukulalwa stellt ein einzigartiges Forum sozialen Konflikthandelns und kultureller Selbstreflexion dar. Die Möglichkeit, auf diese Weise Probleme zu lösen oder durch die dramatische Warnung vor dem drohenden Ende dieser Welt die Menschen dauerhaft auf den Pfad der (wie auch immer definierten) »Tradition« zurückzuführen, muß skeptisch beurteilt werden. Aber ist es nicht schon sehr viel, daß das Drama der Clowns und Kachinas – als religiöses Ritual *und* erstklassige Unterhaltung – der versammelten Hopi-Gemeinde regelmäßig die Möglichkeit bietet, sich mit der Widersprüchlichkeit ihres Daseins zu versöhnen? Wer einmal das donnernde Gelächter gehört hat, zu dem ein erfolgreicher Hopi-Clown sein Publikum in den besten Momenten hinzureißen vermag, wird dem zustimmen.

Literatur

Apte, Mahadev L.: Humor and Laughter. An Anthropological Approach. Ithaca, London 1985.

Babcock, Barbara A.: Pueblo Clowning and Pueblo Clay: From Icon to Caricature in Cochiti Figurative Ceramics, 1875–1900. In: Visible Religion. Annual for Religious Iconography 4–5 (1986), S. 280–300.

Babcock, Barbara A., Guy Monthan u. Doris Monthan: The Pueblo Storyteller. Development of a Figurative Ceramic Tradition. Tucson 1986.

Barth, Fredric (Hrsg.): Ethnic Groups and Boundaries. The Social Organization of Culture Difference. Bergen, Oslo 1969.

Basso, Keith H.: Portraits of »The Whiteman«. Linguistic Play and Cultural Symbols Among the Western Apache. Cambridge, New York 1979.

Bricker, Victoria Reifler: Ritual Humor in Highland Chiapas. Austin, London 1973.

Deloria, Vine Jr.: Custer Died For Your Sins. An Indian Manifesto. New York 1969.

Geertz, Armin W.: A Container of Ashes: Hopi Prophecy in History. In: European Review of Native American Studies 3 (1989), H. 1, S. 1–6.

Geertz, Armin W.: The Invention of Prophecy. Continuity and Meaning in Hopi Indian Religion. Special Danish Edition (400 copies) by agreement with The University of California Press, Los Angeles, USA. Knebel 1992.

Hartmann, Horst: Kachina-Figuren der Hopi-Indianer. Berlin 1978. (Veröffentlichungen des Museums für Völkerkunde Berlin, Neue Folge 36).

Hieb, Louis A.: The Hopi Ritual Clown. Life As It Should Not Be. Diss., Princeton 1972.

James, Harry C.: Pages From Hopi History. Tucson 1974.

Koepping, Klaus-Peter: Lachen und Leib, Scham und Schweigen, Sprache und Spiel. Die Ethnologie als feucht-fröhliche Wissenschaft. In: Der Wissenschaftler und das Irrationale. Bd. 1: Beiträge aus Ethnologie und Anthropologie. Hrsg. H. P. Duerr, S. 296–329. Frankfurt a. M. 1981.

McCoy, Ron: Bring in the Clowns. In: Native Peoples. The Journal of the Heard Museum Phoenix. Summer 1988, S. 14–16.

Parsons, Elsie Clews (Hrsg.): Hopi Journal of Alexander M. Stephen. 2 Bde, New York 1936.

Rich, Susanna Lippoczy: Ridicule and Rut Reactions. Some Problems With Henri Bergson's ›Laughter‹. In: Humor 2 (1989), H. 3, S. 257–263.

Sanner, Hans-Ulrich: Die Clownbünde der Pueblo-Indianer. In: Männerbünde – Männerbande. Zur Rolle des Mannes im Kulturvergleich. Hrsg. G. Völger u. K. von Welck, Bd. 2, S. 243–250. Köln 1990.

Sanner, Hans-Ulrich: Tsukulalwa. Die Clownzeremonie der Hopi als Spiegel ihrer Kultur im Wandel. Diss. Frankfurt a. M. 1992.

Sanner, Hans-Ulrich: »Another Home Run for the Black Sox«. Humor and Creativity in Hopi Ritual Clown Songs. In: New Voices in Native American Literature Criticism. Hrsg. A. Krupat, Washington 1993.

Schechner, Richard: Theater-Anthropologie. Spiel und Ritual im Kulturvergleich. Reinbek 1990.

Schechner, Richard u. Willa Appel (Hrsg.): By Means of Performance. Intercultural Studies of Theatre and Ritual. Cambridge, New York 1990.

Steward, Julian H.: The Ceremonial Buffoon of the American Indian. In: Evolution and Ecology. Essays on Social Transformation by Julian H. Steward. Hrsg. J. Steward u. R. Murphy, Urbana 1977, S. 347–365.

Talayesva, Don C.: Sonnenhäuptling Sitzende Rispe. Ein Indianer erzählt sein Leben. Kassel 1964.

Tedlock, Barbara: Der Weg des Clowns. In: Über den Rand des tiefen Canyons. Lehren indianischer Schamanen. Hrsg. D. u. B. Tedlock, Düsseldorf, Köln 1982, S. 109–121.

Turner, Victor W.: The Ritual Process. Structure and Anti-Structure. Chicago 1969.

Turner, Victor W.: On the Edge of the Bush. Anthropology as Experience. Hrsg. Edith L. B. Turner, Tucson 1985.

Sonja Schierle

Perspektiven indianischer Erziehung in multikulturellen
Städten: Papago und Yaqui in Tucson, Arizona

Über die Hälfte der indianischen Bevölkerung lebt in den
USA heute inmitten multiethnischer und multikultureller
Städte. Indianische Kinder und Jugendliche wachsen dort
als Mitglieder einer ethnischen Minderheit heran und erhalten ihre Ausbildung in öffentlichen Schulen.

Da die Institution Schule mit ihren Erziehungswerten
und -inhalten nicht nur gesellschaftliche Prozesse verkörpert, sondern auch die Wertvorstellungen und Verhaltensweisen zukünftiger Generationen prägt, konzentrierte ich
meine Forschungen auf die Erziehungserfahrungen der indianischen Bevölkerung in Tucson, Arizona. Von Interesse war für mich vor allem die Bedeutung ethnischer
Identität in einer multikulturellen Gesellschaft und die
konkreten Möglichkeiten, die indianische Erziehungsprogramme in öffentlichen Schulen verfolgen, um die Identität und den Selbstwert ihrer indianischen Schüler und
Schülerinnen zu stärken.

Mit der Absicht, die Schüler auf ihre Verantwortlichkeiten innerhalb der herrschenden Gesellschaftsordnung vorzubereiten, vermittelt die Schule überlieferte gesellschaftliche Ziele und Erwartungen, die sich in der Regel mit dem
Werte- und Normensystem, das in den Familien vermittelt
wird, decken. Zu Problemen kommt es, wenn das Schulsystem die Vorstellungen, Lebenswirklichkeit und Interessen einzelner Gruppen nicht reflektiert, eine Erfahrung
unter der Indianer seit vielen Generationen zu leiden haben. Als Bindeglied zwischen Familie und Schule haben

Der Beitrag geht auf Ergebnisse der Dissertation zurück: Ethnische Identität und
Erziehungserfahrungen der Tohono O'odham (Papago) und Yoemem (Yaqui) in
Tucson, Arizona. Frankfurt a. M. 1991 (Europäische Hochschulschriften, Reihe
19, Bd. 23).

indianische Erziehungsprogramme die Aufgabe, die Erziehungssituation indianischer Schüler in öffentlichen Schulen so zu beeinflussen, daß Konflikte vermieden und Erfolge erzielt werden.

Die beiden indianischen Ethnien, die das indianische Leben in Tucson bestimmen, sind die Papago (Tohono O'odham) und die Yaqui (Yoeme). Da die Siedlungszentren dieser beiden Gruppen auf die Innenstadt und angrenzende Randbezirke konzentriert sind, besuchen ihre Kinder hauptsächlich Schulen des Tucson Unified School District No. 1, mit über 100 Schulen der größte Schuldistrikt Arizonas. 1982/83 arbeiteten Vertreter des indianischen Erziehungsprogramms (Title IV/JOM)[1], in zehn Schulen, die über einen hohen Anteil indianischer Schüler verfügten. Die Vermittlung eines positiven Selbstwertgefühls und Identitätsbewußtseins sollte die Schüler befähigen, ihre schulischen Leistungen zu verbessern und einen qualifizierten Schulabschluß zu erlangen. Zusätzlich hatte der Schuldistrikt an zwei Schulen, die über einen hohen Anteil an Yaqui-Schülern verfügten, das Yaqui-Englisch-Zweisprachenprojekt (Title VII)[2] eingerichtet.

Diese Gesetze machten zwar die Durchführung spezieller Erziehungsprogramme für indianische Schüler in öffentlichen Schulen möglich, jedoch wurde die Legitimation und Wirksamkeit solcher Programme in den Schulen selbst sehr kontrovers diskutiert. Mit dem Argument, daß alle Schüler lernen müßten, innerhalb der amerikanischen Gesellschaft mit ihren dominierenden Werten und Normen zu funktionieren, kritisierten viele Lehrer und Schulleiter die Einrichtung von ethnisch definierten »Sonder-

---

[1] 1934 regelte das Johnson O'Malley Gesetz (JOM) die Kompensation öffentlicher Schulen für die Erziehung indianischer Kinder. 1972 wurden durch Paragraph 4 des »Gesetzes zur Förderung indianischer Selbstbestimmung und Erziehung« Fördermittel speziell zur Erziehung indianischer Schüler bewilligt.
[2] 1978 erhielten indianische Zweisprachenprojekte erstmals eine rechtliche Grundlage. Paragraph 7 des »Gesetzes zur Zweisprachenerziehung« sieht die Förderung von Projekten vor, die indianische Schüler in Englisch und ihrer indianischen Muttersprache unterrichten.

programmen«. Aus indianischer Sicht hingegen wurde von diesen Programmen erwartet, daß sie die Kinder und Jugendlichen aus indianischen Familien individuell förderten und auf deren spezifische Lebenssituation eingingen, um sie zu motivieren, einen guten Schulabschluß zu erzielen.

Am Beispiel der Schulprogramme, die für Papago- und Yaqui-Schüler in Tucson entwickelt wurden, möchte ich aufzeigen, inwieweit ethnische Identität und die Förderung eines positiven Selbstwertgefühls bei der Umsetzung und Einschätzung dieser Programme von Bedeutung sind.

Vermittlung und Förderung von Identität im Sozialisationsprozeß

Indianische Kulturtradition in indianischen Erziehungsprogrammen

Die unbewußte Übernahme kulturell geprägter Wertvorstellungen, die während des Sozialisationsprozesses in einer Vielzahl von Interaktionen vermittelt werden, führt zu einer Verinnerlichung nicht nur von Verhaltensweisen, sondern auch von Empfindungen, die dem Individuum zur zweiten Natur werden und seine *genuine Identität* umfassen. Darüber hinaus gibt es ein Spektrum potentieller Aktions- und Reaktionsmöglichkeiten, die es erlauben, solche Verhaltensweisen auszuwählen, die in einer bestimmten Situation am geeignetsten erscheinen. Es handelt sich dabei um die von rationalem Denken geprägte *fakultative Identität*. Genuine und fakultative Identität sind auf das engste mit einem kulturellen Orientierungssystem verbunden, in dem bestimmte Werte und Normen gelten und Erfahrungen zeitgenössischer und historischer Lebenswelten ihren Ausdruck finden, der *kulturellen Identität*. *Ethnische Identität* bringt das Zugehörigkeitsgefühl eines Individuums zu einer ethnischen Gruppe und das Zusammengehörigkeitsgefühl der Gruppenmitglieder untereinander zum Ausdruck. Da jede ethnische Gruppe über ein tradiertes Geschichtsbewußtsein, über ein System verbindlicher Werte und Normen, über eine Einschätzung ihrer realen Lebensbedingungen und über ein kulturelles »Instrumentarium« verfügt, umfaßt sie sowohl »traditionelle« wie aktuelle Kulturelemente.

Während die öffentlichen Schulen für die anglo-amerikanische Gesellschaft zu Recht eine Enkulturationseinrichtung darstellen, in der ihre Vorstellungen und Lebensperspektiven vermittelt werden, sehen Indianer die Schule als Institution, in der sie »entkulturiert« werden. Für die indianische Bevölkerung der Vereinigten Staaten war die Vision vom Schmelztiegel besonders schmerzhaft, wurde sie doch auf verschiedenste Art und Weise gezwungen, sich an die herrschende Gesellschaft anzupassen. Tatsächlich bewirkte die rigorose Assimilationspolitik tiefgreifende Veränderungen der ökonomischen, sozialpolitischen und kulturellen Grundlagen indianischen Lebens. Durch Verbote und Repressionen wurde – und wird heute noch – das Erbe indianischer Ethnien in der amerikanischen Öffentlichkeit diffamiert. Alle Versuche, Indianer zu assimilieren, konnten jedoch nicht verhindern, daß sie nach wie vor über eine starke ethnische Identität verfügen.

Heute wird Indianern von Schulvertretern oft der Vorwurf gemacht, Erziehungsprogramme zu beanspruchen, die ihre Kultur und Sprache fördern sollten, obwohl sie sich in ihren Lebensgewohnheiten, ihrer Sprache, ihrer Kleidung, ihrer Wohnung und Nahrung doch kaum noch von den Durchschnittsamerikanern unterschieden. Dieses scheinbar richtige Bild verstellt den Blick für die innerhalb der indianischen Familien und Gemeinschaften tradierten Wertvorstellungen und Kollektiverfahrungen, die sich erheblich, zum Teil grundsätzlich von denen der dominierenden Gesellschaft unterscheiden. Vergleicht man genuine Werte, wie sie bei Indianern in Tucson etwa vermittelt werden, zeigt sich eine deutliche Diskrepanz. Der Kooperation in indianischen Familienverbänden, die soziale Verantwortung und gegenseitige Hilfeleistung beinhaltet, steht als sozio-ökonomischer Bezugsrahmen die anglo-amerikanische Kleinfamilie gegenüber, die nach Statusab-sicherung und -erhöhung trachtet. Während in der india-nischen Sozialisation großer Wert auf Gruppenkonsens und großzügiges Verhalten gelegt wird, werden anglo-amerikanische Kinder angehalten, sich gegen andere durchzusetzen und im Konkurrenzkampf ihren Vorteil zu sichern. Dieser Wertekonflikt, der sich noch weiter diffe-renzieren ließe, ist heute ebenso vorhanden wie früher, le-diglich die Methoden der Austragung von Konflikten sind subtiler geworden.

In der kollektiven Erfahrung von Indianern dominiert bis heute das Bild des habgierigen, egoistischen und into-leranten »Weißen«, ein Bild, das geprägt wurde durch Missionierung, Ausrottung, Landraub, Erziehung zur Assimilation, Ausbeutung und Zerstörung natürlicher Ressourcen, wie durch die soziale, ökonomische und po-litische Ausgrenzung der indianischen Bevölkerung. Es sind diese Kollektiverfahrungen, ergänzt durch indivi-duelle Erfahrungen, die in interethnischen Beziehungen zum Tragen kommen und das Verhalten beeinflussen.

Die Übernahme fremder Elemente in ihre jeweilige »traditionelle« Kultur praktizierten sowohl die Papago als auch die Yaqui. Die Fixierung einer »traditionellen« Kul-tur erscheint daher in beiden Fällen äußerst willkürlich und hypothetisch. Doch selbst wenn wir uns kein festum-rissenes Bild von der »traditionellen« Kultur der Papago und der Yaqui machen können, läßt sich feststellen, daß sich die Lebensgrundlage beider Gruppen durch interethn-nische Kontakte veränderte, sowohl durch freiwillige Mo-difikation als auch durch erzwungene Anpassung bis hin zur Zerstörung. Wenn die kulturelle Identität der Papago oder Yaqui auch heute auf ein Minimum reduziert er-scheint, so ist dies meiner Erfahrung nach kein Gradmes-ser für die Ausprägung ethnischer Identität. Selbst tiefgrei-fende Veränderungen der kulturellen Basis können nicht verhindern, daß ethnische Identität in indianischen Familien tradiert wird und das Handeln bestimmt. Wenn also heute die Forderung nach einer Stärkung ethnischer Identität bei indianischen Schülern erhoben wird, dürfen sich indianische Schulprogramme nicht nur auf die Vermittlung »traditioneller« Kulturelemente im Unterricht beschränken. Dennoch werden indianische Kulturen im Unterricht meist als etwas Vergangenes dargestellt und als solches im Einzelfall auch idealisiert.

William E. Coffer kritisiert zu Recht, daß viele Title IV-Programme sich an einem »weißen« Kulturverständnis orientieren. Indianische Kultur werde leichtfertig auf Perlenstickerei und das Vorlesen von Coyote-Geschichten reduziert. Aufgrund dieser Auffassung scheint sich für viele nicht-indianische Lehrer die Auseinandersetzung mit den heutigen Lebensumständen zu erübrigen. Gerade diesen Legitimationscharakter indianischer Erziehungsprogramme in öffentlichen Schulen übersieht Coffer, wenn er von Title IV-Programmen sagt, sie würden die Beziehungen zwischen Schule und indianischer Gesellschaft intensivieren und verbessern. Es ist verwunderlich, daß Evaluierungsstudien von Title IV-Programmen die Rezeption dieser Programme innerhalb der Schulen und indianischen Gemeinschaften kaum berücksichtigen oder nur mit allgemeinen Hinweisen bedenken. So darf es nicht überraschen, daß der Alibicharakter indianischer Erziehungsprogramme in öffentlichen Schulen nicht weiter erkannt wird.

Förderung indianischer Identität durch
Title IV-Programme
Selbst ein besserer Notendurchschnitt und geringere Abbrecherquoten, die sich indianische Erziehungsprogramme zugute halten, können nicht darüber hinwegtäuschen, daß sich viele indianische Schüler nach wie vor von der Institution Schule und ihren Vertretern distanzieren. Die Erwartung, das Selbstbewußtsein indianischer Schüler

durch Stärkung ihrer ethnischen Identität zu fördern, können Title IV-Programme zumindest in städtischen Schuldistrikten nicht einlösen. Durch die intertribale Zusammensetzung der indianischen Schülerschaft liegt der Schwerpunkt der kulturellen Programmkomponente eindeutig auf der Vermittlung einer übergreifenden, allgemeinen indianischen Identität. Es wäre verfehlt, indianische Identität als Summe ethnischer Identitäten aufzufassen. Im Gegensatz zu einer kollektiven und relativ abstrakten indianischen Identität drückt sich in ethnischer Identität ein wesentlich stärkeres Zusammengehörigkeitsgefühl zu den Mitgliedern einer ethnischen Gemeinschaft und Gruppe, ihrem angestammten Territorium, ihren überlieferten Mythen, ihrer sprachlichen Tradition, ihren Wertvorstellungen, ihren geschichtlichen Erfahrungen und vor allem auch ihrer gegenwärtigen Lebenssituation aus. Ethnische Identität läßt sich durch indianische Identität problemlos ergänzen, nicht aber ersetzen.

Bildungsauftrag öffentlicher Schulen
Die historische Entwicklung des öffentlichen Schulsystems dokumentiert dessen Rolle als Vertretung staatlicher und nationaler Interessen. Im Hinblick auf ethnische Minderheiten sind öffentliche Schulen Einrichtungen, die das herrschende Gesellschaftssystem einschließlich seiner Wertvorstellungen stützen und aufrechterhalten. Auf dieser Grundlage werden Unterrichtsmethoden oder vermittelte Lehrinhalte nicht auf die ethnische Herkunft der Schüler abgestimmt, es wird vielmehr als selbstverständlich erachtet, daß sich alle Schüler durch die Schulerziehung in das dominierende anglo-amerikanische Wirtschafts- und Gesellschaftssystem einfügen und darin »funktionieren«. Auch in der von Präsident Reagans Erziehungsministerium in Auftrag gegebenen Untersuchung zur Erziehungsreform kommt diese Erwartung ganz deutlich zum Ausdruck: »Ein hoher Ausbildungsgrad ist ausschlaggebend für eine freie, demokratische Gesellschaft

und für die Förderung einer gemeinsamen Kultur, vor allem in einem Land, das stolz ist auf Pluralismus und die Freiheit des Individuums.« Die Kommission, die diesen Bericht vorlegte, ließ keinen Zweifel daran, daß die amerikanische Regierung für die Festlegung von Erziehungszielen verantwortlich sei. Erziehungsprogramme, die beabsichtigen, ethnische Identität zu fördern, sind bereits durch ihre Zielsetzung konfliktträchtig. Da sie die Grundfesten öffentlicher Schulerziehung zu erschüttern scheinen, werden sie von Schulvertretern auch oft als Provokation bewertet. Die Skepsis und Ablehnung, der Mitarbeiter indianischer Erziehungsprogramme ständig begegnen, sind Ausdruck dieses gesellschaftlich begründeten Vorurteils- und Wertekonflikts.

Da die Förderung ethnischer Identität im Widerspruch zum erzieherischen Auftrag öffentlicher Schulen steht, halte ich es für unrealistisch, von dieser ideologisch geprägten Einrichtung zu erwarten, daß sie ethnische Identität gerade indianischer Schüler fördern könnte. Wer mit den sozio-politischen Auseinandersetzungen um den Erhalt indianischer Selbstbestimmungsrechte vertraut ist, weiß, daß die Förderung eines starken ethnischen Bewußtseins gerade bei indianischen Schülern keineswegs zu den Zielen öffentlicher Schulerziehung zählt. Solange indianische Erziehungsprogramme auf strukturstabilisierende Tätigkeiten limitiert werden und ethnische Identität mit indianischen Kulturtagen identifiziert wird, halte ich den Vorwurf für berechtigt, daß solche Programme vorrangig eine Alibifunktion erfüllen. Schulische Erfahrungen von Indianern belegen, daß es dem Selbstverständnis öffentlicher Schulen geradezu widerspricht, die ethnische Identität indianischer Kinder anzuerkennen, zu vertiefen und positiv zu verstärken. Das öffentliche Schulsystem strebt nach wie vor danach, Indianer und andere ethnische Minderheiten der dominierenden anglo-amerikanischen Gesellschaftsgruppe anzugleichen und seine Wertvorstellungen zu vermitteln. Diesen grundlegenden Wertekonflikt,

dem Angehörige ethnischer Minderheiten generell ausgesetzt sind, vermögen auch noch so engagierte und fähige
Mitarbeiter indianischer Erziehungsprogramme nicht zu
lösen. Die hohe personelle Fluktuation innerhalb des Programms bestätigt diesen Konflikt, der subjektiv vielfach
als ausweglose Situation und persönliches Versagen empfunden wird. In indianischen Erziehungsprogrammen engagierte Personen könnten ihre Energie, ihre Erfahrungen
und ihre Fähigkeiten meines Erachtens in den einzelnen
indianischen Gemeinschaften weit wirkungsvoller einsetzen, da dort ethnische Identität anerkannt wird.

Mit den folgenden Überlegungen möchte ich auf Alternativen indianischer Erziehung innerhalb des öffentlichen
Schulsystems hinweisen, die es indianischen Schülern erleichtern könnten, sowohl in ihren ethnischen Gemeinschaften als auch innerhalb der dominierenden anglo-amerikanischen Gesellschaft selbstbewußt zu partizipieren
und zu handeln.

Perspektive: Anbindung indianischer
Erziehungsprogramme an indianische Gemeinschaften
und Institutionen

Indianisches Selbstbestimmungsrecht auf Erziehung
Indianische Einrichtungen könnten die Aufgaben indianischer Erziehungsprogramme übernehmen und langfristig
einen weit höheren Wirkungsgrad erreichen, als es ein solches Programm innerhalb des öffentlichen Schulsystems
überhaupt vermag. Die Anbindung an indianische Einrichtungen bietet die Chance, Inhalte genuiner und kultureller Identität bei der Förderung ethnischer Identität gezielt zu beachten und einzubeziehen. Auf die Situation in
Tucson übertragen bedeutet dies, daß die Aufgaben der
verschiedenen Erziehungsprogramme stärker zu differenzieren und zu koordinieren wären. Aktivitäten zur Förderung ethnischer Identität, und somit Stärkung des Selbst-

bewußtseins bei indianischen Schülern, sollten sich auf die indianischen Gemeinschaften und Einrichtungen auch in Städten konzentrieren, die von Indianern akzeptiert werden. Letztere könnten die jeweiligen tribalen und/oder kirchlichen Gemeindezentren sein, aber auch das städtische Indianerzentrum.

Für dringend erforderlich halte ich die Koordination aller Aktivitäten im Bereich indianischer Erziehung und die Schaffung einer gemeinsamen Kooperationsplattform. Eine wesentliche Rolle könnte dabei ein Komitee spielen, in dem Repräsentanten der verschiedenen Erziehungsprogramme Erfahrungen zusammentragen, Entscheidungen koordinieren und in konkrete Aktionen umsetzen. Anstatt der vielen isoliert voneinander arbeitenden Erziehungsprogramme, -projekte und -komitees, die in den öffentlichen Schulen der Schuldistrikte und anderen Einrichtungen innerhalb Tucsons vertreten sind, könnte dieses vorgeschlagene zentrale Erziehungskomitee mit den indianischen Gemeinschaften, tribalen und intertribalen Institutionen, indianischen Kontraktschulen auf den Reservationen und den öffentlichen Schuldistrikten kooperieren. Dieses zentrale Gremium sollte gewährleisten, daß Einrichtungen, in denen indianische Erziehungsprogramme durchgeführt werden, das Recht auf Selbstbestimmung tatsächlich wahrnehmen können.

Forderungen, daß indianische Gemeinschaften selbstbestimmend die Möglichkeit haben sollten, die besten oder schlechtesten, die bizarrsten, die einfallsreichsten oder orthodoxesten Schulsysteme im Land zu erproben, lassen sich mit dem öffentlichen Schulsystem nicht in Einklang bringen. Falls indianische Erziehungsprogramme außerhalb der öffentlichen Schulen, in Kooperation mit indianischen Einrichtungen und unter Einbeziehung der lokalen Ressourcen, verwirklicht werden, könnte diese Aufforderung zur Entwicklung eigenständiger indianischer Erziehungsprogramme jedoch tatsächlich zu realisieren sein. Unter Umständen ließe sich auch an die Gründung einer eigenen Schule für städtische Indianer, unter indianischer Kontrolle, denken. Das größte Problem dürfte hierbei in der Entwicklung eines Curriculums liegen, das der multitribalen Zusammensetzung der indianischen Schülerschaft gerecht würde. Falls der Anspruch, die ethnische Identität der Schüler zu fördern, ersetzt wird durch die Betonung einer indianischen Identität, würde das die Gestaltung des Curriculums eventuell vereinfachen, würde aber auch bei vielen Indianern auf Ablehnung stoßen.

Anhand der grundlegenden Aufgaben von Title IV-Programmen will ich kurz skizzieren, wie sich diese Ziele innerhalb der indianischen Gemeinschaften selbst umsetzen ließen:

Tutorien
Die Beziehung zwischen Tutoren und indianischen Schülern sollte nicht erzwungen werden. Der Tutor könnte vielmehr als persönlicher Ansprechpartner mit fachlicher Kompetenz von Schülern aufgesucht werden, die seine Hilfe benötigen.

Voraussetzung wäre eine Vertrauensbasis zwischen Tutor und Schüler. Wäre diese vorhanden, würden das Selbstbewußtsein der Schüler und ihr Interesse an fachlichen Inhalten mit Sicherheit weit mehr gefördert, als bei Schülern, die zu einem Tutor geschickt werden, der häufig von den Lehrern abgelehnt und für inkompetent gehalten wird.

Personelle Vermittlung zwischen Schule und Elternhaus
Die Verbindungsperson sollte nicht mehr im Auftrag der Schule agieren, sondern ihre Aktivitäten auf die indianischen Familien konzentrieren, die sie um Unterstützung bitten. Falls es nötig wäre, zwischen Familie und Schule zu vermitteln, könnte sie so eine wesentlich neutralere Position vertreten, da sie nicht an die Vorgaben der Schulbehörde gebunden wäre und ihr gegenüber keine Rechenschaft abzulegen hätte.

Vermittlung indianischer Kultur

Kulturelle Programme, die innerhalb der indianischen Gemeinschaften durchgeführt werden, hätten den Vorteil, daß sie sich konkret auf die traditionelle und zeitgenössische Kultur dieser ethnischen Gruppe beziehen könnten. Die Notwendigkeit, das kulturelle Erbe verschiedenster Indianergruppen zu repräsentieren, wäre in diesem Fall nicht gegeben und somit auch nicht die Versuchung, Fragmente der »traditionellen« Kulturen, losgelöst von den Lebenserfahrungen der Gruppenmitglieder, zu betrachten. Indianische Kultur würde nicht auf »Folkloreelemente« reduziert, sondern als lebendige und eigenständige Lebenswirklichkeit erfahren und verstanden werden.

Die eigene ethnische Gruppe wäre bei der Auseinandersetzung mit der indianischen Lebens- und Vorstellungswelt lediglich ein Fokus. Ein weiterer Fokus, der bei der Förderung ethnischer Identität berücksichtigt werden müßte, ist die Identität eines jeden Individuums und sein Verhältnis zur eigenen ethnischen Gruppe. Diese beiden Bezugsebenen, Individuum und ethnisch-kulturelle Gruppe, könnten dann durch den übergreifenden, panindianischen Fokus noch ergänzt werden.

Die Auseinandersetzung mit diesen drei Orientierungsebenen, die bei der Herausbildung und Förderung ethnischer Identität eine wesentliche Rolle spielen, findet in tribalen und intertribalen Einrichtungen bereits weit stärker Beachtung als dies in öffentlichen Schulen der Fall ist.

Materielle Förderung

Diese Aufgabe könnte problemlos von indianischen Einrichtungen übernommen werden, die bereits über Erfahrung mit sozialen und wirtschaftlichen Förderprogrammen verfügen. Nichts läge näher, als diese Kenntnisse bei der materiellen Förderung im Erziehungsbereich zu nutzen.

Indianische Elternvertreter

Elterntreffen innerhalb der indianischen Gemeinschaften und Einrichtungen könnten ohne zwingende Vorgabe einer Schulhierarchie ihre Ziele und Forderungen vortragen, konkretisieren und koordinieren. Indianische Eltern würden somit nicht nur Legitimationsfunktion für die Existenz eines Programms erfüllen, vielmehr könnten sie ihre Vorschläge und Forderungen gezielt an die entsprechenden Adressaten richten.

Förderung ethnischer Identität durch
Zweisprachenprojekte

Indianische Zweisprachenprojekte leisten durch die Konzentration auf eine ethnische Gruppe und die Entwicklung eines integrierten Erziehungsprogramms einen größeren Beitrag zur Entfaltung ethnischer Identität als es den Title IV-Programmen in öffentlichen Schulen überhaupt möglich ist. Durch den engen Bezug zur eigenen ethnischen Gemeinschaft wird indianische Kultur nicht auf Einzelelemente reduziert, sondern als gelebte Kultur mit allen Widersprüchen erfahren, akzeptiert und vermittelt. Im Gegensatz zum Title IV-Programm fördert das Title VII-Programm primär das »Wir-Bewußtsein« in bezug auf die eigene ethnische Gruppe. Dennoch vermögen auch indianische Zweisprachenprojekte die sozio-politische Benachteiligung von Indianern innerhalb der indianischen Gesellschaft nicht auszugleichen. So beinhaltet Paragraph 20 der Verfassung von Arizona die Forderung, daß die Unterrichtssprache in den Schulen dieses Bundesstaates Englisch zu sein habe. Der Entfaltung indianischer Zweisprachenprojekte werden dadurch von vornherein sehr enge Grenzen gesetzt.

Indianische Sprachprojekte haben sehr wohl eine Berechtigung in öffentlichen Schulen, jedoch sollten sie ihre Aktivitäten innerhalb der indianischen Gemeinschaften selbst noch verstärken. Durch Verlagerung des Programms auf Gemeindezentren wäre es möglich, die Schüler samt ihren Familien zu erreichen und unabhängig vom Schuldistrikt und seinen Vertretern Inhalte zu definieren und umzusetzen. Von den öffentlichen Schulen hingegen sollten Indianer erwarten, daß ihre Kinder dort die englische Sprache beherrschen lernen, damit sie sich in ihr präzise ausdrücken und sie rhetorisch einsetzen können. Diese Erwartung setzt allerdings voraus, daß auch die eigene indianische Sprache innerhalb der Schule Anerkennung findet. Ich halte es sogar für wesentlich, Schulvertretern die Möglichkeit anzubieten, die indianische Sprache ihrer Schüler zu erlernen und sich mit deren Geschichte, kulturellem Erbe und sozio-ökonomischer Lebenswirklichkeit zu befassen.

Einstellungsänderung durch Langzeitprogramme
Durch den Vorschlag, indianische Erziehungsprogramme stärker in die indianischen Gemeinschaften selbst zu integrieren, soll das öffentliche Schulsystem keineswegs von seiner Verantwortung indianischen Schülern gegenüber entbunden werden, vielmehr müßte die Verwirklichung indianischer Erziehungsprojekte einhergehen mit Programmen innerhalb der öffentlichen Schulen. Auf diese Weise könnten nicht-indianische Schüler und Schulvertreter auf die heutige und historische Erfahrungswelt von Indianern aufmerksam gemacht und langfristig ein tieferes Empfinden für die Situation indianischer Schüler und Eltern entfalten. In Kooperation mit Vertretern öffentlicher Schulen sollten Programme entwickelt werden, die dazu beitragen, daß das indianische Recht auf Selbstbestimmung auch innerhalb der Schulen und Schulbehörden akzeptiert wird.

Meine Erfahrungen zeigen, daß das stereotype Indianerbild der »Weißen« oft auf purer Unwissenheit beruht, die nicht notwendigerweise mit Desinteresse gleichgesetzt werden sollte. In bezug auf die Aufdeckung und Überwindung dieser weitverbreiteten Ignoranz meine ich, daß indianische Erziehungsprojekte eine Schlüsselfunktion ausüben könnten, indem sie die amerikanische Öffentlichkeit gezielt ansprechen und Vermittlungsarbeit leisten. Die öffentlichen Schulen als Multiplikatoren in diese »Aufklärungsarbeit« einzubeziehen, halte ich für einen Schritt in die richtige Richtung. Dennoch wäre es illusorisch anzunehmen, daß sich Lehrer etwa durch derartige Aktivitäten veranlaßt sähen, ihre bisher verfolgten Erziehungsziele und Verhaltensweisen völlig neu zu formulieren. Ich nehme aber an, daß sie sich veranlaßt sähen, ihre Einstellung indianischen Schülern gegenüber zu überdenken und sie *mit,* nicht *trotz* ihrer ethnischen Identität zu akzeptieren. Lehrer, die nur die ihnen vertrauten Werte und Normen im Unterricht gelten lassen, sollten durch gezielte schulinterne Fortbildungsveranstaltungen seitens der indianischen Erziehungsprogramme erkennen lernen, daß sie mit ihrer Haltung grundlegende Menschenrechte mißachten. In diesem Zusammenhang wäre eine konzertierte Aktion indianischer und nicht-indianischer Erziehungseinrichtungen auf lokaler (tribaler und intertribaler), staatlicher und universitärer Ebene sicherlich von Vorteil.

Die Eingliederung indianischer Erziehungsprogramme in öffentliche Schulen löst nur scheinbar den bestehenden Wertekonflikt. Selbst Schulvertreter, die hoffen, durch indianische Erziehungsprogramme Probleme indianischer Schüler besser bewältigen zu können, vermögen es nicht, indianischen Schülern kulturelle Gleichberechtigung zuzusichern, wie es indianische Erziehungsprogramme eigentlich fordern. Es ist nicht zu übersehen, daß indianische Kompensationsprogramme, die darauf abzielen, das ethnische Bewußtsein indianischer Schüler zu stärken, innerhalb des dominierenden Gesellschafts- und Schulsystems marginalisiert und isoliert werden. Aufgrund dieses strukturell begründeten Konflikts halte ich öffentliche Schulen per se nicht für geeignet und fähig, ethnische Identität indianischer Schüler in positiver Weise zu stärken. Wie können Lehrer, die isoliert von der sozio-kulturellen Gemeinschaft eines Teils ihrer Schüler leben, die Bedürfnisse dieser Schüler wirklich kennen und verstehen?

Dezentralisierung des öffentlichen Schulsystems

In der Erziehung indianischer Kinder stehen die innerhalb der indianischen Familien und Gemeinschaften geltenden Werte im Konflikt mit den formalen Erziehungszielen öffentlicher Schulen. Ich sehe daher die Notwendigkeit, das Schulsystem wesentlich stärker zu dezentralisieren, um die Anbindung indianischer Erziehungsprogramme an indianische Einrichtungen gewährleisten zu können. Diese Umstrukturierung sollte einhergehen mit einer aktiven Einbeziehung der lokalen Gemeinschaft in das Schulgeschehen. Wenn Indianer Selbstbestimmung nicht länger nur als Verwirklichung individueller Ziele verstehen sollen, sondern als Durchsetzung kollektiver Interessen ihrer ethnischen Bezugsgruppe zum Wohl des einzelnen, geht kein Weg an der Entwicklung von Schulprogrammen vorbei, deren Inhalte und Umsetzung Indianer selbst bestimmen. Die Synthese von formalem Schulwissen und in der ethnischen Gemeinschaft tradiertem Wissen kann meines Erachtens nur in Erziehungseinrichtungen verwirklicht werden, die von der ethnischen Gruppe selbst kontrolliert werden. Auf diese Weise könnte ein hoher Bildungsstand und gesellschaftlicher Status erreicht werden, ohne daß ethnische Identität in Frage gestellt werden müßte. Ethnische Identität könnte durch das Instrumentalisieren fakultativer Identität sogar gestärkt werden.

Indianische Eltern wollen ihren Kindern die Möglichkeit geben, einen Universitätsabschluß zu erlangen und gleichzeitig die Tradition ihrer indianischen Gruppe respektieren zu lernen. Diese Verknüpfung zweier Kulturen stellt eine schwierige Herausforderung dar, birgt gleichzeitig aber auch eine große Chance in sich. Bikulturelle Erziehung würde Indianer in die Lage versetzen, ihr Recht auf Selbstbestimmung voll auszuschöpfen, da sie mit den Vorstellungen »ihrer« Leute und den Umgangsformen der »anderen« vertraut wären. Würde dieses Potential tatsächlich genutzt, könnte es Indianern gelingen, historisch gewachsene und destruktiv wirkende politische, ökonomi-

sche, soziale und kulturelle Abhängigkeitsstrukturen auf-
zubrechen und ihre Position innerhalb der amerikanischen
Gesellschaft neu zu definieren.

Ein wesentlicher Grund dafür, daß Indianer als gesellschaftliche Randgruppe angesehen werden, liegt keineswegs an ihrer geringen Bevölkerungszahl, sondern an ihrer
erzwungenen Ausgrenzung. Es sind vor allem ältere Indianer, die ihren Nachkommen Mut machen, sich nicht wie
»ausgeschlossene Hunde« zu fühlen, sondern ihre ethnische Herkunft als etwas Einzigartiges und Wertvolles zu
verstehen und zu vertreten. Tatsächlich gilt es für Indianer, diese Stärke zu nutzen und ihre individuellen Fähigkeiten zu entfalten, um sie in vollem Maße für »ihre Leute«
einsetzen zu können.

Literatur

Beuf, Ann H.: Red Children in White America. O. O. (Philadelphia)
    1977.
Coffer, William E.: Sleeping Giants. Washington 1979.
Gerber, Peter: Indian Control of Indian Education. In: Indianer heute.
    Bern 1979.
Henry, Jeannette (Hrsg.): The American Indian Reader. Education. San
    Francisco 1972.
Kjolseth, Rolf: Bilingual Education Programs in the United States. For
    Assimilation or Pluralism? In: Bilingualism in the Southwest. Hrsg.
    Paul R. Turner, 2. Aufl., Tucson 1982, S. 3–28.
Levitan, Sar A. u. William B. Johnston: Indian Giving. Federal Programs
    for Native Americans. Baltimore 1975.
McKinley, Francis, Stephen Bayne u. Glen Nimnicht: Who Should Con-
    trol Indian Education? Tempe 1970.
National Association for the Advancement of Colored People
    (NAACP): An Even Chance. A Report on Federal Funds for Indian
    Children in Public School Districts. New York 1971.
National Commission on Excellence in Education: A Nation at Risk.
    The Imperative For Educational Reform. Washington 1983.
Roberts, Joan I. u. Sherrie K. Akinsanya (Hrsg.): Educational Patterns
    and Cultural Configurations. The Anthropology of Education. New
    York 1976.

333

Schierle, Sonja: Funktion einer Survival School für städtische Indianer. Heart of the Earth Survival School. Indianische Alternativschule in Minneapolis, Minnesota. Wiesbaden 1981.

Schierle, Sonja: »Are You a Spy?« or »Do You Come from Outer Space?« Fieldwork on Urban Indian Education in Tucson. In: North American Indian Studies. Bd. 2, Hrsg. Pieter Hovens, Göttingen 1984, S. 128–136.

Sorkin, Alan L.: The Urban American Indian. Lexington 1978.

Szasz, Margaret Connell: Education and the American Indian. The Road to Self-Determination Since 1928. 2. Aufl. Albuquerque 1977.

Weinberg, Meyer: A Chance to Learn. Cambridge 1977.

Die Autoren dieses Bandes

Dr. Peter Bolz, geb. 1947, Studium der Ethnologie an der Universität Frankfurt am Main. Wissenschaftlicher Mitarbeiter am Museum für Völkerkunde in Berlin; er betreut dort die nordamerikanischen Sammlungen. Zahlreiche Forschungsaufenthalte in den USA, vorwiegend auf den Reservationen Pine Ridge und Rosebud in South Dakota. Veröffentlichungen u. a.: ›Ethnische Identität und kultureller Widerstand. Die Oglala-Sioux der Pine Ridge-Reservation in South Dakota‹ (1986); ›Indianische Kunst Nordamerikas‹ (mit Bernd C. Peyer; 1987); ›Indianer Nordamerikas. Phantasie und Wirklichkeit‹ (in: Amerika 1492–1992. Neue Welten – neue Wirklichkeiten; 1992).

Prof. Dr. Christian F. Feest, geb. 1945, Studium der Völkerkunde und Allgemeinen Sprachwissenschaft an der Universität Wien. Professor am Institut für Historische Ethnologie an der Universität Frankfurt am Main. Zahlreiche Forschungsaufenthalte in den USA, Kanada und Mexiko. Veröffentlichungen u. a.: ›Virginia Algonkin 1570–1705. Ethnohistorie und Historische Ethnographie‹ (1969); ›Das rote Amerika‹ (1976); ›Native Arts of North America‹ (1980; 2. Aufl. 1993); ›Northeastern North America – Iconography of Religions‹ (1987); ›The Powhatan Tribes‹ (1991). Seit 1987 Herausgeber der Zeitschrift ›European Review of Native American Studies‹.

Dr. Peter R. Gerber, geb. 1945, Studium der Soziologie, Ethnologie und Sozialpsychologie an der Universität Zürich. Wissenschaftlicher Mitarbeiter am Völkerkundemuseum der Universität Zürich; er betreut dort die Amerikasammlungen. Zahlreiche Forschungsaufenthalte in Kanada. Veröffentlichungen u. a.: ›Die Peyote-Religion. Nordamerikanische Indianer auf der Suche nach einer

335

Identität‹ (1980); ›Die Prärie- und Plains-Indianer. Zur Kultur, Geschichte und Gegenwartssituation‹ (mit George Ammann; 1987); ›Indianer der Nordwestküste‹ (mit Maximilien Bruggmann; 1987); ›Susan A. Point, Joe David, Lawrence Paul. Indianische Künstler der Westküste Kanadas‹ (mit Vanina Katz-Lahaigue; 1989); ›Ka'por – Menschen des Waldes und ihre Federkunst. Eine bedrohte Kultur in Brasilien‹ (Hrsg.; 1991).

DR. PIETER HOVENS, geb. 1951, Studium der Ethnologie an der Universität Nijmegen und an der University of British Columbia in Vancouver. Kurator für die Nordamerika-Abteilung am Nationalmuseum für Völkerkunde in Leiden. Veröffentlichungen u. a.: ›Indianen van Noord-Amerika‹ (1977); ›Indians in the City‹ (1982); ›North America Indian Studies‹ (Hrsg.; 1981, 1984); ›Ethnische identiteit en zelfbeschikking. Activisme onder stadsindianen in Noord-Amerika‹ (1985); ›Herman F. C. Ten Kate Jr (1858–1931)‹ (1989).

PROF. DR. WOLFGANG LINDIG siehe Seite 1 dieses Bandes.

PROF. DR. LUDGER MÜLLER-WILLE, geb. 1944, Studium der Ethnologie, Geographie, Ur- und Frühgeschichte, des Nordischen und Finnischen an den Universitäten Münster und Helsinki. Professor für Geographie und Nördliche Studien an der McGill University in Montreal und Leiter des Studienprogramms »Northern Studies«. Forschungsaufenthalte in Finnland und Kanada. Veröffentlichungen u. a.: ›Lappen und Finnen in Utsjoki, Finnland‹ (1974); ›Caribou Never Die!‹ (1974); ›Man and Caribou. The Economics of Naskapi Caribou Hunting‹ (mit T. C. Meredith; 1982); ›Legacy of Native Toponyms‹ (1984); ›Gazetteer of Inuit Place Names in Nunavik (Quebec, Canada)‹ (1987); ›Social Change and Space. Indigenous Nations and Ethnic Communities in Canada and Finland‹ (Hrsg.; 1989).

DR. BERND C. PEYER, geb. 1946, Studium der Amerikanistik, Lateinamerikanistik und Ethnologie an der Georgetown und Lawrence University sowie an der Universität Frankfurt am Main. Lehrbeauftragter für Amerikanistik und Ethnologie in Frankfurt am Main, zur Zeit auch Mitarbeiter an einem Forschungsprojekt über frühe indianische Literatur. Veröffentlichungen u. a.: ›Hyemeyohsts Storm's Seven Arrows. Fiction and Anthropology in the Native American Novel‹ (1979); ›The Elders Wrote. An Anthology of Early Prose by North American Indians, 1768–1931‹ (Hrsg.; 1982); ›Indianische Kunst Nordamerikas‹ (mit Peter Bolz; 1987); ›The Singing Spirit‹ (Hrsg.; 1989).

DR. HANS-ULRICH SANNER, geb. 1958, Studium der Germanistik, Anglistik, Soziologie, Philosophie und Ethnologie in Heidelberg und Frankfurt am Main. Forschungsaufenthalte auf der Hopi-Reservation in Arizona. Veröffentlichungen: ›Die Clownbünde der Pueblo-Indianer‹ (in: Männerbünde – Männerbande. Zur Rolle des Mannes im Kulturvergleich. Hrsg. G. Völger u. K. v. Welck, Bd. 2, 1990); ›Grüne Maisfelder in der Steppe. Die Feldbaumethoden der Hopi‹ (in: Die Völker der Erde. Kulturen und Nationalitäten von A bis Z. 1992); ›Another Home Run for the Black Sox. Creativity in Hopi Ritual Clown Songs‹ (in: New Voices in Native American Literature Criticism. Hrsg. A. Krupat; 1993).

DR. SONJA SCHIERLE, geb. 1950, Studium der Ethnologie, politischen Wissenschaften und Geographie an der Universität Frankfurt am Main. Leiterin des Referats Museumspädagogik am Linden-Museum in Stuttgart. Studien- und Forschungsaufenthalte in Minnesota, Alabama und Arizona. Veröffentlichungen u. a.: ›Funktion einer Survival School für städtische Indianer. Heart of the Earth Survival School, Minneapolis‹ (1981); ›Ethnische Identität und Erziehungserfahrungen der Tohono O'odham (Pa-

pago) und Yoemem (Yaqui) in Tucson, Arizona‹ (1989);
›Gitchi Gami und seine Enkel. Indianer der Großen Seen‹
(1989); ›Alternative Perspektiven in der Schulerziehung
von US-amerikanischen Indianern und australischen Ab-
origines‹ (in: Ethnopädagogik – Sozialisation und Erziehung in traditionellen Gesellschaften. Hrsg. Klaus E. Müller u. Alfred K. Treml; 1992); ›Nordamerikanische Indianer zwischen Anspruch und Wirklichkeit‹ (in: 500 Jahre
danach. Zur heutigen Lage der indigenen Völker beider
Amerika. Hrsg. Peter Gerber; 1993).

Prof. Dr. Alice Schlegel, geb. 1934, lehrt seit 1980 Anthropologie an der University of Arizona in Tucson;
1986/87 war sie Fulbright Gastprofessorin an der Universität Frankfurt am Main. Veröffentlichungen u. a.: ›Male
Dominance and Female Autonomy‹ (1972); ›Sexual Stratification‹ (1977); ›Die soziale und symbolische Bedeutung
der Hopi-Kachina Puppen‹ (in: Hopi und Kachina. Hrsg.
Albert Kunze; 1988); ›Sexual Antagonism Among the Se-
xually Egalitarian Hopi‹ (in: Von fremden Frauen. Hrsg.
Arbeitsgruppe Ethnologie Wien; 1989); ›Die Erziehung
des Hopi-Mädchens‹ (in: Der weite Schulweg der Mädchen. Hrsg. J. G. Prinz v. Hohenzollern u. Max Liedtke;
1990); ›Male and Female in Hopi Thought and Action‹ (in:
Frauenmacht ohne Herrschaft. Hrsg. Ilse Lenz u. Ute
Luig; 1990); ›Adolescence. An Anthropological Inquiry‹
(mit H. Barry III; 1991).

Gesine Schroeter-Temme, M. A., geb. 1950, Studium
der Ethnologie und Vor- und Frühgeschichte an der Universität Frankfurt am Main. Wissenschaftliche Mitarbeit
an dem Projekt »Akkulturation und ethnische Identität«
des Zentrums für Nordamerika-Forschung an der Universität Frankfurt am Main. Forschungsaufenthalte bei den
Northern Ute in Utah. Veröffentlichungen: ›Wykoopah.
A Northern Ute Bilingual Project‹ (in: Northern American Studies. Hrsg. Pieter Hovens; 1984); ›Indianer und

formale Erziehung. Tendenzen und Programme‹ (in: Wolfgang Lindig u. Mark Münzel, Die Indianer. Bd. 1; 1985).

Kristin Sens, M. A., geb. 1959, Studium der Germanistik, Skandinavistik und Historischen Ethnologie an der Universität Frankfurt am Main. Freiberuflich für verschiedene Museen und Kulturinstitutionen in Deutschland und Kanada tätig.

Register

Aberle, David F. 260, 263
Aboriginal First Nation Government 98
Akkulturation 54, 67, 136, 159, 173 f., 200 f., 310
Akwesasne Notes 59
Alcatraz Island 62, 210
Alfred, Agnes 154
Alkoholismus (Alkoholdelinquenz) 163–166, 168 ff., 172, 178 f., 184 f., 313 f.
Alsop, Joseph 20
Amedian 58
American Indian Commission on Alcohol and Drug Abuse 63
American Indian Conference 62
American Indian English 236
American Indian Movement (AIM) 56–73, 76 ff., 202, 210 f., 220 f., 225, 259
Anderson, Mad Bear 63
Apache 66
Arapaho 39, 202 f., 206, 219 f.
Arts and Crafts Board 40
Assembly of First Nations (AFN) 93
Assimilation 8, 10, 24 f., 32, 35, 79, 81, 90 f., 96, 101 f., 104, 159, 174, 228, 230, 235, 253, 320
Avataq Cultural Institute 137, 142–145, 148
Awatowi 37
Azteken 29

Bärentanz 230
Banai, Eddi Benton 69
Banks, Dennis 57, 68 ff., 73, 76 ff.
Bellecourt, Clyde 57, 68 f.
Bellecourt, Vernon 57, 68
Bennett, John W. 200
Bewässerungsanlagen 10
Biegert, Claus 59 f.
Bilingual Education Act 228
Black Crow, Selo 211
Black-Mesa-Kohlevorkommen 259, 261, 264 f.
Blauer Reiter 27
Boas, Franz 148 f.

Bodenschätze (Abbau) 9, 262–265, 267
Bosin, Blackbear 41
Breton André 28
British North American Acts (1867) 83, 87
Bureau of Indian Affairs (BIA) 9, 40, 64, 234, 243, 253–257, 266 f.

Calder- oder Nishga-Fall 100
Camp, Carter 69
Canada Act (1791) 82
Canadian Museum of Civilization (National Museum of Man) 149 ff.
Cannon, T. C. 43
Carson, Kit 274
Catches, Hildegard 215, 217, 219
Catches, Pete 211, 213 f., 217 f.
Catlin, George 49, 203 f.
Champlain, Samuel de 81
Cheyenne 39, 202 f., 206
Citizens Plus s. White Paper
Clifford, James 21, 30, 139
Clownbund 301 f.
Clownerie (Clown) 300–314
Clownzeremonie (Tsukulalwa) 302–306, 314
Collier, John 25, 252
Comanche 39
Cooper, James Fenimore 78
Crazy Horse 62
Cree 100, 128
Crow 201
Crow Dog, Leonard 210 f., 215 f.
Cultural Education Centre Program 140
Curtis, Edward 139

Danai Notes 58
Danay, Richard Glazer 45
Darthmouth College 29
De Cora Dietz, Angel 41 f.
D-Q(Dekanawidah-Quetzalcoatl)-Universität 67
Deloria, Vine 48, 52
Deloria, Vine Jr. 300
DeMallie, Raymond 205
Department of Indian Affairs an

Northern Development (DIA) 95, 102, 140, 183
Deutsche Arbeitsgruppe für Nordamerikanische Indianer 58
Devereux, Georg 162
Dodge, Mable 25, 27
Dozier, Edward P. 37, 174
Dressler, David 188
Dubiensky, Ian 186
Dunn, Dorothy 26, 38, 40, 42
Durham, Bill 70
Durkheim, Emile 30

Eagle Elk, Joe 214
Economic Opportunity Act 253
Elisabeth II., Königin von England 84
Erdoes, Richard 215
Erikson, Erik H. 200
Ernst, Max 28
Erziehung 10, 231
Eskimo 136 f., 158, 163, 179 (s. auch Inuit, Zentral-Eskimo)
Ethnizität s. Identität
Ethno-Kunst 36
Eurozentrismus (eurozentristisch) 17
Ethnozid 140
Expressionismus (Expressionisten) 43

Feest, Christian 61
Felsbilder 36, 45
Fewkes, Jesse Walter 36, 38, 45
Fischereirecht 8
Fletcher, Alice 222
Folls Crow, Frank 64, 211–219
Forbes, Jack 62
Fort Marion 39
Frieden von Paris (1763) 82
Funkverkehr (bei Jagdgruppen) 132 f.

Geistertanz 205 f.
Geronimo 57, 62
Gesellschaft für bedrohte Völker 57 f.
Glazer Danay, Richard 45
Goldwater, Barry 260
C. N. Gorman Museum 44
Gottlieb, Adolph 31
Guevara, Che 57

Halfway Houses 190 ff.
Haida 29
Hartley, Marsden 27

Havard, James 44
Hawthorn Report (1966) 91
Hayes, Ira 32 f.
Herrera, Joe 42
Hewitt, Edgar L. 38
Heye Foundation s. Museum of the American Indian
Himmelheber, Hans 16
Hoebel, E. Adamson 162
Hopi 17, 27 ff., 36 f., 50, 258–262, 267, 269–314 (s. auch Pueblo-Indianer)
Hopi-Reservation 258 f., 269, 274 f., 280, 292, 295, 312 f.
Howe, Oscar 42
Hualapai 244 f.
Hudson's Bay Company (H. B. Co.) 117, 125

Identität (ethnische, kulturelle) 10, 15, 18 ff., 22 ff., 28, 54, 79, 90, 128, 131, 138, 174, 195, 202, 212, 222, 229, 231 f., 256, 311, 317, 319–325, 327 ff., 331 f.
Indian Act (1876) 87–91, 94 f., 179
Indian First Nations (Indianische Erste Nationen) 95 f.
Indian Health Service 71
Indian Reorganization Act (1934) 25, 42
Indianerfreunde 9, 51
Indigenismus 29
Innu (Naskapi) 145
Institut of American Indian Art (IAIA) 42 f.
International Indian Treaty Council (IITC) 57, 60, 72
International Committee for the Indians of the Americas (INCOMINDIOS) 57
Inuit 79, 89, 92, 100, 106–115, 118 f., 121, 124–134, 136 ff., 140, 142–147, 158 (s. auch Eskimo, Zentral-Eskimo)
Inuit Committee on National Issues (ICNI) 93
Irokesen 17

Jacobson, Oscar 39
James-Bay-Abkommen (1975) 100
Jessor, R. 175
John Howard Society 183

Johnson, Lyndon B. 65
Johnson O'Malley Programm (JOM) 234, 253, 318
Joint Use Area (JUA) 258–261
Jorgensen, Joseph G. 201

Kabotie, Fred 37
Kachina (-Puppen, -Tänze) 27f., 36, 38, 41, 45, 267, 279, 290, 302ff., 312, 314
Kaiser, Rudolf 47
Kanien'kehaka Raotitiohkwa Cultural Centre 141, 145
Kawaika-a 37
King Philip 62
Kiowa 39f.
Kiowa Five 40
Kiva 276f., 280f., 287, 301, 303, 310
Kiva-Muralien 36f.
König, René 61
Kolumbus, Christoph 17, 19
Kompartualisierung (compartmentalization) 37
Kontraktschule 10, 256f.
Kringayark, Laurent 107
Kubismus (Kubisten) 27f., 42
Kubler, George 19
Kunst 16, 18–24, 26, 35, 37, 41, 146
Kunstethnologie (kunstethnologisch) 16
Kunsthandwerk 11, 23, 27f., 30, 146, 266, 276, 278, 289, 292f.
Kwagiulth Museum and Cultural Centre 137, 139, 142, 148, 151, 155ff.
Kwakiutl (Kwakwaka'wakw) 148f., 151, 153–156

La Pena, Frank 45
LaFarge, Peter 33
Lakota 63, 66–69, 71, 195, 198, 202, 205–208, 213, 219f., 222, 224, 226 (s. auch Sioux)
Landrechte, Landrückforderungen 8, 11, 99f.
Lawrence, David Herbert 25
Ledger Drawings 39
Lévi-Strauss, Claude 30, 159
Linton, Ralph 174, 201
Locke, John 22
Lohnarbeit 266, 269, 276, 292, 294, 298

Longest Walk (1979) 65
Longfish, George 45
Lovelace, Sandra 89

MacDonald, Peter 260
Macgregor, Gordon 207f.
McGaa, Ed 196, 199, 221
Malerei 25ff., 29f., 36, 38–41, 44
Malinowski, Bronislaw 162
Mandan 204
Martinez, Crescencio 37
Marx, Karl 28
Masken 30, 154, 157f., 279
Mathiessen, Peter 70, 73
Matriarchat 17
Matrilinearität (matrilinear) 277, 281, 298
Matrilokalität (matrilokal) 276, 278
Mauss, Marcel 29
Means Adams, Barbara 222f.
Means, Russel 67, 69f., 76ff.
Mekeel, Scudder 207
Merton, Robert K. 172
Metis 79, 88f., 92f., 138
Mission (Missionierung, Missionare) 81, 114, 199, 207, 311
Missionsschule 253f.
Mitchell, George 69
Mooney, James 162
Moqui Industrial Survey 288, 293, 295f.
Mormonen 230, 274
Motorboot/-schlitten (für Jagd) 112, 115–121, 129, 132
Mulroney, Brian 102f.
Museum of the American Indian, Heye Foundation 150, 152
Museum für Völkerkunde, Berlin 27

Naha, Raymond 40f.
Namingha, Dan 45
Naskapi 128
National Congress of American Indians (NCAI) 62, 67
National Council of Indian Work 63
National Indian Brotherhood 63, 128
National Indian Education Association 244
National Indian Leadership Training 63

National Indian Youth Council
  (NIYC) 62 f., 67
Native American Curch of North
  America s. Peyote-Kult
Native American Rights Fund 63
Native Council of Canada (NCC) 93
Navajo 10 f., 27 f., 77, 167, 169, 252–
  267, 274, 312 f.
Navajo Agricultural Products Indu-
  strie (NAPI) 266
Navajo Community College 258
Navajo Community College Press 257
Navajo Forest Products Industry
  (NFPI) 266
Navajo-Hopi Rehabilitation Act
  (1950) 254
Navajo-Hopi Land Settlement Act
  (1974) 260 f.
Navajo/Hopi-Landkonflikt 68, 258,
  312
Navajo Indian Irrigation-Projekt 10
Navajo-Reservation 77, 254 f., 258 f.,
  263–267, 312
Newman, Barnett 31 ff.
Nielsen Report 102 ff.
Nolde, Emil 27
Nordwestküstenindianer 51
Nordwestküstenkultur 149 f.
Nordwestküstenkunst 30 f., 33
Nunavik 142, 144 f., 147
Nunavut 132
Nunavut-Abkommen (1992) 131
Nunivak-Eskimo 16
Nuyumbalees Society 151, 156

Oberg, Kalervo 162
Ökologie 47 f., 50
Office of Economic Opportunity 256
Oglala (s. auch Lakota, Sioux) 195 f.,
  198, 206–210, 223 ff.
Ojibwa 66
Okipa-Zeremonie 205
Onondaga 70
Orozco, José 29

Paiute 206
Panindianismus (panindianisch) 9, 44,
  48, 62, 67, 259
Panofsky, Erwin 28
Papago (Tohono O'odham) 245, 273,
  317 ff., 321

Parsons, Betty 31
Peltier, Leonard 73, 78
Pelto, P. 129
Penner, Keith 94, 102
Penner-Report 81, 92, 94 ff., 99, 103
Peyote-Kult 11
Picasso, Pablo 29
Piercing 198, 212–216, 218 ff., 222 f.
Piktographie 38
Pima-Indianer 32, 273
Pine Ridge-Reservation 69, 77, 195 f.,
  198, 207 ff., 212 ff., 224 f.
Plains-Indianer 38–41, 48 f., 67, 202
Plainkunst (Plains-Malerei) 38 ff.
Pocahontas 24, 33
Pogrom 58
Polelonema, Otis 37
Pollock, Jackson 29
Pontiac 62
Pop-art 43
Potlatch 51, 150 f., 154
Potlatch Collection 149, 152 ff., 157
Powwow 210 f., 230
Prophezeiungen (der Hopi) 304
Provinse, John 174
Psychoanalyse 200, 308
Public Health Service 266
Public School 253 ff., 266
Pueblo-Indianer 27, 37 f., 63, 166, 269,
  271, 273 f., 276, 300 f., 307 f. (s. auch
  Hopi)

Quick-to-See Smith, Jaune 45

Reagan, Ronald 323
Reasons, Charles 163, 165 f., 169
Rechtshelfer/-hilfe (indianische) 180 f.,
  183 f., 187
Red Cloud, Oliver 220
Red Paper 140
Red Power 62
Repulse Bay (Naujaa/Aivilik) 106–134
Reservation 8, 32, 53, 66 ff., 77, 80,
  89 f., 95, 98, 139, 152, 168, 170 f.,
  173, 175 f., 180 f., 189, 196, 201, 207,
  224, 253
Revitalisierung 10, 139
Rivera, Diego 29
Roosevelt, Franklin D. 24
Roosevelt, Theodore 27 f.

343

Rosebud Reservation 196, 210f., 214, 225
Rough Rock Demonstration School 256f.
Royal Ontario Museum 151f.
Royal Proclamation (1763) 84–88, 91, 138
Roybal, Alfonso (Awa Tsireh) 37

Sammlungen, ethnographische 21, 276
San Ildefonso (-Schule) 26, 37f., 40
Sandbilder 36
Santa Fe, Kunstschule 26, 38
Scholder, Fritz 42f.
Schulerziehung/-pflicht/-system 10, 77, 202, 252–258, 266, 276, 292, 317–320, 322–332 (s. auch Missionsschule)
Schulze-Thulin, Axel 61
Seattle, Häuptling 17, 47f., 50f.
Sechelt 103
Secwepemc Cutural Education Society 141
Selbst-Regierung (self-government) 80, 95f., 99, 101, 103f.
Semper, Gottfried 22
Sewid, James 154f.
Sewid-Cook, Dora 154f., 157
Shoshone 201
Sioux 49, 68, 195, 197, 200–206, 208f., 220 (s. auch Lakota, Oglala)
Sitting Bull 57
Sloan, John 25f., 33
Society of American Indians 41, 62
Sonnentanz 11, 67, 72, 195–226
Spier, Leslie 200
Standing Rock Reservation 209
Status-Indianer 88ff., 93, 95
Stephen, Alexander M. 311, 313
Stereotypen 43f., 138, 158, 300
Stewart, Omer C. 163, 165, 167, 169f.
Stieglitz, Alfred 27
Surrealismus (Surrealisten) 28ff., 32
Survival School 63, 65

Taos, Künstlerkolonie 25
Tecumseh 62
Termination Terminationspolitik 8, 32, 91, 96, 102, 104, 140, 180
Tobey, Mark 31
Totempfahl (Wappenpfahl) 30, 152

Trail of Broken Treaties 57, 62f.
Transkulturation 37, 136, 155 (s. auch Akkulturation)
Tribal Sun Dance 196, 198, 209, 211–214, 220, 225
Trudeau, Pierre E. 83, 90f., 96

Uintah-Ouray Reservation 230f., 244
U'mista Cultural Centre 148, 151
United Native Americans (UNA) 62
Ute 201, 228–249

Velarde, Pablita 40f.
Victoria Memorial Museum s. Canadian Museum of Civilization
Vision, Visionssuche 38, 222f.
Voget, Fred W. 201
Vogt, E. Z. 174

Wahpepah, Bill 69
Wakan Tanka 195f., 219, 223
Walker, James R. 207
Wallace, Anthony F. C. 201
Warrior, Clyde 63
Wasserrechte 8
West, Dick 42
Westermann, Floyd 78
Weyler, Rex 73
White Buffalo Calf Woman 198
White Paper (1969) 91, 101f., 139f.
Whitehorse, Emmi 45
White, Randy Lee 45
Wilson, Richard 211
Wind River Reservation 220
Wind River Shoshone 201
Winnetou 17
Wissler, Clark 200
Woodland Cultural and Educational Centre 141
Works of Public Administration (WPA) 29
Wounded Knee (1890) 23, 77, 206
Wounded Knee (1973) 57, 61, 63, 72, 77, 220

Yaqui (Yoëme) 317ff., 321
Yellow Thunder Camp 60, 68, 73, 77

Zentral-Eskimo 142 (s. auch Eskimo, Inuit)
Zweisprachenprogramm 229, 234f., 237–249, 318, 329